# Territoriale Gliederung und Nationale Integration.
## Ein Verfassungsvergleich zwischen Spanien, Deutschland und Georgien

Von dem Fachbereich Rechtswissenschaften der Universität Hannover
zur Erlangung des akademischen Grades
eines Doktors der Rechtswissenschaften genehmigte
Dissertation

vorgelegt von

**Konstantin Kublaschvili**

geboren am 30. März 1973 in Tkibuli (Georgien)

Hannover
2000

Erstgutachter:                Prof. Dr. Dr. h.c. Hans-Peter Schneider
Zweitgutachter:          Prof. Dr. Klaus Otto Naß

Tag der Promotion:     24. Oktober 2000

Konstantin Kublaschvili


TERRITORIALE GLIEDERUNG

UND NATIONALE INTEGRATION

Ein Verfassungsvergleich zwischen Spanien,
Deutschland und Georgien


*ibidem*-**Verlag**
Stuttgart

Die Deutsche Bibliothek - CIP-Einheitsaufnahme:

Ein Titeldatensatz für diese Publikation ist bei
Der Deutschen Bibliothek erhältlich

∞

Gedruckt auf alterungsbeständigem, säurefreien Papier
Printed on acid-free paper

ISBN: 3-89821-045-6

© *ibidem*-Verlag
Stuttgart 2000

Printed in Germany

**Vorwort**

Die vorliegende Arbeit wurde im Sommersemester 2000 von der Fakultät der Rechtswissenschaften der Universität Hannover als Dissertation angenommen.

Besonders habe ich meinem verehrten Professor Dr. Dr. h.c. Hans-Peter Schneider zu danken, der mich bei der Bearbeitung betreute und wahrlich viel Geduld mit mir hatte. Er trägt den maßgeblichen Anteil daran, dass diese Arbeit schließlich fertiggestellt worden ist.

Unbedingt zu erwähnen ist auch die Friedrich-Ebert-Stiftung, die meinen zweijährigen Aufenthalt in Deutschland finanziert hat.

Sehr herzlich danke ich schließlich meiner Ehefrau Mary Meskhi, meinen Eltern und Elizabeth Aguilar, die mir während der Bearbeitung der Dissertation unermüdlich unterstützt haben.

In der vorliegenden Dissertation werden die zentralen Probleme der territorialen Ordnung Georgiens in Geschichte und Gegenwart erörtert. Viele spezifische Aspekte der georgischen Territorialordnung werden analysiert. Da dabei die spanische und deutsche Modelle der territorialen Staatsorganisation von besonderen Interesse sind, werden dementsprechend die Entstehung und Entwicklung des Staates der Autonomen Gemeinschaften in Spanien und der Bundesstaatsordnung des Grundgesetzes untersucht und mit der Entwicklung der Territorialordnung Georgiens verglichen. Auch die verfassungsrechtlich bestimmten territorialen Organisationsformen Spaniens, Deutschlands und Georgiens werden detailliert dargestellt und untersucht. Auf der Grundlage dieser Analyse wird versucht zu beweisen, dass die historische Entwicklung des georgischen Staates sowie die historischen, politischen, geographischen und kulturellen Voraussetzungen den asymmetrischen Föderalismus für Georgien als Prinzip des staatsrechtlichen Aufbaus notwendig machen. In diesem Sinne versteht sich die Arbeit als Beitrag zu einer Rechtswissenschaft, die für die Lösung nationaler Schwierigkeiten einen Vergleich zwischen verschiedenen Lösungsmodellen unternimmt.

*Territoriale Gliederung – Regionalismus – Föderalismus*


In this dissertation the central problems of the territorial arrangement of Georgia are treated in history and at present. Many specific aspects of the Georgian territorial arrangement are analysed. As the Spanish and German models of the territorial organisation of the state are of special interest, the origin and development of the state of autonomous communities in Spain and the federal states order of the German constitution are accordingly examined and compared with the development of the Georgian territorial order. Certain territorial forms of Spanish, German and Georgian states determined by Constitutional Law are also presented and examined in detail. On the base of this analysis it has been tried to prove, that the historical development of the Georgian state the same as the Historical, Political, Geographical und Cultural suppositions make necessary the asymmetrical federalism for Georgia as principle for the constitutional construction. In this sense this work is understood as a contribution to a jurisprudence which, for the solution of national difficulties attempts a comparison between different models of solution.

*The territorial arrangement – regionalism – federalism*

# INHALT

# Abkürzungsverzeichnis

| | |
|---|---|
| a.a.O. | an angegebenen Ort |
| Abs. | Absatz |
| Anm. | Anmerkung |
| AG | Autonomes Gebiet |
| AöR | Archiv des öffentlichen Rechts |
| Art. | Artikel |
| ASSR | Autonome Sozialistische Sowjetrepublik |
| Aufl. | Auflage |
| Bd. | Band |
| BIOst | Bundesinstitut für ostwissenschaftliche und internationale Studien, Köln |
| BVerfGE | Entscheidungen des Bundesverfassungsgerichts |
| BUG | Bürgerunion Georgiens |
| bzw. | beziehungsweise |
| ca. | Circa |
| CDU | Christlich-Demokratische Union (BRD) |
| CiU | Convergencia i Unio (Spanien) |
| Cortes Generales | Das spanische Parlament |
| CSU | Christlich-Soziale Union (BRD) |
| ders. | Derselbe |
| dies. | dieselbe(n) |
| DöV | Die öffentliche Verwaltung |
| ebd. | Ebenda |
| f. | folgende Seite |
| ff. | folgende Seiten |
| FDP | Frei Demokratische Partei (BRD) |
| Fn. | Fußnote |
| GG | Grundgesetz |
| GV | Georgische Verfassung von 1995 |
| GUNA | Gesetz über die normativen Akte (Georgien) |
| GUS | Gemeinschaft Unabhängiger Staaten |
| GTSEG | Gesetz über die Tätigkeit und Struktur der exekutiven Gewalt (Georgien) |
| Hrsg. | Herausgeber, herausgegeben |
| i.V.m. | in Verbindung mit |
| ital. Verf. | Italienische Verfassung |
| KPG | Kommunistische Partei Georgiens |

| | |
|---|---|
| KPSS | Kommunistische Partei der Sowjetunion |
| KPR (B) | Kommunistische Partei Russlands (Bolschewiki) |
| JöR | Jahrbuch des öffentlichen Rechts der Gegenwart |
| LOAPA | Ley Organica der Armonizacion del Processo Autonomico (Organgesetz über die Harmonisierung des Autonomieprozesses) |
| LOFCA | Ley Organica de Financiacion des las Comunidades Autonomas (Organgesetz über die Finanzierung der Autonomen Gemeinschaften) |
| NDP | National-Demokratische Partei Georgiens |
| Nr. | Nummer |
| OGG | Organgesetz über die Gerichtsorganisation (Georgien) |
| OGOSV | Organgesetz über die örtliche Selbstverwaltung und Verwaltung (Georgien) |
| PNV | Partido Nacionalista Vasco |
| PP | Partido Popular (Volkspartei) |
| PSOE | Partido Socialista Obrero Español (Sozialistische Arbeitspartei Spaniens) |
| SSR | Sozialistische Sowjetrepublik |
| s. | Siehe |
| S. | Seite |
| SPD | Sozialdemokratische Partei Deutschlands |
| STC | Sentencia del Tribunal Constitucional (Urteil des Verfassungsgerichts) |
| SV | Spanische Verfassung von 1978 |
| UCD | Union de Centro Democratico |
| UdSSR | Union der Sozialistischen Sowjetrepubliken |
| vgl. | vergleiche |
| VVDStRL | Veröffentlichungen der Vereinigungen der deutschen Staatsrechtslehrer |
| WV | Weimarer Verfassung |
| z.B. | zum Beispiel |
| ZK | Zentralkomitee |

# Einleitung

## *1. Zur Zielsetzung*

Im Laufe der letzten Jahre war die Verabschiedung der Verfassung 1995 eines der wichtigsten Ereignisse in Georgien. Die Verfassung hat zum ersten Mal in der Geschichte Georgiens ein auf dem Grundsatz der Gewaltenteilung beruhendes Staatssystem aufgestellt, die Grundrechte und Freiheiten des Menschen anerkannt und ihre Schutzgarantien gebildet. Damit bietet die Verfassung eine feste Rechtsgrundlage für die zivilisierte Entwicklung des Staates. Durch die Verabschiedung der Verfassung wird gleichzeitig auch das Ende der jahrelangen politischen und rechtlichen Chaotisierung bestimmt. Denn seit dem Zerfall der Sowjetunion und der Unabhängigkeitserklärung Georgiens vom 9. April 1991 herrschte im ganzen Land ein Chaos, welches auch in der reichen georgischen Geschichte in solchen Ausmassen selten ist. Der Verfall der sowjetischen Herrschaftsstrukturen und die Politik der ersten postkommunistischen Regierung Georgiens hatten Staat und Gesellschaft gespalten, institutionellem Wildwuchs und Machtkämpfen Raum gegeben. De facto herrschten außerparlamentarische Interessensgruppen und Mafiakreise. Minderheitenkonflikte überlagerten sich einerseits mit innenpolitischen Machtkämpfen, andererseits verschärften sie die wirtschaftliche Krise und außenpolitische Spannungen. Demokratische politische Strukturen waren kaum vorhanden oder nur improvisiert. Es hatte drei Jahre gedauert, bis in Georgien allen politischen und wirtschaftlichen Problemen zum Trotz die staatliche Autorität wiederhergestellt, der Staatsapparat entkriminalisiert und im allgemeinen die staatliche Gewalt wiederhergestellt wurde. Die Verfassung von 1995 legt die rechtlichen Grundlagen für die Errichtung eines demokratischen Staatssystems fest. Wegen verschiedener Probleme und objektiver Umstände wurde jedoch die Frage der staatlichen Binnengliederung offen gelassen. Auch nach der Verabschiedung der Verfassung blieb die Frage der territorialen Neuordnung des Staates weiterhin unberührt und insofern ungelöst, während seit 1996 in fast allen Bereichen des öffentlichen Lebens Reformprozesse in Gang gesetzt wurden. Für die weitere demokratische Entwicklung des Landes ist es allerdings erforderlich, die Grundsätze des territorialen Staatsaufbaus zu bestimmen, die Institutionen und Traditionen der Selbstverwaltung zu entwickeln, das politische Leben im ganzen Staatsgebiet Georgiens, in allen Regionen wiederherzustellen und die territorialen Einheiten in die Lösung der gemeinsamen nationalen Angelegenheiten einzuschalten. Die Unbestimmtheit in diesem wichtigsten Bereich des politischen Lebens eines jeden Staates kann und darf nicht lange währen. Es muss eine allgemeingültige konstitutionelle Formel für die zukünftige Struktur des georgischen Staates im Sinne einer umfassenden Dezentralisierung gefunden werden.

Die Frage nach der territorialen Gliederung des Landes flammt in der öffentlichen Diskussion immer wieder auf. Es sind heute sowohl die weitere demokratische Entwicklung und Funktionalität als auch der politische und rechtliche

Frieden des georgischen Staates, die nach einer endgültigen Gestaltung der territorialen Ordnung verlangen.

In der vorliegenden Arbeit werden die zentralen Probleme der territorialen Ordnung Georgiens in Geschichte und Gegenwart erörtert. Es wird versucht die Hauptfrage zu beantworten, nämlich welches Modell des staatsrechtlichen Aufbaus für Georgien annehmbar ist. Viele spezifische auch unikale Aspekte der georgischen Territorialordnung werden eruiert und analysiert. Das spanische und das deutsche Modell der territorialen Staatsorganisation sind dabei von besonderen Interesse. Im folgenden werden dementsprechend die Grundzüge der historischen Entwicklung der Territorialordnungen in Spanien und Deutschland, die Entstehung und Entwicklung des Staates der Autonomen Gemeinschaften und der Bundesstaatsordnung des Grundgesetzes untersucht und mit der geschichtlichen Entwicklung der Territorialordnung Georgiens verglichen; Es wird aufgezeigt, dass die historische Entwicklung in diesen Staaten einerseits in Deutschland zu einer bundesstaatlichen Ordnung und andererseits zum "spanischen Sonderweg" der Autonomen Gemeinschaften geführt hat. Auf der Grundlage dieser Analyse wird schließlich festgestellt, dass die historische Entwicklung des georgischen Staates sowie die historischen, politischen, geographischen, sprachlichen und kulturellen Voraussetzungen den asymmetrischen Föderalismus für Georgien als Prinzip des staatsrechtlichen Aufbaus notwendig machen. In diesem Sinne versteht sich die Arbeit als Beitrag zu einer Rechtswissenschaft, die für die Lösung nationaler Schwierigkeiten einen Vergleich zwischen verschiedenen Lösungsmodellen unternimmt.

## 2. Zum Inhalt

Die vorliegende Arbeit wird in drei Hauptteile gegliedert. Im ersten Teil ("Historische Grundlagen") werden die geschichtlichen Entwicklungen der territorialen Ordnungen Spaniens (Kapitel I), Deutschlands (Kapitel II) und Georgiens (Kapitel III) dargestellt. Der Hauptgrund dafür liegt darin, dass jeder Bundesstaat eine Ausprägung *sui generis* des Typus Bundesstaat darstellt, der historisch gewachsen und nicht verallgemeinerbar ist. Jeder Bundesstaat ist in einem solchen Masse das Produkt seiner eigenen Geschichte, seiner soziokulturellen Bedingungen und politischen Umstände, dass seine Eigenschaften zugleich Eigenheiten sind, die meist nicht zu verallgemeinern sind. Jeder Bundesstaat ist "Raum und Zeit verhaftet".[1] Die Errichtung eines bestimmten Staatsorganisationssystems im jeweiligen Staat wird nur verständlich vor dem Hintergrund langfristiger historischer Vorgänge. Ohne die tiefen Kenntnisse der historischen Entwicklung eines jeden Staates ist es unmöglich die Grundsätze der zukünftigen territorialen Ordnung dieses Staates zu bestimmen. Dementsprechend werden im ersten Teil der Arbeit die historischen Grundlagen der spanischen, deutschen und georgischen Territorialordnungen detailliert erörtert. Im

---

[1] K. Stern, Das Staatsrecht der Bundesrepublik Deutschland, Bd. 1, S. 648.

ersten Kapitel stehen dabei die Geschichte der Entstehung verschiedener Königreiche und Fürstentümer, des vereinten Spanischen Königreiches des Mittelalters und des gegenwärtigen spanischen Staates der Autonomen Gemeinschaften, im zweiten Kapitel die Entwicklung der Territorialordnung Deutschlands im Heiligen Römischen Reich Deutscher Nation, im Deutschen Reich und in der Weimarer Republik, sowie die Entstehung und Entwicklung der bundesstaatlichen Staatsorganisation in der Bundesrepublik Deutschland im Mittelpunkt. Im dritten Kapitel werden die Geschichte der Entstehung der georgischen Königreiche und Fürstentümer, des vereinten georgischen Staates im "Goldenen Zeitalter", die Territorialordnung Georgiens in der sowjetischen Herrschaftsperiode und die politische und rechtliche Entwicklung nach dem Zerfall der Sowjetunion detailliert dargestellt und analysiert. Besondere Aufmerksamkeit wird dabei dem sowjetischen Föderalismus, der sowjetischen Nationalitätenpolitik und den ethno-territorialen Konflikten geschenkt. Im Allgemeinen wird im ersten Teil der Arbeit der Frage nachgegangen, welche Tradition föderalistische Bewegungen und Strukturen in Spanien und Deutschland in der Vergangenheit gehabt haben und welcher Einfluss diese Tradition auf die Errichtung des gegenwärtigen Systems des staatsrechtlichen Aufbaus in den beiden Staaten ausgeübt hat. Darüber hinaus werden die Gemeinsamkeiten untersucht, die die Entwicklung der Territorialordnungen Spaniens, Deutschlands und Georgiens aufweist.

Im zweiten Teil der Arbeit werden die gegenwärtigen, verfassungsrechtlich bestimmten territorialen Organisationsformen Spaniens (Kapitel I) und Deutschlands (Kapitel II) dargestellt und ihre Grundprinzipien und Strukturmerkmale untersucht. Im dritten Teil werden zunächst die verfassungsrechtliche Entwicklung Georgiens in den letzten 7 Jahren, der Prozess der Verfassungsgebung von 1995 und die gegenwärtigen politischen und wirtschaftlichen Probleme, die in Georgien den Prozess der demokratischen Entwicklung erschweren, analysiert. Erst hiernach werden die Voraussetzungen der Dezentralisierung des Staatsgebietes, die bereits vorhandenen bundesstaatlichen Elemente der georgischen Verfassung von 1995 und die Grundsätze der zukünftigen Territorialordnung dargestellt. Dabei werden vor allem die sprachlich-kulturellen, politisch-historischen und geographischen Besonderheiten und die verfassungsrechtliche Entwicklung, aber auch die besonders interessanten Elemente der bundesstaatlichen Ordnung Deutschlands und des spanischen Modells der politischen Dezentralisierung betrachtet. Denn um die richtige Lösung in der Frage der Bestimmung der Territorialordnung zu finden, muss neben den historischen Hintergründen auch die Verfassungswirklichkeit in Augenschein genommen werden. Die Zusammenfassung der Ergebnisse schließt mit einem Ausblick auf die Schwierigkeiten der Errichtung eines demokratischen Rechtsstaates in Georgien sowie mit einer Vorausschau auf die verfassungsrechtlichen Grundprinzipien der zukünftigen Territorialordnung Georgiens, als eines auf dem Prinzip des asymmetrischen Föderalismus gegründeten Staates.

## 3. Quellen

Im Westen sind wertvolle historische und verfassungsrechtliche Arbeiten nicht nur zur Geschichte und Verfassungsentwicklung Spaniens und Deutschlands, sondern auch über Georgien zugänglich. Dabei sind vor allem Fähnrich, Rohrbacher (der eine Bibliographie des deutschsprachigen Schrifttums über Georgien vorgelegt hat) und Gerber zu nennen. Für die Bearbeitung der zaristisch-russischen und sowjetischen Nationalitätenpolitik und des sowjetischen Föderalismus wegweisend sind die Studien von Meissner, Simon und Halbach. Darüber hinaus habe ich natürlich zahlreiche Literatur in georgischer Sprache verwendet, u.a. die Werke von N. Berdzenischvili, Sch. Meskhia, M. Lortkipanidze, L. Toidze. Ferner hatte ich die Möglichkeit, Informationen über jede rechtliche oder politische Neuerung im Forschungsbereich sowie jeweilige Gesetze oder Verordnungen regelmäßig aus Georgien zu erhalten. Die Aktualität des Forschungsgegenstandes erlaubte die Verwendung von Informationen der georgischen Presse und über das Internet.

Zur Geschichte und Verfassungsentwicklung des spanischen Staates habe ich vor allem die Arbeiten von spanischen Autoren wie Tamames, Gonzales Encinar, Cruz Villalon und Montoro Chiner, aber auch Studien deutscher Wissenschaftler wie Wendland, Wiedmann, Blanke, Nohlen und Hildenbrand, verwendet. Darüber hinaus hatte ich in der Landesbibliothek Niedersachsen in Hannover und im Deutschen Institut für Föderalismusforschung die Möglichkeit, die wichtigsten Werke über die deutsche Verfassungsgeschichte und über die bundesstaatliche Ordnung des Grundgesetzes für die Zwecke dieser Dissertation zu bearbeiten. Hier sind vor allem Stern, Ossenbühl, Schneider, Laufer, Münch, Boldt und Bothe zu nennen. Schließlich fließen in diese Arbeit die Beobachtungen und Erfahrungen mit ein, die ich während meines zweijährigen Aufenthaltes in Deutschland, und natürlich während meiner Anwesenheit vor Ort in Georgien und meiner Arbeit 1995 bis 1998 in den Staatsorganen gemacht habe.

Zuletzt noch einige technische Hinweise: Da das georgische Alphabet keine Grossbuchstaben kennt, wird deshalb bei georgischen Begriffen auch in der Transkription auf Grossschreibung verzichtet. Die in den Anmerkungen in Kurzform zitierten Literaturangaben werden in der Bibliographie vollständig aufgeführt.

4

# Teil 1
# Historische Grundlagen

## I. Die geschichtliche Entwicklung der Territorialordnung Spaniens

Die Geschichte eines jeden Volkes ist durch eine oder mehrere Marksteine gekennzeichnet. Es sind Wendepunkte, *turning points*, wie die Angelsachsen das nennen.[2] Für Spanien waren zuerst der Beginn der Reconquista und dann das Jahr 1492 die Ereignisse, die in der ganzen spanischen Geschichte vielleicht die stärksten Spuren hinterlassen haben. Was aber die Geschichte der spanischen Territorialordnung betrifft, so handelt es sich hier zum einen nicht um die Geschichte der territorialen Ordnung eines Einzelstaates – jedenfalls bis zur Herrschaft der Katholischen Könige – sondern vielmehr um die Geschichte der Entwicklung zahlreicher Herrschaftsgebiete auf der Iberischen Halbinsel, also um eine Summe von Einzelgeschichten der regionalen Herrschaftsformen,[3] was zahlreiche Ähnlichkeiten mit der Geschichte der georgischen Feudalstaaten und Fürstentümer im Frühmittelalter aufweist. Sehr interessant ist die Erkenntnis, dass überdies es sich hier um die Geschichte einer sich zur Vorherrschaft entwickelnden Zentralmacht handelt, was auch der Geschichte des georgischen Einheitsstaates im Mittelalter ähnelt. Von besonderem Interesse ist die Entwicklung der Territorialordnung Spaniens in den letzten 20 Jahren, denn in die Verfassung Spaniens von 1978 flossen viele Erfahrungen der europäischen Staaten mit ein, allen voran die Erkenntnisse über die unitarischen Tendenzen des deutschen Bundesstaates. Man kann sagen, dass heute Spanien in Europa die modernste und innovativste Territorialorganisation aufweist.[4]

### 1. Spanien im Mittelalter

#### a. Die Reconquista
Die Geschichte des spanischen Mittelalters war, wie auch die des übrigen Westeuropa und Georgiens, außerordentlich: kriegerische Auseinandersetzungen und Friedensschlüsse, Eroberungen und Niederlagen lösten einander in bewegter Folge ab und zogen entsprechende politische, wirtschaftliche und soziale Veränderungen nach sich.[5] Dennoch bildete Spanien einen Sonderfall, denn fast drei Jahrhunderte lang beherrschten die Araber (nachdem sie im Jahre 711 das Westgotenreich zerschlagen hatten) die weiten Gebiete der Halbinsel. Nur im Nordwesten sammelte sich der Widerstand in kleinen Hochburgen, die zu christlichen Reichen anwuchsen.[6] Die

---

[2] Vgl. R. Tamames, Spanien, S. 9.
[3] K. Wendland, Spanien auf dem Weg zum Bundesstaat? S. 49.
[4] T. Wiedmann, Idee und Gestalt der Region in Europa, S. 156.
[5] Vgl. R. Tamames, S. 47.
[6] Alles begann mit der Entstehung des Königreichs Asturien im Jahre 718 in Cavodonga. Dort förmierte sich angesichts der eindringenden Araber ein erster Widerstand, der sich wenig später

spanische Geschichte in dieser Periode ist faktisch die Entwicklungsgeschichte zahlreicher eigenständiger Machtzentren mit unterschiedlichen Herrschaftsformen wie Königreiche, Fürstentümer und Grafschaften.[7] Während dieser sog. ersten Etappe der Reconquista existierten auf der Halbinsel zahlreiche Königreiche, von denen die Königreiche Kastilien, Aragon, Navarra, Leon und Katalonien zu den bedeutenderen zählten.[8] In der Folgezeit wurden zwei große Machtblöcke herausgebildet: Im Osten entstand 1137 durch Eheschliessung ein mächtiges Reich aus Aragon und Katalonien. Im Jahre 1230 vereinigten sich auch die kastilische und die leonesische Krone auf Dauer zum Doppelkönigreich Kastilien-Leon.[9]

Im Verlaufe der Reconquista wurden die Städte und die Adligen in einer Art Pakt mit Privilegien und Freiheitsverbürgungen, den Foralrechten (*"fueros municipales"* und *"fueros nobiliarios"*) ausgestattet, um sich gegen die erneuten Angriffe der Araber selbständig zu verteidigen und die zurückeroberten Gebiete wiederzubevölkern.[10] So hat z.B. die kastilische Krone den drei baskischen Provinzen (Alava, Guipuzcoa und Vizcaya) Sonderrechte zugestanden, nachdem diese Provinzen im 13. Jahrhundert von Navarra abfielen und der Krone von Kastilien angeschlossen wurden. Dies sind die ältesten fueros der spanischen Rechtsordnung. Die kastilischen Herrscher schworen unter der heiligen Eiche von Guernica, den Basken eine eigene Regierung zu belassen und keine Steuern von ihnen zu erheben.[11] Die fueros wurden zu lokalen Rechtsordnungen, die die wesentlichen politischen und rechtlichen Fragen regelten, den Städten außerdem grössere Freiheiten und Selbstverwaltungsrechte gewährten und so eine Vorform moderner Autonomieverbürgungen darstellten. Auch in bezug auf die Territorialordnung waren die fueros von Bedeutung, vor allem insofern als sie die königlichen Hoheitsbefugnisse (Regierung, Verwaltung, Rechtsprechung) von der Rechtsordnung des Gesamtkönigreichs ausnahmen und auf die Städte übertrugen. "Sie bedeuteten einen Teilverzicht auf die königliche Souveränität zugunsten einer Föderalisierung."[12]

In der zweiten Hälfte des 13. Jahrhunderts schuf der König von Kastilien-Leon, Alfons X., ein staatliches System der Normenhierarchie. Anstatt nur Recht zu sprechen, gestaltete er selbst neues Recht. Der König führte auch eine Verwaltungsreform durch, errichtete dabei viele zentrale Ämter, unter anderem für die Hofgerichtsbarkeit und die Finanzverwaltung.[13] Mit der Herrschaft Alfons des Weisen begann der allmähliche Niedergang der Foralrechte und damit der regionalen Rechtsbesonderheiten zugunsten eines Zentralismus. Die Neuordnung des

---

dann bis in die weniger besetzten Gebiete, Galicien im Westen und Leon im Süden, verbreitete; vgl. R.Tamamens, S. 48.

[7] K. Wendland, S. 49.

[8] Vgl. F.W. von Rauchhaupt, Geschichte der spanischen Gesetzesquellen, S. 143.

[9] Vgl. R. Tamames, S. 49; T. Wiedmann, S. 156.

[10] Der Begriff "fuero" leitet sich von dem lateinischen "forum" ab und kann sowohl die Rechtsordnung und die Gerichtsbarkeit eines Gebietes, als auch das Geltungsgebiet selbst bezeichnen.

[11] Vgl. T. Wiedmann, S. 156.

[12] K. Wendland, S. 50.

[13] L. Vones, Geschichte der iberischen Halbinsel im Mittelalter, S. 153.

Rechtssystems durch Vereinheitlichung der Rechtsordnungen wurde zu einem wesentlichen Machtmittel eines machtbewußten Zentralstaates, der immer konkrete Formen annehmen würde. In der zweiten Hälfte des 13. Jahrhunderts wurden im ganzen Königreich die Regelungen des Ordenamiento de Alcala, eine Sammlung und Bestätigung älterer Gesetze und neuerer Beschlüsse der Cortes de Alcala, eingeführt.[14] Im Ergebnis wurde eine komplexe dreistufige Normenhierarchie zwischen dem traditionellen lokalen Recht (die "fueros municipales"), dem königlichen und dem römisch-kanonischen Recht, geschaffen, eine Regelung, die in Kastilien im wesentlichen bis ins 19. Jahrhundert fortgalt.[15] Das städtische Foralrecht war gegenüber dem königlichen Recht nur subsidiär anwendbar. Dem König wurden Gesetzgebungs-, Auslegungs- und Änderungskompetenzen in bezug auf alle städtischen Rechtsordnungen seines Herrschaftsgebietes eingeräumt.[16]

### b. Die Katholischen Könige

Die endgültige politische Einheit Spaniens wurde im Jahre 1469 mit der Eheschliessung zwischen Isabella von Kastilien und Ferdinand von Aragonien begründet. Unter dem Herrscherpaar begann der politische Zusammenschluss, in dem die moderne Gestalt Spaniens sichtbar wurde. Als Ausgangspunkt des modernen Spanien kann man das Jahr 1479 ansehen, denn damals erfolgte der letzte entscheidende Anstoß zum Gebietszusammenschluss auf der Halbinsel. In diesem Jahr wurden die Königreiche von Isabella und Ferdinand - Kastilien (mit Leon) und Aragonien (das zu der Zeit um Katalonien und später um die Balearen und Valencia bereichert war) endgültig miteinander vereinigt.[17] Die Vereinheitlichung der verschiedenen Rechtsbräuche führte zu der Herausbildung staatlichen Rechts, das durch seinen Umfang und seine Durchsetzungskraft eine der wichtigsten Grundlagen für die Entstehung des modernen Staates wurde.[18] Sowohl Erfolge im Kampf der Reconquista und der späteren Eroberung der "Indias", als auch die Renaissance des Römischen Rechts trugen dazu bei, die Macht der Könige zu stärken.[19]

1492 wurde Granada (die letzte maurische Bastion auf der iberischen Halbinsel) vom spanischen Großreich erobert. Als Kolumbus 1492 Amerika entdeckte und die Spanier die Eroberung eines gewaltigen Weltreichs in Angriff nahmen, war Spanien politisch und religiös gefestigt.[20] 1512 verleibte sich die kastilische Krone das kleine Königreich Navarra ein. Mit dieser territorialen Erweiterung unter Ferdinand und

---

[14] F. W. von Rauchhaupt, Geschichte der spanischen Gesetzesquellen, S. 131.
[15] Ders., ebd., S. 244.
[16] K. Wendland, S. 52.
[17] R.Tamames, S. 52; Zur Entstehung der Monarchie vgl.: Bernecker/Pietschmann, Geschichte Spaniens, S. 13ff.
[18] K. Wendland, S. 52.
[19] Dies., S. 53.
[20] T. Wiedmann, S. 157; vgl. auch R. Tamames, S. 58-61.

Isabella, denen Papst Alexander VI. 1496 den Ehrentitel "Katholische Könige" verlieh, hatte Spanien im wesentlichen seine modernen Umrisse gewonnen.[21]

Fortan gab es nur einen Staat und einen Monarchen, der dessen Oberhaupt und Inhaber der staatlichen Macht war. Gleichzeitig aber blieben die anderen Königreiche und Herrschaftsbereiche, unter einer Krone vereint, bestehen und behielten ihre Rechtspersönlichkeit, Verwaltungsinstitutionen und Rechtsordnung.[22] Im kastilischen Parlament waren Galicien, Asturien, Leon, Neu- und Altkastilien, Murcia, Exstremadura und das "ganz neue" Kastilien oder Andalusien vertreten. Eine Ausnahme bildeten die Domäne von Viscaya und die beiden anderen baskischen Provinzen Guipuzcoa und Alava wie auch die Kanarischen Inseln. Navarra existierte nach seiner 1512 erfolgten Eingliederung weiterhin als Königreich mit eigenem Parlament und autonomer Regierung.[23] Auch das Königreich Aragonien behielt sein "Bundesparlament", während die gesonderten parlamentarischen Institutionen der einzelnen Regionen weiterfungierten: die aragonesischen Cortes, die Generalidad – d.h. die autonome Regierung von Katalonien und die von Valencia; und die Vertretung des Königreichs Mallorca.[24]

In diesem komplexen System des spanischen Staates drückte sich die Respektierung von regionalen Institutionen, von Sprachen und Kulturen unter ein und derselben Krone aus. Der König legte den Eid auf die Rechte und Freiheiten der einzelnen ihm unterstehenden Territorien ab. Gleichzeitig war der König aber der über allen anderen Adeligen stehende unumschränkte Herrscher, um den herum zentrale politische Institutionen entstanden und ein Beamtenapparat anwuchs, der seinen Willen auszuführen hatte. Für alle Herrschaftsgebiete waren die Monarchie und die wiedereingeführte Inquisition verbindlich.[25] Der Rechtstheorie zufolge bildeten König und Ständeversammlung, die Cortes, die obersten Verfassungsorgane des Staates. In der Praxis besaß der Monarch mit seinen zentralen Behörden jedoch ein politisches Übergewicht.[26] Die Verwaltung wurde zu einem Teil zentralistisch vom Consejo Real de Castilla ausgeübt, der erst aus Adligen, Geistlichen und Juristen, später nur noch aus Juristen bestand; zum anderen Teil war die Verwaltung den durch königliche Beamte kontrollierten Stadträten überlassen.[27] Der Consejo übte auch Rechtsprechungsaufgaben aus, indem er als zweite Instanz Urteile der

---

[21] Nach dem Tod des Herrscherpaares zerfiel das Doppelreich zunächst wieder in seine beiden Teilreiche. Aragon und ebenso Katalonien behielten bis in das 18. Jahrhundert hinein ihre eigenen Ständeversammlungen (cortes). Bis dahin mussten Spaniens Monarchen bei jeder Nachfolge mit den aragonesischen und katalanischen Ständen um ihre Anerkennung verhandeln und dabei einen Schwur auf die jeweiligen Rechtsordnungen leisten.

[22] K. Wendland, S. 53; Einige Autoren nennen den Staat der Katholischen Könige "Bundesstaat": "...die spanische Krone wurde, modern ausgedrückt, nur möglich durch die Anerkennung eines Bundesstaates, der aus den überkommenen mittelalterlichen Besitztümern hervorgegangen war", R. Tamames, S. 62.

[23] Diese Situation sollte immerhin bis zum Jahre 1841 unverändert fortbestehen, als die Ley Paccionada diesen Zustand aufhob, R. Tamames, S. 62.

[24] Vgl. Ders., a.a.O.

[25] K. Wendland, S. 53.

[26] Bernecker/Pietschmann, Geschichte Spaniens, S. 41.

[27] L. Parejo Alfonso, Der spanische Staate und seine Autonome Gemeinschaften, S. 63.

Provinzialgerichte, Audencias und unteren Stadtgerichte aufhob.[28] Und zwar konnten sich die Hoheitsrechte der Adeligen und mit ihnen die Hoheitsrechte der Regionen zu Abwehrrechten gegen die monarchische Zentralgewalt entwickeln und teilweise erfolgreich gegen diese behaupten.[29] Trotzdem besassen die Gesetze, die der König in Übereinstimmung mit den Cortes erliess, sogenannte Leyes oder Ordenamientos, höchste Rechtskraft und einen besonders nachdrücklichen Charakter. Außerdem hatten die Monarchen sich ungeschmälert die letztinstanzliche Gerichtsbarkeit, die militärische Gefolgschaftspflicht aller Grundherren und vor allem das Münzregal zu erhalten vermocht und darüber hinaus, wie oben bereits gesagt, das Prinzip der Vorrangigkeit königlicher Rechtsetzungsakte gegenüber den Verordnungen partikularer Gewalten durchsetzen können.[30]

*c. Spanien unter den Habsburgern und den Bourbonen*

Im Jahre 1516 folgte mit Karl I. zum ersten Mal ein Habsburger auf den kastilischen Thron. Der "Ausländer" Karl hatte nur mit Mühe Anerkennung als "König von Spanien" durch die kastilischen, aragonesischen und katalanischen Cortes gefunden.[31] Um seine Macht zu festigen, unterdrückte Karl den Widerstand all derer, die die lange Tradition kommunaler und ständischer Freiheiten gewahrt wissen wollten.[32] Nach der Niederlage der gegen den Absolutismus unter Karl I. kämpfenden sog. Comuneros 1521 wurden die ständischen Gewalten zurückgedrängt, neue oberste Ratsbehörden zur Durchsetzung der königlichen Befehle errichtet. Den Cortes und den Gemeinden wurden bisher zugestandene fiskalische Befugnisse genommen. So begann mit der Abstützung der Zentralgewalt die Erosion jener Freiheiten, die das Kernstück des spanischen "komplexen" Staates, der spanischen Föderation, gebildet hatten.

Endgültig vermochte sich die monarchische Gewalt unter der Herrschaft der Bourbonen durchzusetzen. Mit der Herrschaft des ersten Bourbonen Philipp V.,[33] der bis 1746 regierte und die in Frankreich entwickelten absolutistischen Vorstellungen nach Spanien trug, begann ein zielstrebiger Zentralisierungsprozess, der bis in die zweite Hälfte des 19. Jahrhunderts nicht mehr aufzuhalten war. In den sog. *Decretos de Nueva Planta* (1707-1716) stellte Philipp fest, dass eines der wichtigsten Attribute jeder Souveränität deren Fähigkeit ist, Gesetze zu erlassen und zu verdrängen. Außerdem bekundete der Monarch den Wunsch, seine Herrschaftsgebiete einer

---

[28] Ders., a.a.O.

[29] Dies betrifft vor allem Navarra und Katalonien. In Navarra setzten sich die *"sobrecartas"* durch, die in einer Foralklausel (*pase foral*) eine Präventivkontrolle des königlichen Rechts durch den Consejo Real de Navarra erlaubten, der dieses bei Verstößen gegen eigenes Recht für nichtig erklären konnte. In Katalonien hatte 1481 Fernando el Catholico in den Cortes von Barcelona eine Verfassung gegeben, in der die regionalen Rechte und Sonderrechte bestätigt wurden und sogar jeder königliche Akt und jede diesen Akt ausführende Handlung eines Beamten oder Richters, der dem katalonischen Recht widersprach, ipso facto für nichtig erklärt wurde.

[30] Bernecker/Pietschmann, Geschichte Spaniens, S. 42.

[31] Dies., S. 82ff.

[32] R. Tamames, S. 64.

einzigen einförmigen Rechtsordnung und Gerichtsbarkeit zu unterwerfen.[34]. So wurden durch die oben genannten Dekrete nacheinander die politischen Sonderverfassungen in ihrer aus dem Mittelalter überkommenen Form abgeschafft und kastilisches Verwaltungsrecht eingeführt. Diese Dekrete ergingen 1707 für Valencia,[35] 1711 für Aragon, 1715 für Mallorca und 1716 für Katalonien. Diese Reiche wurden politisch gleichgeschaltet und einem zentralistischen Regime unterworfen. Spanien war weitgehend zu einem zentralistisch regierten Einheitsstaat nach französischem Vorbild geworden.[36] In den obengenannten Königreichen wurden sämtliche fueros, Privilegien und Gewohnheitsrechte abgeschafft. Lediglich das im Erbfolgekrieg loyale Navarra und die ebenfalls loyalen baskischen Provinzen behielten ihre verfassungsmässige Autonomie.[37]

Der monarchische Absolutismus hatte erstmals eine einheitliche Staatsverfassung für nahezu ganz Spanien durchgesetzt, obwohl in der Herrschertitulatur das Nebeneinander verschiedener Teilreiche formal erhalten blieb. Die Cortes, die gesetzgebenden Ständevertretungen in Katalonien, Aragonien, Valencia und Kastilien, verloren ihre Funktion und gingen unter. Einziges gesetzgebendes Organ des Königs war fortan der Consejo Real, der seine Kompetenzen, die er im Namen des Königs ausübte, im Laufe des 18. Jahrhunderts erweiterte.[38] Dennoch glückte die Vereinheitlichung des Staates im 18. und 19. Jahrhundert niemals vollständig. Bei allen Zentralisierungs- und Uniformierungsbestrebungen wies die offizielle Verwaltungskarte ("Floridablanca-Teilung"[39]) zu Beginn des 19. Jahrhunderts jedoch noch eine solche Vielfältigkeit in bezug auf die Grösse der Territorien, die Willkürlichkeit der Grenzziehung und die zahllosen Enklaven auf, dass sich eine effiziente Regierung im Rahmen eines zentralistischen Staatswesens als äußerst schwierig erwies.[40]

## *2. Die Territorialordnung Spaniens in den 19. und 20. Jahrhunderts*

Zu Beginn des 19. Jahrhunderts war Spanien (noch) eine von feudalen Strukturen geprägte absolute Monarchie. Aber die Ereignisse dieser Epoche nahmen

---

[33] Philipp wurde im Frieden von Utrecht 1713 als Philipp V. von Spanien anerkannt. So nannte er sich als erster in der Geschichte "König von Spanien", ein Titel, den die Katholischen Könige abgelehnt hatten, vgl. Bernecker/Pietschmann, Geschichte Spaniens, S. 153.

[34] Vgl. K. Wendland, S. 56

[35] Im Gegenteil zu den anderen Gebieten verlor Valencia sämtliche fueros, vgl. F. W. von Rauchhaupt, Die Geschichte der spanischen Gesetzesquellen, S. 211.

[36] Bernecker/Pietschmann, Geschichte Spaniens, S. 159.

[37] Freilich war die Gleichschaltung der ehemals aragonesischen Reiche nicht vollständig, da im Bereich des Privatrechts die überkommene Rechtstradition der einzelnen Gebiete nicht angetastet wurde.

[38] K. Wendland, S. 56.

[39] Benannt nach dem aufgeklärten Minister Floridablanca, der sie kartographierte.

[40] Vgl. R. Schütz, Spanien auf dem Weg zum Autonomiestaat, in: Der Staat, Bd. 22, 1983, S. 188. Das Überdauern einzelner *fueros* in Regionen des Baskenlandes und Navarra bildet zugleich die historische Grundlage für die bis heute fortbestehenden Regimenes Forales, vgl. J.-C. Pielow, Autonomia Local in Spanien und lokale Selbstverwaltung in Deutschland, S. 10.

Wendungen, welche die Einheitsstrukturen des Staates nachhaltig gefährdeten. Die regionalen Autonomiebestrebungen entwickelten sich zu zentralen Fragen in den nun ausbrechenden Verfassungskrisen und -kämpfen.[41]

Die napoleonische Invasion erschütterte das politische, wirtschaftliche und soziale Leben Spaniens. Das alte Regime geriet aus den Fugen, dann wurde es ersetzt. Die Unabhängigkeitsbewegung wurde breiten Volksschichten zum nationalen Erlebnis, ohne das sie sich freilich zur Revolution steigerte. Noch während des Krieges gegen Napoleon, traten in Cadiz 1810 verfassungsgebende Cortes zusammen, ein gewähltes Parlament, das eine Reihe liberaler Reformen verkündete. Die wichtigste Leistung der liberalen "Cortes de Cadiz" war zweifellos die Verfassung von 1812, die zur Magna Charta des spanischen Liberalismus, zum Symbol der Freiheit und zum ständigen liberalen Bezugspunkt im 19. Jahrhundert wurde.[42]

### a. Die Verfassung von Cadiz 1812

Die Verfassung von Cadiz, die erste spanische Verfassung, ging vom Prinzip der Volkssouveränität aus. Ihre Grundlage waren Rousseaus "Contrat social" und Montesquieus Lehre der Gewaltenteilung, wobei die Exekutive (mit einem institutionell schwachen Monarchen) einer dominierenden Legislativen gegenüberstand. Königliche Amtshandlungen mussten vom zuständigen Ressortminister gegengezeichnet werden; der Monarch hatte ein suspensives Vetorecht.

In der Verfassung von Cadiz wurde ein zentralistischer Einheitsstaat errichtet. Die national gesonnenen Cortes lehnten deutlich den Regionalismus und die fueros (vor allem die Sonderrechte Kataloniens und des Baskenlandes) ab. In Wirklichkeit aber existierten diese Sonderregeleungen in verschiedenen Landesteilen. Navarra hatte immer noch sein eigenes Parlament, die Cortes, bewahrt, das bis in das erste Drittel des Jahrhunderts hinein die volle Gesetzgebungskompetenz ausübte. Auch die übrigen Gebiete besaßen Legislativorgane. Alle hatten sie eigene, unterschiedliche Gemeindeordnungen, einen eigenen inneren Verwaltungsaufbau und eigenes Zollrecht in bezug auf die angrenzenden Gebiete.[43] Die Cortes von Cadiz hatten sich für eine administrative Zentralisierung entschieden, welche angelegt war in einer territorialen Struktur nach dem Muster der französischen Departementverfassung.[44]

Insgesamt gesehen schufen die Cortes von Cadiz die Verfassungsgrundlage eines "modernen" Spanien im politisch-administrativen und sozio-ökonomischen Bereich. Die beschlossenen Änderungen (Gewaltenteilung, administrative Zentralisierung, Beseitigung der Inquisition, Etablierung wirtschaftlicher Freiheiten) hätten Spanien der durch die Französische Revolution ausgelösten gesamteuropäischen Entwicklung anpassen können, wenn sich mit Ferdinand VII. nicht die

---

[41] T. Wiedmann, S. 158.
[42] Bernecker/Pietschmann, Geschichte Spaniens, S. 211.
[43] K. Wendland, S. 57.
[44] T. Wiedmann, S. 158.

traditionalistischen Kräfte und der Absolutismus abermals (wenn auch nur vorübergehend) durchgesetzt hätten.[45]

Ferdinand VII., der sich mit der Hilfe Frankreichs in Spanien durchgesetzt hatte, erklärte die Verfassung von Cadiz für ungültig (1814) und regierte bis 1833 als absoluter Monarch. Die Anhänger Ferdinands jüngeren Bruders Karl riefen ihn nach dem Tode Ferdinands 1833 zum Gegenkönig aus; darin nahm der erste Karlistenkrieg seinen Ausgang.[46] Das Jahr 1833 ist allerdings in der Geschichte Spaniens durch noch ein wichtigstes Ereignis gekennzeichnet. Nämlich 1833 fand unter dem Minister Javier de Burgos eine territorial-administrative Staatsgliederung statt, die dann knapp 150 Jahre ihre Gültigkeit behalten sollte. Durch das am 30. November 1833 verkündete Dekret wurde Spanien in 49 Provinzen geteilt (durch die Zweiteilung der Kanarischen Inseln im Jahre 1927 sind es 50 geworden), die mit Ausnahme der zwei Jahre der Ersten Republik 1874/75 und sieben Jahre der Zweiten Republik 1932-39 außer den Gemeinden die einzige Verwaltungseinheit darstellten.[47] Das Dekret orientierte sich – unter Beibehaltung der ursprünglichen Bezeichnungen – an den historischen Grenzen früherer oder fortbestehender König- und Fürstentümer, Grafschaften und Latifundien, was der Grund für sein Überdauern bis zur heutigen Provinzeinteilung ist. Dem Zwecke nach diente diese Einteilung jedoch ausschließlich der flächendeckenden und effizienteren Zentralverwaltung.[48] An der Spitze jeder Provinzverwaltung stand ein dem französischen Präfekten nachempfundener Zivilgouverneur als unmittelbarer Delegierter der Zentralgewalt, dessen Funktionen ebenfalls bis heute überdauert hat.

Der Bürgerkrieg (der erste Karlistenkrieg) endete 1839 mit der Niederlage der Karlisten, hatte aber immerhin auch das Zugeständnis der Regierung zum Ergebnis, die fueros beizubehalten.[49] Am 25. Oktober 1839 wurden die fueros der Provincias Vascongadas und Navarras unbeschadet der verfassungsmässigen Einheit der Monarchie "bestätigt", derselben allerdings untergeordnet.[50] Auf dieses Gesetz folgten zwei weitere Gesetze: die "Ley paccionada" für Navarra vom August 1841, welches die Rechtsordnung Navarras im wesentlichen der des übrigen Spaniens annähert, aber dessen Zivilrecht, Prärogativen auf den Gebieten des Steuerrechts und des Militärdienstes nicht antastete und so ein Minimum an Selbstregierung zuließ.[51] Eine Regelung für Guipuzcoa, Vizcaya und Alava vom Oktober 1841 nahm diesen wesentliche Foralrechte und unterstellte die Gebiete in den Bereichen der Gemeindeverwaltung und Justizverwaltung dem spanischen Zentralstaat.

Insgesamt gesehen verloren die fueros ihre Bedeutung. Sonderrechte bestanden im übrigen nur noch auf dem Gebiet des Zivilrechts fort. Im Laufe der Jahrhunderte

---

[45] Bernecker/Pietschmann, Geschichte Spaniens, S. 213.

[46] Die karlistische Bewegung gewann die Unterstützung der um ihre Sonderrechte kämpfenden baskischen Provinzen, weil sie für "Gott, Vaterland, König, fueros" trat. Auch Katalonien, Aragon und Valencia schlugen sich aufgrund ihrer Ablehnung der kastilischen Zentralgewalt auf Karls Seite, vgl. T. Wiedmann, S. 159.

[47] R. Schütz, Spanien auf dem Weg zum Autonomiestaat, in: Der Staat, Bd. 22, 1983, S. 188.

[48] J.-C. Pielow, Autonomia Local in Spanien und lokale Selbstverwaltung in Deutschland, S. 17f.

[49] T. Wiedmann, S. 159.

[50] K. Wendland, S. 58.

[51] Dies., a.a.O.

hatte sich jedoch ein ausgeprägtes Eigenleben des lokalen bzw. regionalen Rechts entwickelt, mit dem zugleich ein unumkehrbarer Identifikationsprozess einhergegangen war. Das Foralrecht hat so bis heute bestand und ist auch für die Untersuchung der heutigen territorialen Ordnung Spaniens noch von Bedeutung.[52]

**b.** *Das bundesstaatliche Verfassungsprojekt von 1873*
In den fünfziger und sechziger Jahren des 19. Jahrhunderts wurde Spanien hin und hergerissen, durchlebte nacheinander Ancien Regime im Wechsel mit mehreren liberalen Verfassungen, bis schließlich die ruhmreiche Septemberrevolution (La Gloriosa) 1868 die Bourbonendynastie zu Fall brachte.[53] Eine liberale Verfassung schuf das politische Klima, in dem die verfassungsgebende Versammlung am 1. Juni 1873 die Erste Republik ausgerufen hatte. Der Druck regionalistischer Bewegungen, kantonalistischer und anarchistischer Aufstände war 1873 so stark geworden, dass die institutionelle Integration Spaniens in einem föderalen Staatsmodell versucht wurde: am 17. Juni 1873 hatten die Republikaner den Cortes einen ersten bundesstaatlichen Verfassungsentwurf vorgestellt.[54]

Das bundesstaatliche Verfassungsprojekt von 1873 ist einer der wenigen Versuche in Spanien, die regionale Frage mittels einer Verfassung zu lösen und mit der zentralistischen Tradition zu brechen.[55] Das Dezentralisierungmodell im Rahmen dieses Verfassungsprojekts sah die Gründung eines föderalistischen Staates mit siebzehn autonomen Gliedstaaten vor: Artikel 1 erklärte die vormaligen Regionen zu echten Gliedstaaten. Hinzu kam die Möglichkeit für eine Reihe überseeischer Gebiete, den Status eines Gliedstaates zukünftig zu erwerben (Art.1 u. 2). In Art. 92 war deren vollständige wirtschaftlich-verwaltungsmässige und all jene mit der Existenz der (Gesamt-)Nation vereinbare politische Autonomie anerkannt. Den Gliedstaaten stand es frei, ob sie die territoriale Untergliederung in Provinzen beibehalten oder abändern wollten (Art.1). Sie sollten u.a. auch das Recht zum Erlass einer eigenen Verfassung und zur Errichtung eigener Regierungs- und Legislativorgane sowie weitreichende Finanzhoheit besitzen (Art.92 bis 105). Die Verfassungsautonomie der Gliedstaaten war allerdings durch ein Prüfungsrecht des Bundesparlaments, den Cortes (Art.102), sowie durch ein Homogenitätsprinzip (Art. 101) eingeschränkt. Auch der Präsident war als Staatschef dazu verpflichtet, die Befolgung der gliedstaatlichen Verfassungen zu überwachen (Art. 82 Nr. 10). Erstmals sollten die Gliedstaaten je vier durch ihre eigenen Parlamente gewählte Abgeordnete in einen Senat entsenden (Art. 52), der damit – trotz des fehlenden Initiativrechts (Art. 70) – den Charakter einer

---

[52] Dies., a.a.O.
[53] T. Wiedmann, S. 159.
[54] Das Amt des Präsidenten der Republik bekleidete zu dieser Zeit Francisco Pi y Margall (1824-1901), der eine allseits respektierte Persönlichkeit war, bekannt als zäher Kämpfer und Förderer der föderativen Idee schon seit 1854, als er in den damaligen Cortes bei der Debatte um die Verfassung, die nie zustande kam, für die Republik stimmte. 1854 hatte Pi y Margall in seinem Werk "La reacción y la revolución" föderalistische Vorstellungen in ein zusammenhängändes philosophisches System und in politische Prinzipien eingebettet, Bernecker/Pietschmann, Geschichte Spaneins, S. 236ff.
[55] Dies., ebd., S. 61.

Territorialkammer erhielt. Ein oberstes Bundesgericht, das sich aus je drei Richtern pro Staat zusammensetzen sollte, entschied über Streitigkeiten zwischen den Gliedstaaten (Art. 78).

Doch das föderalistische Modell ist stets schwierig in die Praxis umzusetzen. Mit einer blossen Vefügung des Systems oder mit seiner formellen Verankerung in der Verfassung ist es nicht getan.[56] Die politische Lage in Spanien gestaltete sich zu dieser Zeit denkbar ungünstig. Seit 1872 rebellierten wieder die Karlisten. Winzige Gebietseinheiten erklärten sich für unabhängig.[57] Die Republikanische Partei war zu diesem Zeitpunkt bereits in Unitarier und Föderalisten gespalten. Von letzteren plädierte ein Teil für die legale Einrichtung eines Bundesstaates "von oben", während ein anderer sich für den revolutionären Krieg aussprach, den Aufbau "von unten nach oben", also durch Zusammenschluss von souveränen Regionen forderte und sich maßgeblich an den "kantonalistischen Aufständen" im Sommer 1873 beteiligte.[58] Die Kantonalisierung des Landes drohte, im politischen Chaos zu enden. Zu einer Verkündung des kaum diskutierten bundesstaatlichen Verfassungsprojekts von 1873 kam es nicht. Der Gedanke des Föderalismus wurde nachhaltig diskreditiert. Fortan wurde mit ihm Anarchie, Chaos, Ordnunglosigkeit und territoriale Zerstückelung Spaniens assoziiert.[59]

Mit der Auflösung des Parlaments durch General Pavia in der Nacht zum 3. Februar 1874 begann die Rückbesinnung der staatlichen Mächte auf autoritäre Prinzipien.[60] Diese Militärrevolte brachte nach nur zehnmonatigem Bestehen der Republik mit dem Bourbonen Alfons XII. wieder einen Monarchen an die Regierung. Damit endete eine der bewegtesten Perioden spanischer Geschichte, eine Sechsjahresspanne demokratischer und revolutionärer Erfahrungen. In diesen Jahren wurde die historische Chance versäumt, im Land ein gerechteres und von echtem Volkswillen getragenes Regierungssystem zu schaffen.[61]

### c. Die Verfassung von 1931

Die 1874 errichtete konstitutionelle Monarchie war zu Beginn des 20. Jahrhunderts in eine schwere Krise geraten. Die andauernde Krise veranlasste 1923 General Primo de Rivera, in einem Staatsstreich die Regierung zu stürzen. Als Primo de Rivera nacheinander die Gegnerschaft des Königs, der Grossgrundbesitzer, der Arbeiter, des Militärs und nicht zuletzt auch der Regionalisten auf sich zog, trat er im

---

[56] R. Tamames, S. 132.

[57] T. Wiedmann, S. 159.

[58] Bernecker/Pietschmann, Geschichte Spaniens, S. 242.

[59] J. J. Gonzalez Encinar, Ein asymmentrischer Bundesstaat, S. 228; R. Tamames, S. 131.

[60] K. Wendland, S. 60.

[61] Unbedingt zu erwähnen ist hier, dass 1883 unter der Führung von Pi y Margall als Präsident der Bundesversammlung der republikanischen Partei ein weiterer Verfassungsentwurf erarbeitet wurde, der eine Garantie der Autonomie der Regionen (Art. 3) und das Initiativrecht des Senats enthielt (Art. 29). Der Senat setzte sich aus vier von den regionalen Parlamenten gewählten Vertretern der Regionen zusammen (Art. 20). Die Gliedstaaten bedürften der Zustimmung einer Kammer des Zentralparlaments, nämlich interessanterweise des Senats, um ihre Gliedstaatsverfassungen zu verkünden oder abzuändern (Art. 57).

Januar 1930 zurück. Am 14. April 1931 verliess auch der König Alfons VIII. das Land; noch am gleichen Tag wurde die Republik ausgerufen.

Eines der Hauptprobleme, mit dem sich die spanischen Zweite Republik von Anfang an auseinanderzusetzen hatte, war das der regionalen Selbstverwaltungen. Eine besonders ausgeprägte Form erreichte das Regionalbewußtsein zweifellos in Katalonien und das gleiche lässt sich von den baskischen Provinzen sagen. Auch in Galicien bestanden regionalistisch und nationalistisch ausgerichtete Gruppen. Die neue Verfassung der Republik, die am 9. Dezember 1931 verkündet wurde, war der zweite bedeutsame Versuch (nach dem bundesstaatlichen Verfassungsprojekt von 1873), Spaniens Territorialordnung unter Berücksichtigung der Regionen zu gestalten. Im Unterschied zu den früheren spanischen Entwürfen föderalistischen Gepräges, überließ die neue Verfassung den Regionen selbst, über die Errichtung und das Ausmaß ihrer Autonomie zu entscheiden.[62] Kennzeichen dieser Verfassung war auch, dass auf einen Senat verzichtet wurde. Das vom ersten Verfassungsentwurf vorgesehene Zweikammermodell wurde von der verfassunggebenden Versammlung nach kontroverser Diskussion abgelehnt. Man befürchtete die funktionelle Beeinträchtigung des Abgeordnetenhauses und die Schwächung der Einheit Spaniens.[63]

Die in der Verfassung von 1931 getroffene Regelung erlaubte allen Regionen, historischen oder geographischen, soweit sie dies beantragen sollten, sich als "Autonome Region" zu konstituieren.[64] Die Form der territorialen Gliederung dieses "regionalisierbaren Zentralstaates"[65] erhielt den Namen "Integralstaat" ("estado Integral").[66] Von Anbeginn hatten die "Cortes Constituyentes" (Verfassunggebende Versammlung) bei den Verfassungsberatungen für ein regionalistisches Modell unter Einschluß einer weiten Autonomie anstatt einer föderalistischen Staatsgliederung optiert.[67] Die Verfassung lehnte die Anerkennung eigenstaatlicher Souveränität für Gliedstaaten eindeutig ab. Die Durchbrechung des strengen Einheitsstaatsprinzips (Art.1) war zudem durch die Voraussetzung des Art.11 („historische und kulturelle Eigenpersönlichkeit und wirtschaftliche Leistungsfähigkeit der künftigen Region") und das vorgeschriebene Verfahren zur Erlangung eines Autonomiestatuts (Art.12: Ausarbeitung, Volksabstimmung und Verabschiedung durch die Cortes) nicht unwesentlich relativiert worden.[68] Auf dieser Grundlage erreichten während der kurzen Lebenszeit der Zweiten Republik zunächst Katalonien am 15. September 1932 und später auch das Baskenland am 4. Oktober 1936 (wenn auch nur für einige

---

[62] Die verfassungsmäßig institutionalisierte Offenheit wird "dispositives Prinzip" genannt und ist zugleich die wichtigste Gemeinsamkeit mit der heutigen Verfassung.
[63] K. Wendland, S. 62.
[64] P. Cruz Villalón, Die Neugliederung des Spanischen Staates, in: JöR, Bd. 34, 1985, S. 198.
[65] K. Wendland, S. 62.
[66] Art. 1 Abs. 3: "Die Republik ist ein integraler Staat, mit der Autonomie der Gemeinden und Regionen vereinbar ist."
[67] H.-J. Blanke, Föderalismus und Integrationsgewalt, S. 58.
[68] Ders., S. 59; W. Boucsein, Spanische Regionalismus, in: JöR, Bd. 27, 1985, S. 65.

Monate) den Status einer autonomen Region.[69] Andere Gebiete unternahmen die ersten Schritte in Richtung Autonomie, wobei in Galicien immerhin ein Referendum am 28. Juni 1936 abgehalten wurde, welches das betreffende Autonomiestatut bestätigte.[70] Gegen die Schaffung eines allgemeingültigen Systems politischer Dezentralisierung "von oben" sprach vor allem die traumatische Erfahrung mit den kantonalistischen Extremen von 1873, aber auch der Einflußverlust der Föderalisten.[71]

Die Autonomen Regionen erhielten einen Katalog von ausschließlich ihnen vorbehaltenen Materien zugestanden. Dies war ein Teil der dreistufig gegliederten Kompetenzregelung mit der Unterscheidung in Materien mit ausschließlicher Zuständigkeit des Staates (Art. 14), Materien mit Gesetzgebungskompetenz des Staates und Ausführungsbefugnis der Region (Art. 15) sowie Materien mit ausschließlicher Gesetzgebungs- und Ausführungsbefugnis der Region entsprechend den Bestimmungen des Statuts (Art. 16). Die Statuten wurden nach Art. 11 Abs. 3 als integraler Bestandteil der staatlichen Rechtsordnung vom Staat "anerkannt" und von diesem – wie jedes andere staatliche Recht – geschützt.[72]

Der Staat hatte die ausschließlichen Kompetenzen auf den Gebieten der Staatsangehörigkeit, des allgemeinen Verkehrswesens, der Post und Telegrafie, auch hinsichtlich der Sicherheit und Ordnung, soweit überregionale Bezüge vorlagen (Art.14 Nr. 1, 4 und 13). Auf dem Gebiet der Finanzverwaltung blieben dem Staat die Befugnisse über die allgemeinen Staatsfinanzen, auf der Rechtspflege bezüglich der Gerichtsbarkeit des Obersten Gerichtshofes (Art. 14 Nr. 11, 12).[73] Eine ausschließliche Gesetzgebungskompetenz des Staates mit einer möglichen Ausführungsbefugnis der Region war gemäß Art. 15 u.a. auf den wichtigsten Rechtsgebieten wie Strafrecht, Sozialrecht, Handels- und Prozessrecht und Teile des Zivilrechts (Art.15 Nr.1) gegeben. Die in Art.14 und 15 nicht genannten Materien konnte die Autonome Region entweder aufgrund gesetzlicher Delegation oder eines Statuts als Gesetzgebungsbefugnis beanspruchen. Aber auch diese Kompetenzen unterlagen gewissen Einschränkungen, wie durch die in Art.19 bestimmten sog. "Grundsatzgesetze" (*bases*) und durch das Verbot einer unterschiedlichen Behandlung von Bürgern der Region und den übrigen Spaniern (Art.17).[74]

Eine Föderation der autonomen Regionen wurde gemäß Art.13 in keinem Fall erlaubt. Die Verfassung wollte so ein Übermass der föderalistischen Elemente verhindern, die in letzter Konsequenz zu einer Verbündung der Teilgebiete gegen den Zentralstaat führen und so dessen innere Einheit gefährden könnten.[75] Hingegen sah die Verfassung eine Regelung für die potentielle Unitarisierung vor: Nach Art.22 war

---

[69] P. Cruz Villalón, Die Neugliederung des Spanischen Staates, in: JöR, Bd. 34, 1985, S. 198.
[70] Ders., a.a.O. Als historische Vorbilder beeinflußten diese Autonomien die Redaktion der spanischen Verfassung von 1978 hinsichtlich der Zuweisung von Kompetenzen an die Autonomen Gemeinschaften und deren Konstituierung.
[71] K. Wendland, S. 63.
[72] Dies., a.a.O.
[73] H.-J. Blanke, S. 59.
[74] Ders., a.a.O.
[75] K. Wendland, S. 63.

16

es jeder autonomen Region oder einem Teil einer solchen erlaubt, auf ihre Autonomie zu verzichten und als eine dem Zentralstaat direkt unterstellte Provinz zu diesem gewissermassen zurückzukehren. Hierfür war allerdings der Vorschlag der Mehrheit der Gemeinden und die Zustimmung der Zweidrittelmehrheit der Wahlberechtigten notwendig.

Insgesamt gesehen lässt sich sagen, dass mit der Republik ein grundsätzlich neuer Weg zur Lösung eines alten Problems aufgezeigt wurde: wie man nämlich den Forderungen des Regionalismus und des Nationalismus entgegengekommen könne, ohne die Vorstellung einer spanischen Gesamtstaatlichkeit zu opfern. Die Idee vom – weder föderativen noch unitarischen – "integralen Staat" ging von der Vereinbarkeit regionaler Autonomie (in verschiedenen Abstufungen, entsprechend den Ansprüchen und dem Potential der auf Selbständigkeit bedachten Regionen) mit einem übergeordneten Staatswesen aus, das für Außenpolitik und Verteidigung verantwortlich bleibt und die wichtigsten Hebel der Wirtschafts-, Sozial- und Kulturpolitik in der Hand behält.[76]

Die mit viel Hoffnung und demokratischem Bewusstsein begonnene Zweite Republik schlug jedoch 1936 fehl. Spanien war in den 1930er Jahren ein zerrissenes Land. Politisch war es modern organisiert. Parteien, Gewerkschaften und eine demokratische Verfassung funktionierten. Wirtschaftlich, kulturell und sozial hingegen war das Land rückständig. Die Reformgesetze scheiterten zum Teil an jahrhundertealten Strukturen und Mentalitäten. Grosse Teile der Oberschicht glaubten, sie hätten ein automatisches Anrecht auf die Vorherrschaft.[77] Die Konservativen beschworen die traditionellen Werte ihres "ewigen" Spaniens. Man setzte Regionalismus mit Separatismus gleich. Das antirepublikanische Offizierskorps betrachtete jede Autonomiebewegung als den Beginn zur Auflösung der spanischen Nation. Alle betroffenen Kräfte richteten gegen die Demokratisierung und Reformen, deren Verwirklichung das Ende der früheren Privilegien bedeutet hätte. Die internationale Lage trug ebenfalls nicht zum Gelingen des Experiments bei. Europa war im Streit zwischen Faschisten und Marxisten zerrissen und konnte Spanien weder helfen noch demokratisches Vorbild sein.

### d. Die Diktatur Francos

Im Juli 1936 war in Spanien der Bürgerkrieg ausgebrochen. Der Führer der gegen die Republik kämpfenden Truppen General Francisco Franco Bahamonde übernahm 1937 die Führung der von Primo de Rivera gegründeten Falange, mit deren Hilfe er Militär und Staat seinem Willen unterwarf. Mit dem Einmarsch seiner Truppen in Madrid konnte General Franco den Bürgerkrieg siegreich beenden.[78]

Francos "Neuer Staat" verfügte über keine kodifizierte Verfassung, begnügte sich vielmehr damit, im Laufe der Jahre "Grundgesetze" (fueros) zu erlassen, die in

---

[76] Vgl. R. Tamames, S. 206-207.
[77] Vgl. W. Herzog, Spanien, S. 67.
[78] Mehr über Bürgerkrieg in Spanien: Bernecker/Pietschmann, Geschichte Spaniens, S. 319-334.

ihrer Gesamtheit die konstitutionelle Basis des Regimes darstellten.[79] Das zentralistisch-autoritäre Regime Francos unterdrückte jeden Ausdruck regionaler Eigenart. Durch Gesetz vom 5. März 1938 in Burgos schaffte Franco das katalanische Statut ab, erklärte die Anwendbarkeit der auch in den übrigen Provinzen geltenden staatlichen Normen im Bereich des Verwaltungsrechts und die "Rücknahme" aller Kompetenzen, die die vier katalanischen Provinzen innehatten. Am 8. September 1939 erklärte ein Gesetz jegliche Gesetze, Verfügungen und Lehren, die vom katalanischen Parlament und vom katalanischen Appellationsgericht ausgegangen waren, für nichtig und verbot deren Anwendung.[80]

Mit Gesetzes-Dekret vom 23. Juni 1937 erkannte Franco die baskischen Provinzen Guipuzcoa und Vizcaya, die gegen das Franco-Regime gekämpft hatten, strafend sämtliche finanziellen und steuerlichen Sonderrechte ab. Allein Navarra und Alava gestand Franco Sonderregeln zu. Navarra beließ er die auf die "Ley paccionada" von 1841 zurückgehenden steuerrechtlichen und verwaltungsrechtlichen Sonderregeln, Alava sein "regimen de conciertos economicos". Von dieser Ausnahme abgesehen ließ Franco lediglich im Bereich des Zivilrechts eine Entwicklung der regionalen Sonderrechte zu.[81] Im übrigen wurde der Gebrauch der baskischen und katalanischen Landessprachen verboten, kulturelle Vereine der beiden Volksgruppen für illegal erklärt. Die Zentralisierung des Staatsapparates griff hinunter bis in die Provinzen und die Gemeinden. Das franquistische Regime duldete auch auf der lokalen Ebene keinerlei Autonomie. Spanien verharrte fast vier Jahrzehnte lang unter Francos starrer Diktatur.[82]

### 3. Spanien nach Franco – von der Diktatur zur Demokratie

#### a. "Transición" und die Präautonomien

Nach dem Tode Francos im Jahre 1975 fand gemäß dem politischen Vermächtnis des Diktators und in Übereinstimmung mit dem Gesetz über die Nachfolge in der Staatsführung noch im selben Jahr die Proklamation von Juan Carlos I. zum König statt, der Adolfo Suarez Gonzalez in das Amt des Ministerpräsidenten

---

[79] Die Verfassungsordnung des franquistischen Spaniens bestand aus insgesamt sieben Gesetzen: das Grundgesetz der Arbeit (1938), das die soziale und wirtschaftliche Ordnung enthielt, das Gesetz zur Verfassung des Parlaments (1942), das die Cortes als eines der Organe zum Zwecke der Mitwirkung des Volkes vorsah, das Grundgesetz der Spanier (1945), in dem die Rechte und Pflichten der Spanier festgelegt wurden, das Gesetz des Nationalen Referendums (1945), auf Grund dessen das Staatsoberhaupt die Bürger zu Gesetzematerien oder politischen Angelegenheiten befragen konnte, das Gesetz über die Nachfolge in der Staatsführung (1947), das es Franco ermöglichte den Cortes einen Nachfolger vorzuschlagen und die Schaffung des Regierungsrates nach dessen Tod vorsah, das Gesetz über die Prinzipien der Nationalen Bewegung (1958), das Grundprinzipien für das staatliche Handeln vorgab, und das Organgesetz des Staates (1967), das Zusammensetzung und Kompetenzen der oberen Staatsorgane regelte, vgl. K. Wendland, S. 67.
[80] K. Wendland, S. 65.
[81] Dies., a.a.O.
[82] T. Wiedmann, S. 160.

18

berief. Die neue Regierung leitete zielstrebig den Übergang zur parlamentarischen Demokratie ein, wofür in Spanien die Bezeichnung *transición* gebräuchlich wurde.[83]

Im November 1976 billigten die alten Cortes das Gesetz über die politische Reform (*Ley para la Reforma Política*), das die Ersetzung der Ständekammer durch ein allgemein gewähltes Zweikammerparlament mit verfassunggebenden Vollmachten vorsah. Das Reformgesetz wurde im Dezember 1976 durch das Volk per Referendum angenommen.[84] Mit der Annahme des Reformgesetzes gilt die erste Phase der *transición* als beendet. Danach setzte ein mehrjähriger, friedlicher Prozess des Verfassungswandels ein. In dieser zweiten Phase der *transición* hing die Dynamik des Wandels weit mehr als zuvor vom Konsens zwischen Regierung und demokratischer Opposition ab. *Consenso* wurde fortan zum Schlüsselwort aller wichtigen, den Übergang bestimmenden Entscheidungen.[85] Unter den Verfassungsreformen war das Wahlgesetz von 1977 von entscheidender Bedeutung für die weitere Entwicklung der spanischen Verfassungsgeschichte. Es regelte in vollem Umfang die Wahlverfahren für das Abgeordnetenhaus und den Senat. Auf seiner Grundlage wurden am 15. Juni 1977 die ersten demokratischen Wahlen abgehalten.

Immer wenn sich in Spanien ein verfassungsrechtlicher Neuanfang anbahnte, stellte sich als zentrale Frage die Integration regionaler Individualitäten in den Gesamtstaat.[86] Auch nach den ersten demokratischen Wahlen von 1977 war die regionale Frage einer der wichtigsten politischen „issues". Katalonien und Baskenland drängten ungeduldig auf die Wiederherstellung der traditionellen Institutionen der Selbstregierung.[87] In nahezu allen Regionen des Landes entstanden regionalistische Bewegungen. Deshalb wurde die spanische Regierung in der Autonomiefrage aktiv. Gleichzeitig zum verfassunggebenden Prozess der Jahre 1977-78 nahm die Regierung Kontakt zu regionalen Politikern auf und führte die Verhandlungen mit den aus allen Parteien zusammengesetzten Parlamentarierversammlungen in den einzelnen Regionen. Nach den Verhandlungen entschloß sich die Regierung, in fast allen Teilen des Staatsgebietes durch Gesetzes-Dekrete (Dekretos-Leyes) vorläufige Autonomieregime bzw. Präautonomien einzurichten. Insgesamt wurden zwischen November 1977 und Oktober 1978, parallel zum verfassunggebenden Prozess, 13 Präautonomien konstituiert, wobei mit der Wiederherstellung der Selbstregierungs-Institutionen in Katalonien (Generalitat, 29. September 1977) und der Einrichtung des Baskischen Generalrats (*Consejo General del Pais Vasco*, 4. Januar 1978) begonnen wurde.[88] Diese Gebietskörperschaften waren die Vorläufer der späteren Autonomen Gemeinschaften. Auch Regionen, in denen kaum Autonomieforderungen erhoben

---

[83] T. Wiedmann, S. 161; Bernecker/Pietschmann, Geschichte Spaniens, S. 370.

[84] Bei der Referendum sprachen sich bei einer hohen Wahlbeteiligung (über 77%) mehr als 95% der Abstimmenden für das Reformprojekt aus, vgl. Bernecker/Pietschmann, Geschichte Spaniens, S. 369.

[85] Dies., ebd., S. 370.

[86] T.Wiedmann, S. 161.

[87] Nohlen/Hildenbrand, Regionalismus und politische Dezentralisierung in Spanien, S. 25.

[88] A. Hildenbrand, Das Regionalismusproblem, S. 109; vgl. auch L. López Guerra, Politische Dezentralisierung in Spanien, S. 85.

worden waren, erhielten ein derartiges Regime.[89] Die Präautonomien unterschieden sich allerdings dadurch wesentlich von den Autonomen Gemeinschaften, dass sie noch keine politische, sondern eine rein administrative Dezentralisierung des Gesamtstaates darstellten: Sie hatten lediglich Verwaltungs-, nicht aber Gesetzgebungskompetenzen.[90] Nach der siebten Übergangsbestimmung der Verfassung hatten die Präautonomien provisorischen Charakter: Ihre Regierungen endeten nach spätestens drei Jahren, wenn nicht das betreffende Territorium mit dem Prozess der Konstituierung als Autonome Gemeinschaft begonnen hatte.[91]

Die Wiederherstellung der Institutionen der Selbstregierung in Katalonien und im Baskenland und die Existenz weiterer provisorischer Autonomieregime haben in ganz entscheidender Weise die Inhalte und die Anwendung der in der Verfassung niedergelegten Bestimmungen zur Dezentralisierung des Staates beeinflußt.[92] Als im Dezember 1978 die Verfassung in Kraft trat, war das Staatsgebiet, von wenigen Ausnahmen abgesehen, schon in eine Reihe von Gebietseinheiten gegliedert, die über vorläufige Autonomieregime verfügten und gerade im Begriff waren, bedeutende Kompetenzen auf dem Gebiet der Verwaltung zu erhalten, was einer administrativen Dezentralisierung des Staates gleichkam. Diese Tatsache sollte sowohl den zeitlichen Ablauf wie auch den Umfang des Autonomieprozesses bestimmen.[93]

*b. Der verfassunggebende Prozess*

Größte Sorge des neugewählten Parlaments war die Ausarbeitung einer neuen Verfassung, innerhalb derer die regionale Frage eine der dringlichsten politischen Aufgaben darstellte. Sieben von den parlamentarischen Gruppen des Abgeordnetenhauses gewählte Abgeordnete wurden damit betraut, einen Verfassungsentwurf zu formulieren. Diese Redaktionskommission hielt ihre Sitzungen zwischen August und Dezember 1977 ab. Am 5. Januar 1978 wurden der Verfassungsentwurf und die Modifizierungsvorschläge der einzelnen Parteien veröffentlicht. Damit wurde eine einmonatige Diskussionsphase eröffnet, in der bis zum 31. Januar 1978 die stattliche Zahl von 1133 Änderungsvorschlägen einging.[94] Mit der Veröffentlichung des neuen und endgültigen Entwurfes am 17. April 1978 begann die öffentliche parlamentarische Debatte. Besondere Bedeutung hatte die Ausarbeitung des Textes der Verfassung in der Verfassungskommission des Abgeordnetenhauses. Die Sitzungen dieser Kommission fanden zwischen dem 11. Mai

---

[89] Nohlen/Hildenbrand, Regionalismus und politische Dezentralisierung in Spanien, S. 26.
[90] Als Organe verfügten die Präautonomien über einen Präsidenten und einen Exekutivausschuss, der aus den in der betreffenden Region gewählten Abgeordneten der Cortes und aus Mitgliedern der Provinzräte bestand. Die Materien der Verwaltungskompetenzen der Präautonomien wurden von der Zentralregierung festgelegt, wobei auf die Vorarbeit von mehreren Kommissionen zurückgegriffen wurde, die von Vertretern der betreffenden Präautonomie und der Zentralregierung besetzt waren, vgl. Nohlen/Hildenbrand, ebd., S. 26.
[91] P. Cruz Villalón, Die Neugliederung des Spanischen Staates, in: JöR, Bd. 34, 1985, S. 210.
[92] Vgl. P. Cruz Villalón, ebd., S. 211; Nohlen/Hildenbrand, Regionalismus und politische Dezentralisierung in Spanien, S. 26.
[93] P. Cruz Villalón, Die Neugliederung des Spanischen Staates, in: JöR, Bd. 34, 1985, S. 211.
[94] K. Wendland, S. 69.

und dem 20. Juni 1978 statt. In ihnen wurde ein Text beschlossen, der – mit Ausnahme der Bemühungen, den baskischen Ansprüchen nachzukommen – nicht mehr verändert, sondern nur mehr in Kleinigkeiten korrigiert wurde.[95] Sowohl das Abgeordnetenhaus als auch der Senat berieten den Entwurf in ihrer Kommission und im Plenum. Schließlich wurde die Verfassung von den beiden Kammern des Parlaments am 31. Oktober 1978 verabschiedet, am 6. Dezember durch ein Volksreferendum angenommen[96] und durch den König in einer gemeinsamen Sitzung von Abgeordnetenhaus und Senat am 27. Dezember 1978 verkündet. Die neue Verfassung Spaniens trat am 29. Dezember 1978 in Kraft.[97]

Die Umgestaltung der territorialen Gliederung des Staates, d.h. die Ersetzung der alten Struktur des zentralistischen Staates durch eine neue politische Konstruktion, die eine wirkliche Dezentralisierung der Staatsgewalt erlaubt, war die schwierigste Aufgabe, vor die der Verfassunggeber gestellt war; auch nach der Veröffentlichung der Verfassung war sie das Hauptproblem bei der Konsolidierung des demokratischen Systems.[98] Die großen Parteien, die den Verfassungswandel mitgestalteten, schrieben allesamt die regionale Dezentralisierung in ihre Parteiprogramme. In Spanien verband sich der Gedanke der Demokratie sehr eng mit dem der regionalen Autonomie. Dezentralisierungsprozesse in ganz Europa bestärkten die Spanier in der Überzeugung, dass ihre neugewonnene Demokratie sich umso lebendiger gestalte, je häufiger und unmittelbarer die Bürger am öffentlichen Leben beteiligt würden.[99] Nur die Frage, welches Mass an Dezentralisierung angestrebt werden sollte, blieb zwischen den Parteien höchst umstritten. Sie präsentierten hinsichtlich dieser Frage äußerst kontroverse Ausgangspositionen. Die Linksparteien (besonders PSOE) plädierten für ein föderales Staatsmodell. Die rechte AP vertrat für den Gesamtstaat eine administrative Dezentralisierung und die katalanische CDC verlangte für die drei "historischen Nationalitäten" eine weitreichende politische Autonomie, wollte gleichzeitig aber die anderen Regionen auf das Niveau einer rein administrativen Dezentralisierung beschränkt sehen.[100] Dazu kam noch, dass der Verlauf des verfassunggebenden Prozesses von der Ablehnung regionaler Autonomie durch weite Teile des Militärs und des frankistisch durchsetzten Verwaltungsapparats überschattet war. Ebenso nahm der Bombenterror der ETA auf die zeitliche Dynamik der Arbeiten der Verfassungsväter nicht unerheblichen Einfluß.[101] Titel VIII der Verfassung von 1978, der die Grundprinzipien der Dezentralisierung enthält, ist mit vielen Schwächen

---

[95] F. Rubio Llorente, Der verfassunggebende Prozess, S. 140.
[96] Die Verfassung wurde bei der Wahlbeteiligung von 67,66% mit 87,79% der Wählerstimmen angenommen.
[97] Der Prozess der Verfassunggebung bei: F. Rubio Llorente, Der verfassunggebende Prozes, S. 127-149.
[98] G.Trujillo Fernandez, Der neue spanische Föderalismus, S. 116.
[99] T. Weidmann, S. 161.
[100] Vgl. Nohlen/Hildenbrand, Regionalismus und politische Dezentralisierung in Spanien, S. 27.
[101] Dies., a.a.O.

behaftet[102] und zeigt deutlich, dass die spanische Verfassung von 1978 ein Minimalkonsens ist, der im Rahmen extremer Interessensgegensätze geboren wurde.[103]

### c. Die Grundprinzipien der Dezentralisierung

Das auffallendste Merkmal des neuen spanischen Staatssystems ist zweifellos die Vagheit der Verfassung darüber, welche Gebietskörperschaften einen Autonomie-Status erhalten können und welches Mass an politischer Macht damit verbunden ist.[104] Es fehlt an einer ausdrücklichen Definition der territorialen Form des Staates. Die Verfassung definiert nicht den einheitlichen, föderalistischen oder dezentralisierten Charakter des Staates.[105] Man kann sogar sagen, dass die spanische Verfassung nicht einmal einen Verfassungsauftrag für die Dezentralisierung der Territorialordnung enthält.[106]

Art.2 SV definiert, dass die einzige spanische Nation sich aus verschiedenen Nationalitäten und Regionen (regiones) zusammensetzt, welche das Recht auf Autonomie besitzen. Dabei wird "Nationalitäten" (nacionalidades), anders als die gesamtspanische "Nation" (Nación) kleingeschrieben. Hier wird der einheitliche Status des Staates als Spiegelung der "unauflöslichen Einheit der spanischen Nation" verkündet, aber gleichzeitig das Recht auf Autonomie der Nationalitäten und Regionen anerkannt und verbürgt.[107] Durch Art. 137 wird festgelegt, dass die künftig sich konstituierenden Autonomen Gemeinschaften bei der Wahrnehmung ihrer Interessen ebenfalls Autonomie geniessen. Wie aber oben bereits erwähnt wurde, legt die Verfassung keine bestimmte und genau definierte Staatsform fest. Auch die Zahl der Autonomen Gemeinschaften ließ die Verfassung im Unklaren. Sie hat die zukünftige Aufteilung des Staatsgebietes in Autonome Gemeinschaften der Initiative der Regionen selbst überlassen. Diesem dispositiven Prinzip unterliegt die Verwirklichung der Dezentralisierung, oder, anders gesagt, die Verwirklichung des Autonomieprinzips. Die vorgesehene Dezentralisierung des Staates hängt also vom aktiven Willen der Regionen ab, sich autonom innerhalb eines einzigen Staates zu organisieren. Die Verfassung enthält dabei keine zeitliche Frist, innerhalb derer die Regionen sich für oder gegen ihre Konstituierung als Autonome Gemeinschaften

---

[102] Vgl. J. Perez Royo, Die Verteilung der Kompetenzen zwischen Staat und Autonomen Gemeinschaften, S.103-125. Auch Jordi Sole Tura, einer der Verfassungsväter der Verfassung, sieht in der Kompetenzverteilung und der Finanzierung der Autonomien die beiden gravierendsten Probleme: "Creo que ambos se resolverón mal", vgl. P. Thiery, Der spanische Autonomiestaat, S. 102.

[103] Nohlen/Hildenbrand, Regionalismus und politische Dezentralisierung in Spanien, S. 27.

[104] G. Trujillo Fernandez, Der neue spanische Föderalismus, S. 119.

[105] Ders., S. 120.

[106] P. Cruz Villalón, Die Neugliederung des Spanischen Staates, in: JöR, Bd. 34, 1985, S. 197.

[107] Art. 2 der spanischen Verfassung lautet: "Die Verfassung stützt sich auf die unauflösliche Einheit der spanischen Nation, gemeinsames und unteilbares Vaterland aller Spanier, und anerkennt und gewährleistet das Recht auf Autonomie der Nationalitäten und Regionen, die die Nation zusammensetzen, und auf Solidarität zwischen ihnen."

entscheiden müssten;[108] die Entscheidung für die Autonomie kann jedoch unter keinen Umständen wieder rückgängig gemacht werden.

Von zentraler Bedeutung war die verfassungsrechtliche Verankerung zweier grundverschiedener Modelle von Autonomen Gemeinschaften. Dementsprechend unterscheidet die Verfassung zwei Verfahren für die Konstituierung der Autonomen Gemeinschaften: Ein reguläres und ein qualifiziertes Verfahren, das den historischen Regionen ihre Konstituierung vereinfachend ermöglicht.[109] Das gewählte Verfahren bedingt zugleich das gesetzgeberische und verwaltungsmäßige Kompetenzniveau. Dabei ist zu erwähnen, dass am Anfang der allgemeine oder gewöhnliche Typ der Autonomen Gemeinschaft (die Autonomen Gemeinschaften, die nach dem regulären Verfahren sich als Autonome Gemeinschaften konstituiert haben), insgesamt durch eine grundlegende Unbestimmtheit gekennzeichnet war. Die Vorschriften über die Autonomen Gemeinschaften des gewöhnlichen Typs sind so abgefaßt, dass aus ihrer Grundlage sowohl administrativ als auch politisch dezentralisierte Gebietseinheiten geschaffen werden können. Die Bestimmungen der Verfassung boten also die Basis für eine administrative wie auch politische Dezentralisierung des Staates.[110] Mit diesen derart ungenauen Vorschriften hat der Verfassungsgeber die Entscheidung der Frage, welches das vorherrschende Modell der Autonomen Gemeinschaft innerhalb des Staates sein soll, weitgehend den Händen des staatlichen Gesetzgebers überlassen.[111] Erst die künftig von den politischen Kräften auszuhandelnden Autonomiestatuten sollten klären, ob die Autonomen Gemeinschaften dieses Models Parlamente und Regierungen als Organe einer politisch autonomen Gebietskörperschaft besitzen würden.[112] Diese Autonomen Gemeinschaften der sog. regulären Entstehungsform des Art. 143 SV können in ihren Autonomiestatuten innerhalb der Materienliste des Art. 148 SV Kompetenzen übernehmen, d.h. sie besitzen zunächst ein niedriges Kompetenzniveau. Art.148 Abs.2 SV eröffnet aber den Autonomen Gemeinschaften der regulären Entstehungsform die Möglichkeit, fünf Jahre nach Inkrafttreten ihrer Autonomie ebenfalls das höhere Kompetenzniveau übernehmen zu können.[113]

Ist das Territorium, das sich als Autonome Gemeinschaft konstituieren will, einmal abgegrenzt, kann die statutgebende Phase einsetzen. Die Autonomiestatuten sind verfassungsähnliche Gesetze, aus denen vor allem die innere Organisationsstruktur und, in Verbindung mit der spanischen Verfassung, auch die Kompetenzen der jeweiligen Autonomen Gemeinschaft hervorgehen. Der Statutentwurf muss bei den gemäß Art.143 Abs.2 SV entstehenden Autonomen

---

[108] P. Cruz Villalón, Die Neugliederung des Spanischen Staates, in: JöR, Bd. 34, 1985, S. 200.
[109] K. Wendland, S. 77, vgl. auch L. López Guerra, Politische Dezentralisierung in Spanien, S.79.
[110] P. Cruz Villalón, die Neugliederung des Spanischen Staates, in: JöR, Bd. 34, 1985, S. 202.
[111] Ders., S. 203.
[112] Nohlen/Hildenbrand, Regionalismus und politische Dezentralisierung in Spanien, S. 28.
[113] Die Initiative für die Bildung einer Autonomen Gemeinschaft gemäß Art. 143 Abs. 2 obliegt dem Repräsentativorgan der Provinz – Provinzrat (Diputación Provincial) sowie andererseits einem Minimum von zwei Dritteln der Gemeindevertretungen der betreffenden Provinz, deren Bevölkerung mindestens der relativen Mehrheit der Wahlberechtigten einer Provinz oder Insel entsprechen muss. Gemäß der ersten Übergangsbestimmung können auch die oberen Organe der Präautonomieregime die Initiative der Provinzräte ersetzen.

Gemeinschaften gemäß Art. 146 Abs. 1 SV von einer Ad hoc-Versammlung erarbeitet werden, die sich aus Mitgliedern der Provinzräte bzw. der entsprechenden Inselorgane, Abgeordneten und Senatoren aus der zu bildenden Gemeinschaft zusammensetzt. Der Statutentwurf wird dann den Cortes vorgelegt, die ihn wie einen Gesetzesentwurf behandeln. Die besondere Bedeutung der Autonomiestatuten der Autonomen Gemeinschaften der regulären Entstehungsform besteht darin, dass allein und ausschließlich von den Autonomiestatuten abhängt, ob diese Autonomen Gemeinschaften administrative oder politische Gebietseinheiten sein werden.[114] Dabei muss man auch in Betracht ziehen, dass sobald die erwähnten fünf Jahre einmal vergangen sind, die Kompetenzen dieser Autonomen Gemeinschaften durch Statutänderung erweitert werden können. Da dieses höhere bzw. quantitativ umfangreichere Niveau auch legislative Kompetenzen enthält, konnten jene Autonomen Gemeinschaften letztlich ebenfalls die politische Autonomie mit der entsprechenden Organstruktur besitzen. Deshalb sprach man von diesem Verfahren stets als dem "langsamen Weg" zur politischen Autonomie.[115]

Dem "langsamen Weg" steht der sog. "schnelle Weg" gegenüber. Die Autonomen Gemeinschaften der qualifizierten Entstehungsform des Art. 151 SV haben von Anfang an politischen Charakter. Hier handelt es sich also um eine politische Autonomie, da die Autonomen Gemeinschaften in diesem Fall Parlamente und Regierungen (Art. 152 SV) sowie legisaltive Kompetenzen besitzen. Außerdem ist das Niveau ihrer Kompetenzen höher, da diese in einem umfangreicheren Materienkatalog ausgeübt werden können.[116] Die Bildung einer Autonomen Gemeinschaft dieses Modells wurde den drei historischen Nationalitäten wesentlich leichter gemacht als anderen Gebieten, die sich möglicherweise auf diesem Weg zu einer Autonomen Gemeinschaft konstituieren wollten.[117] Von Anfang an war für sie die politische Autonomie und das höhere Kompetenzniveau vorgesehen. Gemäß der zweiten Übergangsbestimmung der Verfassung mussten die historischen Nationalitäten ihren in der Zweiten Republik bereits manifestierten Autonomiewillen nicht mehr erneut zum Ausdruck bringen. Das ist die Sonderregelung für Katalonien, das Baskenland und Galicien. Für diese Regionen ist in der Initiativphase lediglich erforderlich, dass die absolute Mehrheit der oberen Präautonomieorgane die Konstituierung als Autonome Gemeinschaft beschließt und dies der Zentralregierung mitteilt. Anerkannt wird somit die besondere historische Entwicklung und Bedeutung dieser Gebiete.

---

[114] P. Cruz Villalón, die Neugliederung des Spanischen Staates, in: JöR, Bd. 34, 1985, S. 206.

[115] Ders., a.a.O.; Nohlen/Hildenbrand, Regionalismus und politische Dezentralisierung in Spanien, S. 29.

[116] Gemäß Art. 151 Abs. 1 SV ist in der Initiativphase erforderlich, dass sämtliche Provinzräte sowie drei Viertel der Gemeinden (bei Vertretung der relativen Mehrheit der Wahlberechtigten) den willen zur Autonomie bekunden. Anschließend findet eine Volksbefragung statt, bei der – in Übereinstimmung mit einem Ausführungsgesetz – die absolute Mehrheit der Wähler jeder Provinz der Initiative zustimmen muss (dieses Verfahren fand für Andalusien Anwendung).

[117] Nohlen/Hildenbrand, Regionalismus und politische Dezentralisierung in Spanien, S. 29.

Dagegen ist die statutgebende Phase für die drei historischen Nationalitäten wie auch für die übrigen Territorien, welche die Bedingungen des Art. 151 SV erfüllt haben, (fast) identisch. Festzuhalten ist vor allem, dass kein Autonomiestatut dieser politischer Autonomen Gemeinschaften ohne die Zustimmung der Bevölkerung, die hierüber direkt konsultiert sein muss, in Kraft treten kann.[118] Nachdem die Ad hoc-Versammlung einen Entwurf eines Autonomiestatuts ausgearbeitet hat, wird dieser Entwurf einem Ausschuß für Verfassungsfragen (Verfassungskommission) des Abgeordnetenhauses unterbreitet. Der Entwurf des Autonomiestatuts wird aber nicht den Verfahrensvorschriften eines Organgesetzes unterworfen, wie das bei den gewöhnlichen Autonomen Gemeinschaften der Fall war; vielmehr bildet sich im Abgeordnetenhaus der Cortes Generales eine eigenartige Ad hoc-Kommission, die aus den Mitgliedern des Verfassungsausschusses des Abgeordnetenhauses und einer Vertretung der oben erwähnten Ad hoc-Versammlung besteht (Art. 151 Abs. 2 Nr. 2 SV). Dieser Ad hoc-Kommission beschliesst nach zweimonatiger Beratung ein Statut, das dann in einer Volksbefragung die Zustimmung der Bürger finden muss (Art. 151 Abs. 2 Nr. 3 SV). Falls der Statutentwurf von der Bevölkerung der künftigen Autonomen Gemeinschaft gebilligt wird, wird er anschließend von den Cortes Generales als Organgesetz verkündet (Art.151 Abs. 2 Nr. 4 SV).[119] Stimmt die Wählermehrheit nicht zu, wird der Entwurf an die Cortes weitergeleitet; er setzt den üblichen Verfahrensweg eines Organgesetzes fort. Ein bedeutender Unterschied besteht allerdings darin, dass auch ein so erarbeitetes Autonomiestatut nur dann in Kraft treten kann, wenn es einmal im Rahmen eines Referendums die Zustimmung der Bevölkerung der künftigen Autonomen Gemeinschaft erhalten hat (Art. 151 Abs. 2 Nr. 5 SV).

Die Verfassung enthält noch eine wichtige Neuerung, womit sie auch in einem anderen Aspekt der Geschichte Rechnung getragen hat. Die Verfassung hat in der ersten Zusatzbestimmung die sogenannten "historischen Rechte der Foralgebiete" aufgenommen.[120] Die Verfassung definiert dabei weder, welche Gebiete diese Territorien sind, noch präzisiert sie diese Rechte. Trotzdem besteht Einverständnis darüber, dass mit diesen historischen Rechten vor allem steuerlich-finanzielle Privilegien gemeint sind, die diese Gebiete im Rahmen eines speziellen Finanzierungssystems auch im heutigen Autonomiestaat genießen.[121] Zu diesen Gebieten, die nach der aufgezwungenen Vereinheitlichung durch Philipp V. ein Bündel bedeutender politischer und finanzieller Freiheiten (fueros) bis zum 19.

---

[118] Der politische Charakter dieses Typs der AG wird auch dadurch offenkundig, dass in der Ad hoc-Versammlung, die den Entwurf des Autonomiestatuts ausarbeitet, einzig und allein die Mitglieder der Cortes Generales (Abgeordnete und Senatoren) vertreten sind, die für die Provinzen, aus denen sich die Autonome Gemeinschaft zusammensetzen wird, gewählt worden sind (Art. 151 Abs. 2 Nr. 1 SV). Nicht repräsentiert sind in dieser Versammlung die Provinzräte.

[119] Der Entwurf muss in jeder Provinz von der Mehrheit der gültig abgegebenen Stimmen gebilligt werden.

[120] Die erste Zusatzbestimmung lautet: "Die Verfassung schützt und achtet die historischen Rechte der Foralgebiete. Die allgemeine Aktualisierung des erwähnten Foralregimes wird gegebenenfalls im Rahmen der Verfassung und der Autonomiestatuten durchgeführt werden".

[121] Nohlen/Hildenbrand, Regionalismus und politische Dezentralisierung in Spanien, S. 29.

Jahrhundert, einige davon sogar bis in die 1970er Jahre bewahren konnten, gehören vor allem die drei baskischen Provinzen Alava, Guipuzcoa und Vizcaya, die heute die Autonome Gemeinschaft des Baskenlandes bilden, aber auch das alte Königreich (heute "Foralgemeinschaft") Navarra. Somit wurde neben den drei historischen Nationalitäten auch Navarra von der Verfassung besonders berücksichtigt, was später in einem besonderen Verfahrensweg zur Konstituierung seiner Autonomen Gemeinschaft zum Ausdruck kam.[122]

**d. Die Entstehung der ersten Autonomen Gemeinschaften**

In insgesamt nur vier Jahren, 1979-1983 vollzog sich die Aufteilung des spanischen Staatsgebiets in Autonome Gemeinschaften. In diesen Jahren haben sich in Spanien die Grundlagen für ein neues Verständnis der nationalen Einheit und der territorialen Struktur seiner politischen Organisationsform entwickelt.[123] Der Prozess der Dezentralisierung war zwar rascher, zugleich aber schwieriger und konfliktreicher. Dieser Prozess brachte aufgrund des Konsenses und Kompromisses zwischen den führenden politischen Kräften, UCD und PSOE, die Entscheidung zugunsten einer das gesamte Staatsgebiet umfassenden politischen Dezentralisierung.[124] Im Ergebnis verfügen alle 17 Autonome Gemeinschaften, über politische Autonomie. Dementsprechend haben sie alle dieselben Organe: ein Parlament, eine diesem gegenüber verantwortliche Regierung und einen Präsidenten, der nicht nur ihr oberster Repräsentant und Vertreter des Staates, sondern auch Chef der jeweiligen autonomen Regierung ist.

Am 29. Dezember 1978, zwei Tage, nachdem der König die spanische Verfassung unterzeichnet hatte, wurden die Statutentwürfe von Katalonien und Baskenland den Cortes Generales zugeteilt. Nachdem die Politiker Einigung über die Entwürfe erzielt hatten, wurden sie am 25. Oktober 1979 in einem Referendum den katalanischen und baskischen Wählern zur Ratifizierung vorgelegt.[125] Am 18. Dezember 1979 wurden beide Autonomiestatuten durch Organgesetze verkündet. Katalonien hat sich so gemäß Art. 151 und der zweiten Übergangsbestimmung der Verfassung zur Autonomen Gemeinschaft konstituiert. Die Autonome Gemeinschaft des Baskenlandes gründete sich, aus den historischen Gebieten Alava, Guipuzcoa und Vizcaya bestehend, gemäß Art. 151 i.V.m. der ersten Zusatzbestimmung (Foralrechte) und der zweiten Übergangsbestimmung der Verfassung.

Die Autonomiestatuten Kataloniens und des Baskenlandes haben der Ausarbeitung der später für andere Regionen folgenden Statuten als Vorbilder gedient.[126] Vor allem aber veranlaßten diese beiden Präzedenzfälle einer politischen

---

[122] Dies., ebd., S. 30.

[123] P. Cruz Villalón, Die Neugliederung des Spanischen Staates, in: JöR, Bd. 34, 1985, S. 212.

[124] Nohlen/Hildenbrand, Regionalismus und politische Dezentralisierung in Spanien, S. 30.

[125] Die Stimmenthaltung überschritt bei beiden Referenden 40%, allerdings waren von den abgegebenen Stimmen in beiden Fällen mehr als 90% für die Annahme der Statuten, vgl. P. Cruz Villalón, Die Neugliederung des Spanischen Staates, in: JöR, Bd. 34, 1985, S. 214.

[126] Nohlen/Hildenbrand, Regionalismus und politische Dezentralisierung in Spanien, S. 30. Im Hinblick auf ihre Organstruktur bleibt lediglich anzumerken, dass sie dem verfassungsrechtlich

Autonomie nun einige andere Regionen (Andalusien, Aragon, Valencia, Kanarische Inseln), über den Weg des Artikels 151 eine "ebenbürtige" Autonomie anzustreben und sich nicht mit der "Autonomie zweiter Klasse" gemäß Art. 143 SV zu begnügen.[127] Ende 1979 hatten Andalusien, Valencia, Aragon und die Kanarischen Inseln den Weg des Art.151 so weit beschritten, das bereits die entsprechenden Referenden bevorstanden.[128] Aus Gründen des Machtkalküls legte die UCD-Regierung nun aber bei der Fortsetzung des Dezentralisierungsprozesses den Rückwärtsgang ein. UCD verkündete die "Rationalisierungsphase" des Autonomieprozesses (*racionalización de la autonomías*). Mit Ausnahme der drei historischen Regionen Katalonien, Baskenland und Galicien sollte der Weg des Art. 143 beschritten werden.[129] Als Konsequenz für die unmittelbar zu erwartenden Referenden in Andalusien, Valencia und den Kanarischen Inseln empfahl die UCD den Wählern die Wahlenthaltung oder die Abgabe eines ungültigen Stimmzettels.[130]

Ohne die Unterstützung der UCD hatte die Option für den "schnellen Weg" (Art. 151 SV) so gut wie keine Chancen mehr. Die Kanarischen Inseln, Valencia und Aragonien vollzogen die Referenden nicht, verliessen den Weg des Art.151 und begannen ihre Konstituierung gemäß Art. 143 von neuem. In Andalusien wurde allerdings am 28. Februar 1981 das gemäß Art. 151 erforderliche Referendum durchgeführt.[131] Trotz des "Scheitern des Referendums"[132] bedeutete das Ergebnis – 55,8% der Wahlberechtigten hatten für die Autonomie Andalusiens gestimmt – eine politische Niederlage der UCD-Regierung und das Scheitern ihrer Empfehlung. Deshalb musste nach einer Formel gesucht werden, die dem deutlichen Willen der Mehrheit der andalusischen Wähler gerecht wurde. Durch die Einigung zwischen UCD und PSOE im Oktober 1980 wurde das Gesetz über die Regelung der Referenden in Anlehnung an Art. 144 durch ein Organgesetz (vom 16. Dezember 1980) derart novelliert, dass unter bestimmten, dort festgelegten Voraussetzungen über die fehlende Mehrheit in einer Provinz hinweggesehen werden konnte. Diese Novellierung, die im Grunde eine Reform des Art. 151 Abs. 1 SV darstellte, war zwar politisch offensichtlich gerechtfertigt, juristisch aber durchaus zweifelhaft, da die Vorschriften der Verfassung, nämlich des Art. 151, einfach nicht berücksichtigt

---

verankerten Homogenitätsprinzip des Art. 152 Abs.1 SV entspricht, indem ein in allgemeinen Wahlen gewähltes Parlament, eine politisch verantwortliche Regierung und ein oberster Gerichtshof vogesehen ist, mehr über die Statuten P.Cruz Villalón, Die Neugliederung des Spanischen Staates, in: JöR, Bd. 34, 1985, S. 214-216.

[127] Nohlen/Hildenbrand, Regionalismus und politische Dezentralisierung in Spanien, S. 30.

[128] P. Cruz Villalón, Die Neugliederung des Spanischen Staates, in: JöR, Bd. 34, 1985, S. 217-218.

[129] U.a. wies UCD in der Resolution darauf hin, dass sich die Verfahren nach Art.151 und 143 allein durch die Geschwindigkeit ihres Verlaufs, nicht jedoch durch die Anzahl und Qualität der Kompetenzen unterscheiden.

[130] K. Wendland, S. 83.

[131] Dies., ebd., S. 84.

[132] Es fehlten etwa 20 000 Stimmen in Almeria, in einer der am wenigsten bevölkerten Provinzen Andalusiens, um die von der Verfassung verlangte Mehrheit zu erreichen, vgl. K. Wendland, S. 83.

wurden.[133] Das Autonomiestatut Andalusiens wurde im Referendum vom 20. Oktober 1981 bei einer Stimmenthaltung von 47 Prozent mit 90 Prozent der abgegebenen Stimmen angenommen und am 30. Dezember 1981 verkündet.[134] Andalusien sollte das einzige Territorium sein, dass neben den historischen Nationalitäten ein Autonomiestatut nach Art. 151 SV enthielt.[135]

Am 21. Dezember 1980 fand das galizische Referendum statt, das bei einer Beteiligung von nur 29% der Wahlberechtigten den Entwurf mit 73% der Stimmen billigte. Am 6. April 1981, beinahe anderthalb Jahre nach der Konstituierung der Autonomen Gemeinschaften, wurde das dritte Statut verkündet, das die dritte Autonome Gemeinschaft der historischen Nationalitäten schafft.

*e. Die Autonomievereinbarungen von 1981*

Im Mai 1981 wurde das Gutachten der Expertenkommission veröffentlicht, das die Vorschläge zur "Harmonisierung" des Autonomieprozesses enthielt. Diese Expertenkommission war von der UCD-Regierung im Einvernehmen mit der PSOE beauftragt, die Vorschläge zur Autonomieentwicklung zu formulieren. Das Gutachten stellte eine eindeutige politische Entscheidung für die politische Dezentralisierung des Staates dar.[136] Die Gutachter sprachen sich dafür aus, den Autonomieprozess auf das gesamte spanische Territorium zu erstrecken, wobei gegebenenfalls auf Art. 144 c) SV zurückzugreifen sei. Es sollte überdies eine zeitliche Grenze für die Beendigung des Prozesses festgelegt und die Entstehung von Ein-Provinz-Gemeinschaften nach Möglichkeit verhindert werden. Für die Zukunft sollte der langsame Weg des Art. 143 Abs. 1 SV die reguläre Konstituierungsform sein.[137]

Auf der Grundlage dieses Gutachtens trafen die Regierungspartei UCD und die PSOE eine Vereinbarung. Das waren die ersten "Acuerdos Autonomicos"[138], die am 31. Juli 1981 unterzeichnet wurden.[139] Die Vereinbarung nahm fast sämtliche Vorschläge der Gutachter in sich auf.[140] Sie sah für die Konstituierung der künftigen Autonomen Gemeinschaften generell und allein den Weg nach Art.143 SV vor. Außerdem sollten alle sich auf diese Weise bildenden Autonomen Gemeinschaften von Anfang an über politische Autonomie verfügen. Die politische Dezentralisierung

---

[133] Cruz Villalón stellt fest, dass "die Verfassung nicht mit allzu grosser Gewissenhaftigkeit behandelt wurde", vgl. P. Cruz Villalón, Die Neugliederung des Spanischen Staates, in: JöR, Bd. 34, 1985, S. 220; vgl. auch K. Wendland, S. 85.

[134] A. Hildenbrand, Das Regionalismusproblem, S. 121.

[135] P.Cruz Villalón, Die Neugliederung des Spanischen Staates, in: JöR, Bd. 34, 1985, S. 221.

[136] P. Cruz Villalón, ebd., S. 223.

[137] Vgl. hierfür im einzelnen P.Cruz Villalón, ebd., S. 222-223. Er fasst als Inhalte des Gutachtens zusammen: Verallgemeinerung und Beschleunigung des Autonomieprozesses; Abstimmung der Autonomiewege; Beschränkung des Wachstums des Staatsapparats; Rationalisierung des politischen Prozesses und Verabschiedung eines Gesetzes über die Ordnung des Autonomieprozesses.

[138] Acuerdos Autonomicos firmados por el Gobierno de la Nación y el Partido Socialista Obrero Español.

[139] K. Wendland, S. 86.

[140] Vgl. hierfür P. Cruz Villalón, Die Neugliederung des Spanischen Staates, in: JöR, Bd. 34, 1985, S. 224-225.

sollte das gesamte Staatsgebiet betreffen und bis zum 1. Februar 1983 abgeschlossen sein. Die Konstituierung Navarras wurde aufgrund der ersten Zusatzbestimmung der Verfassung in Form des "Amejoramiento del Fuero" vorgesehen. Von Bedeutung war auch die Vereinbarung einer Sonderregelung für Valencia und die Kanarischen Inseln, die beiden Gebieten sofort (ohne das Verstreichen der Fünfjahresfrist des Art. 148 Abs.2 SV) das höhere bzw. umfangreichere Kompetenzniveau ermöglichen sollte, wie es die Autonomen Gemeinschaften der drei "historischen Nationalitäten" und Andalusien besaßen. Die Vereinbarungen enthielten auch zwei Gesetzentwürfe, welche den in Art.158 SV vorgesehenen Interterritorialen Ausgleichsfonds und das Organgesetz zur Harmonisierung des Autonomieprozesses zum Gegenstand hatten.

*f. Die Entstehung der übrigen Autonomen Gemeinschaften*

Die Autonomievereinbarungen von 1981 wurden in fast allen Punkten erfüllt. Auf ihrer Grundlage gründeten sich 13 weitere Autonome Gemeinschaften. Am 30. Dezember 1981 wurden die Autonomiestatuten von Andalusien, Asturien und Kantabrien (Provinz Santander) verkündet. Im Juni 1982 entstanden die Ein-Provinz-Gemeinschaften La Rioja (Provinz Logroño) und Murcia. Im Sommer 1982 gründeten sich Valencia (im Juli) und die Kanarischen Inseln (im August). In den Autonomiestatuten dieser beiden Autonomen Gemeinschaften verschwand der einzige substantielle Unterschied, der zwischen den beiden Autonomiemodellen noch verblieben war, nämlich die vorübergehende Verschiedenheit hinsichtlich Inhalt und Umfang der übernommenen Kompetenzen:[141] Gleichzeitig mit den Statuten wurden die Organgesetze "über die Übertragung der Ausübung staatlicher Kompetenzen an die Valencianische Gemeinschaft/Kanarischen Inseln" verkündet, die gemäß Art. 150 Abs. 2 SV staatliche Kompetenzen des Art. 148 übersteigen.[142] Durch diese Organgesetze wurden Valencia und die Kanarischen Inseln den drei historischen Regionen kompetenziell gleichgestellt.

Im August 1982 gründeten sich Aragonien, Kastilien-La Mancha und Navarra.[143] Im Februar 1983 entstanden die vier letzten Autonomen Gemeinschaften Extremadura, die Balearen, Madrid und Kastilien-Leon.[144] Nachdem am 2. März das letzte Autonomiestatut im Amtsblatt des Staates veröffentlicht worden war, war Spanien ein dezentralisierter, aus siebzehn politischen Gebietseinheiten

---

[141] P. Cruz Villalón, Die Neugliederung des Spanischen Staates, in: JöR, Bd. 34, 1985, S. 225.
[142] K. Wendland, S. 89.
[143] Navarra konstituierte sich, wie in den *Acuerdos Autonomicos* vereinbart, als sogenannte "Foralgemeinschaft" und nahm gemäss der ersten Zusatzbestimmung der Verfassung seine historischen Rechte wieder auf. Die Selbstregierung Navarras besitzt zwar einige, im Vergleich zu den übrigen, völlig unterschiedliche Merkmale, das sind aber nur die formellen Merkmale; nach ihrem Inhalt ist das Autonomiestatut Navarras ein Autonomiestatut wie diejenigen der anderen Autonomen Gemeinschaften. Auch das Verfassungsgericht hat festgestellt, dass Navarra trotz der historischen Besonderheiten eine Autonome Gemeinschaft wie die übrigen auch ist. Viele Eigenheiten beschränken sich daher auf die Bezeichnungen.
[144] Im Falle Madrids wurde Art. 144 c) SV angewendet: die Cortes genehmigten aus Gründen des nationalen Interesses im Wege eines Organgesetzes die Konstituierung Madrids, das aus nur einer Provinz besteht und Voraussetzungen des Art. 143 SV nicht erfüllte.

zusammengesetzter Staat.[145] Die Institutionalisierung der 13 Autonomen Gemeinschaften wurde durch die am 8. Mai 1983 abgehaltenen Wahlen zu den autonomen Parlamenten und die anschließenden Regierungsbildungen abgeschlossen.[146]

### g. Die Autonomievereinbarungen von 1992

Ergebnis der ersten Autonomievereinbarungen von 1981 war, dass sieben Autonome Gemeinschaften von Anfang über das höhere Kompetenzniveau des Art.151 SV verfügten. Ihnen standen zehn Autonome Gemeinschaften des "zweiten Grades" (de segundo grado) gegenüber. Aber Ende der 1980er Jahren, als die fünfjährige Übergangsfrist des Art. 148 Abs.2 SV abgelaufen war, wurde deutlich, dass auch die zehn Autonomen Gemeinschaften des "zweiten Grades" ihren kompetenzmässigen Rahmen so weit wie möglich ausschöpfen wollten. Mit dem Ablauf der fünfjährigen Frist war die Voraussetzung für die Erhöhung des Kompetenzniveaus der Autonomen Gemeinschaften der regulären Entstehungsform erfüllt. Außerdem bestand auch das praktische Erfordernis, den Autonomieprozess rationell und übersichtlich zu gestalten.

Die nationale Regierung Spaniens und die Vertreter der großen politischen Parteien PSOE und PP traten in erneute Verhandlungen. Am 28. Februar 1992 unterzeichneten sie die Autonomievereinbarungen (zweite Acuerdos Autonomicos), in denen sie darin übereinkamen, den Autonomiestaat in seiner konkreten Gestalt zu vollenden. Um eine einheitliche Kompetenzzuweisung zu gewährleisten überließ man es nicht, wie Art.148 Abs.2 SV nahelegt und bei früheren Autonomievereinbarungen geschehen, jeder einzelnen Region, welche Kompetenzen sie übernehmen wollte.[147] Vielmehr sollte der Staat von Art.159 Abs.2 SV Gebrauch machen und den Autonomen Gemeinschaften die für das hohe Kompetenzniveau fehlenden Kompetenzen im Wege eines Übertragungsgesetzes übertragen. Hierdurch sollte eine homogene Funktionsweise des Gesamtstaates ermöglicht werden. Es folgten auch nähere Bestimmungen zum Finanztransfer und zur Übertragung der infrastrukturellen Mittel, die die Ausübung der Kompetenzen ermöglichen sollte und die gemäß Art. 150 Abs. 2 SV in jedem Übertragungsgesetz vorgesehen sein müssen.[148] Am 23. Dezember 1992 wurde das von der Regierung ausgearbeitete Übertragungs-Organgesetz nach Art. 150 Abs. 2 SV beschlossen, das die Regelungsbereiche enthielt, die Gegenstand der Erweiterung waren.

Insgesamt gesehen kann man sagen, dass einerseits die Autonomievereinbarungen der politischen Parteien eine sehr große und vielleicht

---

[145] P. Cruz Villalón, die Neugliederung des Spanischen Staates, in: JöR, Bd. 34, 1985, S. 226.
[146] In der Prozess der Dezentralisierung wurden nur die Städte Ceuta und Mellila, die zwar zur spanischen Staatsgebiet gehören, aber in Nordafrika liegen, nicht miteinbezogen.
[147] Vgl. T. Wiedmann, S. 191.
[148] Hier bestimmten die jeweiligen gemischten Übertragungskommissionen der Autonomen Gemeinschaften die erforderlichen Finanzen und Sachmittel, die zum Zwecke der Kompetenzübernahme übertragen werden müssen.

entscheidende Rolle in der Entwicklung der verfassungsrechtlichen Ordnung Spaniens gespielt haben. Andererseits aber zeigt diese Vorgehensweise deutlich, in welchem Maße die politischen Parteien und die Regierung im Bereich der autonomistischen Politik gestalterisch tätig werden können. An dem Zustandekommen der Acuerdos Autonomicos waren weder Vertreter regionaler Parteien noch der Autonomen Gemeinschaften selbst beteiligt. Die Autonomen Gemeinschaften wurden zu Objekten des sie betreffenden politischen Geschehens.[149] Bei aller Kritik sollte jedoch nicht vergessen werden, dass letztlich die Autonomievereinbarungen und das Organgesetz im unbestrittenen Interesse der Mehrheit der Autonomen Gemeinschaften geschaffen wurden und deren Wunsch nach mehr Kompetenzen erfüllten. Zu erwähnen ist hier auch, dass die Kompetenzerweiterung der Autonomen Gemeinschaften des "zweiten Grades" durch die Autonomievereinbarungen in geordneter Form erreicht wurde.

Trotz der Angleichung der Kompetenzniveaus ist es schwer zu behaupten, dass der verfassungsrechtliche Organisationsauftrag erfüllt und die Entwicklung des Autonomiestaates abgeschlossen ist. Die bloße Kompetenzregelung für einen Teil der Autonomen Gemeinschaften kann den Autonomieprozess im ganzen nicht abschließen. Auch nach den Kompetenzübertragungen von 1992 verfügen die Autonomen Gemeinschaften der qualifizierten Entstehungsform über beträchtlich mehr Kompetenzen, etwa im Bereich des Gesundheitswesens und der Polizei, als die übrigen Regionen – entgegen der in den Gesetzesmotiven bekundeten Absicht einer substanziellen Kompetenzgleichstellung.[150] Auch die neuen bilateralen politischen Verhandlungen über die Kompetenzerweiterungen gehen unvermindert weiter. Von Anfang an waren für die Vertreter der "historischen" Gemeinschaften die Acuerdos Autonomicos unerfreulich. Nach ihrer Meinung dürften die Regionen und Nationalitäten grundsätzlich nicht – also auch nicht in kompetenzieller Hinsicht – gleichbehandelt werden, weil sie sehr wesensverschieden sind. „Folglich scheint die duale oder asymmetrische Kompetenzaufteilung in Spanien dazu bestimmt, fortgesetzt zu werden".[151]

---

[149] Die Tatsache, dass die Autonomen Gemeinschaften nicht an der Kompetenzübertragung beteiligt waren, wird auch in der spanischen Verfassungslehre kritisiert. Einige sehen hierin ein Problem der politischen Kultur, die sich erst noch zum Pluralismus hinentwickeln muss, vgl. K. Wendland, S. 134.

[150] Vgl. T. Wiedmann, S. 192; L. López Guerra, Politische Dezentralisierung in Spanien, S. 88.

[151] Vgl. L. López Guerra, Politische Dezentralisierung in Spanien, S. 89; auch K. Wendland, S. 136.

## II. Die geschichtliche Entwicklung der Territorialordnung Deutschlands

### 1. Deutschland im Mittelalter: Vom "Heiligen Römischen Reich Deutscher Nation" bis zum Kaiserreich von 1871

Das föderalistische oder föderative bzw. bündische Prinzip kann in Deutschland auf eine lange Geschichte zurückblicken. Deutsche Territorien kennen eine jahrhundertealte Tradition der Verbindung oder des Bundes von selbstverantwortlich handelnden Teilen unter dem Dach eines Ganzen. So lässt sich das bündische Element z.b. in der Entwicklung des deutschen Städtewesens verfolgen (Hanse) und begegnet uns im spätmittelalterlichen Deutschland im Verhältnis von Kaiser und Ständen sowie in Bunden, Einungen und Föderationen der Stände und Herrschaften untereinander.[152] Im Mittelalter nahm der Begriff "foedus" gleichfalls seine auf das Innere der Staaten zielende "bündische" Bedeutung an, wie wir sie heute noch kennen.[153] Aus historischer Sicht ist deshalb der Föderalismus als "deutsches Schicksal" apostrophiert worden.[154] Aber die geschichtliche Entwicklung der Strukturen und Formen des Föderalismus in Deutschland war weniger durch rationale konzeptionelle Planungen und Entscheidungen bestimmt als durch besondere politische Entwicklungslinien. Anders als etwa in der Schweiz oder den Vereinigten Staaten von Amerika stellte der Föderalismus in Deutschland kein konstruktives Ordnungsprinzip mit prägender Kraft, sondern in erster Linie eine nicht zu umgehende politische Notwendigkeit dar.[155] In der Entwicklung des Föderalismus in Deutschland war die bundesstaatliche Organisationsstruktur Instrument und Form, um zu einer nationalen politischen Einheit zu gelangen. Die föderative Ordnung diente damit der Erreichung bestimmter politischer Ziele.

### a. Das Heilige Römische Reich Deutscher Nation (962-1806)[156]

Das deutsche Staatsleben hat sich in einer mehr als tausendjährigen Entwicklung aus germanischen Wurzeln geformt. Aus dem germanischen

---

[152] Vgl. H. Kilper/R. Lhotta, Föderalismus in der Bundesrepublik Deutschland, S. 37; H. Boldt, Deutsche Verfassungsgeschichte, Bd. 1, S. 149ff.

[153] Zur historischen Entwicklung des Föderalismus in Deutschland vgl. H.Boldt, Föderalismus als Grundstruktur deutscher Geschichte, 1993; T. Nipperdey, Der Föderalismus in der deutschen Geschichte, 1990; vgl. auch die umfassende Darstellung des Föderalismus in seiner historischen Entwicklung von E. Deuerlein, Föderalismus, 1972.

[154] Vgl. O. Kimminich, Historische Grundlagen, 1985, S. 1ff.

[155] H. Laufer/U. Münch, Das föderative System der Bundesrepublik Deutschland, S. 33.

[156] "Heiliges Römisches Reich" ist die amtliche Bezeichnung für den Herrschaftsbereich des abendländischen Römischen Kaisers und die in ihm verbundenen Reichsterritorien (Deutschland, Italien, Burgund) vom Mittelalter bis 1806. Der Zusatz "deutsche Nation" wurde nach 1442 beigefügt und bezeichnet einschränkend – in Abgrenzung zu Italien und Burgund – die deutschen Teile des Reichsgebietes. Seit dem 17. Jahrhundert drückte er auch den nationalen Anspruch der Deutschen auf das Imperium aus.

Heereskönigtum, das die Rechte der Volksversammlung, namentlich Befehls- und Strafgewalt, nach und nach an sich zog, entstand das fränkische Königtum. Während noch unter Karl d. Großen (768-814) alle deutschen Stämme vereinigt waren, begann unter Ludwig d. Frommen (814-840) der Zerfall, der sich unter seinem Nachfolger fortsetzte. Italien und Burgund wurden selbständig, aus West- und Ostfranken entstanden Frankreich und das Deutsche Reich.

Der deutsche Staat des frühen Mittelalters hatte bis etwa 1300 den Charakter eines Feudal- und Lehenstaates. Der ursprünglich vom Volk, später von den Fürsten gewählte König hatte Anspruch auf Kaiserkrönung durch den Papst. Er war Heerführer, oberster Gerichts- und Lehensherr und verfügte über das Reichsgebiet und die Regalien (Münz-, Berg- Zoll-, Jagdregal usw.). Die Machstellung des Kaisers war allerdings beschränkt durch die Reichstage, die sich aus den Hoftagen der Könige entwickelt hatten. Sie wurden mit der Zeit zu einer verfassungsmäßigen Einrichtung. Die Großen des Reichs hatten Anspruch auf die Reichsstandschaft. Die Reichsstände mussten vom Kaiser vor Erlass von Reichsgesetzen, vor Reichsheerfahrten usw. gehört werden.

Der Reichstag, die Versammlung der Reichsstände, gewann seine staatsrechtliche Gestalt erst in der 2. Hälfte des 15. Jahrhundert, in dem die Zugehörigkeit zu dem nunmehr wichtigsten Organ der Reichsgewalt abgegrenzt und die Form der Beratungen und Entscheidungen festgelegt wurde. Er gliederte sich seit 1489 in das Kurfürstenkollegium (51 freie Reichsstädte). Diese beraten getrennt über die Gesetzesvorschläge des Kaisers. Bei Übereinstimmung erhielten die Beschlüsse durch siene Genehmigung Rechtskraft. Sie wurden in Reichsabschieden zusammengefaßt.

Ebenso wie die Machtstellung des Kaisers war auch die territoriale Macht der Fürsten beschränkt durch die Landstände (Grundadel, Städte), deren Vertreter die Steuern (Beden) zu bewilligen hatten. Direkte Einnahmen hatte der Fürst nur aus den Domänen. In den Städten nahmen die Patrizier als Mitglieder der alten Bürgergeschlechter das Regimen in Anspruch.

Da staatliche Aufgaben im Mittelalter zunächst von Personenverbänden wahrgenommen wurden, mussten erst einmal moderne neuzeitliche Staaten geschaffen werden, damit Föderalismus als Prinzip der Staatsorganisation überhaupt denkbar werden konnte.[157] Das Deutsche Reich erreichte dieses Stadium nicht,[158] wohl aber seine territorialen Subeinheiten. In den 15.-17. Jahrhundert war die Entwicklung des Reichs durch die einsetzenden Religionskämpfe und durch soziale Auseinandersetzungen (Bauernkriege) bestimmt. Schließlich wurde das Reich durch den Dreißigjährigen Krieg (1618-1648) der inneren und äußeren Zerstörung preisgegeben. Der Westfälische Frieden (1648)[159] hatte die weitgehende Auflösung des Feudalstaates zur Folge und verschaffte den Reichsständen volle Territorialhoheit.

---

[157] Kilper/Lhotta, S. 37.
[158] H. Boldt, Deutsche Verfassungsgeschichte, Bd. 2, S. 272.
[159] Der Westfälische Frieden brachte Gebietsabtretungen an Frankreich und Schweden und das Ausscheiden der Schweiz und Niederlande aus dem Reichsverband mit sich.

Das Reich löste sich nahezu 1300 Fürstentümer und Herrschaften auf, obwohl es formell noch bis 1806 weiterbestand. So hat sich die Bildung souveräner Staaten im 17. Jahrhundert in Deutschland nicht auf der Ebene des Reiches, sondern vielmehr auf der Ebene der oben erwähnten territorialen Subeinheiten durchgesetzt.[160] Die Konzentration der Souveränitätsentfaltung in Deutschland auf die Territorien und nicht auf den Kaiser oder die Städte war das charakterisierte Merkmal der deutschen Verfassungsgeschichte im Gegensatz zur italienischen, französischen oder englischen. Weder Stadtrepubliken noch das Reich oder der deutsche König wurden souverän, sondern, wie oben gesagt, die deutschen Landesherren. Daran änderte auch die Tatsache nichts, dass sie ihre Staatlichkeit letztlich dem Reich entnahmen.[161] Die Geburtsstunde des modernen Staates hat also in Deutschland nicht einen einheitlichen, zentralistisch organisierten Nationalstaat hervorgebracht, sondern ein buntscheckiges Nebeneinander zahlreicher souveräner Territorialstaaten unter dem Dach des Reiches.[162] Für die Deutung dieses historischen Befundes ebenso wie für die dann einsetzende Einheitsbewegung war der Rückgriff auf den Föderalismus als Ordnungsprinzip zwangsläufig.[163] Das bundesstaatliche Prinzip als staatsverfassungsrechtlicher Ausdruck des Föderalismus hat es seit dem Westfälischen Frieden in allen deutschen Verfassungen bis hin zu Weimarer Reichsverfassung gegeben.

### b. Der Deutsche Bund (1815-1866)

Anfang des 19. Jahrhunderts war die Epoche des Absolutismus alter Form beendet. Eine Reichsreform gelang jedoch nicht. Nach der Auflösung des Heiligen Römischen Reiches Deutscher Nation war nicht nur das Reich zerstört, sondern auch jede Art von politischer Organisation, die territoriale Einheiten im gesamten deutschen Gebiet hätte verbinden können, beseitigt.

Bei dem 1806 unter Napoleons Protektorat gegründeten Rheinbund handelte es sich nur um einen losen Staatenbund. Dennoch bedeutet der Rheinbund eine Etappe auf dem Weg, der aus dem Alten Reich hinüberleitete zu den neueren politischen Formen, unter denen allein eine Zusammenfassung Deutschlands angestrebt werden konnte.[164]

Der erste "Deutsche Bund" wurde auf dem Wiener Kongress durch die Bundesakte vom 8. Juni 1815 als Teil der Neuordnung Europas von 35 Fürsten und 4

---

[160] Vgl. Kilper/Lhotta, S. 37; F.Ossenbühl, Landesbericht Bundesrepublik Deutschland, S. 120; T. Nipperdey: "Ausdruck der territorialen Souveränität war die fast unbegrenzte Bündnisfreiheit mit Reichs- wie Nichtreichsangehörigen, das ius föderis und damit verbunden das ius belli ac pacis. ... Die Gliedstaaten wurden Völkerrechtssubjekte. Aus dem Einungsrecht der Tradition wurde das Bündnisrecht der Moderne, aus den institutionalisierten Bünden zur Erhaltung des Friedens und des Glaubens wurden wechselnde, aussenpolitisch-militärische Allianzen zur Erhaltung oder Ausweitung der eigenen Macht", T. Nipperdey, Der Föderalismus in der deutschen Geschichte, S. 65.

[161] O. Kimminich, Deutsche Verfassungsgeschichte, S. 202.

[162] O. Kimminich, Historische Grundlagen, S. 3.

[163] F. Ossenbühl, Landesbericht Bundesrepublik Deutschland, S. 120.

[164] Vgl. H. Boldt, Deutsche Verfassungsgeschichte, Bd. 2, S. 124ff.

Reichsstädten errichtet. Während Preußen für eine Bundesstaatliche Lösung der deutschen Verfassungsfrage eintrat, wurden die Bundesakte auf das staatenbündische Prinzip festgelegt. Im Ergebnis war der Deutsche Bund ein nach außen und innen machtloser Staatenbund, ein "völkerrechtlicher Verein der deutschen souveränen Fürsten und freien Städte zur Bewahrung der Unabhängigkeit und Unverletzbarkeit ihrer im Bunde begriffenen Staaten und zur Erhaltung der inneren und äußeren Sicherheit Deutschlands".[165] Der Deutsche Bund war ein Beispiel dafür, dass Föderalismus in Deutschland selten als Mittel der Gewaltenhemmung erachtet wurde, mit dem sich auch individuelle und politische Freiheiten sichern lassen. Vielmehr instrumentalisierte man bundesstaatliche Strukturen dazu, politische (Sonder-) Interessen zu sichern.[166]

Die Geschicke des Deutschen Bundes leitete der unter österreichischem Vorsitz stehende Bundestag in Frankfurt a. M., der eine Konferenz der Gesandten völlig selbständiger Mitgliedstaaten darstellte. Österreich und Preußen traten als Konkurrenten gegenüber (von dieser Rivalität wurde fast das ganze 19. Jahrhundert überschattet). Die Bundesversammlung war nicht als Parlament mit eigenverantwortlich handelnden Mandatsträgern, sondern als Rat von Delegierten organisiert, die gemäß den Weisungen ihrer Regierungen handelten. Damit trat hier eine strukturelle Besonderheit auf, die den deutschen Föderalismus in Form des Bundesrates bis heute prägt.[167]

Weder der Wunsch nach nationaler Einheit noch die Bestrebungen, eine freiheitliche verfassungsmäßige Ordnung im Deutschen Bund einzuführen, erfüllten sich. Der Einfluß des Volkes auf die Staatsführung war gering, weil das Wahlrecht beschränkt war; die Rechte des Parlaments waren begrenzt.[168] Der Bund war nicht fähig, die anstehenden politischen, wirtschaftlichen und sozialen Probleme aufzugreifen oder gar zu lösen. Der Ruf nach einem wirklichen Bundesstaat wurde deshalb immer lauter. Die bürgerlich-liberale Revolution von 1848 führte zur Nationalversammlung in der Paulskirche. Dort wurde eine Reichsverfassung beschlossen, die einen Bundesstaat mit einem erblichen Kaiser, einen durch geheime, direkte und allgemeine Wahl gewählten Reichstag und ein Staatenhaus vorsah. Der Reichsverfassung hatte vor allem der US-amerikanische Föderalismus als Vorbild gedient.[169]

---

[165] Für den Text der Deutschen Bundesakte vgl. E. R. Huber, Dokumente zur Deutschen Verfassungsgeschichte, Bd. 1, S. 84ff.

[166] Laufer/Münch, S. 34.

[167] Diese hatte allerdings bereits ihre Vorläufer: Sie lässt sich bis zum sogenannten Immerwährenden Reichstag zurückverfolgen, der seit 1663 in Regensburg als Versammlung von weisungsgebundenen Bevollmächtigten der Reichsstände tagte, vgl. Laufer/Münch, S. 35, vgl auch K. Reuter, Bundesrat, S. 52f.

[168] Die in den Wiener Beschlüssen von 1815 begründeten bürgerlichen Freiheiten wurden nach den "Karlsbader Beschlüssen" (1819) zunehmend wieder eingeengt. Erst unter dem Einfluss der französischen Juli-Revolution (1830) erhielten einige Bundesländer fortschrittliche Verfassungen, die aber wiederum eingeschränkt wurden.

[169] Vgl. hierzu W. Siemann, Die deutsche Revolution von 1848/49, 1985.

*c. Paulskirchenverfassung von 1848/49*

Das Verfassungswerk von 1848/49 ist als erster verfassungsrechtlicher Versuch zu werten, auf deutschem Territorium einen Bundesstaat zu begründen.[170] Es verwirklichte die Forderungen der konstitutionellen Bewegung in der Form eines Bundesstaates. Die typischen Probleme einer bundesstaatlichen Verfassung, so etwa die Kompetenzabgrenzung zwischen den bundesstaatlichen Ebenen insbesondere bei der Gesetzgebung oder der Verwaltung oder die Regelung von Streitigkeiten zwischen den Bundesgliedern, haben Eingang in die Verfassung gefunden und muten auch heute noch als ausgesprochen "modern" an.[171]

Organe des Reiches waren der Kaiser, die aus den Ministern bestehende Reichsregierung, das Reichsgericht und der in ein Staatenhaus und ein Volkshaus geteilte Reichstag. Das Volkshaus wurde aus gewählten Abgeordneten der gesamten Nation gebildet. Je nach Größe entsandten die Mitgliedstaaten bis zu 40 Vertreter in das Staatenhaus, die je zur Hälfte von der Regierung bestimmt bzw. von der Volksvertretung gewählt wurden.[172] Die Verfassung sah vor, dass die Beschlüsse des Reichstages nur durch die Übereinstimmung beider Häuser gültig zustande kommen. Damit hätte jedem der beiden Häuser ein absolutes Veto zugestanden; es wäre ein echtes Zwei-Kammer-System in bundesstaatlich abgewandelter Form geschaffen worden.[173]

Nach §5 behielten die deutschen Staaten grundsätzlich ihre Souveränität, soweit diese nicht durch die Reichsverfassung beschränkt war. Sie hatten alle staatlichen Hoheiten und Rechte inne, sofern diese nicht ausdrücklich der Reichsgewalt übertragen wurden. Der bundesstaatliche Charakter wurde dadurch betont, dass das Reich über ein eigenes Staatsgebiet – das Gebiet des bisherigen Deutschen Bundes (einschließlich der preußischen Ostprovinzen – Ost- und Westpreußen sowie Deutsch-Posen und auch Österreich (§1)) – verfügte und die Bürger der Einzelstaaten gleichzeitig die Reichsbürger waren. Das Reich erhielt die ausschließliche Vertretung gegenüber dem Ausland, das Recht, über Krieg und Frieden zu entscheiden und die Verfügung über das Wehrwesen. Bezüglich der Landstreitkräfte erhielt das Reich lediglich die ausschließliche Kompetenz zur Organisation, die Verfügung über die bewaffnete Macht blieb bei den Gliedstaaten, d.h. vor allem: bei ihren Monarchen. Das Reich hatte ferner die Oberaufsicht über Schiffahrt, Eisenbahn und Post. Die Verfassung sah vor, dass das Reich die Kosten aller Aufgaben aus eigenen Mitteln decken und dafür die Erträge der Zölle und der gemeinsamen Verbrauchsteuern erhalten würde. In §62 kommt deutlich ein unitarischer Grundzug zum Ausdruck: dieser Artikel überantwortet dem Reich die Gesetzgebung, „soweit es zur Ausführung der ihm verfassungsmäßig übertragenen Befugnisse und zum Schutz der ihm überlassenen Anstalten erforderlich ist". Das Reich war außerdem für die Herstellung

---

[170] Kilper/Lhotta, S. 45.

[171] Dies., a.a.O.

[172] Das Staatenhaus hätte aus 192 Mitgliedern bestanden. Dabei sollte Preußen 40 und Österreich 38 Vertreter haben.

[173] Laufer/Münch, S. 37.

der Reichseinheit (§64) zuständig, verfügte über die Kompetenz-Kompetenz (§64) und setzte gegenüber den Gliedstaaten das höherrangige Recht (§66). Besonders interessant ist die Paulskirchenverfassung auch deswegen, weil den Gliedstaaten die Ausführung der Bundesgesetze (natürlich auch ihrer eigenen Gesetze) überlassen bleiben sollte. Damit ist in der Paulskirchenverfassung ein Wesenszug des deutschen Föderalismus angelegt: Diese funktionale Teilung ist bis in die Gegenwart ein prägendes Charakteristikum deutscher Bundesstaatlichkeit geblieben.[174] Da es eine eigene Reichsverwaltung nur für wenige Fälle gab, musste dem Reich aber zumindest ein Aufsichtsrecht (sog. "Oberaufsicht") über die Ausführung seiner Gesetze durch die Gliedstaaten konzediert werden.

Streitigkeiten zwischen Reich und Einzelstaaten sollten in Fortsetzung einer bereits im Deutschen Reich und im Deutschen Bund angelegten Tradition durch ein Reichsgericht entschieden werden. Als ein Bundesverfassungsgericht sollte es unter anderem für folgende Streitfälle zuständig sein: für Klagen eines Einzelstaates gegen die Reichsgewalt wegen Verletzung der Reichsverfassung durch Erlass von Reichsgesetzen; für Auseinandersetzungen im Falle von Maßregelungen der Reichsregierung gegenüber einem Einzelstaat wegen Verletzung der Reichsverfassung; für Streitigkeiten zwischen dem Staatenhaus und dem Volkshaus unter sich und zwischen jedem von ihnen und der Reichsregierung.

Einen direkten Eingriff in die gliedstaatlichen Sphären mit den abgestuften Mitteln des Erlasses, der Absendung von Kommissarien sowie der Anwendung bewaffneter Macht (§55) sah die Verfassung für Krisenfälle, insbesondere bei Gefährdung des Reichsfriedens (§54) vor. Ein blosses Zuwiderhandeln eines Gliedstaates gegenüber Anordnungen des Reiches eröffnete jedoch nicht die Eingriffsmöglichkeit des Reiches, das in diesem Fall vor Gericht zu ziehen hatte, um dort seine Ansprüche durchzusetzen.

Obwohl der Versuch mit dieser Verfassung eine föderative Demokratie zu errichten, scheiterte, hatte die Verfassung doch prägende Kraft bis in die Entstehungszeit der Bundesrepublik. Das gilt besonders für die bundesstaatliche Konzeption der Paulskirchenverfassung. Dieser Versuch hat bewiesen, dass auch in Deutschland die föderative Idee nachhaltige Unterstützung fand und war somit Wegweiser für die Entwicklung zur nationalen Einheit in föderativer Gestalt.[175] Die Verfassung für einen neuen deutschen rechtsstaatlichen Bundesstaat, die nur ein Entwurf blieb, sollte hundert Jahre später bei der Errichtung der Bundesrepublik Deutschland erneut eine Rolle spielen.

---

[174] Kilper/Lhotta, S. 46.
[175] Vgl. Laufer/Münch, S. 38; H. Boldt, Deutsche Verfassungsgeschichte, Bd. 2, S. 142ff.; vgl. auch den Verfassungsentwurf der Paulskirche bei E.R. Huber, Dokumente zur Deutschen Verfassungsgeschichte, Bd. I, S. 375ff.

*d. Deutsches Reich (1871-1919)*

Als staatsrechtliches Ergebnis des preussisch-österreichischen Krieges von 1866 wurde der Deutsche Bund formell beseitigt und unter Führung Preußens ein Norddeutscher Bund gegründet.[176]

Der Norddeutsche Bund war als Bundesstaat konzipiert. Organe des Bundes waren der Bundesrat, das Bundespräsidium, das der König von Preußen innehatte, und der in allgemeiner, gleicher, direkter und geheimer Wahl gewählte Reichstag. Bismarck hatte es fertiggebracht, einen bundesstaatlichen Zentralismus zu vermeiden und statt dessen das föderative Prinzip mit dem Hegemonialprinzip zu verbinden.[177] Demzufolge lag die Führung des Bundes bei Preußen, das im Bundesrat über 17 von 43 Stimmen verfügte. Der Bundesrat war das bundesstaatliche Legislativorgan, das aus Vertretern der im Bund vereinigten Staaten bestand. Der Bundesrat ernannte den Bundeskanzler, der die Geschäfte des Präsidiums des Bundesrates führte. Der König von Preußen stand an der Spitze des Präsidiums und war auch Bundesfeldherr. Der Reichstag war zusammen mit dem Bundesrat das Organ der Bundesgesetzgebung. Gesetzesbeschlüsse konnten nur durch übereinstimmende Entscheidung von Bundesrat und Reichstag zustande kommen.[178]

Der deutsch-französische Krieg 1870-71 führte zur politischen Vereinigung von Nord- und Süddeutschland. Im November 1870 traten die süddeutschen Staaten dem Norddeutschen Bund bei. Der König von Preußen nahm am 18. Januar 1871 in Versailles die ihm angetragene Würde eines Deutschen Kaisers an. Das neue Deutsche Reich war damit geschaffen. Die Zusammensetzung seiner staatsrechtlichen Grundlagen erfolgte nach Zustimmung des Reichstages und der gesetzgebenden Körperschaften der beteiligten Staaten in der Verfassung des Deutsches Reiches vom 16. April 1871, die den Inhalt der Norddeutschen Bundesverfassung mit den veränderten staatsrechtlichen Verhältnissen ein Einklang brachte.[179]

*e. Die Reichsverfassung von 1871*

Die Reichsverfassung vom 16. April 1871[180] verband in geschickter Mischung föderalitische und unitarische Elemente sowie demokratische und monarchische Gedankengänge miteinander. Das Deutsche Kaiserreich beruhte auf Vertrag zwischen den 22 deutschen Fürsten und den 3 Hansestädten, die Träger der Reichsgewalt waren und stellte einen Bundesstaat dar.[181] Das Präsidium des Bundes führte der jeweilige König von Preußen als Deutscher Kaiser. Er war Staatsoberhaupt und vertrat das

---

[176] Der Bund wurde nach Annahme seiner Verfassung durch den zu diesem Zweck gewählten Reichstag am 1. Juli 1867 als Bundesstaat auf konstitutioneller Grundlage ins Leben gerufen.

[177] Laufer/Münch, S. 38.

[178] Zum Norddeutschen Bund vgl. E. R. Huber, Deutsche Verfassungsgeschichte, Bd. III, S. 649ff; W. Siemann, Gesellschaft im Aufbruch, S. 284ff.

[179] Zur Geschichte des Deutschen Kaiserreichs vgl. T. Nipperdey, Deutsche Geschichte, Bd. 2, 1995; E.R. Huber, Deutsche Verfassungsgeschichte, Bd. III, S. 766ff.; H.-P. Ullmann, Das Deutsche Kaiserreich, 1995.

[180] Auszüge aus der Verfassung von 1871 bei Laufer/Münch, S. 262-266.

[181] Das Gebiet des Deutschen Kaiserreichs umfaßte außer den 25 Staaten bzw. Städten das Reichsland Elsaß- Lothringen.

Reich völkerrechtlich, konnte im Namen des Reiches Krieg erklären (ohne Zustimmung des Bundesrates nur bei Angriff auf das Reichsgebiet) und Frieden schließen, Verträge mit fremden Staaten eingehen sowie Gesandte empfangen. Daneben stand ihm eine Reihe einzelner Befugnisse zu.

Einziger Minister, jedoch ohne Verantwortung gegenüber dem Reichstag, war der Reichskanzler. Er übernahm die Verantwortlichkeit für die Anordnungen und Verfügungen des Kaisers. Unter ihm standen an der Spitze der Reichsämter Staatssekretäre. Der Kaiser war im Verhältnis zu den Bundesfürsten nur primus inter pares. Sein Einfluß beruhte auf dem Recht, den Kanzler zu berufen (ohne Zustimmung des Reichstags), und auf den Stimmen (17 von 58) Preußens im Bundesrat. Er war Oberbefehlshaber des Heeres (im Frieden mit gewissen Einschränkungen) und der Reichsmarine.

Die Bundesstaaten waren nicht nur Verwaltungsbezirke, sondern hatten das Recht der Gesetzgebung; jedoch ging Reichsrecht auf den dem Reich vorbehaltenen Gebieten (insbes. Auswärtiger Dienst, Reichspost, Reichsmarine) dem Landesrecht vor. Für die innere Struktur der Gliedstaaten gab es keine verfassungsrechtlich vorgeschriebene Homogenität: Die Gliedstaaten verfügten nicht nur über einen weiten eigenstaatlichen Bereich, sondern hatten vor allem das Recht, ihre Regierungsstruktur selbst zu bestimmen. Mit Ausnahme der Hansestädte Bremen, Hamburg und Lübeck wurden jedoch alle Einzelstaaten monarchisch-konstitutionell regiert. Das Heerwesen war grundsätzlich Sache der Bundesstaaten. Die direkten Steuern wurden von den Ländern erhoben, während das Reich auf indirekte Steuern und Zölle angewiesen war und von den Bundesstaaten sog. Matrikularbeiträge erhielt ("Kostgänger der Länder").

Der Bundesrat setzte sich aus den Bevollmächtigten der Regierungen der Gliedstaaten zusammen und war an deren Weisungen gebunden. Jeder Einzelstaat konnte so viele Bevollmächtigte entsenden, wie er Stimmen hatte.[182] Doch war nur eine einheitliche Stimmabgabe möglich. Damit griff die Verfassung des Deutschen Reichs eine Konstruktion auf, die bereits von der Bundesversammlung des Deutschen Bundes her bekannt war. Der Bundesrat beschloß die Vorlagen an das Reichstag und entschied über die von diesem gefaßten Beschlüsse. Durch die funktionale Verflechtung zwischen Reich und Bundesstaaten (Gesetzgebung – Ausführung) erstreckten sich seine Kompetenzen auch auf den Erlass der für die Ausführung der Bundesgesetze erforderlichen Verwaltungsvorschriften und die Verhängung der Bundesexekution über widerborstige Mitgliedstaaten (Art. 7 und 19 RV). Der Bundesrat war an der Ausübung der Bundesaufsicht über die Mitgliedstaaten beteiligt und hatte Streitigkeiten innerhalb eines Mitgliedstaates, für deren Entscheidung die Verfassung keine Einrichtung vorsah, zu schlichten – ggf. ihre Erledigung durch Bundesgesetze zu veranlassen.

Mit dieser sehr starken Stellung des Bundesrates und seinem Verhältnis zum Reichstag war es möglich, die politischen Vorrechte der Fürsten gegenüber dem

---

[182] Die Gesamtstimmenzahl im Bundesrat betrug 58. Davon entfielen 17 auf Preußen, 6 auf Bayern usw. Jeder Einzelstaat hatte mindestens eine Stimme, vgl. Laufer/Münch, S. 40.

demokratisch legitimierten Parlament zu sichern.[183] Der Reichstag war mit wenigen Rechten ausgestattet. Er hatte keinen Einfluß auf die Bildung der Regierung und die Ausübung der vollziehenden Gewalt. Er wurde vom Kaiser einberufen, eröffnet und geschlossen. Zur Auflösung des Reichstages bedurfte es eines Bundesratsbeschlusses und der Zustimmung des Kaisers. Politisch gliederte sich der Reichstag in mehrere Parteien (Konservative, Nationalliberale, Zentrum, Sozialdemokratische Partei). Außerdem hatte er keine Möglichkeit den Reichskanzler zu stürzen (erst 1918 wurde bestimmt, dass der Kanzler das Vertrauen des Reichstages besitzen müsse). Nur mit dem Budgetbewilligungsrecht war dem Reichstag ein Machtmittel in die Hand gegeben, das vor allem auf dem Gebiete des Heerwesens bedeutsam bleiben sollte. Demgegenüber war der Bundesrat, wie oben dargestellt, verfassungsrechtlich mit weitaus mehr Zuständigkeiten ausgestattet als der Reichstag. Der Bundesrat war damit Grundtypus und Modell der "Zweiten" Kammer.[184]

Die Zuständigkeiten des Reiches wurden in der Verfassung einzeln aufgeführt, eine explizite Kompetenz-Kompetenz wurde nicht erwähnt, genausowenig die Existenz von "implied powers". Es gab auch die funktionale Aufgabenteilung, nach der zwischen der Gesetzgebungskompetenz und der Zuständigkeit für die Ausführung der Gesetze unterschieden wurde, wobei die Regelung des Art. 4 das Reich auf die Beaufsichtigung und die Gesetzgebung festlegte. Eine unmittelbare Reichsverwaltung gab es nur in den Bereichen Auswärtiger Dienst, Postwesen und Kriegsmarine.

Das Funktionieren des Bundesstaates beeinträchtigte vor allem die Finanzverfassung. Da dem Reich selbst lediglich das Aufkommen aus den Zöllen und einigen wenigen indirekten Steuern zustand, war der Zentralstaat finanziell von Gliedstaaten abhängig. Die wichtigen Steuern auf Besitz und Einkommen blieben den Gliedstaaten vorbehalten. Ein systematischer und sachgerechter Finanzausgleich zwischen Reich und Gliedstaaten kam nicht zustande. Das System der klaren Scheidung der Steuerquellen (Trennsystem) war zu unelastisch, um einen funktionsfähigen Finanzausgleich herbeizuführen. Die bundesstaatliche Struktur war durch die Finanzverfassung erheblich zugunsten der Einzelstaaten verzerrt.[185]

Zu erwähnen sind auch die Sonderrechte der süddeutschen Staaten, die sogenannten Reservatrechte (z.B. besondere Besteuerungsrechte, eigene Post- und Heeresverwaltungen in Bayern und Württemberg), die zu Auseinanderstreben und Eigenwilligkeit führten und eine ausgewogene bundesstaatliche Struktur verhinderten. Die Vorrangstellung Preußens durch eine starke Stellung im Bundesrat, durch die Personal-Union zwischen preußischem König und Deutschem Kaiser und meistens zwischen preußischem Ministerpräsidenten und Reichskanzler, führte in der bundesstaatlichen Praxis zu einer einseitigen politischen Gewichtung zu Gunsten

---

[183] Vgl. Laufer/Münch, S. 40.

[184] Laufer/Münch, a.a.O. Die kompetenzielle Ausstattung des Bundesrates wie überhaupt seine Position im Gefüge des Bundesstaates sollte bei der Diskussion um die Etablierung einer Zweiten Kammer im Parlamentarischen Rat 1949 eine erhebliche Rolle spielen.

[185] Mehr zur Finanzverfassung des Deutschen Kaiserreiches vgl. T.Nipperdey, Deutsche Geschichte, Bd.2, 1995; P.-C. Witt, Finanzen und Politik im Bundesstaat-Deutschland 1871-1933, 1992; vgl. Laufer/Münch, S. 42-43.

Preußens.[186] Es fehlten vertikale Kontrollmöglichkeiten, ausgeglichene föderalistische Kräfteverhältnisse und ein einigermaßen politisches Gleichgewicht zwischen dem Reich und den Einzelstaaten und unter diesen.[187]

Bemerkenswert ist auch, dass die Reichsverfassung keine Rechtsnormen über die föderative Streitschlichtung durch ein Reichsgericht enthielt. Die funktionale Verschränkung der bundesstaatlichen Ebenen über die Teilung von Gesetzgebung und Verwaltung bot natürlich erhebliches Konfliktpotential. Wenn das Reich im Wege der Reichsaufsicht Mängel bei der Ausführung seiner Gesetze durch die Länder feststellte, mußte ein solcher Konflikt, genauso wie bei Streitigkeiten zwischen einzelnen Staaten oder der Verhängung der Bundesexekution, "politisch" geklärt werden,

Das Deutsche Reich war eine monarchische Föderation, die aufgrund der politischen, geographischen und verfassungsrechtlichen Vorrangstellung des Königreichs Preußen eine hegemoniale Grundstruktur aufwies. Wegen dieser wenig ausgewogenen Struktur zwischen Reich und Gliedstaaten kann die Verfassungsstruktur des Deutschen Reiches nur in einem formalen Sinn als bundesstaatlich bezeichnet werden.[188] Da sich das damalige System als dynastischer, halb-konstitutioneller Bundesstaat präsentierte, hielt die Opposition im Reichstag seine Struktur für das wesentliche Hindernis im Wandel zu einer demokratischen und freiheitlichen Verfassungsordnung.[189]

### 2. *Die Weimarer Republik und der Nationalsozialismus*

*a. Die Weimarer Republik (1919-1933)*

Die Niederlage im Ersten Weltkrieg führte in Deutschland zur Revolution und zur Beseitigung der Monarchie im Jahre 1918. Am 30. November 1918 wurden die Wahlen zur verfassunggebenden Deutschen Nationalversammlung ausgeschrieben. Diese trat nach der Wahl vom 19. Januar 1919 am 6. Februar 1919 im Weimarer Nationaltheater zusammen und beschloß zunächst eine Notverfassung. Der Volksbeauftragte Friedrich Ebert wurde zum Reichspräsidenten gewählt und berief zur Führung der Reichsgeschäfte ein Reichsministerium. Ihre endgültige rechtliche Grundlage erhielt die demokratische Republik in der von der Nationalversammlung

---

[186] Meist wurden preußische Minister zur Staatssekretären des Reiches ernannt und nahmen als Vorsitzende der Ausschüsse des Bundesrates ebenfalls leitenden Stellungen ein. Preußen umfasste 65% der Fläche des deutschen Reichsgebietes und 62% der Bevölkerung des Deutsches Reiches wohnten auf preussischem Territorium.

[187] Vgl. Der Föderalismus in der BRD, in: Informationen zur politischen Bildung, 204/1992, S. 9.

[188] Vgl. Laufer/Münch, S. 39; Kilper/Lhotta, S. 48.

[189] Die Opposition strebte die Einführung einer parlamentarischen Demokratie nach dem Muster auf der Basis einer unitarischen Ordnung und eines allgemeinen Wahlrechts an, mehr dazu vgl. W. J. Mommsen, Die Verfassung des Deutschen Reiches von 1871, 1983, S. 195-216; vgl. auch H. Boldt, Der Föderalismus in der Reichsverfassungen von 1849 und 1871, 1991; P. Burg, Der Föderalismus im Kaiserreich, 1992.

beschlossenen Verfassung vom 11. August 1919, die am 14. August 1919 in Kraft trat.[190]

Nach der Weimarer Verfassung war Deutschland eine Republik, und zwar ein unitarischer Bundesstaat.[191] Diese Entscheidung der Nationalversammlung hatte verschiedene Gründe, die bis in den Anfang des Ersten Weltkrieges reichten. Bereits zu Beginn des Ersten Weltkrieges herrschte eine Stimmung, die auf politische und gesellschaftliche Einheit drang. Wirtschaftspolitisch entscheidende Maßnahmen wurden reichseinheitlich durchgeführt, und das Reich erhielt mehrere direkte Steuern. Infolge der Verfassungsänderung vom Oktober 1918 trat der Bundesrat als zentrales Reichsorgan zugunsten des Reichstages weitgehend in den Hintergrund, und die politische Einflußnahme der einzelstaatlichen Regierungen wurde erheblich vermindert. Nach der militärischen Niederlage, Thronverzicht und revolutionären Ausbrüchen in verschiedenen Einzelstaaten mit Vertreibung der Dynastien wuchs die Gefahr, dass die Reichseinheit zerbrechen könnte.[192] Im Rheinland zeigten sich sogar separatistische Kräfte, die von Frankreich unterstützt wurden. Bayern versuchte in Verhandlungen mit Baden und Württemberg eine Loslösung vom Reich zu bewirken. Wenig später versuchte der bayerische Ministerpräsident Eisner mit der Tschechoslowakei und der Republik Österreich eine "Donauföderation" zu bilden.[193] Und obwohl all diese separatistischen Bestrebungen scheiterten,[194] war die Mehrheit der Nationalversammlung in Weimar unitarisch gesonnen. Eine zentralistische Grundstimmung überwog. Dazu trug auch die Taktik der sich als "Unitarier" fühlenden Akteure bei, föderative Strukturen in Gegensatz zur staatlichen Einheit zu stellen und sie auf diese Weise zu diskreditieren. Die damit verbundene Vorstellung, dass das deutsche Volk erst im Einheitsstaat imstande sei, sich eine demokratische Verfassung zu geben, beherrschte die meisten Parteien.[195] Weit verbreitet war auch die Vorstellung, dass die Kriegsfolgen am schnellsten durch eine einheitlich vorgehende Politik zu überwinden seien. Die Nationalversammlung entschied sich endlich zwar für eine bundesstaatliche Ordnung, jedoch in Richtung auf einen dezentralisierten Einheitsstaat.[196]

### b. Die Weimarer Verfassung von 1919

Die Weimarer Verfassung (im folgenden WV) bekannte sich, wie es bereits die Präambel auswies, zum Prinzip der Volkssouveränität, und betonte das Prinzip der

---

[190] Staatsbürger-Taschenbuch, 1995, S. 32.
[191] Zur Weimarer Verfassung und Verfassungsentwicklung vgl. G Anschütz, Die Verfassung des Deutschen Reichs vom 11. August 1919, 1929; H. Boldt, Deutsche Verfassungsgeschichte, Bd. 2, 1993; E.R. Huber, Deutsche Verfassungsgeschichte seit 1789, Bd. IV, 1981; W. A. Winkler, Weimar 1918-1933, 1993.
[192] Vgl. Laufer/Münch, S. 46.
[193] Laufer/Münch, S. 46.
[194] Vgl. P.-C. Witt, Finanzen und Politik im Bundesstaat-Deutschland 1871-1933, 1992.
[195] Vgl. Laufer/Münch, S. 47.
[196] Mehr zum Verfassungsentwurf von Hugo Preuss bei Laufer/Münch, S. 47.

42

nationalen Einheit. Die Staatsgewalt war auf Bund und Gliedstaaten[197] verteilt, wobei die Staaten des Kaiserreichs durch die WV zu Ländern herabgestuft und weitgehend entmachtet wurden. Von einer wirklichen Beteiligung der Länder an der Bildung des Reichswillens konnte kaum gesprochen werden. Art.17 WV schrieb vor, dass alle Länder eine freistaatliche Verfassung haben sollten.[198] Ein Land durfte sich also nur eine republikanische, nicht-monarchische Verfassung geben. Weiterhin galten die Grundsätze des Reichswahlrechts als verbindlich und die Landesregierungen sollten vom Vertrauen der jeweiligen Volksvertretung abhängen.

Die unitarische Ausprägung der Weimarer Republik wurde auch in der Erweiterung der Gesetzgebungskompetenzen des Reiches sichtbar. Dem Reich standen noch mehr Gesetzgebungskompetenzen als in den 1849er und 1871er Verfassungen zu. Die Mehrzahl der Kompetenzen waren konkurrierend, womit das Reich über die in Art. 7 und 9 WV aufgeführten Kompetenzen verfügen konnte (aber nicht mußte). Außerdem konnte das Reich die Gesetzgebungsmaterien an sich ziehen, ohne das hier zwingend ein Bedürfnis vorliegen mußte (sog. "Bedarfsgesetzgebung"), oder Richtlinien für die Gesetzgebung der Länder vorgeben (sog. "Grundsatzgesetzgebung"). Neben einer weitgefaßten Reichsaufsicht sah die Verfassung vor, dass Reichsgesetze durch Landesbehörden ausgeführt wurden, soweit nicht Reichsgesetze etwas anderes bestimmten. Art.14 WV sah desweiteren eine Übernahme von Landeszuständigkeiten in die Regie des Reiches im Wege einfacher gesetzlicher Anordnung vor, wodurch die Verwaltung der Reichsfinanzen vom Reich selber übernommen werden konnte. Von dieser Befugnis machte das Reich bald nach Inkrafttreten der Verfassung Gebrauch – es wurde eine Reichsfinanzverwaltung geschaffen, welche auf Grund der Reichsabgabenordnung von 1919 auch die direkten Steuern (insbes. Einkommen-, Körperschafts-, Vermögenssteuer) und die neueingeführte Umsatzsteuer für das Reich erhob. Dadurch erhielt das Reich eine vorrangige und bestimmende Stellung auch im finanziellen Bereich, während fast alle eigenständigen Steuerquellen von Ländern und Gemeinden versiegten. Die Länder waren finanziell weitgehend vom Reich abhängig, sie waren zu "Kostgängern" des Reiches geworden.[199]

Noch eine interessante und bedeutsame Neuerung, die gleichfalls ein deutliches Signal für die fortschreitende Unitarisierung war, ist in der Etablierung einer Reichsauftragsverwaltung zu sehen, bei der das Reich mit speziellen weitgehenden Weisungsbefugnissen ausgestattet wurde.[200]

---

[197] Während das Reichsgebiet der Kaiserzeit 22 Staaten und 3 freie Städte umfasste, verringerte sich die Zahl der Länder in der Weimarer Republik auf 17, da die 8 Thüringer Staaten sich am 1. Mai 1920 zum Land Thüringen vereinigten und Waldeck ab 1. April 1929 mit Preußen vereinigt wurde.

[198] Die Frage einer Neugliederung konnte in der Nationalversammlung nicht gelöst werden, sondern wurde in Art.18 für die Zukunft vorgesehen.

[199] Mehr dazu s. bei P.-C. Witt, Finanzen und Politik im Bundesstaat-Deutschland, 1871-1933, 1992.

[200] Hier ist zu bemerken, dass zwar die Gesetzgebungsbefugnisse der Länder abgesunken waren, jedoch sie als Träger der Verwaltung und Inhaber der Polizeigewalt erhebliche Bedeutung behielten.

Der Reichsrat hatte im neuen politischen Kräftespiel kaum mehr etwas mit dem alten Bundesrat gemein. Zwar behielten die Länder über dieses Organ Einfluß auf Reichsentscheidungen in Gesetzgebung und Verwaltung, allerdings verfügte der Reichsrat gegenüber dem eigentlich starken Organ der Unitarisierung, dem Reichstag, in der Gesetzgebung nur über ein suspensives Veto (Art. 74 WV). Dieses konnte vom Reichstag mit 2/3-Mehrheit überstimmt oder durch Volksentscheid entkräftet werden. Allerdings konnte der Reichsrat gegen verfassungsändernde Beschlüsse des Reichstages selbst den Volksentscheid verlangen. Da er in der Regel nicht von Mitgliedern der Landesregierungen, sondern nur von Landesbeamten ("Gesandten") beschickt wurde, ermangelte es ihm an politischer Kraft. Die frühere Vormachtstellung Preußens war (allerdings nur teilweise) gebrochen – kein Land durfte mehr als 2/5 aller Stimmen auf sich vereinigen.[201]

Der vom Volke auf 7 Jahre gewählte Reichspräsident vertrat das Reich völkerrechtlich, ernannte die Reichsbeamten und war Oberbefehlshaber der Reichswehr (das Heerwesen war ausschließlich Reichsangelegenheit). Er konnte den Reichstag auflösen und gegen ein von diesem beschlossenes Gesetz einen Volksentscheid herbeiführen. In Notfällen konnte er auf Grund des Art. 48 WV Notverordnungen erlassen.[202]

Im Gegensatz zur "politischen" Lösung föderativer Streitigkeiten sah die Verfassung eine gerichtliche Schlichtung von Bund-Länder-Differenzen sowie anderer bundesstaatlicher Verfassungsstreitigkeiten durch einen Staatsgerichtshof vor (Art. 19 und 108 WV).

Zur verfassungsrechtlichen und institutionellen Schwäche des Föderalismus in der Weimarer Republik trat allmählich die politische Ohnmacht der Landesregierungen (mit Ausnahme der von Preußen). Die Verfassungsordnung der Weimarer Republik stärkte das Reich in seinen Gesetzgebungs- und Verwaltungskompetenzen auf Kosten der Länder, schränkte deren Verfassungsautonomie ein und reduzierte sie schließlich auch in finanziellen Fragen auf den Status von bloßen Selbstverwaltungsorganisationen in einem dezentralen Einheitsstaat. Begünstigt wurde dieser Unitarisierungstrend durch die Notwendigkeit zur reichseinheitlichen Bekämpfung der Kriegsfolgen und die wirtschaftliche Notsituation. So lag das Schwergewicht auf der zentralstaatlichen Ebene (im Gegensatz zum Deutschen Reich von 1871). Die bundesstaatliche Ordnung war damit weit von einem ausbalancierten Verhältnis zwischen Einzelstaaten und Zentralstaat entfernt.[203] Zur Schwächung des föderativen Systems in der Weimarer Republik

---

[201] Für Preußen galt dazu noch die Sonderregelung, dass die Hälfte aller preussischen Stimmen von Vertretern der Provinzialvertretungen abgegeben werden mussten. Mit dieser Regelung, die eine Reaktion auf die negativen Erfahrungen mit der preussischen Hegemonialstellung im Deutschen Reich von 1871 war, wollte man ein zu grosses übergewicht der preussischen Staatsregierung verhindern.

[202] Diese Ausnahmegesetzgebung wurde unter dem Reichskanzler Brüning zur Regel und führte zu einer Aushöhlung der Verfassung auf scheinbar legalem Wege.

[203] Vgl. dazu E. Holtmann, Die Krise des Föderalismus, in: E. Holtmann (Hrsg.), Republik, 1995, S. 171-218.

trugen auch die Strukturmängel bei. Preußen hatte sein politisches und wirtschaftliches Übergewicht behalten, es machte immer noch über drei Fünftel des Reichsgebiets und seiner Bevölkerung aus. Die entscheidende Machtposition, die Preußen im Gefüge der Weimarer Republik einnahm und die auch durch einflußreiche Position der Parteien (Zentrum und Sozialdemokratische Partei) bedingt war, hat das Ende der Republik und damit auch der bundesstaatlichen Ordnung beschleunigt.[204]

*c. Die Diktatur des Nationalsozialismus (1933-1945)*

Der Mißbrauch der von der Weimarer Verfassung gewährten Freiheiten führte letztlich zum Scheitern der Weimarer Republik. Und obwohl auch nach 1933 die Weimarer Verfassung in Geltung blieb, wurde sie doch praktisch von Adolf Hitler außer Kraft gesetzt, der alle verfassungsmäßigen Möglichkeiten für seine Zwecke ausnutzte. Nachdem Hitler am 30. Januar 1933 vom Reichspräsidenten von Hindenburg zum Reichskanzler ernannt worden war, fand am 5. März 1933 eine Reichstagswahl statt. Die dabei geschaffene Mehrheit nahm am 24. März 1933 das "Gesetz zur Behebung der Not von Volk und Reich" an, das Hitler zum Erlaß von Gesetzen ohne Befragung des Reichstages ermächtigte (Ermächtigungsgesetz).

Das Verhältnis von Reich und Ländern wurde im Sinne eines zentralistischen Unitarismus umgestaltet. Durch die Gleichschaltungsgesetze von 1933 wurden die Länder gleichgeschaltet und Reichsstatthalter eingesetzt.[205] Das Gesetz über den Neuaufbau des Reiches vom 30. Januar 1934 beseitigte völlig die Länder als Staaten mit eigenen Hoheitsrechten – die Landtage wurden aufgelöst und die Hoheitsrechte der Länder auf das Reich übertragen. In den Gemeinden endete die Selbstverwaltung; ein parteimäßig berufener Bürgermeister trat an die Spitze der Verwaltung. Deutschland war zum Einparteienstaat, zur Diktatur geworden, der in totalitärer Weise unter Ausschaltung anderer Meinungen (Überwachung durch Gestapo und Sicherheitsdienst) alle Gebiete sozialen Lebens beherrschte.

Mit der Vereinigung der höchsten gesetzgebenden und vollziehenden Gewalt in einer Hand waren die Grundlagen der demokratischen Republik zerstört. Das Ende der demokratischen Republik war auch das Ende der föderativen Ordnung.[206]

---

[204] Die preussische Regierung befand sich aufgrund ihres fortbestehenden politischen Übergewichts nicht selten im Gegensatz zur Reichsregierung. Als es schliesslich im Jahre 1932 zu einem Legitimitätskonflikt zwischen Preußen und dem Reich kam, wurde die preussische Regierung vom Reichspräsidenten unter Berufung auf Art. 48 Abs. 2 WV kurzerhand ihres Amtes enthoben und der Reichskanzler als Reichskommissar für Preußen eingesetzt. Der Staatsgerichtshof, in dieser Auseinandersetzung als Schiedsrichter angerufen, erklärte die Absetzung der preussischen Regierung zwar für verfassungswidrig, entschied aber in der Sache zugunsten des Reiches und läutete damit bereits das Ende des Weimarer Bundesstaates ein. Zur starken Stellung Preußens und zum sog. "Preußenschlag" vgl. H.A. Winkler, Weimar 1918-1933, 1993; Laufer/Münch, S. 51.

[205] Vgl. die Texte der Gleichschaltungsgesetze in: Laufer/Münch, S. 266-270.

[206] Mehr dazu bei H. Boldt, Deutsche Verfassungsgeschichte, Bd. 2, S. 258ff.; M. Broszat, Die Machtergreifung, 1993; Ders., Der Staat Hitlers, 1995.

### 3. Bonner Grundgesetz und die Entstehung der DDR

#### a. Bonner Grundgesetz

Nach der bedingungslosen Kapitulation der deutschen Wehrmacht, die am 8. Mai 1945 in Berlin unterzeichnet wurde, übernahmen am 5. Juni 1945 die Besatzungsmächte (USA, Großbritannien, Frankreich, Sowjetunion) offiziell die oberste Staatsgewalt in Deutschland[207] und übten sie nach innen und außen aus. In zwei weiteren "Feststellungen" gaben die Siegermächte die Aufteilung Deutschlands in Besatzungszonen und die Errichtung des Kontrollrates bekannt.

Seit 1946 vollzog sich, uneinheitlich in den verschiedenen Besatzungszonen, der Aufbau einer deutschen Verwaltung. Das Ziel der von den Besatzungsmächten gesteuerten Maßnahmen war eine weitgehende Dezentralisation und Verlagerung des Schwergewichts auf die lokale Selbstverwaltung. Im Kommuniqué vom 2. August 1945 erklärten UdSSR, Großbritannien und USA: "Die Verwaltung Deutschlands muss in Richtung auf eine Dezentralisation der politischen Struktur und der Entwicklung einer örtlichen Selbstverantwortung durchgeführt werden".[208] Eine gemeinsame Realisierung dieser Pläne war aber nicht mehr möglich.[209] Alle vier Besatzungsmächte hatten vier verschiedene Modelle für die Neuordnung Deutschlands, und zwar: Das zentralistische Frankreich betrieb eine extreme Dezentralisierungspolitik, die UdSSR trat für einen zentralistischen Einheitsstaat ein, Großbritanien bereitete einen dezentralisierten Einheitsstaat vor und die USA empfahlen eine bundesstaatliche Ordnung, die ihrem eigenen föderativen System nahe kam.[210] Infolge der Gegensätze zwischen den Westmächten und der UdSSR vertiefte sich die Trennung der vier Besatzungszonen immer mehr. Nach den Verhandlungen mit der Sowjetunion über verschiedene Fragen der Staatsorganisation war den Westpolitiker klar geworden, dass die Idee, Deutschland gemeinsam mit der Sowjetunion zu regieren, keine Zukunft hatte.[211] Auf der Londoner Konferenz im Herbst 1947 stellte sich heraus, dass die Gegensätze zwischen der Sowjetunion und den drei westlichen Alliierten unüberbrückbar geworden waren. Da die Verständigung

---

[207] Vgl. Die Erklärung der Alliierten vom 5. Juni 1945 "in Anbetracht der Niederlage Deutschlands", in: Die Gründung der Bundesrepublik Deutschland, Texte und Dokumente, 1989, S. 57.

[208] Vgl. Amtliche Verlautbarung über die Berliner Konferenz der drei Mächte (Potsdamer Konferenz), 2.8. 1945, in: Die Gründung der Bundesrepublik Deutschland, Texte und Dokumente, 1989, S. 57-60.

[209] Die Siegermächte einigten sich zwar in fast allen Vereinbarungen und Erklärungen über die Neuaufbau Deutschlands, dass der "Wiederaufbau der deutschen politischen Lebens" „auf demokratischer Grundlage" erfolgen sollte, aber angesichts des kommunistischen Verständnisses von "demokratisch", "friedlich", "nazistisch" usw. war lediglich ein Konsens über Leerformeln zustandegekommen.

[210] Laufer/Münch, S. 56.

[211] Vgl. George F. Kennan, Memoiren eines Diplomaten, 1968; Auch W. Churchill erklärte im britischen Unterhaus bereits am 5. Juni 1946: "Wir müssen der Tatsache ins Auge sehen, dass so, wie die Dinge gegenwärtig stehen, zwei Deutschlands im Entstehen sind: das eine mehr oder weniger organisiert nach dem russischen Modell bzw. im russischen Interesse, das andere nach dem der westlichen Demokratie", vgl. Die Teilung Deutschlands 1945-1955, in: Informationen zur politischen Bildung, 232/1991, S. 12.

der Westalliierten und der Sowjetunion über die einheitliche Behandlung Deutschlands auf Lange Sicht blockiert war, kamen die USA, Großbritannien und die drei Benelux-Länder in London im Juni 1948 überein, die Einberufung einer verfassunggebenden Versammlung für die drei Westzonen zu genehmigen. Diese sollte eine demokratische Verfassung mit föderalistischem Staatsaufbau schaffen.

Das Ergebnis der Londoner Konferenz wurde in einem von insgesamt drei Dokumenten den Ministerpräsidenten der westlichen Besatzungszonen durch die drei Militärgouverneure am 1. Juli 1948 in Frankfurt am Main übergeben (Frankfurter Dokumente). Durch diese Dokumente wurden die Ministerpräsidenten aufgefordert eine Versammlung zur Ausarbeitung einer Verfassung einzuberufen (Dokument I), die Ländergrenzen zu überprüfen (Dokument II) und die Grundzüge eines Besatzungsstatuts zur Kenntnis zu nehmen (Dokument III).[212] Dadurch wurde der Weg für die Errichtung eines neuen Bundesstaates auf einem Teil des deutschen Territoriums eröffnet.[213]

Das Dokument I legte klar und deutlich fest: "Die Verfassunggebende Versammlung wird eine demokratische Verfassung ausarbeiten, die für die beteiligten Länder eine Regierungsform des föderalistischen Typs schafft". Auf Initiative der Ministerpräsidenten und aufgrund der Frankfurter Dokumente wählten die 11 westdeutschen Landtage im August 1948 65 Abgeordnete in den Parlamentarischen Rat. Der Parlamentarische Rat trat am 1. September 1948 in Bonn zusammen. Der Rat setzte 7 Fachausschüsse zur Vorbereitung der einzelnen Verfassungsartikel sowie einen Hauptausschuß ein, der den Verfasungsentwurf in insgesamt vier Lesungen abschließend beriet; in ihm wurden die eigentlichen politischen Entscheidungen getroffen.

In Deutschland waren zu dieser Zeit die föderativen Ideen weit verbreitet, und zwar sowohl in Wissenschaft und Politik als auch in der Publizistik und der öffentlichen Meinung.[214] Alle politische Parteien – mit Ausnahme der KPD - waren nach ihren politischen Aktivitäten föderalismusfreundlich eingestellt. Bezüglich der Intensität der föderativen Neigungen bestanden im Parlamentarischen Rat zwischen den Parteien allerdings beträchtliche Unterschiede.[215] Weitgehende Einigkeit bestand im Parlamentarischen Rat hinsichtlich der Aufteilung der Gesetzgebung in eine ausschließliche sowohl des Bundes als auch der Länder sowie eine konkurrierende und schließlich eine Rahmengesetzgebung mit dem Vorrang beim Bund. Die unterschiedlichen Föderalismus-Konzeptionen der Parteien kamen vor allem in den

---

[212] Vgl. den Text der Frankfurter Dokumente in: Laufer/Münch, S. 271-273.
[213] W. Benz, Die Gründung der Bundesrepublik, S. 98ff.
[214] In Deutschland waren es vor allem die Staatsrechtslehrer Georg Laforet, Franz W. Jerusalem, Bodo Dennewitz, Hans Peters und Wilhelm Grewe, die den föderative Gedanken in der Überzeugung aufgriffen, dass damit eine gesamtstaatliche Ordnung begründet werden könne, die eine Wiederholung totalitärer Herrschaft verhindern helfe.
[215] Zu den Föderalismusvorstellungen von Parteien vgl. W. Sörgel, Konsensus und Interessen, 1985; J. Huhn, Föderalismusdiskussion, 1992; Kilper/Lhotta, S. 85-92.

Kontroversen über den Finanzausgleich und über die Gestaltung der zweiten Kammer des Parlaments zum Tragen.[216]

Die Auseinandersetzungen über die Struktur und die Kompetenzen des föderativen Verfassungsorgans, der Zweiten Kammer, spitzten sich auf die Kontroverse zwischen einem an dem US-amerikanischen Vorbild angelehnten Senatsmodell und dem für die deutsche Geschichte charakteristischen Bundesratsmodell zu.[217] Unumstritten war jedoch die Institutionalisierung einer Zweiten Kammer in Form einer "ewigen Länderkammer" bzw. eines "ewigen Senats" aus Gründen der Kontinuität und der Machtbalance, umstritten war aber wer in der Zweiten Kammer die Plätze einnehmen und mit welchen Kompetenzen die Kammer ausgestattet sein sollte. Obwohl die Erfahrungen mit dem Bundesrat des Kaiserreichs nicht nur positiv waren, setzten sich die Politiker der Nachkriegszeit vehement für eine Bundesratslösung ein. Ihrer Konzeption nach hätte der Bundesrat dieselben Rechte gehabt wie der Bundestag. Im Gesetzgebungsprozeß hätte sich das so ausgewirkt, dass alle Gesetze nur durch übereinstimmende Beschlüsse von Bundestag und Bundesrat zustande gekommen wären. Dem Bundesrat wäre es möglich gewesen, gegenüber jedem Gesetzesbeschluß des Bundestages sein absolutes Vetorecht wahrzunehmen, so dass im Extremfall alle Gesetze am Mehrheitswillen der Landesregierungen hätten scheitern können. Der Bundesrat wäre so eine echte Zweite Kammer geworden.[218] Die Gegner einer solchen Bundesratslösung bemängelten die unzureichende demokratische Legitimation der Mitglieder des Bundesrates und schlugen als Alternative ein Senatsmodell vor. Da bei Bestellungsformen des Senats (die Senatoren können entweder vom Landesparlament gewählt werden, oder in allgemeinen und gleichen Wahlen von der wahlberechtigten Bevölkerung bestellt werden) die demokratische Legitimation größer ist als beim Bundesratsmodell, wurde das Senatsmodell von seinen Befürwortern als die Lösung dargestellt, die einer freiheitlichen Demokratie angemessener sei.

Nach heftigen Diskussionen gelang es den Befürworter des Bundesratsmodells zwar nicht, die volle Gleichberechtigung und damit die Stellung des Bundesrates als echter Zweiten Kammer zu erreichen, verankert wurde aber die Zustimmungspflicht des Bundesrates bei den Materien, die unter anderem die Verwaltung und die Finanzen der Länder betrafen. Dabei vertraten sie die Auffassung, dass im modernen Parteienstaat der Senat nur eine Verdoppelung des parteipolitisch zusammengesetzten Zentralparlaments bedeutet. Der Senat hätte dieselben Funktionen wie das Parlament, so dass die Kontrollmöglichkeiten und eine sachgerechte Vertretung der Landesinteressen nicht gewährleistet seien. Die SPD vollzog schließlich ihren überraschenden Wechsel vom Senatsprinzip zum Bundesratsprinzip.[219] Auf diese Weise wurde die Gleichberechtigung der föderativen Kammer und damit die

---

[216] Vgl. V. Otto, Das Staatsverständnis des Parlamentarischen Rates, S. 102ff.
[217] Vgl. Laufer/Münch, S. 64.
[218] Vgl. Dies., S. 65.
[219] Aus der Foderung nach einer starken, ggf. sogar unmittelbaren demokratischen Legitimation der Senatoren ergab sich praktisch fast zwangsläufig, dass die Befürworter des Senatsmodells sich auch für die kompetenzmäßige Gleichstellung des Senats mit dem Bundesparlament aussprachen.

Institutionalisierung einer echten Zweiten Kammer verhindert.[220] So kam die sog. "abgeschwächte Bundesratslösung" zustande.[221]

Die heftigsten Kontroversen entstanden im Parlamentarischen Rat zudem über die Finanzverfassung des Staates. Da die Verteilung der Finanzgewalten entscheidend für den Grad der Dezentralisierung des künftigen Regierungssystems war, hat die Verteilung der Kompetenzen in der Finanzgesetzgebung und –verwaltung "zu der vielleicht schwersten Auseinandersetzung unter den Parteien wie auch zwischen Parlamentarischem Rat und den Alliierten" geführt.[222] Die Befürworter einer bundeseinheitlichen Finanzverwaltung stützten sich auf die historische Erfahrung, dass erst durch die Reform des damaligen Finanzministers Matthias Erzberger im Jahre 1919 das Problem des Steueraufkommens zwischen beiden Regierungsebenen einigermaßen sinnvoll geregelt war.[223] Die Forderung, die Hauptsteuern durch den Bund zu regeln, wurde zudem in ausgedehnten Expertenbefragungen vor dem Finanzausschuß des Parlamentarischen Rates einhellig bekräftigt.[224] Auch "Bei allen indirekten Steuern ist in einem einheitlichen Wirtschaftsgebiet eine einheitliche Gesetzgebung notwendig" – erklärte der interfraktionelle Ausschuß des Parlamentarischen Rates. Aber die Diskussionen und Auseinandersetzungen konnten nicht endlos weitergeführt werden. Die Alliierten drängten auf einen baldigen Abschluß der Beratungen. Die erforderlichen Kompromisse kamen vor allem bei der Finanzverfassung unter dem spürbaren Druck der Alliierten zustande.[225] Die politischen Parteien einigten sich schließlich auf die Bundesfinanzverwaltung.[226] Aber im November 1948 hatten die Alliierten Einspruch gegen eine Bundesfinanzverwaltung erhoben. Sie hatten gerügt, dass die Länder zu schlechte und zu wenige eigene Finanzierungsquellen hätten und deshalb ihre Angelegenheiten kaum wirksam wahrnehmen könnten. Im März 1949 verlangten die Alliierten die Dezentralisierung der Finanzhoheit und Bier-, Kraftfahrzeug-, Glücksspiel-, Vermögens-, Erbschafts- und Grundsteuern aus der Kompetenz des Bundes genommen. Der große Kompromiß, dem die Mehrheit des Parlamentarischen Rates unter dem Druck von Besatzungsbehörden zustimmte, sah schließlich folgendermaßen aus: Die Finanzverwaltung wurde zwischen Bund und Ländern aufgeteilt (man erhoffte sich, mit der Trennung zwischen steuerrechtlicher Gesetzgebungskompetenz und Steuer-Ertragshoheit sowohl dem Bund als auch den Ländern eine ausreichende Finanzausstattung zu sichern), unter den Ländern wurde ein Finanzausgleich

---

[220] Vgl. Kilper/Lhotta, S. 96; Laufer/Münch, S. 66.

[221] Vgl. R. Morsey, Die Entstehung des Bundesrates im Parlamentarischen Rat, S. 71ff.

[222] P. H. Merkl, Die Entstehung der Bundesrepublik Deutschland, S. 90.

[223] Vor dieser Reform bzw. seit der Entstehung des Deutschen Reichs 1871 waren die Steuerquellen starr getrennt in einige wenige Bereiche der Reichsbesteuerung und solche der Länderbesteuerung mit der Folge, "das das Reich zu einem Bettler vor den Türen der Staaten machte". Mit der "Erzbergerschen Finanzreform" wurden die Hauptsteuern zwischen den beiden Regierungsebenen aufgeteilt, ein Ausgleichsverfahren zwischen den Ländern eingeführt und der Zentralgewalt die Wiederverteilung der Ländereinkünfte übertragen; vgl. P. H. Merkl, ebd., S. 88.

[224] P. H. Merkl, ebd., S. 87.

[225] Vgl. Laufer/Münch, S. 67.

[226] Vgl. W. Renzsch, Finanzverfassung und Finanzausgleich, S. 66ff.

vorgesehen, das Schwergewicht der Finanzgesetzgebung lag beim Bund, wobei aber dem Bundesrat bezüglich der Steuergesetzgebung gleichberechtigte Kompetenzen zustanden. Nach der Festlegung des Besatzungsstatuts wurde am 8. Mai 1949 das Grundgesetz vom Parlamentarischen Rat mit 53 gegen 12 Stimmen angenommen und anschließend den Militärgouverneuren zur Genehmigung vorgelegt. Diese wurde mit den im Besatzungsstatut niedergelegten Vorbehalten erteilt. Die Besatzungsmächte hatten ferner das Inkrafttreten an die Zustimmung von 2/3 der Länderparlamente geknüpft.[227] Nach Billigung durch fast alle Landtage der deutschen Länder (nur Bayern stimmte dagegen, erkannte jedoch die Rechtsverbindlichkeit des Grundgesetzes an) wurde das Grundgesetz am 23. Mai 1949 verkündet; am Tage darauf trat das Grundgesetz in Kraft (Art. 145 Abs. 2 GG).

Die mit dem Grundgesetz begründete bundesstaatliche Ordnung stellt die Grundnorm für den politischen Prozeß im Bundesstaat dar, sie ist aber keine starre Struktur. Gemäß der allgemeinen Vorstellung handelt es sich bei Föderalismus um ein "dynamisches System"[228], auch die meisten Grundgesetzänderungen nach 1949[229] betrafen bundesstaatliche Verfassungsbestimmungen, vor allem Verfassungsnormen über die Finanzordnung, die Ausweitung der Gesetzgebungskompetenzen des Bundes und die Zusammenarbeit zwischen Bund und Ländern. Das ist ein deutlicher Hinweis darauf, wie die Entwicklungsdynamik des föderalistischen Systems die Verfassung unter einen Anpassungs- und Modernisierungsdruck setzt. Zu erwähnen ist hier auch, dass bei der gegebenen historischen Reihenfolge der Nachkriegsentwicklung die starke Ausprägung des Föderalismus im Grundgesetz gleichsam zwangsläufig war.[230] Es darf auch nicht übersehen werden, dass die bereits in der Geschichte des deutschen Föderalismus angelegte Struktur eines "Verbundsystems" auch für die künftige Bundesrepublik festgeschrieben wurde. Da es den Gliedstaaten in diesem System aber geradezu zwangsläufig unmöglich ist, ein größeres Maß an Eigenständigkeit zu wahren, ist dieses Föderalismusmodell stärker als etwa das US-amerikanische auf Unitarisierung hin angelegt.[231] Den beiden staatlichen Ebenen ist es durch diese Konstruktion nicht möglich, ihren Angelegenheiten selbständig nachzugehen, sie sind zur ständigen und engen Koordination verpflichtet. Insgesamt gesehen kann man sagen, dass die Verfassunggeber sich für eine Übernahme wesentlicher Bestandteile des überlieferten deutschen Föderalismusmodells in das Grundgesetz entschieden.[232]

---

[227] Begründet wurde diese Entscheidung mit der Überlegung, dass die Länder einerseits wesentliche Befugnisse an die zentralstaatliche Ebene, die zu schaffenden Bundesstaates verlieren und andererseits an dessen Konstituierung und Entwicklung ganz entscheidend beteiligt sein würden.

[228] Vgl. A. Benz, Föderalismus als dynamisches System, 1985.

[229] Das Grundgesetz von 1949 wurde bis Anfang des Jahres 1999 durch insgesamt 46 verfassungsändernde Gesetze modifiziert, von denen viele mehrere Grundgesetzänderungen zur Folge hatten.

[230] Vgl. F. Ossenbühl, Landesbericht Bundesrepublik Deutschland, S. 122; H.-J. Vogel, Die bundesstaatliche Ordnung des Grundgesetzes, in: Handbuch des Verfassungsrechts, 1983, S. 805ff.

[231] Vgl. Laufer/Münch, S. 68.

[232] Zu den Beratungen und Diskussionen im Parlamentarischen Rat vgl. Der Parlamentarische Rat 1948-1949, Akten und Protokolle, 4 Bände; Die Grundsätze der bundesstaatlichen Ordnung des

*b. Die Neugliederung des Staatsgebietes der Bundesrepublik Deutschland*

Die durch das Grundgesetz eingeführte Gebietsverteilung, die das Vorhandensein von 11 vergrößerten Ländern vorsah, stellte im Vergleich zu der früheren Verteilung auf kleinere Länder im Kaiserreich (25 Glieder des Reiches) und in der Weimarer Republik (17 Länder) einen Schritt vorwärts dar. Diese Bestimmung brachte in ihrer ursprünglichen Fassung den Willen des Parlamentarischen Rates zum Ausdruck, das Bundesgebiet unter Berücksichtigung der landsmannschaftlichen Verbundenheit, der geschichtlichen und kulturellen Zusammenhänge, der wirtschaftlichen Zweckmäßigkeit und des sozialen Gefüges neu zu gliedern. Die Neugliederung war als Verfassungsauftrag festgelegt worden. Das hatte seinen Grund hauptsächlich darin, dass die nach Ende des Krieges neu geschaffenen Länder zum Teil ohne Beachtung der überkommenen territorialen Verhältnisse und ohne hinreichende Berücksichtigung der politischen und wirtschaftlichen Leistungsfähigkeit der neuen Gebietseinheiten errichtet und abgegrenzt worden waren.[233]

Das Programm der Neugliederung des Bundesgebietes (das in Art. 118 GG niedergelegt ist) hat sich zum ersten Mal im Südwesten des Landes praktisch verwirklicht. Hier wurden durch die Überdeckung der französisch-amerikanischen Grenze zwei "alte" deutsche Länder – Baden und Württemberg – auf drei unabhängige Länder verteilt. Die Neugliederung des Südwestens erfolgte durch das zweite Gesetz über die Neugliederung in den Ländern Baden, Württemberg-Baden und Württemberg-Hohenzollern vom 4. Mai 1951, das mit Wirkung vom 25. April 1952 aus den genannten Ländern das neue Bundesland Baden-Württemberg bildete; am 19.November 1953 wurde seine Verfassung angenommen.[234]

Eine besondere Rechtslage bestand hinsichtlich des Saarlandes. Es hatte bis zu seinem Beitritt zur Bundesrepublik eine wechselvolle politische Geschichte durchgelebt. Das Saarland war nach dem Ersten Weltkrieg als "Saargebiet" einem internationalen Regime (nämlich: dem Völkerbund) unterworfen worden und erst im Jahre 1935 nach einer Volksabstimmung[235] wieder unbeschränkt Teil des Deutschen Reiches geworden. Die erneute Abtrennung des Saargebietes zusammen mit Teilen der früheren bayerischen Pfalz und der früheren preußischen Rheinprovinz nach dem Zweiten Weltkrieg führte zunächst zu einem autonomen Territorium, das wirtschaftlich, zoll- und währungsrechtlich mit Frankreich verbunden war. Nachdem das deutsch-französische Abkommen über das Statut der Saar vom 23. Oktober 1955 mit großer Mehrheit abgelehnt worden war, wurde das Saarland aufgrund des deutsch-

---

Grundgesetzes und die Unitarisierungstendenzen werden im Teil 2 dieser Arbeit (Kapitel I - "Die bundesstaatliche Ordnung des Grundgesetzes ") detailliert erörtert.

[233] In ihrem historischen Gebietsbestand erhalten geblieben waren nur die Länder Bayern, Bremen und Hamburg, vgl. F. Ossenbühl, Landesbericht Bundesrepublik Deutschland, S. 123.

[234] P.Weihnacht hatte die Ergebnisse der praktischen Verwirklichung der Neugliederung als den ersten Schritt auf dem Wege der Durchführung der Neugliederung unter Berücksichtigung von dem zweckmäßigen und wirtschaftlichen Prinzip bewertet; Zur Entstehung von Baden-Württemberg vgl. P. Sauer, Die Entstehung des Bundeslandes Baden-Württemberg, 1977.

[235] 90,8% der Bevölkerung stimmte für die Rückkehr des Gebiets nach Deutschland.

französischen Saarvertrages vom 27. Oktober 1956 mit Wirkung vom 1. Januar 1957 im Wege des "Beitritts" ein Bundesland der Bundesrepublik Deutschland. Der politischen Eingliederung folgte 1959 die wirtschaftliche.

### c. Die Entstehung der DDR

Die sowjetische Besatzungszone in Deutschland bestand zunächst aus fünf Verwaltungseinheiten, die 1947 die Bezeichnung "Länder" erhielten. Durch Landesgesetze wurden die Landesverfassungen und die kommunalen Ordnungen in Kraft gesetzt. Die Landesverfassungen erhielten zwar noch Freiheitsrechte für die Bürger, garantierten das allgemeine, freie, gleiche und geheime Wahlrecht, schränkten aber die Gewaltenteilung erheblich ein.[236] Die Gemeinde-, Kreis- und Landesorgane standen von Beginn an unter der zentralen Leitungs- und Kontrollfunktion des Parteivorstandes der SED.[237]

Die erste Verfassung der Deutschen Demokratischen Republik (7. Oktober 1949)[238] wies äußere Ähnlichkeiten mit der Weimarer Verfassung auf und lehnte sich teilweise sogar textlich an diese an. Aber sie trug bereits den Stempel einer Volksdemokratie östlicher Prägung. Die Verfassung lehnte das Prinzip der Gewaltenteilung ab.[239] Die Entwicklung vom dezentralisierten zum zentralisierten Einheitsstaat führte 1952 zur Beseitigung der fünf Länder und ihre Aufteilung in 14 Bezirke. 1958 wurde die Länderkammer, das Organ zur Interessenvertretung der Länder mit wenigen Befugnissen, aufgelöst. 1960 wurde ein mit weitreichenden Vollmachten ausgestatteter Staatsrat gebildet. Offenkundig wurde die endgültige Absage an jegliche Form bundesstaatlicher Organisation in der zweiten DDR-Verfassung vom 6. April 1968, in der die Länder, die Länderkammer oder andere föderative Elemente nicht mehr vorkamen. Die Beseitigung der föderativen Institutionen in der DDR diente der Festigung des administrativ-zentralistischen Sozialismus. Durch die Verfassung von 1968 wurden die Kompetenzen von Staatsrat und Ministerrat neu bestimmt.[240] Der Vorsitzende des Staatsrates besaß aufgrund der gleichzeitig von ihm ausgeübten Funktion als Generalsekretär der SED eine faktisch uneingeschränkte persönliche Machtstellung. Die damit verbundene Ablehnung einer Gewaltenteilung bedeutete, dass auch die als angeblich höchstes Staatsorgan in einer Volksdemokratie gepriesene Volkskammer und der Ministerrat in Wirklichkeit keine selbständigen Befugnisse hatten. Auch die richterliche Unabhängigkeit wurde nicht anerkannt. Es galt vielmehr das Prinzip der "sozialistischen Gerechtigkeit", das die Gerichte verpflichtete, ihre Entscheidungen in Übereinstimmung mit den leninistisch-marxistischen Prinzipien zu fällen.

---

[236] Vgl. S. Creuzberger, Die sowjetische Besatzungsmacht, S. 111f.
[237] Vgl. Laufer/Münch, S. 71-72.
[238] Am 25. März 1954 erklärte die Sowjetunion ihr Besatzungsregime für beendet und räumte der DDR formell die Rechte eines souveränen Staates ein.
[239] Vgl. T. Stammen, Verfassungsentwicklung, S. 254-266.

## 4. Die Wiedervereinigung Deutschlands

Die friedlichen Massendemonstrationen in der DDR im Oktober und November 1989 und die dort erhobene Forderung nach demokratischer Reform erschütterten das sozialistische Herrschaftssystem und leiteten dessen Auflösung ein.[241] Die demokratischen Gruppen, die die friedliche Revolution bewirkten, und alle politischen Parteien, die nach dem Zerfall der SED-Herrschaft gegründet wurden, bekannten sich bald zum Föderalismus. Am 22. Juli 1990 wurde das "Verfassungsgesetz zur Bildung von Ländern in der Deutschen Demokratischen Republik" (Ländereinführungsgesetz), das die Bildung der Länder mit Wirkung vom 14. Oktober 1990 vorsah, erlassen. Dieses Gesetz konstituierte mit der Schaffung von Ländern eine bundesstaatliche Organisationsstruktur nach dem Modell der Bundesrepublik. Die politischen und rechtlichen Voraussetzungen für die Errichtung der Länder in der Deutschen Demokratischen Republik waren damit geschaffen. Aber der Prozeß der politischen Vereinigung Deutschlands verlief unerwartet schnell.

Alle politischen Kräfte in der BRD und der DDR konzentrierten sich auf die Vereinigung der beiden deutschen Territorien. Die rechtlichen Grundlagen für die Wiedervereinigung wurden im "Vertrag zwischen der Bundesrepublik Deutschland und der Deutschen Demokratischen Republik über die Herstellung der Einheit Deutschlands" (Einigungsvertrag)[242] vom 31. August 1990 festgelegt. Der Vertrag wurde sowohl von der DDR-Volkskammer als auch von Bundestag und Bundesrat jeweils mit Zwei-Drittel-Mehrheit akzeptiert; die Länder der DDR wurden am 3. Oktober 1990 zu Ländern der Bundesrepublik Deutschland.[243] Die noch vorhandenen Einschränkungen der deutschen Souveränität durch alliierte Vorbehaltsrechte wurden durch den "Vertrag über die abschließende Regelung in bezug auf Deutschland" (2+4 Vertrag) vom 12. September 1990 beseitigt.[244]

Von großer Bedeutung für die bundesstaatliche Ordnung des Grundgesetzes war die Verfassungsreform vom Oktober 1994, die durch die deutsche Vereinigung erforderlich geworden war.[245] Im Zuge dieser Verfassungsreform ging es nicht nur darum, solche Probleme im Föderalismus anzugehen, die sich durch den Beitritt der neuen Länder ergeben hatten. Vielmehr ging es um die Probleme des föderativen Systems, wie es gewachsen ist. Im Zuge der Arbeiten an dieser Verfassungsreform unternahmen die Länder den Versuch, die unitarische Entwicklung, gerade in bezug

---

[240] Vgl. Ders., a.a.O.

[241] Zur Wiedervereinigung Deutschlands vgl. K. Jarausch, Die unverhoffte Einheit 1989/90, 1995.

[242] Text des Einigungsvertrages in: P. März, Dokumente zu Deutschland 1944-1994, S. 199ff.

[243] Der Einigungsvertrag erhielt auch die Bestimmung der Neuregelung der Stimmverteilung im Bundesrat (Art.4). Die Themen weiterer möglicher Verfassungsänderungen wurden in Art. 5 genannt, ohne dass dadurch der künftige Verfassunggeber inhaltlich gebunden wurde.

[244] Der "Zwei-plus-Vier-Vertrag" s. in: Grundgesetz, 1998, S. 69-73.

[245] Entsprechend dem Auftrag von Art. 5 des Einigungsvertrages setzten Bundestag und Bundesrat im November 1991 eine gemeinsame Verfassungskommission aus 32 Abgeordneten des Bundestages und 32 Vertretern der Landesregierungen ein. Die Kommission hatte ihre Arbeit im Oktober 1993 abgeschlossen; die Regierungsfraktionen und die SPD brachten ihre Empfehlungen als gemeinsamen Gesetzentwurf in den Bundestag ein.

auf die Gesetzgebungskompetenzen zumindest teilweise wieder rückgängig zu machen. Seit den Verhandlungen der Gemeinsamen Verfassungskommission von Bundestag und Bundesrat und seit der Verfassungsreform 1994 ist die Auseinandersetzung der Länder mit dem Bund über einen Rücktransfer bereits abgewanderter und eine exekutive Nutzung noch vorhandener Gesetzgebungskompetenzen der Landtage nicht mehr zur Ruhe gekommen. Insgesamt gesehen haben die Länder seit der Wiedervereinigung und seit der Verfassungsreform 1994 erheblich an innen- wie außenpolitischem Gewicht gewonnen, "was dem deutschen Föderalismus nach langen Jahren der Erosion des Länderpotentials nur guttun kann".[246]

## 5. _Zusammenfassung_

Aufgrund des oben dargestellten Prozesses der historischen Entwicklung des föderalistischen Systems in Deutschland kann man feststellen, dass der Föderalismus ein durchgehender Wesenszug deutscher Verfassungsentwicklung in Staat und Gesellschaft ist. Die Entwicklung ist zwar durch die Tendenz einer zunehmenden Zentralisierung gekennzeichnet, die im unitarischen Bundesstaat der Weimarer Reichsverfassung deutlichen Ausdruck fand; schließlich wurde die föderalistische Tradition durch den totalen Einheitsstaat des nationalsozialistischen Regimes unterbrochen. Der föderalistische Grundgedanke war damit aber keineswegs untergegangen, sondern in die Emigration geraten.[247] Nach der Kapitulation im Jahre 1945 wurde er sodann auf deutschem Boden neu belebt und ausgeprägt. Die Wiedererrichtung einer föderativen Ordnung in Deutschland stand faktisch außer jedem Zweifel. Sie wurde von allen Seiten gewünscht und entsprach auch der damaligen Verfassungsentwicklung, die zunächst mit dem Neuaufbau von Gemeinde- und Kreisverwaltungen begann und darauf zur Konstituierung von selbständigen Ländern führte.[248] Hervorzuheben ist allerdings die Rolle der Alliierten, deren Politik wesentlich zur Wiederbelebung des Föderalismus beigetragen hat. Es waren die Alliierten, die im Sommer 1948 mit dem Frankfurter Dokument I die Anordnung erlassen hatten, "eine Regierungsform des föderalistischen Typs" zu schaffen. Nicht zu übersehen ist aber auch die Tatsache, dass diese westalliierte Weisung auf überaus "fruchtbaren Boden" gefallen worden war,[249] denn in den Verfassungsentwürfen der politischen Parteien waren bereits 1946/47 die Vorstellungen zum Föderalismus als politischer Organisationsform entwickelt worden, wenn auch die Brandbreite der Föderalismusvorstellungen beachtlich war. Man kann sagen, dass die maßgebliche Ursache für die Wiederbelebung und Verwirklichung des Föderalismus in

[246] H.-P. Schneider, Die Entwicklung der bundesstaatlichen Ordnung im Jahre 1997, in: Mitteilungen des Deutschen Instituts für Föderalismusforschung, H. 8, August 1998.
[247] Vgl. F. Ossenbühl, Landesbericht Bundesrepublik Deutschland, S. 121; vgl. auch P.H. Merkl, Die Entstehung der Bundesrepublik Deutschland, S. 38f.
[248] H.-P. Schneider, Kooperation, Konkurrenz oder Konfrontation, S. 103.
[249] Vgl. Kilper/Lhotta, S. 140.

institutionellen Weichenstellungen beim Wiederaufbau der Staatlichkeit in Deutschland nach 1945 lag. Eine dieser Weichenstellungen war die Festlegung des politischen Prinzips des Wiederaufbaus "von unten nach oben" und die damit verbundene historische Priorität der Länder.[250] So kam es, dass bei der Schaffung des Grundgesetzes die föderalistischen Bestrebungen außerordentlich stark und die Länder die eigentlichen Träger der Verfassungsentwicklung in Deutschland nach 1945 waren.

Insgesamt gesehen kann man feststellen, dass die föderalistische Ordnung in der Bundesrepublik Deutschland, ihr Erscheinungsbild, die Aktionsweisen der Amtsträger, die politische Konkurrenz und die Verflechtung von Politikbereichen vor allem – wenn auch nicht ausschließlich – das Ergebnis der historischen Entwicklung besonders seit dem Ende des Heiligen Römischen Reiches Deutscher Nation 1806 sind. Die neuzeitliche deutsche Staatlichkeit ist untrennbar mit dem Föderalismus verbunden, sei es, dass dessen Ideen und institutionelle Ausformungen diese begründet und geformt haben, sei es, dass er zum Gegenpol und Angriffsobjekt zentralistischer Politik und totalitärer Ideologien wurde.

---

[250] Vgl. F. Ossenbühl, Landesbericht Bundesrepublik Deutschland, S. 122.

## III. Die geschichtliche Entwicklung der Territorialordnung Georgiens

### 1. Die Territorialordnung Georgiens im Mittelalter

Georgien zählt zu jenen alten Nationen, die über staatliche Traditionen und eine ausgeprägte christliche Hochkultur verfügen. Die Eigenbezeichnungen *kartveli* für die Georgier und *sakartvelo* für das Land der Georgier kamen zwar erst im 11. Jahrhundert, zur Zeit eines machtvollen georgischen Staates, in Gebrauch. Die Geschichte des Landes ist jedoch sehr viel älter. Die Vorfahren der heutigen Georgier bildeten bereits vor 3000 Jahren erste Stammesvereinigungen.[251] Die im ersten Jahrtausend v. Chr. gegründeten Staaten Kartli (Iberia)[252] in Ost- und Egrisi (Kolcheti)[253] in Westgeorgien waren vom hellenistischen Geist beeinflußt.

Integrierend wirkte im Kulturraum des heutigen Georgiens das Christentum, das im Jahre 337 von König Mirian zur Staatsreligion erklärt wurde,[254] und die georgische Sprache, die sich nach und nach in einer Liturgiesprache durchsetzen konnte.[255] Sprache und Glaube haben den Karten, die aufgrund des Prozesses der ethnischen Konsolidierung zu dieser Zeit eine ethnische Gruppe bildeten, die Möglichkeit gegeben, die übrigen georgischen Stämme am Prozeß der weiteren ethnischen Konsolidierung zu beteiligen und die Führung dieses Prozesses zu übernehmen. Aber Sprache und Glaube bildeten ein zu dünnes Band, um die zergliederten Territorien zu einen. Auch die geographische Lage des Transkaukasus, der sich als ständiger Schauplatz kriegerischer Auseinandersetzungen von Seldschuken, Persern und Arabern erwies, erschwerte die Errichtung einer Zentralmacht. Begünstigt durch die natur-räumliche Abgeschiedenheit sowie permanente Kriege und Überfälle, hatten sich deshalb bevorzugt kleinstaatliche Einheiten anstelle großer, unifizierter und zentralistischer Reiche gebildet.[256] Ethnisch heterogen waren ebenfalls die zahlreichen Völker, die das Territorium des heutigen Georgiens bewohnten: Zu den kartvelischen (d.h. georgischen) Stämmen der Kartlier, Kachetier, Imeretier, Pschaven und Chevsureten gesellten sich die sprachlich eigenständigen Mingrelen, Lazen, Svanen

---

[251] N. Berdzenischvili, Sch. Meskhia und andere Autoren (Hrsg.), Die Geschichte Georgiens, Bd. I, S.19.

[252] Vgl. O. Lortkipanidze, Die antike Welt und das Königreich Kartli (Iberia), 1968; I. Dzavachischvili, Die Geschichte der georgischen Nation, Bd. 1, 1960; S. Dzanaschia, Studien, Bd. I-II, 1943-52.

[253] Vgl. N.Berdzenischvili, Sch. Meskhia und andere Autoren (Hrsg.), Die Geschichte Georgiens, Bd. I, S. 40-48.

[254] Die georgische Kirche war seit Ende des 5. Jahrhunderts (483) faktisch, und seit 1053 offiziell eine selbständige (autokephale) Kirche, vgl. Brockhaus, Die Enzyklopädie, Bd. 8, S. 371.

[255] Aus dem 5. Jahrhundert ist eine kulturelle Urkunde, das Original-Manuskript des Buches "Das Martyrium Schuschaniks" von Jakob Zurtaweli, überliefert.

[256] Vgl. I. Dzavachischvili, Die Geschichte der georgischen Nation, Bd. 1; vgl. auch O. Reisner, Die Entstehungs- und Entwicklungsbedingungen der nationalen Bewegung in Georgien bis 1921, S. 63, J. Gerber, Georgien: Nationale Opposition und kommunistische Herrschaft seit 1956, S. 17.

und auch die Abchasen, die zu den autochthonen Völkern des Nordwestkaukasus gehören.[257] So war Georgien seit Jahrhunderten extrem segmentiert und durch seine ausgeprägte regionale Zergliederung gekennzeichnet.

### a. Die Entstehung der Fürstentümer

In der Mitte des 7. Jahrhunderts wurde Georgien von neuen Eroberern überschwemmt: Die Araber zerstörten in den Jahren 736 bis 738 viele Städte und Festungen. Die Periode zwischen dem 7. und 8. Jahrhundert war besonders reich an Ereignissen von großer sozialer, wirtschaftlicher und politischer Bedeutung.

Seit dem Ende des 8. Jahrhunderts gelang es in jenen Gebieten, die mehr oder weniger erfolgreich dem Eindringen der Araber widerstanden hatten, die Wirtschaft weiterzuentwickeln und unabhängige politische Einheiten zu bilden. Diese Fürstentümer bekämpften sich auch untereinander. An der Spitze dieser Einheiten standen Fürsten (eristawi). Sie bildeten jene multifunktionale Elite, die dezentral politische Macht und religiösen Kult ausübte, Normen setzte und kontrollierte.[258]

Einer der mächtigsten Feudalstaaten auf georgischem Boden wurde das Königreich Abchasien. Zum Bestand dieses Königreiches gehörten nicht nur das heutige Mingrelien und Abchasien, sondern es umfaßte auch andere heutige Regionen Georgiens: Gurien, Adscharien, Swanetien, Ratscha, Letschchumi und ganz Imeretien. Hauptstadt dieses Königreiches wurde Kutaisi (frühere Aia – Hauptstadt des alten georgischen Königreiches Kolchi).[259]

An der östlichen Peripherie Georgiens löste sich seit der Mitte des 8. Jahrhunderts aus dem Bestand des ehemaligen Königreiches Kartli (Iberien) das Fürstentum Kachetien heraus und entwickelte sich zu einem selbständigen Feudalstaat. Die Residenz der kachetischen Herrscher war Telawi.[260]

Ende des 8. Jahrhunderts bildete sich ein anderes unabhängiges Fürstentum im äußersten Osten Georgiens: Heretien. An der Spitze dieses Staatswesens stand ein Mtawari (Fürst), der sich später den Königstitel zulegte.[261] Am Ende des 9. Jahrhunderts entstand mit der Provinz Kartli ein weiterer selbständiger georgischer Kleinstaat.

Der Kampf gegen die Araber nahm im 8. Jahrhundert den Charakter eines Volkskampfes um nationale Befreiung an. Mit der Periode des Sieges über arabische Eroberer begann auch der Prozeß der Vereinigung Georgiens und die Bildung der georgischen Nation.

---

[257] Die Mehrheit der Wissenschaftler und Historiker behauptet, dass die georgische Nation aus drei ethnischen Hauptgruppen besteht: den Karten, Megrelen und Svanen. Einige von denen zählen dazu allerdings auch noch die Abchasen - vgl. D. Paitschadse, Bemerkungen zur Geschichte Georgiens bis 1921, S. 55.

[258] Vgl. Sch. Meskhia, Geschichte Georgiens (Kurzer Überblick), S. 20-21.

[259] Vgl. N. Berdzenischvili, Sch. Meskhia, S. 31-32; H. Fähnrich, Geschichte Georgiens von den Anfängen bis zur Mongolenherrschaft, S. 101; Brockhaus, Die Enzyklopädie, Bd. 8, S. 368; Zur Entstehung und Entwicklung des Königreichs Abchasien s. unten, S. 78ff..

[260] Brockhaus, Die Enzyklopädie, Bd. 8, S. 368.

[261] Ende des 10.Jahrhunderts gliederte Kachetien das heretische Landesgebiet in sein Territorium ein.

**b.** *Das "Goldene Zeitalter"*

Zu den auf georgischem Territorium neu entstandenen Staaten gehörte das Fürstentum Tao-Klardscheti (in Südwestgeorgien). In der ersten Hälfte des 9. Jahrhunderts erstreckte sich das Territorium von Tao-Klardscheti südlich bis zum Fluß Arax.[262] Tao-Klardscheti entwickelte sich allmählich zu einer bedeutenden Macht; während der Herrschaft Davids III. Kuropalat (961 bis 1001) war es ein großer und mächtiger Feudalstaat. Seit der 2. Hälfte des 10. Jahrhunderts setzte von Tao-Klardschethi unter der Dynastie der Bagratiden[263] (dem auch David III. angehörte und die die Könige in Georgien bis zur Annexion durch das russische Zarenreich zu Beginn des 19. Jahrhunderts stellte) eine Konsolidierung der georgischen Kleinstaaten und Fürstentümer ein. Bagrat, Prinz von Kartli, wurde der legitime Herrscher über Abchasien, Tao-Klardscheti und Kartli: Bagrat war seitens seiner Mutter "König der Abchasen" und väterlicherseits "König der Georgier"; da er vom kinderlosen König von Tao-Klardschethi, David Kuropalat, erzogen worden und dessen Thronfolger und Erbe war, fiel ihm dieses Königreich ebenfalls zu.[264]

Als Ergebnis entstand unter König Bagrat III. (978-1014) ein einheitlicher Staat, in welchem der Prozeß der ethnischen Konsolidierung zum Abschluß kam. Der neue Staat umfaßte ganz Westgeorgien, Südgeorgien und Kartli.[265] Bagrat III. leitete einen wirtschaftlichen und kulturellen Aufschwung des Landes ein. Am Ende des 11. Jahrhunderts und zu Beginn des 12. Jahrhunderts formierte sich die georgische Nation. Dank ihres hohen kulturellen Niveaus bildeten die Karten den Kern der ethnischen Konsolidierung. Deshalb bekam der einheitliche Staat den Namen "*sakartvelo*" (Georgien) – d.h. das Land der Karten. Am Ende des 11. und zu Beginn des 12. Jahrhunderts wurde das vereinte Königreich Georgien zum mächtigsten Staat in der Region. Dies geschah während der Regierung des Königs David IV. (1089-1125), der der "Erbauer" genannt wurde. Er verstärkte seine Macht bis zum Absolutismus, nachdem er seine unbotmässigen Feudalherren besiegt hatte.[266] David führte grundlegende wirtschaftliche Reformen durch, unterstellte die Kirche der Staatsmacht. Zu dieser Zeit erlangte Georgien seine größte räumliche Ausdehnung – vom Schwarzen bis zum Kaspischen Meer.[267] So begann mit David IV. dem Erbauer für Georgien das "Goldene Zeitalter", eine Phase der östlichen Renaissance, die unter Königin Tamar (1184-1212) seinen Höhepunkt finden sollte. Georgien erreichte die politische, wirtschaftliche und kulturelle Vorherrschaft nicht nur im Kaukasus, sondern auch in ganz Kleinasien.

---

[262] Dem Reich vom Bagratide Aschot, der früher *erismtawari* (der Grossfürst) von Kartli war und den Grundstein Tao-Klardschetis Eigenstaatlichkeit legte, gehörten die Provinzen Tao, Klardscheti, Adscharien, Nigali, Schawscheti, Artaani, Speri, Samzche und Dschawachetien an.

[263] Das Herrscherhaus der Bagratiden staamte ursprünglich aus dem südwestgeorgischen Speri. Der Begründer der georgischen Königsdynastie der Bagratiden war frühere *erismtawari* (Grossfürst) von Kartli – Aschot.

[264] Vgl. D. Paitschadse, Bemerkungen zur Geschichte Georgiens bis 1921, S. 53; vgl. auch N. Berdzenischvili, Sch. Meskhia, S. 132-133.

[265] Nur das Fürstentum Kachetien blieb noch für die kürze Zeit unabhängig.

[266] I. Dschavachischvili, Die Geschichte der georgischen Nation, Bd. II, S. 193-220.

[267] Vgl. N. Berdzenischvili, Sch. Meskhia, S. 162.

Der georgische Staat des „Goldenen Zeitalters" war kompliziert und multinational. Die ursprünglich georgischen Fürstentümer hatten ihre Besonderheiten auch nach der Vereinigung für längere Zeit beibehalten.[268] Die gemeinsame Existenz unter einer einheitlichen Zentralmacht verwischte zwar allmählich die regionalen Unterschiede, das Land entwickelte sich aber wirtschaftlich und politisch in der Weise, dass grössere Feudalbesitzungen in verschiedenen Regionen immer stärker wurden. Unter Königin Tamar wirkten die Grossfeudalen an der Staatsverwaltung mit. Um ihre eigene Macht zu sichern, schränkten die Grossfeudalen die Königsgewalt ein, indem sie eine Form der Staatsführung schufen, bei der die Entscheidungen der wichtigsten Fragen von ihnen abhing. Gleichzeitig brauchten sie aber einen starken Staat, der sie vor inneren und äußeren Feinden schützen konnte. "Der Zusammenschluß Georgiens verhalf den Grossfürsten und –feudalen zur Bereicherung ihrer Besitzungen, weswegen sie nicht zum vollen Separatismus und zur Zergliederung des Staates strebten".[269] Das war einer der Gründe dafür, dass Georgien trotz der Vorherrschaft der Großfeudalen gerade damals zum mächtigsten Staat im Nahen Osten wurde.

Die Staatsverwaltung in Georgien näherte sich zu dieser Zeit der standesvertretenden Monarchie, wies jedoch einige Besonderheiten auf. Der georgische Staat wurde vom König regiert, jedoch "zusammen und in Übereinstimmung mit den Würdenträgern von sieben Königreichen".[270] Das oberste Repräsentativorgan des Königreiches hieß *darbasi*, in dem sowohl weltliche als auch geistliche Feudalherren vertreten waren. Sie wurden nicht gewählt, sondern waren dank Stand und Stellung Darbasimitglieder. Der Darbasi bestand aus einer Art Rat und der Vollversammlung. Bereits David IV. führte Neuerungen im Staatsapparat ein unter Verteilung der Aufgaben auf verschiedene "Minister" (Wasire[271]/*uchuzesni*), die den obengenannte Rat - *sawasiro* (Wasirrat), eine Art "zentrales Machtorgan" oder "Regierung" unter dem König bildete. Der Wasirrat funktionierte systematisch; die Vollversammlung wurde einberufen, wenn wichtige Fragen besprochen wurden, etwa die Königskrönung, die Entscheidung über Krieg und Frieden, die Einsetzung hoher Würdenträger usw.[272]

Der König Georgiens verwaltete das Land durch die sog. Beamten. Es gab zwei Kategorien von Beamten: Die sog. Staatsbeamten (die Beamten des Königshofes und zentraler Machtorgane) sowie die "*sakveknod gamrigeni*" – die Beamten der verschiedenen Länder (Länderbeamte) des Königreiches. Das Territorium des Königreiches bestand aus den "Ländern", die auch in zwei Kategorien aufgeteilt waren: "*samefo-sachaso*" – die Königsterritorien, die zum Königshof gehörten und von den Staatsbeamten verwaltet wurden, und "*saeristao*" – die Länderterritorien, die

---

[268] Z.B. behielten die Herrscher verschiedener Gebiete Georgiens auch nach der Vereinigung ihren Königstitel – die Könige von Tao-Klardscheti und Kachetien; vgl. I. Surguladze, Die Staatsordnung des vereinten feudalen Georgiens (X-XV Jh.), in: Georgica, 1982, H. 5, S. 70.

[269] I. Surguladze, ebd., S. 71.

[270] Vgl. Kartlis Zchowreba (Das Leben von Kartli), II, Red. S. Kauchtschischvili, Tbilisi, 1959, S. 32.

[271] "Wasir" auf Arabisch bedeutet "Berater".

[272] Vgl. I. Surguladze, Die Staatsordnung des vereinten feudalen Georgiens (X-XV Jh.), in: Georgica, 1982, H. 5, S. 71; N. Berdzenischbili, Sch. Meskhia, S. 208-210.

von den *"eristawi"* verwaltet wurden. Diese *eristawis* waren zumeist Großfeudale; sie vertraten die Macht des Königs in den Ländern und waren zugleich Darbasimitglieder.[273]

Für jene Zeit hatte das sog. "Qutlu-Arslans Programm" große politische Bedeutung. Mit diesem Programm wurde unter der Königin Tamar der Versuch unternommen, eine Republik der Großfeudalen zu gründen. Infolge der wirtschaftlichen Entwicklung wurde der Einfluß der reichen Kaufleute und Wucherer auf die politischen Vorgänge immer größer. Sie forderten die Erweiterung des Rechts auf Teilnahme an der Verwaltung des Staates. Qutlu-Arslan, der in den 1180er Jahren *metschurtschletuchuzesi* (Finanzminister) war, übernahm die Führung dieser Bewegung. Er forderte eine Neuordnung der Staatsgewalt. Vor allem die königliche Selbstherrschaft sollte beschränkt und die Staatsmacht in die legislativen, exekutiven und judikativen Organe geteilt werden. An der Stelle der bisherigen standesvertretenden Monarchie sollte also eine konstitutionelle Monarchie treten. Die Gesetzgebung sollte durch das neu zu errichtende Organ – *karavi* (eine Art Parlament) ausgeübt werden, die exekutive Gewalt verblieb dem Herrscher. Qutlu-Arslans Programm war absolut neu und undenkbar in der ganzen damaligen Welt. Die "Magna Charta" erschien erst dreißig Jahre später und die Geburt des Gedankens der Gewaltenteilung lag noch einige hundert Jahre in der Zukunft. Zwar wurde das Programm von Qutlu-Arslan nicht verwirklicht, es zeigt allerdings deutlich auf welchem Niveau der politischen, kulturellen und sozial-ökonomischen Entwicklung sich das georgische Königreich in dieser Zeit befand.[274]

Insgesamt gesehen ist das vereinte feudale Georgien nach seinem Bestand und seiner Staatsordnung als ein komplizierter, multinationaler Staat zu charakterisieren, in dem regionale Besonderheiten enthalten waren.

### c. Der Verfall des vereinten Georgiens

Nach der fast zweihundert Jahre andauernden staatlichen Einheit fiel Georgien im frühen 13. Jahrhundert dem Einfall der Mongolen zum Opfer. Am Ende des 14. und zu Beginn des 15. Jahrhunderts erlebte Georgien acht zerstörerische Überfälle von Tamerlan. Auch danach konnte sich das Land nicht erholen, weil es zwischen zwei starken Nachbarn, dem Osmanischen Reich und Persien, lag. Während Europa die Periode der Renaissance und der Reformation erlebte, kämpfte Georgien um sein Überleben und für die Bewahrung seiner Individualität. Georgien fühlte sich immer dem europäischen Kulturraum zugehörig und pflegte intensive kulturelle und wirtschaftliche Beziehungen, suchte immer mehr Berührungspunkte mit der übrigen christlichen Welt. Aber nach dem Ende von Byzanz (1453 Fall von Konstantinopel,

---

[273] Vgl. N. Berdzenischvili, Sch. Meskhia, S. 207.

[274] Nach der Verschwörung Qutlu-Arslans wurden die Entscheidungsbefugnisse des Königs beschränkt, Tamar musste von nun an bei der Ernennung neuer Wasire im Einvernehmen und nach Beratung und Zustimmung des Hochadels vorgehen. Außerdem konnten die Vertreter der reichen Kaufleute und einflußreichen Stadtbeamten Mitglied des königlichen Rates – *darbasi* – werden; vgl. N. Berdzenischvili, Sch. Meskhia, S. 196-198; Sch. Meskhia, Geschichte Georgiens, S. 30-31; H. Fähnrich, Geschichte Georgiens von den Anfängen bis zur Mongolenherrschaft, S. 144.

1461 Eroberung von Trapezunt) blieb Georgien allein im Nahen Osten und wurde wirtschaftlich und kulturell von Europa isoliert.[275]

Beim Übergang vom 15. zum 16. Jahrhundert löste sich das vereinte georgische Königreich in folgende separate politische Einheiten auf: die Königreiche von Kartli, Kachetien und Imeretien und das Fürstentum von Samzche (im Südwesten Georgiens). Doch der Prozeß der Auflösung ging noch weiter. Nacheinander fielen die Fürstentümer von Odischi (Mingrelien), Gurien und Abchasien ab.[276] Das in unabhängige Königreiche und Fürstentümer geteilte Georgien wurde zur Arena zahlreicher Kriege, in denen das Osmanische Reich und der Iran um Gebiete und Herrschaftsansprüche stritten. Die geschwächte Macht der georgischen Könige konnte die unbotmäßigen Feudalherren nicht mehr zusammenhalten. Georgien wurde so schwach, dass das Osmanische Reich und der Iran darangingen, es unter sich aufzuteilen und in ihre Reiche einzugliedern. Die unendlichen Feldzüge der Osmanen und der Perser machten die georgischen Königreiche zum Spielball der rivalisierenden Mächte. Ohne fremde Hilfe war die Bedrohung durch die islamischen Unterdrücker nicht zu beseitigen. Die georgischen Herrscher bemühten sich deshalb um einen Bündnispartner.

### d. Das Russische Zarenreich und Georgien

In der 2. Hälfte des 18. Jahrhunderts gelang es den georgischen Herrschern trotz anhaltender politischer Konflikte, Wirtschaft, Kultur und Wissenschaft zu beleben. Erekle II. (1744-1762 König von Kachetien, 1762-1798 König von Kartli und Kachetien (Ostgeorgien)) führte Reformen durch, verbesserte die Verteidigungsfähigkeit des Landes und erreichte eine staatliche Konsolidierung. Zugleich bat er das christliche Russland um Sicherheitsgarantien für sein Land und stellte sich im Krieg gegen die Türkei (1768-1774) auf die Seite Russlands.

Im Jahre 1783 kam es zwischen Georgien und Russland zum Schutzvertrag von Georgievsk, der von Erekle II. und der russischen Zarin Katharina der Großen unterzeichnet wurde. Der Vertrag bestätigte die Ganzheit und Unversehrtheit des georgischen Territoriums, doch das Land mußte sich außenpolitisch unterwerfen - Erekle II. erkannte die russische Krone als Souverän an. Weiter verpflichtete er sich, immer bereit zu sein mit seinen Kriegern im Dienste des russischen Zaren zu kämpfen. Seinerseits garantierte Russland die Unabhängigkeit des georgischen Königreiches und die Legitimität der Königsfamilie. Russland verpflichtete sich auch die Staatsmacht mit Binnenverwaltung, Gerichtsbarkeit und Steuerhoheit Erekle II. zu überlassen, und das Reich vor Eroberern zu bewahren.[277]

---

[275] Brockhaus, Die Enzyklopädie, Bd. 8, S. 368; vgl. auch D. Paitschadse, Bemerkungen zur Geschichte Georgiens bis 1921, S. 58.

[276] Vgl. Sch.Meskhia, Geschichte Georgiens, S. 36; N. Berdzenischvili, Sch. Meskhia, S. 257-258.

[277] Zur Entstehung des Vertrags von Georgievsk vgl. G.G. Paitschadze, Georgievskij Traktat, 1983; N.Berdzenischvili, Sch. Meskhia, S. 376-379; Der Text des Vertrages von Georgievsk in: Okkupation und faktische Annexion Georgiens. Zur politischen und rechtlichen Einschätzung der Verletzung des Vertrages von 7. Mai 1920 zwischen Georgien und Sowjetrussland. Dokumenten und Materialen., A. Menteschaschvili (Hrsg.), S. 33-42.

Erekle II. sah im Russischen Reich einen verläßlichen Partner. Diese Annahme beruhte vor allem auf der Tatsache, dass Russen und Georgier mit dem Christentum das gleiche religiöse Bekenntnis besaßen. Wenige Jahre später erwies sich jedoch, dass Erekle II. und sein Sohn Georg XII. (1798-1800, der letzte ostgeorgische König), der eine bedingte Inkorporation ebenfalls unter Wahrung der inneren Sozialverfassung plante, die russische Autokratie falsch eingeschätzt hatten. Russische Autokratie beruhte auf der Vorstellung der absoluten Unteilbarkeit der Herrschaft (ganz im Gegensatz zu Georgien), die in der Person des Zaren konzentriert war. Beide Gesellschaftsstrukturen waren insofern miteinander unvereinbar. Zwar hatte die elastische und vernünftige Diplomatie der georgischen Herrscher oft das Land im Kampf gegen die Feinde gerettet. Im Umgang mit dem christlichen Verbündeten begingen sie aber verhängnisvolle Fehler. Sie konnten lange nicht glauben, dass die russischen Machthaber das Christentum nur als politische Waffe gebrauchten und weder Ehrenwort noch Verträge als bindend betrachteten. Die russische Regierung dachte kaum an ihre eidlichen Zusicherungen und leistete dem ostgeorgischen Königreich keine militärische Hilfe. 1795, als die Perser in Georgien einmarschierten, die Hauptstadt Tbilisi besetzten, völlig ausraubten und große Teile der Bevölkerung deportierten, zeigte das Russische Zarenreich keine Reaktion. Nach dem Tode des letzten Königs von Kartli und Kachetien, Georg XII. veröffentlichte der russische Kaiser Alexander I. (am 12. September 1801) ein Manifest über die Liquidierung des Königreiches Kartli-Kachetien und über seinen Anschluß an Russland.[278] Russische Truppen, die bereits im Jahre 1800 nach Georgien entsandt worden waren, annektierten das Königreich Kartli-Kachetien.[279] Das Abkommen von Georgievsk wurde somit vom russischen Zaren grob verletzt und einseitig aufgekündigt.

Im Jahre 1804 zogen russische Truppen gegen das Königreich Imeretien und boten dem König Solomon II. an, Russland um Schutz zu bitten. Der König verzichtete darauf, worauf russische Truppen in Imeretien eindrangen. Nach dem sechsjährigen Kampf wurde im Jahre 1810 das westgeorgische Königreich dem Zaren unterstellt. Nach und nach wurden andere kleine Fürstentümer in Westgeorgien annektiert: 1830 Gurien, 1857 Mingrelien, 1859 Svanetien und 1864 Abchasien.[280] Mit der Eroberung von Batumi 1878 fiel das gesamte georgische Siedlungsgebiet an die russische Krone. Die Herrscherfamilien wurden der Krone beraubt und durch russische Militärgouverneure ersetzt. Später wurde das Territorium Georgiens administrativ in die Protektorate Kutaisi und Tbilisi aufgeteilt und endgültig in das russische Zarenreich eingegliedert. Der Traum von der Wiederauferstehung eines vereinten

---

[278] I. Dschavachischvili, Die Geschichte der georgischen Nation, Bd. 1, S. 101f.; N. Berdzenischvili, Sch. Meskhia, S. 386.

[279] Diese Annexion wurde im Manifest vom 12. September 1801 in schönen Worten mit dem Schutz der neuen Untertanen vor innerer Unruhe und äusseren Feinden legitimiert: "Nicht zum Wachstum unserer Macht, nicht aus Habgier, nicht um die Grenzen des ohnehin schon grössten Reiches der Welt weiter auszudehnen, haben wir die Last der Verwaltung des Georgischen Zartums auf uns genommen", vgl. A. Kappeler, Russland als Vielvölkerreich, S. 145.

[280] Vgl. N. Berdzenischvili, Sch. Meskhia, S. 445.

georgischen Königreiches zerschlug sich, Georgien war, wie der ganze Transkaukasus, russische Provinz geworden.

## 2. Georgien als Teil des Russischen Reiches (1801-1917)

Die Expansion Russlands ab 1801 in Georgien bereitete den georgischen Monarchien ein gewaltsames Ende. Aber Georgien konnte davon auch profitieren. Die strukturelle Krise der georgischen Dynastien und die jahrhundertelange aufdauernde Zergliederung des georgischen Territoriums war durch Anschluß an das Zarenreich ausgeräumt. Die schrittweise Annexion der einzelnen georgischen Fürstentümer und Königreiche vereinte das Land erstmals seit dem 13. Jahrhundert.[281] Die verschiedenen Regionen Georgiens waren wieder geographisch und politisch unter einer gemeinsamen Ordnung zusammengefaßt. Georgien gelangte zu größerer wirtschaftlicher und demographischer Stabilität. Das russische Protektorat war Garant für eine länger anhaltende Friedensordnung. Außerdem wurde die Errichtung und Konsolidierung eines zaristischen Verwaltungsapparates im Kaukasus zu einem mächtigen Instrument sozialen Wandels. Im Allgemeinen kann man sagen, dass die Annexion einen Wendepunkt in der Geschichte Georgiens markiert. Klar und zweifellos ist auch, das dieser Wendepunkt auf einem groben Vertragsbruch beruht.

*a. Die administrative Einteilung des georgischen Staatsgebietes*

Die administrative Politik Russlands war auf die Teilung Georgiens ausgerichtet, man teilte das Land mehrfach in verschiedene Verwaltungseinheiten auf. Dabei suchten die russischen Machthaber selbst die Bezeichnung "Georgien" auszumerzen und bei der Einrichtung der militärischen Kolonialverwaltung nahmen sie keine Rücksicht auf historisch entstandene oder geographische Grenzen. Die russische Verwaltung wurde erstmals 1802 auf dem Gebiet von Kartli-Kachetien eingerichtet. An der Spitze stand der "Oberbefehlshaber von Georgien" (später Statthalter (Generalgouverneur)),[282] der zuerst für Kartli-Kachetien und später für ganz Georgien und den Transkaukasus vor dem russischen Kaiser verantwortlich war. Er übte sowohl die zivile, als auch die militärische Macht aus. Die alte georgische Verwaltung wurde beseitigt. Kartli und Kachetien wurden in Mazras (Bezirke)[283] geteilt, an deren Spitze jeweils ein russischer Offizier stand. Die Verwaltungsangelegenheiten und die Gerichtsverhandlungen mußten in russischer Sprache geführt werden, die der Bevölkerung unbekannt war. Die lokalen Besonderheiten im Rechtswesen blieben nur im Zivilrechtsverfahren erhalten. Später

---

[281] Vgl. Die Schlußfolgerung der vom Obersten Sowjet Georgiens 1989 eingesetzte Kommission zu Fragen der politischen und rechtlichen Einschätzung der Verletzung des Vertrages vom 7. Mai 1920 zwischen Georgien und Sowjetrussland, in: L. Toidze., Intervention, Okkupation, gewaltsame Sowjetisierung und faktische Annexion, S. 311.

[282] Auf Georgisch nannte man ihn "mepisnacvali" – Vizekönig.

[283] Vgl. Sch. Meskhia, Geschichte Georgiens, S. 44.

wurden in Georgien die Gouvernements (gubernija)[284] von Kutaisi und Tiflis eingerichtet, die seinerseits in verschiedene Verwaltungseinheiten aufgeteilt wurden.[285]

1840 wurde eine neue Verwaltungsreform durchgeführt, durch die ganz Transkaukasus in zwei territoriale Einheiten aufgeteilt wurde: Das Gouvernement von *"sakartvelo-imereti"* (Georgien-Imeretien) und die "Kaspische Krai" (Kaspijsches Gebiet). Das Gouvernement von Georgien-Imeretien bestand aus ganzen Georgien, Armenien und einem Teilgebiet von Azerbaidschan (Gandscha). Das Kaspijsche Gebiet stellte das übrige Azerbaidschan dar.[286] Das war ein klarer Ausdruck der zaristischen Politik gegenüber den Ethnien des Russischen Reiches und den vom Russischen Reich eroberten Territorien. Diese Politik zeigte seit den 1820er Jahren die Tendenz zu wachsender Repression und verstärkter Unifizierung und wandte sich zunehmend von den traditionellen Mustern der Respektierung des status quo und der Kooperation mit loyalen Eliten. Mit der Durchführung der Verwaltungsreform von 1840 wurde klar, dass die russische Politik auf die möglichst vollständige Integration des Transkaukasus, völlige administrative, soziale und kulturelle Unifizierung und verstärkte Russifizierung ausgerichtet war.[287] An der Spitze des gesamten Transkaukasus stand wieder der Statthalter.[288] Dieser hatte seinen Hauptsitz in Tbilisi, seine Befugnisse waren mit denen der Generalgouverneurs anderer Gouvernements des Russischen Reiches vergleichbar.[289] Er war "der Statthalter des Kaisers" im Transkaukasus, stand über der lokalen Verwaltung als Repräsentant der Zentrale gegenüber allen örtlichen Einrichtungen.

Seit den 1860er Jahren des 19. Jahrhunderts wurde Trankaukasus administrativ weiter integriert, die Justizreform (ohne Geschworenengericht) und die (schrittweise) Stadtreform sind Ausdruck dessen. Vor allem seit Anfang der 1880er Jahre, im Zuge der Gegenreformen Alexanders III., kam es zu einer verschärften staatlichen Zentralisierung. Im Jahre 1882 wurde der Gebrauch des Begriffs Georgien in Druckwerken verboten. 1883 wurde die kaukasische Sonderverwaltung - das Amt des Statthalters abgeschafft.[290] Russisch wurde als Staatssprache in Schulen und Ämtern auf Kosten des Georgischen brutal eingeführt. Der georgische Adel (auch der muslimische Adel und die armenischen Kaufleute) wurden in die russische Ständeordnung endgültig eingegliedert. An der Spitze der Gouvernements Tiflis, Kutaisi, Erevan, Schemacha und Derbent standen von Petersburg ernannte Beamte. Diese Aufteilung in Gouvernements wurde noch einmal verändert und am Ende des 19. Jahrhunderts war Transkaukasus in die Gouvernements von Tiflis, Kutaisi, Kars,

---

[284] Gouvernement (gubernija) hieß die oberste administrativ-territoriale Einheit im Russischen Reich, vgl. H.-J. Torke (Hrsg.), Lexikon der Geschichte Russlands, S. 133.

[285] N. Berdzenischvili, Sch. Meskhia, S. 398.

[286] Dies., a.a.O.

[287] Der Reichsrat stellte 1833 fest, Transkaukasien sollte "mit Russland ... zu einem Körper verbunden und die dortige Bevölkerung dazu gebracht werden, russisch zu sprechen, zu denken und zu fühlen", vgl. A.Kappeler, Russland als Vielvölkerreich, S. 146.

[288] Generalgouverneur (auch Statthalter) hiess im Russischen Reich der Chef mehrerer Gouvernements, vgl. H.-J. Torke (Hrsg.), Lexikon der Geschichte Russlands, S. 133.

[289] Vgl. N. Berdzenischvili, Sch. Meskhia, S. 437.

[290] Vgl. Dies., S. 556- 557.

Erevan, Elisavetpol und Baku aufgeteilt worden.[291] In Georgien blieben im Rechtswesen und in der Lokalverwaltung keine örtliche Besonderheiten mehr erhalten.

**b. Die nationale Mobilisierung in Georgien im 19. Jahrhundert**

Am Anfang des 19. Jahrhunderts formierte sich die georgische Nationalbewegung, die sich in den 1820er-1850er Jahren in der sogenannten "kulturellen" Phase befand: der romantische Patriotismus des georgischen Adels brachte eine Renaissance der georgischen Sprache, Literatur, Folklore und Geschichte mit sich. Erst am Ende 1860er und Anfang 1870er Jahren, nach dem demographischen, sozialen und wirtschaftlichen Wandel, ging diese erste Phase (A) der nationalen Befreiungsbewegung in die politische Phase (B) über. Den politischen Aufbruch leitete die junge Adelsintelligenz, die sogenannten *tergdaleulebi*,[292] die in den 1860er Jahren von den russischen und westeuropäischen Universitäten zurück nach Georgien kam. In ihrer Heimat versuchten sie die europäische moderne, effektive Welt und deren Kultur durch Reformen auf die rückständige georgische Agrargesellschaft zu übertragen. Aber die Tergdaleulebi stellten keine homogene Gruppe dar. Die von Ilia Tschawtschawadze[293] geführte sog. *pirveli dasi* (Erste Gruppe) agierte mit den programmatischen Postulaten *mamuli, ena, sarcmunoeba* (Vaterland, Sprache, Glaube). Sie versuchten das Nationalgefühl mit patriotischer Lyrik, sozialkritischer Prosa und Publizistik anzusprechen. 1866 formierte sich *meore dasi* (Zweite Gruppe), die radikaler für die größere politische Mitsprache in der Kommunalverwaltung und für die wirtschaftliche Modernisierung der rückständigen georgischen Agrargesellschaft eintrat.[294]

Die *pirveli* und *meore dasi* ließen die soziale Frage außer acht; sie beschränkten sich auf die nationale Autonomie Georgiens. Damit grenzten sie sich von den georgischen Sozialdemokraten, die Ende des 19. und Anfang des 20. Jahrhunderts die wichtigsten Träger der nationalen Befreiungsbewegung geworden waren. Die Vertreter dieser Gruppe, der sog. *mesame dasi* (Dritte Gruppe), waren junge Marxisten, die zu Beginn der 1890er Jahre von Russland und Europa nach Georgien zurückkehrten.[295] Zu Beginn des 20. Jahrhunderts ging das "nationale Erwachen" eine enge Verbindung mit sozialistisch-menschwistischen Ideen ein. Die georgischen Sozialdemokraten stellten die soziale Frage in den Vordergrund. Die Agrarkrise und die veralteten Feudalstrukturen zählten für sie zu den dringendsten Problemen. Nach

---

[291] Vgl. A. Kappeler, Russland als Vielvölkerreich, S. 231.

[292] Wörtlich übersetzt bedeutet "*tergdaleulebi*": "die, die aus dem Terek getrunken haben", das heißt, diese Menschen waren in Russland. Denn um dorthin zu gelangen, müssten sie den Fluss Terek überqueren, der die geografische und kulturelle Grenze zwischen Georgien und Russland markierte.

[293] Fürst Ilia Tschawtschawadze (1837-1907) war der Führer der nationalen Befreiungsbewegung, einer der grössten Schriftsteller in der Geschichte Georgiens, bedeutende Publizist und Staatsmann. 1987 wurde er vom georgischen Katholikos heiliggesprochen.

[294] Vgl. N. Berdzenischvili, Sch. Meskhia, S. 527-541; O. Reisner, S. 70-79.

[295] Bei der Spaltung der Russischen Sozialdemokratischen Arbeiterpartei (RSDPR) 1903 schlugen sich die georgischen Sozialdemokraten auf die Seite der sog. Menschewiki. Minderheit=Menschinstwo, davon Menschewiki, Mehrheit=Bolschinstwo, davon Bolschewiki.

ihren Vorstellungen sollte der Boden als ausschließlich individuelles Privateigentum den Bauern übertragen werden. Die nationale Autonomie Georgiens innerhalb des Zarenreichs kam für sie gar nicht in Frage, weil sie in Russland einen Friedensgaranten sahen.[296] Unter der Führung der georgischen Sozialdemokraten entstand Anfang des 20.Jahrhunderts eine mächtige Bauernbewegung, die während der ersten Revolution 1905 ihre Breitenwirkung zeigte.

### 3. *Die Georgische Demokratische Republik 1918-1921*

Mit dem Zerfall des Russischen Reiches 1917 schien für die meisten Völker, die durch den russischen Kolonialismus einverleibt worden waren, der Weg zu einer eigenen Staatlichkeit frei zu sein. Mit der Intensivierung der Beziehungen zu seinen Nachbarn – Armenien und Azerbaidschan (um den Widerstand gegen die russischen Bolschewiki zu verstärken) hatten die georgischen Sozialdemokraten versucht, eine Loslösung von Russland im Rahmen der transkaukasischen Föderation zu erreichen. Ende November 1917 wurde aufgrund der engen Zusammenarbeit der drei transkaukasischen Republiken das "Transkaukasische Kommissariat" geschaffen. Im Januar 1918 wurde ein gemeinsames Parlament gebildet, aber die unüberbrückbaren Gegensätze zwischen Georgiern, Armeniern und Azerbaidschanern brachten diesen Versuch zum Scheitern: Das Parlament wurde im März aufgelöst. Am 22. April 1918 erklärte ein transkaukasischer Sejm die Unabhängigkeit der Transkaukasischen Demokratischen Föderativen Republik. Auch dieser erneuten Versuch, ein dauerhaftes Bündnis der drei großen transkaukasischen Nationen zu schaffen, blieb erfolglos. Die Regierung scheiterte wieder an den unterschiedlichen Interessen der nationalen Regierungen insbesondere in bezug auf das Verhältnis zur Türkei (u.a. Brest-Litowsk).[297]

In dieser krisenhaften Phase, in der die Türkei und das bolschewistische Russland drohten, die Grenzkonflikte mit Armenien sowie religiöse und soziale Spannungen immer deutlicher und verschärft wurden, hatten die georgischen Sozialdemokraten eine Kursänderung in ihrer Nationalitätenpolitik und (vielleicht) den einzig richtigen Schritt unternommen: Am 26. Mai 1918 trat Georgien aus der "Transkaukasischen Föderation" aus und noch am selben Tag wurde eine Unabhängigkeitserklärung verabschiedet.[298]

---

[296] Einer der Führer der georgischen Sozialdemokraten N. Schordania war davon überzeugt, dass eine so gemischtnationale Region wie Transkaukasien mit einem so hohen Grad gegenseitiger ökonomischer Abhängigkeiten unmöglich in national-territoriale Einheiten aufzuteilen sei, weil das nur "Anlaß zur Enstehung von Feindseligkeit und Streit unter den Nationalitäten" geben würde, vgl. N. Schordania, Meine Vergangenheit (Erinnerungen), S. 60.

[297] Nach dem Frieden von Brest-Litowsk (3. März 1918) erhielt die Türkei die Gebiete von Erdehan, Kars und Batumi. Regierung von Transkaukasien erkannte diesen Vertrag nicht an, weil umfangreiche Gebiete Georgiens und Armeniens an die Türkei gefallen waren, vgl. Brockhaus, Die Enzyklopädie, Bd. 8, S. 368; G. Stökl, Russische Geschichte, S. 658.

[298] Der Text der Unabhängigkeitserklärung findet sich in: L. Toidze, Intervention, Okkupation, gewaltsame Sowjetisierung und faktische Annexion, S. 201-202.

Die unabhängige Republik Georgien hatte nur mit Hilfe Deutschlands entstehen können, da es gelungen war, Deutschland als Mittler zwischen Georgien, Russland und der Türkei fungieren zu lassen.[299] Im Mai 1918 schlossen mit der Vermittlung des Deutschen Reiches Georgien und die Türkei in Batumi den Vertrag. Zwei Tage nach der Unabhängigkeitserklärung wurde der neu geschaffene Staat von Deutschland offiziell anerkannt.[300]

Nach dem Zusammenbruch des Deutschen Reichs traten die Briten an die Stelle der Deutschen in Georgien und im ganz Kaukasus. Aber Ende 1919 gaben auch die Briten ihr Engagement im Kaukasus auf. Mit dem Rückzug der Briten geriet Georgien abermals in weitgehende Isolation. Es drohte Gefahr von der Türkei und dem bolschewistischen Russland.

Bei Wahlen in Georgien im Mai 1919 gewannen die Sozialdemokraten fast 80 Prozent der Stimmen. Trotz der schweren wirtschaftlichen und politischen Lage gelang es der sozialdemokratischen Regierung einige Erfolge zu erreichen. Die Regierung verhandelte intensiv mit den Westmächten für die de jure-Anerkennung der jungen Republik.[301] Infolge intensiver diplomatischer Bemühungen erreichte die georgische Regierung das Ziel: Die Weimarer Republik war der erste westeuropäische Staat, der am 24. September 1920 die Georgische Demokratische Republik anerkannte. Danach folgten noch 9 Staaten, darunter Belgien, Frankreich, England und Italien (am 27. Januar 1921).[302] Der Regierung gelang auch eine weithin akzeptierte Agrarreform[303] und der Aufbau eines halbwegs funktionierenden Verwaltungswesens. Als bedeutendster Erfolg der Regierung ist allerdings die Annahme der Verfassung der Georgischen Demokratischen Republik anzusehen. Die Verfassung, die "eine der ersten Demokratien nach modernem Verständnis" schuf,[304] wurde in der krisenhaften Phase, während der sowjetrussischen Intervention, am 21. Februar 1921 von der

---

[299] Mehr über die politischen Machtkonstellationen und den Bürgerkrieg im Kaukasus s. in: W. Zürrer, Kaukasien 1918-1921, 1978.

[300] Am 28. Mai 1918 schlossen Generalmajor von Lossow und der georgische Außenminister Tschchenkeli eine Reihe vorläufiger Verträge, in dem Georgien und Deutschland die Einsetzung einer deutschen Militärmission in Tbilisi und die beiderseitige Einrichtung diplomatischer Vertretungen in Berlin bzw. Tbilisi vereinbarten. Diese Verträge brachten die Bahnen, Häfen, Bodenschätze und Schiffstonnage Georgiens für die Dauer des Krieges völlig unter deutschen Einfluß und ließen die Reichsmark als gesetzliches Zahlungsmittel zu, vgl. W. Zürrer, Kaukasien 1918-1921.

[301] Zur aussenpolitischen Lage des unabhängigen Georgiens vgl. Z. Avalischvili, Die Unabhängigkeit Georgiens in der internationalen Politik 1918-1921, 1990.

[302] Die Hoffnung der Georgier auf die Aufnahme in die internationale Staatengemeinschaft, in den Völkerbund, erfüllte sich nicht; 1920 wurde das Aufnahmegesuch von Georgien in der Unterkommission des Völkerbundes behandelt. Aber der Eintritt Georgiens in den Völkerbund scheiterte am Votum Englands, das kurz vor dem Abschluss eines Wirtschaftsabkommens mit Sowjetrussland stand und diese Verhandlungen nicht gefährden wollte; vgl. Schlußfolgerung der vom Obersten Sowjet Georgiens 1989 eingesetzte Kommission zu Fragen der politischen und rechtlichen Einschätzung der Verletzung des Vertrages vom 7. Mai 1920 zwischen Georgien und Sowjetrussland, in: L. Toidze., Intervention, Okkupation, gewaltsame Sowjetisierung und faktische Annexion, S. 318.

[303] Vgl. K. Kautsky, Georgien. Eine sozialdemokratische Bauernrepublik, 1921.

[304] D. Paitschadse, Bemerkungen zur Geschichte Georgiens bis 1921, S. 61.

Gründungsversammlung angenommen. Erarbeitet wurde sie von georgischen Rechtsexperten, die ihre Kenntnisse an europäischen Universitäten erworben hatten. Somit enthielt die Verfassung die zu jener Zeit fortschrittlichsten Leitideen der europäischen Verfassungslehre. Durch die Verfassung[305] war ein demokratischer Rechtsstaat gegründet. Georgien war eine parlamentarische Republik. Art.1 erklärte Georgien zum freien, selbständigen und unteilbaren Staat. Die Staatsgewalt war nach dem Grundsatz der Gewaltenteilung konstruiert. Durch Art. 52 wurde bestimmt, dass die Gewalt vom Volk (von der Nation) ausgeht, "das Parlament übt die Staatsgewalt in den durch die Verfassung bestimmten Schranken aus". Die allgemein anerkannten Menschenrechte und Freiheiten (u.a. die Gleichheit der Menschen vor dem Gesetz (Art. 16), die Freizügigkeit (Art. 30), Gewissens-, Glaubens- und Bekenntnisfreiheit (Art. 31), Meinungsfreiheit (Art. 32), Versammlungs- (Art. 33) und Vereinigungsfreiheit (Art. 35)) sowie die Rechte der ethnischen Minderheiten (Art. 129-137) wurden gewährleistet. Die Freiheitsentziehung war nur auf Grund einer Gerichtsentscheidung zulässig (Art. 25). Art. 142 erklärte die Unabhängigkeit der Kirche vom Staat; keine Kirche hatte Vorrang (Art. 143).

Die gesetzgebende Gewalt lag beim Einkammerparlament, dessen Abgeordnete nach dem System der Verhältniswahl auf drei Jahre zu wählen waren. Das allgemeine Wahlrecht war gewährleistet (Art. 46). Das Parlament verabschiedete die Gesetze, Dekrete und Verordnungen, übte die Kontrolle der Exekutiven aus, entschied über Krieg und Frieden, ratifizierte die völkerrechtlichen Verträge, verabschiedete das Haushaltsgesetz, hatte das Begnadigungsrecht (Art. 54). Das Recht zur Gesetzgebungsinitiative hatte jeder Abgeordnete (und damit auch die Regierung) sowie 5.000 Wähler (Art. 63).

Der oberste Vertreter und Inhaber der Exekutiven war der vom Parlament gewählte Vorsitzende der Regierung (Art. 67), der die Mitglieder der Regierung, die Minister, ernannte (Art. 68). Die Regierung war dem Parlament gegenüber verantwortlich. Das Parlament konnte dem Minister das Mißtrauen aussprechen (Art. 73).

Die rechtsprechende Gewalt war unabhängig. Die Rechtspflege übten die Zivil-, Straf- und Verwaltungsgerichte (Art. 77) aus. Das oberste Gericht bestand aus einem Senat, dessen Mitglieder vom Parlament gewählt wurden (Art. 76).

Das 10. Kapitel der Verfassung garantierte die Rechte der Bürger im Rahmen der örtlichen Selbstverwaltung. Das 11. Kapitel betraf die autonomen Einheiten Georgiens. Durch Art. 107 wurde bestimmt, dass Abchasien, das Gebiet von Batumi (heutige Adscharien) und Zakatala (heute in Azerbaidschan) untrennbare Teile der Republik Georgien sind und ihnen in regionalen Angelegenheiten autonome Verwaltungrechte verliehen werden. Die Statuten dieser autonomen Einheiten sollten einzeln bestimmt werden, aber durch die sowjetrussische Intervention und Annexion

---

[305] Die Verfassung vom 21. Februar 1921 findet sich in: Die Sammlung der Rechtsakten der Georgischen Demokratischen Republik 1918-1921, 1990, S. 458-484.

des Landes wurden diese und viele andere Pläne eines unabhängigen Georgiens zunichte gemacht.

## 4. Die sowjetische Herrschaft in Georgien

### a. Intervention, Okkupation und Anexion Georgiens

Nach dem fehlgeschlagenen Putsch in Georgien zum zweiten Jahrestag der Oktoberrevolution waren die Bolschewiki zerschlagen. Mehrere hundert Putschisten wurden gefangen genommen. Am 7. Mai 1920 hatten die georgischen und russischen Vertreter einen Vertrag unterschrieben, den Lenin als "Freundschaftsvertrag" charakterisierte.[306] In diesem Vertrag[307] erkannte Sowjetrussland auf der Grundlage des Selbstbestimmungsrechts der Völker die Unabhängigkeit des georgischen Staates an (Art. I) und verzichtete auf alle territorialen Ansprüche (Art. II). Der Vertrag trat in Kraft mit der Unterzeichnung (ohne das Verfahren der Ratifizierung, Art. XVI). Aber hinter dieser Initiative der Bolschewiki steckte die Absicht Zeit zu gewinnen, den Transitverkehr zum einzigen blockadefreien Schwarzmeerhafen Batumi zu gewährleisten und die georgischen Bolschewiki zu unterstützen. Aufgrund eines geheimen Zusatzprotokols verpflichtete sich Georgien, die auf seinem Territorium existierenden kommunistischen Organisationen anzuerkennen und gegen sie keine Repressionen zu unternehmen.[308] Die georgische Regierung ließ im Mai etwa eintausend Bolschewiki frei, die sogleich eine georgische Kommunistische Partei gründeten und sich unverzüglich an die Vorbereitung eines bolschewistischen Aufstandes machten. Nach der Eroberung und Sowjetisierung Armeniens und Azerbaidschans blieb Georgien allein gegenüber der bolschewistischen Gefahr. Das Land war das natürliche und nächste Ziel der Roten XI. Armee. Bald wurde im Südosten Georgiens ein kommunistischer Aufstand in Szene gesetzt: In der Nacht zum 12. Februar begab sich die XI. Armee Sowjetrusslands "zur Unterstützung der rebellierenden Proletarier"[309] nach Georgien. Am 25. Februar besetzten die Verbände der Roten Armee Tbilisi und ein Revolutionskomitee proklamierte die Sowjetherrschaft. Die georgische Regierung und die Vertreter anderer Parteien setzten sich Mitte März nach Paris ins Exil ab. Am 22. März, nach der Besetzung von Batumi, befand sich ganz Georgien in der Hand der Sowjetmacht. Der Vertrag vom 7. Mai 1920, genau wie 120 Jahre zuvor das Abkommen von Georgievsk, war grob verletzt worden. Die Verletzung des Vertrages vom 7. Mai 1920 zwischen Sowjetrussland und der Georgischen Demokratischen Republik – der Einmarsch der Roten Armee in Georgien und die Eroberung ihres Territoriums – war in rechtlicher Hinsicht ein

---

[306] Vgl. Die Schlußfolgerung der vom Obersten Sowjet Georgiens 1989 eingesetzten Kommission zu Fragen der politischen und rechtlichen Einschätzung der Verletzung des Vertrages vom 7. Mai 1920 zwischen Georgien und Sowjetrussland, in: L. Toidze, Intervention, Okkupation, gewaltsame Sowjetisierung und faktische Annexion Georgiens gleichzeitig, S. 317.

[307] Der Text des Vertrages findet sich in: L. Toidze, ebd., S. 219-227.

[308] Der Text des Protokolls findet sich in: L.Toidze, ebd., S. 227-229.

[309] Brockhaus, Die Enzyklopädie, Bd. 8, S. 368.

militärischer Eingriff (Intervention), eine Okkupation mit dem Ziel, die bestehende politische Ordnung zu verändern. "Diese Aktion mit ihren Folgen stellt in politischer Hinsicht faktische Annexion dar".[310]

**b.** *Georgien als Sozialistische Sowjetrepublik*
Infolge der Okkupation veränderte sich die Staatsordnung Georgiens. Am 25. Februar wurde die unabhängige Sozialistische Sowjetrepublik Georgien ausgerufen. Lenin ging in dieser Periode von einer Entwicklung aus, die auf der staatlichen Ebene von verträglichen Beziehungen zwischen den Sowjetrepubliken zu einer engeren Form der Vereinigung führen sollte, die sich von einer Föderation auf der Grundlage der Autonomie wesentlich unterscheiden würde.[311] Im Rahmen dieser Konzeption sollten die bestehenden Bindungen von Sowjetrussland zur Ukraine, Weissrussland und den transkaukasischen Sowjetrepubliken aufgebaut werden. Dies geschah durch bilaterale Bündnisverträge, die seit Ende 1920 als Arbeiter- und Bauern-Bündnisverträge bezeichnet wurden und den Charakter von Unionsverträgen aufwiesen. Der Abschluß eines Arbeiter- und Bauern-Bündnisvertrages mit der unabhängigen Sozialistischen Sowjetrepublik Georgien erfolgte am 21. Mai 1921. Auch die Verfassung Georgiens, die im März 1922 angenommen wurde, erklärte die Unabhängigkeit der Georgischen

---

[310] Da die Eingliederung in das Russischen Zarenreich von 1801 die erste Annexion und Verletzung staatlicher Souveränität darstellte, haben die postsowjetischen georgischen Regierungen immer auf die am 26. Mai 1918 deklarierte Unabhängigkeit der Georgischen Demokratischen Republik verwiesen. Der Einmarsch der sowjetrussischen Truppen im Februar 1921 und die Beseitigung der Georgischen Demokratischen Republik bleibt im historischen Bewußtsein der Georgier die zweite russische Annexion. Der Oberste Sowjet Georgiens hat am 18. November 1989 die Schlußfolgerung der von ihm selbst eingesetzten Kommission zu Fragen der politischen und rechtlichen Einschätzung der Verletzung des Vertrages vom 7. Mai 1920 zwischen Georgien und Sowjetrussland durch seine Verordnung bestätigt und damit anerkannt, dass die Einmischung russischer Truppen in Georgien eine Intervention und faktische Annexion darstellte. Zugleich hat der Oberste Sowjet die Ungerechtigkeit und Rechtswidrigkeit der Bildung und Existenz der Georgischen Sowjetischen Sozialistischen Republik anerkannt. Entsprechend dieser Situation wurde durch die erste nichtkommunistische Regierung Gamsachurdias am. 31. März 1991 ein Referendum über die Unabhängigkeit Georgiens durchgeführt, wobei es sich explizit auf den Unabhängigkeitsakt vom 26. Mai 1918 berief (die Frage beim Referendum 1991 lautete: "Sind sie dafür, dass die staatliche Unabhängigkeit Georgiens auf der Grundlage des Unabhängigkeitsakts vom 26. Mai 1918 wiederhergestellt wird?"). 95% der Beteiligten stimmten für die Unabhängigkeit des Landes. Auf Grund des Ergebnisses dieses Referendums hat das georgische Parlament am 9. April 1991 den Akt "über die Wiederherstellung der Unabhängigkeit Georgiens auf der Grundlage der Unabhängigkeitserklärung vom 26. Mai 1918" verkündet. Die Bezugnahme auf die Unabhängigkeitserklärung vom 26. Mai 1918 sollte zum Ausdruck bringen, dass sich Georgien als Rechtsnachfolger der Georgischen Demokratischen Republik (1918-1921), d.h. als Rechtsnachfolger eines souveränen Staates und nicht als Nachfolger eines Teils der Sowjetunion betrachtet. Die Frage der Rechtskontinuität wurde durch das Gesetz "über die Geltung der Verfassung und der Gesetzgebung in der Republik Georgien" vom 9. April 1991 geregelt, das auf die diesbezüglichen Regelungen des Gesetzes "über die Übergangsperiode" verwies. Auch die heutige Verfassung Georgiens, die am 24. August 1995 vom Parlament angenommen wurde, stützt sich auf die Grundsätze der georgischen Verfassung von 1921. Artikel 1 erklärt Georgien zu einem selbständigen, einheitlichen und unteilbaren Staat, wie es durch das Referendum vom 31. März 1991 und durch den Akt über die Wiederherstellung der georgischen Staatlichkeit vom 9. April 1991 bestätigt ist.

[311] Vgl. G. Simon, Nationalismus und Nationalitätenpolitik in der Sowjetunion, S. 34-38, 153-170.

SSR und die georgische Sprache zur Staatssprache der Republik. Durch die Verfassung wurden die Staatssymbole – Flagge, Wappen - bestimmt, Georgien trat auch auf der internationalen Bühne (natürlich unter Kontrolle des ZK der KPR (B)) als unabhängige sowjetische Republik auf.[312] Georgien blieb also rechtlich, oder genauer gesagt – formal – eine unabhängige Republik. Die Wirklichkeit sah jedoch ganz anders aus. Die Errichtung der Sowjetmacht nahm einen blutigen Anfang. Die politischen Gegner wurden inhaftiert oder erschossen. In Georgien regierte praktisch nicht das ZK der georgischen Kommunistischen Partei, sondern das Transkaukasische Gebietskomitee der KP Russlands. Am 22. März 1922 erfolgte der Abschluß eines Unionsvertrages zwischen den drei selbständigen transkaukasischen Republiken über die Errichtung einer "Föderativen Union der Transkaukasischen Sozialistischen Sowjetrepubliken" (obwohl die Mehrheit der georgischen KP gegen diese Union eintrat). Diese Föderation war grundsätzlich als Militär- und Wirtschaftsunion errichtet, stellte eine teilweise Eingliederung der nichtrussischen Staaten in die RSFSR dar und führte damit über einen normalen Staatenbund hinaus.[313]

Im Sommer und Herbst 1922 wurden die Bestrebungen, die Sowjetrepubliken zu einer geschlossenen föderativen Einheit zusammenzufassen, verstärkt.[314] Auf dem ZK-Plenum am 6. Oktober 1922 wurde der Verfassungsentwurf gebilligt. Da die transkaukasischen Sowjetrepubliken nur über die Transkaukasische Föderation an der neuen Union beteiligt werden sollten, wurde im Dezember 1922 die Transkaukasische Föderative Union in eine Transkaukasische Sozialistische Föderative Sowjetrepublik (TSFSR) umgewandelt. Am 30. Dezember 1922 bestätigte der I. Sowjetkongress der UdSSR die Deklaration über die Bildung der Union der Sozialistischen Sowjetrepubliken und den am gleichen Tage abgeschlossenen Unionsvertrag. Gründungsmitglieder des Bundesstaates waren gemäß dem Unionsvertrag die RSFSR, die Ukrainische SSR, die Weissrussische SSR und die TSFSR, als deren Gliedrepubliken die Azerbaidschanische SSR, die Georgische SSR und die Armenische SSR in Klammern aufgeführt wurden. Die Verfassung der Sowjetunion

---

[312] Vgl. L. Toidze, Intervention, Okkupation, gewaltsame Sowjetisierung und faktische Annexion, S. 145-146.

[313] Art.13 des Gründungsvertrages sah vor, dass die Transkaukasische Föderation ihre Wechselbeziehungen zur RSFSR auf der Grundlage eines Bündnis- bzw. Unionsvertrages regeln sollte. Außerhalb der Militär- und Wirtschaftsunion behielten die transkaukasischen Staaten ihre staatliche Organisation uneingeschränkt bei, vgl. B. Meissner, Partei, Staat und Nation in der Sowjetunion, S. 176-177.

[314] Während der Diskussion über die künftige Form und inhaltliche Gestaltung dieser Einheit kam es zu heftigen Auseinandersetzungen zwischen Lenin und Stalin. Lenin trat für die Bildung eines Bundesstaates auf der Grundlage der formellen Gleichberechtigung der sozialistischen Sowjetrepubliken ein. Stalins "Autonomisierungsplan" sah hingegen die Eingliederung der sozialistischen Sowjetrepubliken in Autonome Republiken in die stärker zentralisierte RSFSR vor. Bereits 1920 erklärte er Lenin in einem Schreiben: "In ihren Thesen machen Sie einen Unterschied zwischen dem baschkirischen und dem ukrainischen Typus der föderativen Verbindung; in Wirklichkeit gibt es diesen Unterschied nicht, oder er ist so gering, dass er gleich Null ist", vgl. B. Meissner, ebd., S. 174.

wurde am 31. Januar 1924 vom II. Sowjetkongress angenommen.[315] Stalin, der seit dem Mai 1922 das Amt des Generalsekretärs der KPR (B) bekleidete, war in der Lage seine Linie des stark zentralistischen sowjetischen Bundesstaates gegen die Forderungen nach mehr politischen und wirtschaftlichen Rechten für die Unionsrepubliken durchzusetzen.[316] Er sprach von einem besonderen, natürlich "fortschrittlicheren", sowjetischen Typ der Föderation, den er als "zentralisierte Föderation" charakterisierte.[317] Das autokratisch-totalitäre Herrschaftssystem, das sich im Verlauf von Stalins "Revolution von oben" seit 1927-1929 herausbildete, ließ die zentralistischen und damit die unitarischen Züge des Sowjetstaates immer stärker hervortreten.

Genau genommen war die Frage der Staatsform in der Sowjetunion ein Problem von sekundärer Bedeutung, denn wo die Kommunisten regieren, liegt die reale Macht nicht beim Staat, sondern bei der kommunistischen Partei; während Stalins Herrschaft lag die Macht sogar nur bei Stalin und seinen Komplizen. Hinter der Fassade der „Leninschen Föderation" vollzog sich faktisch die Stalinsche Autonomisierung, da die Unionsgewalt immer mehr Souveränitätsrechte und Kompetenzen der Republiken usurpierte und für die „Subjekte der Föderation" nur noch gewisse kulturelle Autonomierechte überließ.[318] Alle wesentlichen und Tausende von unwesentlichen Entscheidungen fielen ausschließlich im Zentrum in Moskau. Die Wirklichkeit der Sowjetunion war also eher alles andere als eine Föderation im gewöhnlichen Sinne dieses Begriffes, d.h. ein Zusammenschluß selbständiger, gleichberechtigter politischer Gebilde. Vom ersten Tage war die Sowjetunion ein zentralistisch regierter russischer Einheitsstaat wie die RSFSR, der Unterschied, wie es Stalin sagte, war "so klein, das es gleich Null war".

*c. Die sowjetische Nationalitätenpolitik in Georgien*
In den 1920er-1940er Jahren durchlief Georgien im Zuge von Kulturrevolution, Zwangskollektivierung und Industrialisierung einen Transformationsprozess von der bäuerlichen zur industriellen Gesellschaft. Dabei wurde die Zwangskollektivierung der Landwirtschaft und die Industrialisierung ohne Rücksicht auf nationale oder regionale Interessen realisiert. Begleitet wurde dieser Prozeß (wie in der ganzen Sowjetunion) von grausamen Terrormassnahmen. Dieser im Zuge der "stalinschen Säuberungen"

---

[315] Ein letzter Widerstand gegen die sowjetrussische Okkupation Georgiens fand 1924 statt. Im ganzen Land brach eine Revolte aus, die einige aus dem Exil zurückgekehrte Mitglieder der georgischen menschewistischen Regierung geleitet hatten. Die Revolte riss auch einige georgische Fürsten mit. Der Aufstand sollte sich von Westgeorgien bis in die Hauptstadt Tbilisi ausweiten. Die Revolte wurde von Truppen der Roten Armee blutig niedergeschlagen, viele tausend Menschen wurden erschossen.

[316] Stalin verstand es z.B., eine wesentliche Erweiterung der Kompetenzen des Bundes gegenüber den Gliedstaaten und eine Erhöhung der Zahl der allunionistischen Volkskommissariate auf Kosten der republikanischen Volkskommissariate durchzusetzen, vgl. B. Meissner, Partei, Staat und Nation in der Sowjetunion, S. 188-193.

[317] Erst wenn die russischen Reichsgrenzen überschritten würden, hielt Stalin eine andere Föderationsform für berechtigt, für die er die Bezeichnung "Konföderation" vorschlug und die er als einen Bund unabhängiger Staaten definierte, vgl. G. Stökl, Russische Geschichte, S. 693-694.

gnadenlose Terror führte zur weitgehenden Liquidierung der intellektuellen Elite des Landes. Der Stalinismus festigte schließlich auch die Ethnizität der Gesellschaft. Diese Ethnizität wurde durch die Eintragung der Nationalität im Paß jedes Einzelnen auch auf individueller Ebene institutionalisiert.[319]

Nachdem auf dem XX. Parteikongress im Februar 1956 erstmals der Personenkult Stalins und die Verbrechen der vergangenen Jahrzehnte angesprochen wurde, kam es in Georgien zu schweren Ausschreitungen und antisowjetischen Demonstrationen. Der Hintergrund der Demonstrationen war jedoch nicht ein Wiederaufleben des Stalinismus, sondern vielmehr eine Mischung aus politischem Protest und nationalem Stolz. Die Abrechnung mit Stalin wurde in Georgien als antigeorgische Politik verstanden, mit der das Zentrum versuchte, die Peripherie enger an sich zu binden. Außerdem waren den Jugendlichen (den Schülern und Studenten, die den größten Teil der Protestierenden bildeten) die Schattenseiten und der Terror der Stalinschen Ära kaum bekannt. Am 9. März 1956 griff das Militär ein; die Demonstrationen wurden gewaltsam aufgelöst. Dabei gab es mehrere Tote und Verletzte.[320] Die Partei mußte den Vertrauens- und Autoritätsverlust innerhalb ihrer eigenen Reihen und in der Bevölkerung hinnehmen. Die fünfziger und sechziger Jahre sind in Georgien auch durch die Entstehung der Schattenwirtschaft gekennzeichnet. In diesen Jahren gediehen Korruption und Bestechung, Amtsmißbrauch und Unterschlagung, nahezu der gesamte Partei-, Regierungs- und Wirtschaftsapparat der Republik war in einem Netzwerk familiärer, verwandtschaftlicher und landsmannschaftlicher Beziehungen eingebunden; das alles ermöglichte die Entstehung einer blühenden Schattenwirtschaft.[321]

In den 1950er und 1960er Jahren wurde die gesellschaftliche Dominanz der georgischen Titularnation innerhalb ihrer Republik gestärkt. Die ethnische Konsolidierung der Georgier, die Herausbildung nationaler Eliten und qualifizierter, gebildeter Mittelschichten wurde auch durch die Modernisierungsabläufe in der Sowjetunion begünstigt.[322] Diese nationalen Eliten waren der Hauptträger eines durch Bildung und Kultur vermittelten nationalen Bewußtseins. Sie ließen sich in den Sowjetstaat und dessen Institutionen integrieren. Ihre Loyalität gegenüber der eigenen Nation war jedoch stärker als dem Gesamtstaat gegenüber. Die einheimischen Eliten hatten seit Mitte der fünfziger Jahre in Georgien die wichtigsten Führungsämter und – positionen von Staat und Partei inne und waren die politischen und wirtschaftlichen Interessensvertreter ihrer Republik gegenüber der Zentralmacht.

---

[318] Vgl. U. Halbach, Das sowjetische Vielvölkerimperium, S. 30.

[319] V. Zaslavsky, Das russische Imperium unter Gorbatschow, S. 11.

[320] Vgl. hierzu Sch. Nosadze, Der tragische 9. März des Jahres 1956, 1992.

[321] Das Problem wurde früh erkannt, aber die Maßnahmen, die sowohl auf Unions- wie auf Republiksebene eingeleitet wurden (so wurde z. B. auf Unionsebene 1961/1962 für verschiedene Delikte schwerer Wirtschaftverbrechen die Todesstrafe eingeführt), konnten nicht verhindern, dass Delikte wie Korruption und Bestechung zunahmen.

[322] Zur Fragen der ethnischen Konsolidierung in Georgien vgl. J. Gerber, Georgien: Nationale Opposition und kommunistische Herrschaft seit 1956, S. 40-44.

Der Widerstand gegen die Politik der administrativen Russifizierung wuchs besonders in den 1970er Jahren. Wie in anderen Sowjetrepubliken wurden auch in Georgien die von der Zentralmacht in die Führungsschichten kooptierten nationalen Eliten Träger des nationalen Eigenbewußtseins und Kämpfer gegen jenes zentralisierte System, aus dem sie selbst kamen. Zu dieser Zeit formierte sich in Georgien eine politisch und national motivierte Dissidentenbewegung,[323] welche die Lösung von Ilia Tschawtschawadze "Vaterland, Sprache, Glaube" erneut aufgriff, um Russifizierungsversuchen Widerstand entgegenzusetzen. Man kann sagen, dass zu dieser Zeit auf gesellschaftlicher und politischer Ebene eine Loyalität Georgiens gegenüber dem sowjetischen Gesamtstaat kaum noch vorhanden war.

Seit 1985 wurde vom Zentrum die politische Kursänderung ausgegeben, die unter den Begriffen *Perestrojka* und *Glasnost* formierte. In Georgien wurde 1987 die nationale Bewegung mit der Gründung der Gesellschaft Ilia Tschawtschawadze institutionalisiert. Später wurde die Gesellschaft in verschiedene kleine Gruppen und Parteien gespalten, die nationale Befreiungsbewegung war jedoch nicht mehr zu stoppen. Die georgisch-orthodoxe Kirche unterstützte die Ziele der Unabhängigkeitsbewegung, welche die Sowjetisierung von 1921 und damit die Zugehörigkeit Georgiens zur Sowjetunion in Frage gestellt hatte. Die blutige Niederschlagung einer friedlichen Demonstration in Tbilisi am 9. April 1989 führte zum endgültigen Bruch mit der Moskauer Zentralmacht.[324] Wie in anderen Nationalbewegungen der zerfallenden Sowjetunion wurde auch in Georgien die Erlangung von Unabhängigkeit durch die Errichtung eines Nationalstaates als einzige Perspektive für die gesellschaftliche, politische und ökonomische Modernisierung des Landes angesehen.

*e. Der sowjetische Föderalismus*

Das staatsrechtliche Instrument, dass die Bolschewiki entwickelten, um den politischen Nationalismus stillzustellen, hieß der sowjetische Föderalismus. Einerseits war er natürlich Augenwischerei, denn die in der Verfassung scheinbar gewährten föderalen Rechte blieben den Republiken vorenthalten, und die Sowjetunion entwickelte sich schon sehr früh in Richtung eines unitarischen und zentralistischen Staates. Andererseits blieb der Föderalismus zumindest in Worten, in einigen Symbolen und im Prestigeanspruch als Pfahl im Fleische des sowjetischen Zentralstaates.[325]

Der sowjetische Föderalismus stellte die vierstufige Autonomiehierarchie dar: Sowjetrepublik – Autonome Republik – Autonomes Gebiet – Autonomer Kreis. Diese Einteilung schuf ungleiche formale Rechtsverhältnisse und Ausgangsvoraussetzungen für die jeweiligen Nationen, und da die Sowjetunion nicht die normale Föderation,

---

[323] Im Januar 1977 wurde das georgische Helsinki-Komitee gegründet.

[324] Bei der gewaltsamen Auflösung der friedlichen Demonstration in Tbilisi am 9. April 1989 haben die sowjetischen Truppen über 20 Menschen – zumeist Frauen – mit Spaten erschlagen.

[325] Vgl. G. Simon, Der Zerfall des sowjetischen Imperiums und die Sprengkraft der Nationalbewegungen, in: B.Meissner/A. Eisfeld (Hrsg.), Die GUS-Staaten in Europa und Asien, 1995, S. 12.

sondern das autokratisch-totalitäre Herrschaftssystem darstellte, wurde die Grenzziehung zwischen Unionsrepubliken einerseits und die Schaffung autonomer Gebietskörperschaften andererseits in den meisten Fällen willkürlich vorgenommen.[326] Oftmals wurde der Status nationaler Gebietskörperschaften oder deren bestehende Grenzen nachträglich wieder verändert. Wie das Zarenreich nahm auch der sowjetische Staat keine Rücksicht auf historisch entstandene Grenzen, weder bei der Einteilung in Autonomien noch bei deren Unterteilung in kleinere administrative Einheiten.[327] Außerdem wurde die Durchführung der oben dargestellten Autonomisierungshierarchie von Völkern nach ethnischen Kriterien vorgesehen. Denn die Sowjetunion wurde 1922 als eine Föderation nationaler Komponenten gegründet, in der ethnische Selbstbestimmung an Territorien gebunden und Nationen als Territorialverbände eingerichtet wurden. Im Ergebnis gewannen diese Autonomien für die jeweilige Titularnation den Charakter „national-territorialer Staaten"[328]. Die Ethnien erhielten mit der territorialen Autonomie das wirksamste Potential für nationale Identifikation. Die autonomen Gebietskörperschaften auf ethnischer Basis bildeten das Strukturprinzip des föderalistischen Sowjetstaates. Die Verknüpfung von Nation und Territorium durch den von Stalin geprägten sowjetischen Nationbegriff[329] besaß für den nationalstaatlichen Aufbau der Sowjetunion folgenschwere Konsequenzen. Die vermeintliche Berechtigung einer eigenen Nationalstaatlichkeit – ungeachtet der demographischen Lage – führte zur Mystifizierung „nationaler Territorien".[330] Darüber hinaus wurde dieser ethnische Sowjetföderalismus in allen wesentlichen politischen und ökonomischen Belangen von zentraler Parteiherrschaft und Regierungsgewalt der Union überlagert und zum Pseudoföderalismus degradiert.[331] Das Territorialitätsprinzip bestimmte die Nationalitätenbeziehungen nachhaltig und wurde nach der Ablösung der UdSSR zu einem riskanten Faktor zwischenstaatlicher Beziehungen. Die in der Sowjetzeit willkürlich geschaffenen und politisch bedeutungslosen Trennlinien haben nach dem Zerfall der Sowjetunion die Gestalt von völkerrechtlich anerkannten Staatsgrenzen angenommen, woraus sich heute viele revisionistische Gebietsansprüche ergeben.

---

[326] Das war vor allem bei der Bildung der zentralasiatischen Republiken der Fall.
[327] Im März 1944 wurden sämtliche Tschetschenen und Inguschen deportiert, die Autonome Republik der Tschetschenen und Inguschen wurde aufgelöst. 1957 wurde die Tschetschenisch-Inguschische ASSR wiederhergestellt; Im April 1944 wurden alle Balkaren aus dem Gebiet der Autonomen Republik der Kabardiner und Balkaren in entlegene Gebiete verschleppt und die Autonome Republik selbst wurde in Autonome Kabardinische Republik umgetauft. 1957 wurde die Kabardinische ASSR wieder in eine Kabardinisch-Balkarische ASSR umgebildet. Das Krimgebiet wurde 1954 von der RSFSR an die Ukrainische SSR übertragen. 1956 wurde die Karelo-Finnische Unionsrepublik in eine Karelo-Finnische ASSR umgewandelt. 1957 wurde ein Kalmückisches Autonomes Gebiet gebildet, dem 1958 der Rang einer Autonomen Republik zuerkannt wurde.
[328] V. Zaslavsky, Das russische Imperium unter Gorbatschow, S. 11.
[329] "Eine Nation ist eine historisch entstandene stabile Gemeinschaft von Menschen, der Sprache, des Territoriums, des Wirtschaftslebens und der sich in der Gemeinschaft der Kultur offenbarenden psychischen Wesensart", J. Stalin, Marxismus und nationale Frage, in: Stalin, Werke, Bd. 2, S. 272.
[330] J. Gerber, Georgien – Nationale Opposition und kommunistische Herrschaft seit 1956, S.4.
[331] U. Halbach, Das sowjetische Vielvölkerimperium, S. 83.

Georgien war in der Sowjetunion eine der 15 sowjetischen Unionsrepubliken (Georgische SSR).[332] Formal stellte die Georgische SSR einen eigenständigen Staat dar, der seiner Verfassung nach souverän war und das Recht besaß, die UdSSR jederzeit zu verlassen. Innerhalb einer SSR bestand die Autonome Sozialistische Sowjetrepublik (ASSR) als autonomes Territorium mit Sonderrechten einer nationalen Minderheit (in Georgien – die Autonomen Republiken Abchasien und Adscharien). Dieser Stufe ethnischer Autonomie entsprachen unterschiedliche Möglichkeiten nationaler Selbstbestimmung und ethnischer Reproduktion in der lokalen Kultur-, Sprachen- und Bildungspolitik.[333] Entsprechend der Prinzipien des Sowjetföderalismus sollten die autonomen Republiken zwar Staaten, aber nicht als solche souverän sein, sondern lediglich politische Autonomie genießen. Autonomes Gebiet hingegen stellte eine Verwaltungseinheit regionalen Charakters unterhalb der Ebene einer SSR mit Sonderrechten für eine nationale Minderheit im Verband einer Region oder neben den normalen Gebieten dar (in Georgien - Autonomes Gebiet Südossetien).[334]

Der Autonomiestatus der sowjetischen autonomen Gebietskörperschaften war nicht nur de jure, sondern auch de facto ein Etikett. Souveränität und Autonomie blieben weitgehend auf dem Papier eingeräumte Kompetenzen. Politisch, administrativ und wirtschaftlich waren die Gebietskörperschaften der Parteizentrale und den Ministerien der zuständigen Unionsrepublik direkt unterstellt.[335] Im Zuge der Degeneration des sowjetischen politischen Systems und des sowjetischen Föderalismus setzten die Nationen und Republiken die Umwandlung dieses Scheins in die Wirklichkeit durch. Es zeigte sich, dass die Sowjetunion, von wenigen, eher geringfügigen Ausnahmen abgesehen, genau an jenen Grenzen auseinanderbrach, die der Sowjetföderalismus gezogen hatte. Die ehemaligen Schein-Republiken in einem ehemaligen sowjetischen Schein-Föderalismus wurden Keimzellen zur Bildung von Nationalstaaten.[336] In Georgien wurde dabei jene Ambivalenz der sowjetischen Nationalitätenpolitik außer acht gelassen, die auch bei den kleineren Ethnien die Nationenbildung förderte. Indem die Sowjetmacht Abchasen und Osseten autonome Gebietskörperschaften einräumte, vermittelte sie ihnen zugleich die vermeintliche Berechtigung einer eigenen nationalen Staatlichkeit, aus der sie später z.T. territoriale Ansprüche ableiteten. Die *korenizacija* führte auch dort zur Herausbildung nationaler

---

[332] Nach 1964 hatten im Zusammenhang der nationalen Gebietseinheiten keine weitere Veränderungen stattgefunden; die Sowjetunion setzte sich aus 15 Unionsrepubliken, 20 Autonomen Republiken, 8 Autonomen Gebieten und 10 Autonomer Kreisen zusammen, die alle in der RSFSR lagen.

[333] U. Halbach, Das sowjetische Vielvölkerimperium, S. 10. In der Autonomen Republik Abchasien erhielt die abchasische Sprache neben Georgisch und Russisch den Status der Amtssprache.

[334] Das normale (nicht autonome) Gebiet bestand aus mehreren Rajonen und war eine grosse Verwaltungseinheit regionalen Charakters unterhalb einer SSR. Der Rajon war in der Regel eine kleine Verwaltungseinheit unterhalb der Ebene eines Gebietes, der etwa einem deutschen Landkreis etsprach.

[335] So hatte z.B. das Zentrale Exekutivkomitee der UdSSR die Befugnis, Gesetze der Unionsrepubliken aufzuheben bzw. abzuändern, vgl. G.Stuby, Die sowjetische Föderation: Entstehung und Zerfall, S. 94.

[336] Vgl. G. Simon, Der Zerfall des sowjetischen Imperiums und die Sprengkraft der Nationalbewegungen, S. 12.

Eliten und folglich zur Schaffung rivalisierender Gruppen und Institutionen innerhalb Georgiens.[337]

## 5. Die Nationalitäten und Autonomien Georgiens

Die Bevölkerung Georgiens war sowohl vor als auch nach der Sowjetisierung sehr heterogen. Durch diese Heterogenität zeichnete sich die Bevölkerung während der ganzen Sowjetherrschaft aus. Die 5,5 Millionen Menschen, die heute in Georgien leben, gehören mehr als 80 Nationalitäten an. Rund 70% Prozent sind Georgier. Die größten nationalen Minderheiten bilden anteilsmäßig die Armenier (8,1%), Russen (6,2%), Azerbaidschaner (5,6%), Osseten (3%), Griechen (1,8%) und Abchasen (1,8%).[338] Seit Jahrhunderten zeichnete sich Georgien durch Toleranz, Mäßigung und besondere Gastfreundschaft aus, wo verfolgte (Armenier, Juden, Kurden und Griechen) Unterschlupf fanden. Aber die Sowjetisierung und die Durchsetzung des sowjetischen Föderalismus hatten besonders schwere Folgen für das kleine Land. Erstens wurde mit der Errichtung der Sowjetmacht ein Teil des Territoriums Georgiens an die benachbarten Sowjetrepubliken und an die Türkei abgetreten bzw. es verblieb in deren Herrschaftsgebiet. Zweitens wurden in dem Gebiet, das man Georgien beließ, drei autonome Einheiten gebildet: die "Autonome Sozialistische Sowjetrepublik Abchasien" (später in eine Autonome Republik umgewandelt), die "Autonome Sozialistische Sowjetrepublik Adscharien" und das "Autonome Gebiet Südossetien". Bei der Grenzziehung und Schaffung dieser autonomen Gebietskörperschaften wurde allerdings die demographische Situation (wie auch in vielen anderen Fällen in der Sowjetunion) ungenügend berücksichtigt; die territorialen Einheiten Georgiens stellten anschauliche Beispiele für die Inkongruenz von Ethnos und Territorium dar.[339] Die Abgrenzung der multinationalen Bevölkerung in nationale Gebietskörperschaften war in Georgien (wie im ganzen Kaukasus) mit besonders willkürlichen Eingriffen der Zentralgewalt verbunden. Im folgenden soll auf die Vorgeschichte dieser Autonomien und auf die Entstehungsgeschichte der innergeorgischen ethno-territorialen Konflikte eingegangen werden.

---

[337] Vgl. J. Gerber, Georgien – Nationale Opposition und kommunistische Herrschaft seit 1956, S. 246.
[338] Vgl. Brockhaus, Die Enzyklopädie, Bd. 8, S. 366.
[339] Das Territorium des Autonomen Gebiets Südossetien war dreimal grösser als 1842 vom zaristischen Russland gebildete Okrug Ossetien, die nur ossetische Siedlungen vereinigte. AG Südossetien umfasste zahlreiche georgische Dörfer, in der zur Hauptstadt erwählten kleinen georgischen Siedlung Zchinwali lebten 1922 (bei der Schaffung des AG Südossetien) nur zwei-drei ossetische Familien. In den 1980-er Jahren stellten zwar die Osseten zwei Drittel der Bevölkerung des AG, im übrigen Georgien waren sie aber zahlreicher als im AG; 1926 betrug in der ASSR Abchasien der abchasische Bevölkerungsanteil 27,8% gegenüber 33,6% Georgiern, 1989 stellten Abchasen lediglich 17,8% der Bevölkerung gegenüber 45,7% Georgiern; die Gründung der ASSR Adscharien erfolgte nicht aus demographischen oder nationalen (weil die Adscharer Georgier sind), sondern – wegen des islamisierten Bevölkerungsteil – aus religiösen Gründen.

## a. Abchasien

Eine der ältesten und bedeutendsten Regionen Georgiens ist Abchasien, das sich im Nordwesten Georgiens an der Grenze zu Russland über ein Territorium von 8700 km² erstreckt. Die Abchasen gehören zu den autochthonen Völkern des Nordwestkaukasus. Sie sind zum Teil sunnitische Muslime und zum Teil orthodoxe Christen. Die Abchasen nennen sich "Apsua" und ihr Land "Apsni". Bei der letzten Volkszählung 1989 machten die Abchasen innerhalb ihrer Autonomen Republik mit rund 90.000 Personen lediglich ca.17,8% der Bevölkerung aus.[340]

Die nordwestkaukasische Schwarzmeerküste wurde bereits lange vor Christus von verschiedenen abchasischen und kartwelischen (georgischen) Stämmen besiedelt. Dem griechischen Geographen Strabo zufolge waren sie aus den Bergen ins Flachland gewandert. Nach römisch-byzantinischen Quellen waren die abchasischen Stämme zunächst im Königreich Kolchi (6. Jhr. vor Chr. – 1 Jhr. nach Chr.) und später im Königreich Egrisi vereint.[341] Im 7. Jahrhundert überfielen die Araber den ganzen Transkaukasus. Seit der zweiten Hälfte des 8. Jahrhunderts eroberten die abchasischen und georgischen Fürstentümer allmählich ihre Macht zurück. Nach der Vereinigung von Abchasien mit anderen Fürstentümer Westgeorgiens entstand ein einheitlicher westgeorgischer Staat, der den Namen Königreich Abchasien (in einigen Schriftquellen Königreich Egrisi) trug.[342] Unter Leon, Konstantine und Georg wurde das Abchasische Königreich eines der größten Reiche in Georgien. Insgesamt gesehen war dieses Königreich ein westgeorgischer Staat; die überwiegende Mehrheit seiner Bevölkerung stellten kartvelische Stämme, die Egrer, Svanen, Karter und auch die eigentlichen Abchasen.[343] Die Hauptstadt des Königreiches war das inmitten georgischer Bevölkerung gelegene alte Zentrum georgischer Kultur Kutaisi. Durch Annäherung der westgeorgischen Kirche an die Kirche in Ostgeorgien entstand eine einheitliche Kirche für ganz Georgien. Griechisch wurde als Liturgie- und Amtssprache durch das Georgische ersetzt. Die Oberschicht der feudalen Gesellschaft und die abchasischen Geistlichen verwendeten die georgische Sprache auch im Alltag. Nur die einfachen Leute, vor allem die Bergvölker, verständigten sich auf Abchasisch. Zwischen den beiden Völkern – Georgiern und Abchasen – bestanden damals enge wirtschaftliche und kulturelle Beziehungen. Seit dem 9.-10. Jh. sind in Abchasien georgische Inschriften belegt, dort entstanden Werke des georgischen Schrifttums. Nachdem unter Bagrat III. die west- und ostgeorgischen Königreiche – Abchasien, Tao-Klardscheti und Kartli - vereint wurden,[344] waren in der georgischen Feudalgesellschaft fast keine ethnischen Unterschiede mehr zu spüren. Das Königreich Abchasien beteiligte sich aktiv an dem Kampf, der vom 8.-10. Jh. um die Vereinigung der georgischen Länder zu einem Staat geführt wurde. Im Titel der Könige des

---

[340] Abchasische Sprache gehört zur Gruppe der nordwestkaukasischen Sprachen. Als Schrift dient seit 1954 das kyrillische Alphabet; vgl. R.A. Mark, Die Völker der ehemaligen Sowjetunion, S. 33.

[341] Vgl. N. Berdzenischvili, Sch. Meskhia, S. 84-193.

[342] Vgl. M. Lortkipanidze, Georgien und seine Autonomien: kurzer Abriss der Geschichte Abchasiens, Atschaas und Südossetiens, in: Georgica, 15 und 16, 1993, S. 35.

[343] Vgl. Dies., a.a.O.

[344] N. Berdzenischvili, Sch. Meskhia, S. 130-133.

vereinigten Georgiens stand an erster Stelle der "König der Abchasen" (d.h. König von Westgeorgien).[345] Wegen der organischen und festen Verbindung werden "Abchasien" und "Georgien" in alten Quellen (griechischen, arabischen, persischen) als Synonyme gebraucht. Abchasien selbst wurde ein Eristawentum, eine administrative Einheit des vereinigten Georgiens.[346]

Im 15. Jahrhundert zerfiel die georgische Zentralmacht vollends. Ende des 15. Jahrhundert entstanden in Georgien mehrere Königreiche und Fürstentümer. Das eigentliche Abchasien gehörte zunächst zum Bestand des Königreichs Imeretien.[347] Gegen Ende des 17. Jahrhunderts spaltete sich Abchasien von Imeretien und bildete ein gesondertes Fürstentum. Nachdem das Fürstentum Abchasien entstanden war, begann sich die Bedeutung des Namens "Abchasien" zu verengen und wurde zur Bezeichnung dieses Fürstentums.[348]

Seit dem 17. Jahrhundert geriet das abchasische Fürstentum unter Einfluß des Osmanischen Reiches. Ein Teil der Bevölkerung wurde gezwungen, dem Islam beizutreten. Die türkische Sprache breitete sich aus und löste allmählich sogar Georgisch ab. Im 18. Jahrhundert kämpften Abchasen und Georgier gemeinsam gegen die türkischen und persischen Eroberer. Nachdem die russischen Truppen ganz Ostgeorgien besetzten, stand Abchasien vor der Wahl, sich der Türkei oder Russland als Verbündetem anzuschließen. 1810 wurde Abchasien zum russischen Protektorat und im Jahr 1864 dem Zarenreich eingegliedert. Die russischen Machthaber trachteten, die Bezeichnung Abchasien zu tilgen, in dem sie es erst "Militärbezirk Suchumi" und seit 1833 "Okrug Suchumi" nannten. Der letzte Großfürst Abchasiens wurde nach Russland verbannt. Russland hatte die Region durch christliche Siedler bevölkert und betrieb eine rigorose Kolonialisierung der Schwarzmeerküste. Ende der 1860en und in den 1870er Jahren brachen in Abchasien mehrere Aufstände aus, die von den russischen Truppen blutig niedergeschlagen wurden. Tausende von Abchasen (zumeist muslimische Bevölkerung) wanderten in die Türkei aus. Dieser Prozeß von sog. "Machadschirstvo" kostete vielen Abchasen das Leben.[349]

Das Russische Zarenreich betrieb in Georgien die Politik der "divide et impera". Eines der Hauptziele Russlands war, den kulturell-geistigen Einfluß Georgiens im Kaukasus zu schwächen. Die Russen bemühten sich, den Entfremdungsprozeß zwischen Abchasen und Georgiern zu fördern. Den Generationen wurde der Gedanke eingepflanzt, dass die Abchasen von den Georgiern unterjocht und

---

[345] Der grosse georgische König David IV. der Erbauer (1073-1125) nannte sich "König der Abchasen, Georgier, Ranen, Kachen...", dann folgten alle anderen georgischen und nichtgeorgischen Stämme; die abchasischen Herrscher trugen seit dem 12. Jahrhundert den Doppelnamen Scharwaschidze-Tschatschba (Scharwaschidze ist ein georgischer, Tschatschba – ein abchasischer Name).

[346] Vgl. hierzu M. Lortkipanidze, Georgien und seine Autonomien. Kurzer Abriss der Geschichte Abchasiens, Atscharas und Südossetiens, in: Georgica, 15 und 16, 1993, S. 35.

[347] Vgl. M. Lortkipanidze, ebd., S. 36.

[348] Vgl. Dies., a.a.O.

[349] Die Zahl der Abchasen betrug um die Mitte des 19. Jh. ungefähr 128. 000. Nach der Volkszählung von 1897 betrug ihre Anzahl noch knapp 60.000; Mehr über die russische Assimilationspolitik in Abchasien in 19. Jahrhundert siehe in: N. Gelaschvili, Georgien – ein Paradies in Trümmern, S. 57-79.

unterdrückt worden seien, dass Georgier und Abchasen nichts gemeinsames hätten und deshalb sich ihre Wege endlich trennen müßten.

Nach der Unabhängigkeitserklärung Georgiens am 26. Mai 1918 wurde im Juni 1918 in Tbilisi ein Vertrag zwischen dem abchasischen Volksrat und dem Nationalrat Georgiens geschlossen, in dem die politische Zukunft Abchasiens innerhalb der Republik Georgien festgeschrieben war. Georgien gestand Abchasien überwiegende Autonomie zu und versprach materielle Unterstützung und militärischen Beistand.[350] Im Februar 1919 wurden in Abchasien die ersten demokratischen Wahlen durchgeführt. Die gewählten vierzig Mitglieder des Volksrates legitimierten sogleich den Vertrag mit dem georgischen Nationalrat, d.h. sie bekräftigten nochmals die Zugehörigkeit Abchasiens als autonome Einheit zum Bestand Georgiens.[351]

Mit dem Einmarsch der Roten Armee im Februar 1921 verlor Georgien seine Selbständigkeit. In Abchasien verknüpfte man damit die Hoffnung, Unabhängigkeit von Georgien zu erlangen. Am 31. März 1921 gab das "Revolutionäre Komitee Abchasiens" die Gründung der "Abchasischen Sozialistischen Sowjetrepublik" bekannt. Aber das war nur der formale Status, im Vertrag vom Mai 1921, den Sowjetrussland und Georgien unterzeichneten, blieb Abchasien Bestandteil Georgiens. Durch den Föderationsvertrag, der im Dezember 1921 zwischen Georgien und Abchasien abgeschlossen wurde, war die Abchasische SSR de facto administrativ, politisch und wirtschaftlich der Georgischen SSR untergeordnet.[352] Im Zuge der Verfassungsdiskussion 1924/25 versuchte das abchasische Parteikomitee erneut, die Souveränität für die Republik zu erlangen und im April 1925 bestätigte der dritte Rätekongress Abchasiens mit der neuen Verfassung den Status einer souveränen Republik. Diese Verfassung blieb allerdings unveröffentlicht, weil sie vom Transkaukasischen Gebietskomitee der KP zurückgewiesen wurde; in der revidierten Fassung, die 1927 in Kraft trat, wurde die politische und territoriale Zugehörigkeit zu Georgien bekräftigt.[353] 1931 wurde Abchasien auch de jure georgischer Verwaltung unterstellt: Die Sowjetrepublik Abchasien wurde als eine Autonome Republik Bestandteil der georgischen Sowjetrepublik. Auch nach der Auflösung der

---

[350] Vgl. L. Toidze, A. Menteschaschvili, Die Bildung der Autonomien in Georgien, in: Georgica, 15/1993, S. 41.

[351] Vgl. Dies., a.a.O.

[352] Der Führer der abchasischen Bolschewiki, Lakoba, bekannte 1922, Abchasien sei "für einen Augenblick" zur selbständigen Sowjetrepublik ernannt worden, aus der Geschichte und den wirtschaftlichen Verhältnissen gehe jedoch klar hervor, dass Abchasien und Georgien "ein Ganzes" seien. "Als wir uns zum souveränen Staat erklärten, hätten wir nicht vergessen dürfen, dass diese politischen Formen, die Unabhängigkeit usw. Nur eine Dummheit sind. Wir hätten dieser Versuchung nicht nachgeben dürfen.... Allein wir brauchten ein Schild", vgl. N. Gelaschvili, Georgien – ein Paradies in Trümmern, S. 77-78.

[353] Abchasien wurde von der Zentralmacht immer nur als eine der Autonomen Republiken angesehen; das fand auch in der Verfassung der UdSSR von 1924 seinen Ausdruck, wo Abchasien als Autonome Republik erwähnt wurde: "Die Autonomen Republiken Adscharien und Abchasien und die Autonomen Gebiete Südossetien, Berg-Karabach und Nachitschewan entsenden je einen Vertreter in den Nationalitätensowjet", vgl. L. Toidze, A. Menteschaschvili, Die Bildung der Autonomien in Georgien, in: Georgica, 15/1993, S. 48.

"Transkaukasischen Föderation" 1936 und bis zum Zerfall der Sowjetunion 1991 blieb Abchasien der Status einer Autonomen Republik erhalten.

In der sowjetischen Ära verstand sich die ethnische Minderheit der Abchasen als Opfer einer Nationalitätenpolitik, für die zwei Georgier, Stalin und Berija, verantwortlich waren. Der Terror von Stalin und Berija besaß für Abchasien besonders folgenschwere Konsequenzen. Im Bewußtsein der Abchasen hat sich eingeprägt, dass die von Lenin gegebene "Selbständigkeit" ihnen von Stalin und anderen georgischen Bolschewiken zugunsten Georgiens genommen worden sei. Die Degradierung der Sowjetrepublik zu einer Autonomen Republik und die gewaltsamen Assimilierungsmaßnahmen der sowjetischen Nationalitätenpolitik wurden von den Abchasen in erster Linie als "georgische" Politik interpretiert. Das war natürlich nicht zutreffend, da in der stalinschen Ära nicht nur die Abchasen, sondern die ganze Bevölkerung – gleich welcher Nationalität – von Willkür, Terror und Repressionen betroffen waren. Diese falsche Interpretation "führte zu jenen historischen Mißverständnissen, die die Rivalitäten der beiden Ethnien bis heute wechselseitig verstärken".[354] 1957-58, 1967 und 1977-78 kam es in Abchasien aus verschiedener konkreter Gründe[355] zu Protesten und Demonstrationen, die z.T. auch antigeorgischen Charakter besaßen. Man muss hier aber unbedingt erwähnen, dass im Vergleich zu den Nationen des Nordkaukasus, deren Autonomiestatus innerhalb der RSFSR rein formaler Natur war, die Abchasen in Georgien ungleich mehr Möglichkeiten besaßen, ihre Sprache und Kultur zu bewahren. Sie erhielten innerhalb der Autonomen Republik zahlreiche Privilegien, die bedeutendsten Staats- und Parteiämter z.B. mussten ausschließlich mit Abchasen besetzt werden und deshalb betrachteten sich die Georgier, die in der Autonomen Republik 45% der Bevölkerung ausmachten, als eine von Abchasen regierte Mehrheit.

Insgesamt gesehen kann man die Schlußfolgerung ziehen, dass, erstens, Abchasien ein integraler Bestandteil Georgiens und georgischer Nationalgeschichte bildet, in dem Georgiern und Abchasen gemeinsam leben. Und zweitens: die Abchasen haben keine andere Heimat; sie sind eine Nation mit eigener Sprache, Schrift, Literatur und Kultur, mit eigenen Traditionen und festem Selbstbewußtsein. Die weitere Entwicklung der georgisch-abchasischen Beziehungen wird im folgenden detailliert dargestellt.

---

[354] J. Gerber, Georgien – Nationale Opposition und kommunistische Herrschaft seit 1956, S. 124.

[355] Der georgische Wissenschaftler Pavle Ingorokva frischte im 1954 erschienenen Buch "Giorgi Mertschule" seine Behauptung auf, die Abchasen seien mittelalterlichen Quellen zufolge ein georgischer Stamm und mit der heutigen abchasischen Bevölkerung sprachlich und kulturell nicht verwandt. Auch andere georgische Wissenschaftler stellten die ethnische Eigenständigkeit des abchasischen Volkes in Frage. Deshalb kam es in Abchasien 1957 zu Demonstrationen. In einem Brief baten die Abchasen die Moskauer Parteiführung, u.a. die Frage des Beitritts der Abchasischen ASSR zur RSFSR zu prüfen. Der Hintergrund der Aktionen 1967 war die Arbeit des georgischen Historikers N. Berdzenischvili, der die Ingorokva-These wiederholt hatte. 1977, vor dem Hintergrund der neuen Unions- und Republiksverfassungen, entzündeten sich wieder die Proteste. Die Abchasen erhoben erneut die Forderung Abchasien administrativ der RSFSR anzuschliessen.

**b.** *Südossetien*

Das Autonome Gebiet Südossetien liegt südlich des Kaukasus-Kammes. Das Territorium, auf dem im April 1922 dieses Autonome Gebiet gebildet wurde, ist ursprünglich ein bedeutender Teil von Innerkartli und beträgt 3900km$^2$. Bei der letzten Volkszählung von 1989 machten die Osseten 66% (etwa 100 000 Menschen) der Bevölkerung des Autonomen Gebietes aus.[356]

Vorfahren der Osseten, die bereits im 6. Jahrhundert von Byzanz christianisiert worden waren, bildeten angrenzend an Georgien, auf der anderen Seite des Kaukasus seit dem 9. Jahrhundert einen mächtigen staatsähnlichen Verband, der bis ins 12. Jahrhundert hinein halten konnte.[357] Anfang des 13. Jahrhunderts kamen die Osseten unter die Herrschaft der Mongolen, durch deren wiederholte Einfälle sie seit dem 14. Jahrhundert allmählich nach Süden in die Gebirgskette des Kaukasus abgedrängt wurden. Im Gebiet Schida-Kartli (Innerkartli) in Georgien lebten die Osseten im 16.-18. Jahrhundert als Leibeigene der georgischen Großfürsten Matschabeli und Eristawi. Später entstanden auch in Kachetien die ossetischen Dörfer.[358] Seit 1767 wurden die Osseten teils auf eigenen Wunsch, teils gegen heftigen Widerstand bis zur Mitte des 19. Jahrhunderts dem Russischen Reich eingegliedert und christianisiert. Nach der Eingliederung Georgiens in das Russische Zarenreich wurde 1842 in einem Teil des nördlichen Ostgeorgien der Okrug Ossetien gebildet, aber da es dort zu Unruhen gekommen war, wurde der Okrug 1859 aufgelöst. Der administrative Bezirk Ossetien im Nordkaukasus blieb jedoch bestehen.

In Schriften georgischer, russischer oder europäischer Autoren des 19. Jahrhunderts ist die Bezeichnung Südossetien selten zu finden. Sie dient nur zur Unterscheidung des nordkaukasischen Siedlungsgebietes von dem in Georgien liegenden. Im Gegensatz zu Abchasien entstand die Bezeichnung "Südossetien" erst im 20. Jahrhundert. Zunächst hatten die Bolschewiki in dem von Osseten bewohnten Teil der unabhängigen Republik Georgien drei Erhebungen gegen die sozialdemokratische Regierung initiiert, um den Sowjets zur Macht zu verhelfen. Nach der Annexion und Sowjetisierung Georgiens durch Sowjetrussland hatten die Bolschewiki am 20. April 1921 das Autonome Gebiet Südossetien geschaffen.[359]

Wie die Abchasen besaßen auch die Osseten in Georgien ungleich mehr Möglichkeiten, ihre Sprache und Kultur zu bewahren. Durch den sowjetischen

---

[356] Die Osseten sind orthodoxe Christen, zum Teil auch sunnitische Muslime. Das Ossetische gehört zur nordöstlichen Gruppe der iranischen Sprachen und ist seit dem Ende des 18. Jahrhundert Literatursprache. Als Schrift wird seit 1954 das kyrillische Alphabet benutzt, vgl. R.A. Mark, Die Völker der ehemaligen Sowjetunion, S. 131.

[357] Vgl. M. Lortkipanidze, Georgien und seine Autonomien: kurzer Abriss der Geschichte Abchasiens, Atscharas und Südossetiens, in: Georgica, 15 und 16, 1993, S. 37.

[358] Der ossetische Wissenschaftler B. Kalojew beschrieb diesen Prozess: "Im 19. Jahrhundert liessen sich nicht wenige Osseten in den Bezirken Duscheti und Gori nieder, und Anfang des 20.Jahrhunderts bestanden in Ober- und Niederkachetien mehr als dreissig ossetische Ortschaften. Diese Osseten siedelten aus fürstlichem Grundbesitz", N.Gelaschvili, Georgien – ein Paradies in Trümmern, S. 36.

[359] Dabei verdient es angemerkt zu werden, dass die Osseten im administrativen Zentrum des Autonomen Gebietes – in Zchinwali, 13,5% der Bevölkerung stellten.

Föderalismus wurden diesen kleinen Autonomien in Georgien grössere Rechte eingeräumt als den von Moskau direkt verwalteten Gebietskörperschaften. Die Osseten wie die Abchasen konnten zweifellos vom gut ausgebauten Bildungs- und Erziehungswesen in Georgien profitieren. Dennoch hatten die Osseten, die der Überlieferung nach in Georgien eine ethnische Minderheit bildeten, eine neue, separatistische Theorie entwickelt, die zu beweisen versucht, dass Süd- und Nordossetien ursprünglich ein einheitliches Territorium, sogar ein Reich waren, das später zwischen Georgien und Russland aufgeteilt wurde. Das ist ein klares und klassisches Beispiel der Verfälschung der Geschichte, aber wie die Abchasen so glaubten auch die Osseten, dass Stalin und andere georgische Bolschewiki Ossetien aufgeteilt hätten und verstanden die drakonische sowjetische Nationalitätenpolitik als "georgische" Politik. "Da Stalin Georgier war, hat er Ossetien geteilt und eine Hälfte den Georgiern geschenkt. Wir werden bis zum Tod kämpfen, um unsere Heimat wiederzuvereinigen"[360]- zu solchen "Erfolgen" hatte die ständige Propagierung dieser absolut falschen Behauptung geführt.

### c. Adscharien

In Adscharien treffen wir auf eine ganz andere Situation als in Abchasien oder Südossetien.[361] In dieser historischen Region Georgiens predigte schon im 1. Jahrhundert der Apostel Andreas das Christentum, das in Adscharien, wie in ganz Georgien im 4. Jahrhundert zur Staatsreligion erklärt wurde.[362] Die Region war (und ist) von einem georgischen Volksstamm, den Adscharen bewohnt, die sich immer ausdrücklich zur georgischen Nationalität bekannten. Im 17. Jahrhundert hat das Osmanische Reich diese Region Georgiens erobert. In Adscharien begann der Prozess der Islamisierung. Nach dem russisch-türkischen Krieg von 1877-78 ging Adscharien durch den Friedensvertrag von Berlin in den Besitz Russlands über und kam faktisch zu Georgien zurück. Die Adscharen hatten zwar weitgehend die georgische Sprache und Kultur bewahrt, waren jedoch durch die Annahme der islamischen Religion stark geprägt. Diesem Einfluß konnte sich Adscharien auch nach der Angliederung an das russische Imperium und der Wiedervereinigung mit Georgien nicht mehr völlig entziehen.[363]

Nach der Sowjetisierung Georgiens wurde am 13. Oktober 1921 in der osmanischen Stadt Kars ein Abkommen zwischen der Georgischen Sozialistischen Sowjetrepublik und dem Osmanischen Reich unterzeichnet, dessen Art. 6 den zukünftigen autonomen Status Adschariens betraf.[364] In diesem Art. 6 erklärte sich die

---

[360] Vgl. N. Gelaschvili, Georgien – ein Paradies in Trümmern, S. 42.

[361] Adscharien liegt im Südwesten Georgiens an der Grenze zur Türkei. Das Territorium der Autonomen Republik beträgt 3000 km². Etwa 400 000 Bewohner der Republik sind mehrheitlich (54%) moslimische Georgier. Die Hauptstadt Batumi liegt an der Schwarzmeerküste.

[362] Vgl. M. Lortkipanidze, Georgien und seine Autonomien: kurzer Abriss der Geschichte Abchasiens, Atscharas und Südossetiens, in: Georgica, 15 und 16, 1993, S. 38.

[363] L. Toidze, A. Menteschaschvili, Die Bildung der Autonomien in Georgien (Teil 2), in: Georgica, 16, 1993, S.16.

[364] Dieser Artikel wurde wortgetreu vom Art. 2 des Russisch-Osmanischen Abkommens vom 16. März 1921 abgeschrieben.

Türkei einverstanden, "Georgien die Souveränität über den Hafen und die Stadt Batumi" und das Territorium des heutigen Adscharien zu überlassen, allerdings "unter der Bedingung, dass die Bevölkerung der Ortschaften, die in dem vorliegenden Artikel angegeben sind, umfassende lokale Autonomie in administrativer Hinsicht geniessen wird, die jeder Gemeinde ihre kulturellen und religiösen Rechte sichert, und dass die Bevölkerung die Möglichkeit erhält, ein Landgesetz einzuführen, das ihren Wünschen entspricht".[365] Die Einrichtung der Autonomien, wie dargestellt, entsprach auch der sowjtischen Nationalitätenpolitik und der Grundprinzipien des sowjetischen Föderalismus. Dementsprechend wurde Adscharien im Juli 1921 zu einer Autonomen Republik innerhalb Georgiens erklärt. Einer der wichtigen Gründe für die Errichtung der Autonomen Republik Adscharien war auch die islamisierte Bevölkerungsmehrheit. "Es ist ein Paradox, dass in dem ersten und wohl einzigen atheistischen Staat der Welt gerade mit dieser Begründung in einem Teil Georgiens eine Autonomie geschaffen wurde".[366]

Seit 1989 organisierten sich die Adscharen verstärkt gegen die Tendenzen, ihre Autonomie zu beschneiden oder aufzuheben. Sie wurden vor allem durch die Ankundigungen der georgischen Nationalbewegung aufgeschreckt, die die "sogenannten Autonomien Süd-Ossetiens, Abchasiens und Adschariens als fiktive, antinationale verwaltungspolitische Einheiten und unmittelbare Früchte der Annexion" erklärt und mit ihrer Auflösung gedroht hatten. Deshalb wählte die adscharische Bevölkerung bei den ersten freien Wahlen in Georgien vom 28. Oktober 1990 gegen die nationalen Parteien die Kommunisten mit 56% der Stimmen.[367] Im April 1991 kam es in Batumi zu einer weiteren Zuspitzung der Situation, als der stellvertretende Präsident des Obersten Sowjets Adschariens ermordet wurde. Danach bemühte man sich um Konfliktmilderung. So blieb Adscharien von ethnischen Konflikten weitgehend verschont. Allerdings bestanden und bestehen die konfliktträchtigen Autonomieforderungen auch hier und richten sich in erster Linie auf wirtschaftliche und politische Eigenständigkeit vom Zentrum in Tbilisi.

*d. Die Nationalbewegung Georgiens und die Autonomien*
Eine besonders spannungsreiche Phase der Beziehungen zwischen Georgiern und der ethnischen Minderheiten begann in der zweiten Hälfte der 1980er Jahre. Da die Georgier nur 70% der Gesamtbevölkerung ihrer Republik bildeten und ihr Staatsterritorium zu 22% aus Gebietskörperschaften mit Titularnationen anderer ethnischer oder religiöser Zuordnung bestand, wurde in dem Maße, in dem für Georgien die staatliche Unabhängigkeit greifbar wurde, das Bestreben nach einem ethnisch homogeneren Nationalstaat bestärkt. Die georgische Nationalbewegung sah die Zukunftsperspektiven für einen georgischen Nationalstaat durch die

---

[365] L. Toidze, A. Menteschaschvili, Die Bildung der Autonomien in Georgien (Teil 2), in: Georgica, 16, 1993, S.17.
[366] Vgl. M. Lortkipanidze, Georgien und seine Autonomien, in: Georgica, 15 und 16, 1993, S. 38.
[367] U. Halbach, Ethno-territoriale Konflikte in der GUS, in: BIOst, 31/1992, S. 28.

demographische Lage[368] und durch die abchasischen und ossetischen Sezessionsbestrebungen gefährdet; sie forderte klar und deutlich, dass "Georgien das Land der Georgier bleiben muss". Die separatistischen Bestrebungen und feindlichen Behauptungen der ethnischen Minderheiten, die ihrerseits ihre Autonomien und Rechte von der georgischen Nationalbewegung gefährdet sahen, wirkten wie Sprengstoff auf die Georgier. Von den Sezessionsbestrebungen von Abchasen und Osseten abgesehen kam es Ende der 1980er Jahre zu Unruhen in den von Armeniern (Samzche-Dschawachetien) und von Azerbaidschanern (Niederkartli) besiedelten Rajonen Georgiens. Ein ungelöstes Problem stellte auch die Rücksiedlung der fast 300 000 moslemischen türkischsprachigen Mescheten in ihre ursprüngliche Heimat im Süden Georgiens an der türkischen Grenze dar.[369] Die Nationalbewegung hat die Ansiedlung der „ethnischen Türken oder Bürger türkischen Nationalbewußtseins" strikt abgelehnt, weil man keine weitere islamische Minderheit in Georgien wolle. Die Tolleranz gegenüber der Menschen anderer Nationalität, durch die sich Georgier seit Jahrhunderten auszeichneten, wurde durch die Angst, die georgische Identität zu verlieren und den zukünftigen georgischen Nationalstaat zu Fall zu bringen, enge Grenzen gesetzt. Georgien wurde in seiner historischen Entwicklung als nationaler Einheitsstaat und nicht als kultureller, religiöser wie ethnischer Schmelztiegel im Transkaukasus begriffen.[370] Die demographische wie kulturelle Heterogenität Georgiens im 20. Jahrhundert wurde fast ausschließlich als Folge russischer bzw. sowjetrussischer Nationalitätenpolitik interpretiert. Der Nationsbegriff wurde von der georgischen Nationalbewegung nach rein ethnischen Kategorien definiert und eine strikte Trennungslinie zwischen "Georgiern" und "Nichtgeorgiern" gezogen. Ethnische Minderheiten wurden vor allem im Sprachgebrauch des radikalen Flügels der Nationalbewegung durch die Begriffe "Einwanderer" oder "Gäste auf georgischem Territorium" als Fremdkörper stigmatisiert, die von der Sowjetmacht benutzt wurden um eine vermeintliche nationale Einheit zu zerstören. Die georgische Nationalbewegung verstand nicht, dass die Trennlinie, die sie mit ihren oben genannten ethnisch definierten Kategorien von "Georgiern" und "Nichtgeorgiern" schuf, ein großes Konfliktpotential barg[371] und dass die Unabhängigkeitsbestrebungen

---

[368] In der Peripherie Georgiens gibt es einige Gebiete, in denen die Osseten, Armenier und Azerbaidschaner die Mehrheit der Bevölkerung bilden. In den Rajonen von Znauri und Dschava im südossetischen AG setzt sich die Bevölkerung zu über 90% aus Osseten zusammen. Die Rajonen von Dmanisi, Bolnisi, Marneuli und Gardabani sind überwiegend von Azerbaidschanern besiedelt, die fast 70% der Bevölkerung ausmachen. Die Rajonen von Achalkalaki und Achalziche sind hauptsächlich von Armeniern besiedelt (an der Grenze zu Armenien), die in diesen Gebieten ca. 90% der Bevölkerung gegenüber 2% Georgiern stellen.

[369] Stalin hatte 1944 fast 100 000 von ihnen nach Sibirien und Zentralasien deportieren lassen. Nach ihrer Rehabilitierung 1956 wollten die Mescheten in ihre Heimat zurückkehren. Nach ihrer Vertreibung aus Zentralasien leben die Mescheten in den an Georgien angrenzenden Gebieten Russlands und Azerbaidschans; sie warten noch immer auf ihre Repatrierung. Mehr zur Geschichte der Mescheten vgl. Viktor Rzchiladze, Ein Verbrechen an der georgischen Nation. Die Tragödie der Mescheten, in: *sakartvelos moambe*, Nr. 2, 1976, S. 8-72; J.Gerber, Georgien – Nationale Opposition und kommunistische Herrschaft seit 1956, S.82-86.

[370] J. Gerber, Georgien – Nationale Opposition und kommunistische Herrschaft seit 1956, S. 86.

[371] Vgl. J. Gerber, ebd., S. 207.

mit diesen Aufrufen zu Konflikten mit den ethnischen Minderheiten führen würden. Seinerseits hatten die Abchasen und Osseten einen radikalen und separatistischen Kurs gewählt und sahen die politische Zukunft Abchasiens und Südossetiens nur noch außerhalb Georgiens.[372] Für die georgische Nationalbewegung war ein ausdrückliches Bekenntnis von abchasischen und südossetischen nationalistischen Parteien zur KPdSU (besonders nach der blutigen Niederschlagung einer friedlichen Demonstration in Tbilisi am 9. April 1989 von russischen Armeeeinheiten) eine zynische Provokation. Infolge des Entfremdungsprozesses zwischen Titularnation und ethnischen Minderheiten wurden Abchasen und Osseten in den Augen der Georgier oft als "Handlanger" oder "Knechte" Russlands diffamiert.[373] Die Nationalbewegung Georgiens vermutete Russland als Drahtzieher, das mit Abchasien und Südossetien georgische Unabhängigkeitsambitionen zurückweisen wollte. Für Moskau war allerdings klar, dass die Unabhängigkeit Georgiens die Auflösung der Sowjetunion nach sich ziehen würde; die nationalen Minderheiten befürchteten, dass sie ihren staatlichen und kulturellen Autonomiestatus in einem unabhängigen Georgien verlieren würden (so wie dies die radikalen Flügel der georgischen Nationalbewegung wirklich mehrfach angedroht hatte[374]). Ein Hauptargument der Georgier gegen die Souveränitäts- und Sezessionsbestrebungen in den Minderheitengebieten lautete (und lautet immer noch), dass diese nationalen Gebietseinheiten Schöpfungen der stalinistischen Nationalitätenpolitik seien und der imperialen Strategie des "divide et impera" entsprechen. Wie berechtigt dieses Argument auch sein mag, es war nicht zu übersehen, dass die georgische Unabhängigkeitsbewegung durch die Einlassung auf Konflikte mit ethnischen Minderheiten viel von der Aufgeklärtheit und Weltoffenheit, die sie im vergangenen Jahrhundert zeigte, verloren und einen ethnozentristischen Charakter angenommen hatte.[375] Die Nationalbewegung Georgiens demonstrierte ihre Unfähigkeit, Nationalismus und Nationalstaat mit Menschenrechten und Demokratie zu vereinbaren.[376] Bei ihrer Auseinandersetzungen setzten die Seiten 1989-1990 auch Waffengewalt ein. Damit wurden die Hoffnungen auf eine friedliche Lösung der abchasisch-georgischen und ossetisch-georgischen Konflikte zunichte gemacht.

---

[372] So hatten sich z.B. im Juni 1988 sechzig Vertreter der abchasischen Öffentlichkeit mit dem "Abchasischen Brief" an die 19. Allunions-Parteikonferenz der KPdSU gewandt und erklärten der Wunsch und das Ziel der abchasischen Nationalbewegung: Die Loslösung von Georgien und Wiederherstellung des Status einer Sowjetrepublik. Die Autoren machten einen durchgängigen "georgischen Nationalismus" für die Diskriminierung Abchasiens verantwortlich. Differenziert wurde im Brief weder zwischen dem georgischen Volk und seiner politischen Führung noch zwischen lokaler Parteiführung und der Moskauer Sowejtführung.

[373] J. Gerber, Georgien – Nationale Opposition und kommunistische Herrschaft seit 1956, S. 120.

[374] Im März 1990 wurde in Georgien das Nationale Forum geschaffen, das in ihrem Programm erklärte, dass die "sogenannten Autonomien Südossetiens, Abchasiens und Adschariens fiktive, antinationale verwaltungspolitische Einheiten und unmittelbare Früchte der Annexion" seien.

[375] Vgl. U. Halbach, Ethno-territoriale Konflikte in der GUS, in: BIOst, 31, 1992, S. 22.

[376] G. und N. Simon, Verfall und Untergang des sowjetischen Imperiums, S. 155.

*e. Die Eskalation der ethnischen Konflikte*

Gerade in dieser krisenhaften Phase der Beziehungen zwischen Georgiern und der ethnischen Minderheiten begann in Georgien die sog. "postkommunistische Periode": auf Grund der Wahlen vom 28. Oktober 1990 wurde das nationale Parteienbündnis "Runder Tisch – Freies Georgien" stärkste parlamentarische Kraft und dessen Führer Zviad Gamsachurdia Parlamentspräsident.[377] Kurz darauf verkündete Gamsachurdias Regierung die Übergangsperiode, in der die realen Grundlagen für die volle staatliche Unabhängigkeit Georgiens geschaffen werden sollten.

Im März 1991 boykotierte Gamsachurdias Regierung das Unionsreferendum über die Neuordnung der Sowjetunion und führte am 31. März 1991 ein eigenes Referendum zur Wiederherstellung der Unabhängigkeit durch, das mit 95prozentiger Zustimmung ein beeindruckendes Votum für die georgische Unabhängigkeit war.[378] Danach kam es leider zu den folgenschweren Innen- und Außenpolitischen Fehlern. Georgien war während der Amtszeit Gamsachurdias außenpolitisch isoliert. Innerhalb Georgiens ging Gamsachurdia den radikalen und bedrohlichen Kurs gegenüber ethnischen Minderheiten. Er bestritt die Rechtmäßigkeit der in Georgien während der Sowjetherrschaft von den Bolschewiki geschaffenen autonomen Gemeinschaften. Die Konfliktparteien zeigten wenig Verhandlungsbereitschaft und gingen auf Konfrontationskurs. Im September 1990 hat der Oberste Sowjet des Autonomen Gebiets Südossetien eine souveräne Republik ausgerufen und am 9. Dezember 1990 Wahlen durchgeführt. Gamsachurdias Regierung reagierte wenig kleverer als die kommunistische Regierung Georgiens einige Monate zuvor, als das abchasische Parlament eine Unabhängigkeitserklärung verabschiedete.[379] Damals hatte der Oberste Sowjet Georgiens den Beschluß als "groben Verstoß" gegen die verfassungsrechtlichen Grundlagen der Republik Georgien, der Autonomen Republik Abchasien und der UdSSR zurückgewiesen. Politisch und rechtlich klever und richtig wäre es gewesen, wenn Gamsachurdias Parlament gegenüber Südossetien das gleiche gemacht oder die Entscheidung des südossetischen Obersten Sowjets aufgehoben und den vormaligen Status wiederhergestellt hätte. Stattdessen hob das georgische Parlament am 11. Dezember 1990 den Autonomiestatus Südossetiens auf.[380] Dieser Schritt wurde von der georgischen Gesellschaft einschließlich der Opposition

---

[377] Die Wahlbeteiligung lag bei 67%. Der Wahlblock "Runder Tisch – freies Georgien" erzielte 54% der Stimmen (155 Mandaten) und verfehlte damit knapp eine Zwei-Drittel-Mehrheit im Parlament.

[378] Das Referendum wurde in einigen Rajons der Abchasischen ASSR und des Südossetischen AG boykotiert, aber in anderen Gebieten mit hoher nichtgeorgischer Bevölkerung traf es auf Zustimmung: in Marneuli, wo der Anteil der azerbaidschanischen Bevölkerung 80% ist, votierten 86% für die Unabhängigkeit; und in Achalkalaki, wo der Anteil der armenischen Bevölkerung 91% beträgt, stimmten 52% der Wahlberechtigten zu.

[379] Die Unabhängigkeitserklärung Abchasiens, die de facto einem Austritt Abchasiens aus der Republik Georgien gleichkam, wurde unter rechtswidrigen Bedingungen angenommen: Die georgischen Deputierten boykotierten die Sitzung und das Parlament hatte das notwendige Quorum nicht erfüllt.

[380] Der Hauptgrund für diese Entscheidung war die Annahme, dass die Osseten mit der Ausrufung der Republik Südossetien ihre Autonomie selbst annuliert hatten.

enthusiastisch begrüßt. Niemand dachte damals daran, dass dies nur eine formale Entscheidung war, die allein auf dem Papier stand. Die Bevölkerung und die Politiker hatten diese Entscheidung als endgültige Lösung des Problems betrachtet. Das zeigt deutlich, wie realitätsfern die Vorstellungen aller politischen und unpolitischen georgischen Gruppierungen waren. In wenigen Tagen nach der Verabschiedung der Entscheidung des georgischen Parlaments eskalierten die Auseinandersetzungen zwischen Georgiern und Osseten in einem militärischen Konflikt, der viele Menschenleben kostete.[381]

Auch im abchasisch-georgischen Konflikt gingen die beiden Parteien weiterhin auf Konfrontationskurs. Gamsachurdia und der abchasische Führer Ardzinba waren beide die Verfechter eines kompromisslosen nationalistischen Kurses. Die georgisch-abchasischen Auseinandersetzungen traten jedoch seit 1991 hinter den politischen Konflikt zwischen Gamsachurdias Regierung und oppositionellen Parteien zurück. Gamsachurdia demonstierte sehr bald wie aus nationaler Selbstbestimmung und Emanzipation vom Kommunismus neue autoritäre Herrschaft und Intoleranz entstehen kann.[382] Die von ihm begangenen politischen Fehler und sein diktatorischer Kurs stiessen auf starken Widerstand, der sich zum bewaffneten Aufstand ausweitete.[383] Am 2. Januar 1992 erklärten die Aufständischen Gamsachurdia für abgesetzt, der nach Tschetschenien floh. Die oberste Staatsgewalt wurde von einem Militärrat übernommen. Bald darauf, am 10. März 1992, trat der ehemalige Außenminister der Sowjetunion, E. Schewardnadze, als Vorsitzender an die Spitze eines neu gebildeten Staatsrates.

Im Allgemeinen lässt sich sagen, dass sich in Georgien auf dem Weg zur staatlichen Unabhängigkeit und danach eine sehr starke Zersplitterung der politischen Kräfte mit gewalttätigen Rivalitäten zeigte. Obwohl unter den politischen Gruppierungen Georgiens weitgehende Übereinstimmung darüber herrschte, dass die Selbständigkeit gestärkt und die ständige Bevormundung durch die Moskauer Zentralmacht beenden werden musste, gelang es dennoch über Jahre keiner Gruppe, eine einheitliche politische Bewegung aufzubauen, die diese Ziele hätte durchsetzen können.[384] Außerdem überlagerten sich in Georgien alle denkbaren Konflikttypen, die den nationalen Aufbruch in der zerfallenden Sowjetunion begleiteten: vertikale Konfliktbeziehungen zwischen Tbilisi und Moskau, horizontale zwischen der georgischen Unabhängigkeitsbewegung und den nichtgeorgischen Minderheiten der Osseten und Abchasen; politische Kräfte innerhalb der georgischen nationalen Elite und eine Militarisierung der Parteien und politischen Gruppierungen.[385] In Georgien (wie auch in anderen Sowjetrepubliken) ging die nationale, antizentralistische

---

[381] Von 1991 bis Mitte 1992 waren in dem Konfikt ca. 900 Menschen ums Leben gekommen.

[382] U. Halbach, Das sowjetische Vielvölkerimperium, S. 98.

[383] Damit war Georgien der erste Fall im postkommunistischen Osteuropa, in dem politische Auseinandersetzungen militärisch zu einem Bürgerkrieg eskalierten. Überall sonst handelte es sich um gewaltsam ausgetragene nationale Konflikte und Völkerkriege.

[384] G. und N. Simon, Verfall und Untergang des sowjetischen Imperiums, S. 154.

[385] Vgl. U. Halbach, Das sowjetische Vielvölkerimperium, S. 97.

Auflehnung von der Inteligenzija und nationalen Kulturelite aus. Die postkommunistische Politik der georgischen Regierung rückte jedoch die naive Erwartung zurecht, dass die Überwindung von Kommunismus und Sowjetsystem automatisch Demokratisierung bedeute. Georgien demonstrierte seine Unfähigkeit, Nationalismus und Nationalstaat mit Menschenrechten und Demokratie zu vereinbaren. Das Beispiel Georgien zeigt auch, dass sich oft im Nationalismus das Bewußtsein eines Anders- oder Besondersseins mit einem starken Sendungsbewusstsein vereint; dies kann zur Abwertung oder Geringschätzung ethnischer Minderheiten im eigenen Staatsgebiet führen und offene Feindschaft gegenüber diesen Minderheiten produzieren.

*g. Der Verlauf der Konflikte im unabhängigen Georgien*
Besonders schwierig gestaltete sich im unabhängigen Georgien die Beseitigung des Erbes, das die sowjetische Nationalitätenpolitik, der sowjetische Föderalismus und die georgische Nationabewegung im Verhältnis zu den ethnischen Minderheiten hinterlassen hatten. Die Minderheitenkonflikte überlagerten sich einerseits mit innenpolitischen Machtkämpfen, andererseits verschärfen sie die wirtschaftliche Krise und außenpolitische Spannungen. Die neue Staatsführung Georgiens war deshalb bemüht, den bewaffneten Konflikt im südossetischen Gebiet zu befrieden.[386] Ende Juni 1992 vereinbarten der Präsident Georgiens, Schewardnadze, und der russische Präsident Jelzin zur Beilegung des blutigen Konflikts im Südossetischen Gebiet einen Waffenstillstand. Eine gemischte Friedenstruppe wurde im Gebiet stationiert. Im Mai 1996 wurde in Tbilisi und Zchinvali ein Memorandum über "Maßnahmen zur Gewährleistung von Sicherheit und zur Stärkung gegenseitigen Vertrauens" unterzeichnet, das als Verhandlungsgrundlage dient und auf das "Pinzip der territorialen Ganzheit eines Staates" verweist. Dennoch hat das südossetische Parlament gegen den Willen der georgischen Regierung das Amt des Präsidenten geschaffen und im November 1996 die Präsidentschaftswahlen durchgeführt. Die Wahlen wurden von der georgischen Seite als illegal und rechtswidrig erklärt.[387] Mitte Juni 1998 wurde in der georgischen Stadt Bordschomi von dem Präsidenten Georgiens und dem Führer Südossetiens (dem sog. "Präsidenten der Südossetischen Republik") eine gemeinsame Erklärung unterzeichnet, in der die beiden Seiten sich verpflichten, eine Verhandlungslösung des politischen Status Südossetiens, die Rückkehr von Flüchtlingen und den wirtschaftlichen Wiederaufbau des Autonomen Gebietes herbeizuführen. Die direkt geführten Gespräche unter Aufsicht der OSZE deuten darauf hin, dass ein politischer Kompromiss gefunden werden kann, der den Verbleib

---

[386] Eine erneute Eskalationsphase fand durch heftige Angriffe georgischer Verbände auf Zchinwali im Juni 1992 statt. Gleichzeitig verhärtete sich die russische Position gegenüber Georgien. Moskau setzte die georgische Führung durch einen Lieferboykott für Erdgas unter Druck. Am 18. Juni kam es sogar zu militärischen Zusammenstoss zwischen russischen und georgischen Streitkräften.
[387] Die Wahl stand auch im Widerspruch zu einer Vereinbarung vom 27. August, wonach der politische Status Südossetiens in Verhandlungen mit Russland und der OSZE festgelegt werden sollte.

Südossetiens in Georgien sicherstellt und zugleich den politischen Status des Gebietes gewährleistet.

Der politische Stillstand in den georgisch-abchasischen Beziehungen dauerte nicht lange. Am 21. Juli 1992 stellte der Oberste Sowjet der Autonomen Republik Abchasien die abchasische Verfassung von 1925 wieder her und erklärte Abchasien für unabhängig. Die politische und besonders wirtschaftliche Situation wurde zu dieser Zeit auch dadurch erschwert, dass die Anhänger des ehemaligen Präsidenten Gamsachurdia die zentrale Eisenbahnlinie und den Zugverkehr lahmgelegt hatten. Während der Militäraktion gegen die Anhänger Gamsachurdias für die Herstellung des Eisenbahnverkehrs marschierten die Einheiten der georgischen Nationalgarde im August 1992 in Abchasien ein.[388] So begannen die blutigen Kämpfe zwischen georgischen Truppen und abchasischen Freischärlern. Zur Beendigung dieser Kämpfe, in denen die abchasischen Freischärler Unterstützung von Freiwilligeneinheiten der "Konföderation Kauksischer Bergvölker", von den in Abchasien stationierten russischen Armeeeinheiten und von russischen "Dobrowolzy" (Freiwillige) erhielten, wurde im September 1992 unter Vermittlung Russlands ein Waffenstillstand geschlossen, der bald darauf von der abchasischen Seite einseitig gebrochen wurde; es kam erneut zu schweren Gefechten. Die Abchasen unter Ardzinba setzten in diesen Kämpfen auf die Hilfe der russischen Militärs und der national-chauvinistischen Rechten Russlands. Am 27. Juli 1993 wurde noch ein Abkommen wieder unter Vermittlung Russlands geschlossen, das wieder von Abchasen gebrochen wurde: Am 16. September 1993 begannen sie die Offensive, eroberten die Hauptstadt Suchumi, gewannen bis zum 30. September weitgehend die Kontrolle über die Region und vertrieben 250 000 Georgiern aus ihren Häusern, die ins georgische Kernland flüchteten. Unter dem Druck der Niederlage im georgisch-abchasischen Konflikt und des Bürgerkrieges wurde Georgien gezwungen der "Gemeinschaft Unabhängiger Staaten" (GUS) beizutreten.[389] Um die territoriale Einheit des Landes zu erhalten und die wirtschaftliche Verelendung zu bremsen, blieb der georgischen Führung keine andere Wahl, als dem Beitritt Georgiens zur GUS zuzustimmen. Russisches Militär kam erst nach der Erklärung Georgiens über den Beitritt zur GUS den Regierungstruppen zu Hilfe, die von den Gamsachurdias Anhängern Anfang Oktober 1993 geschlagen worden waren. Nur mit der Rückendeckung russischer Truppen und Marineinfanteristen wurde der Aufstand Gamsachurdias Truppen niedergeschlagen.

Am 3. Februar 1994 wurde von den georgischen und russischen Staatschef der Vertrag über Freundschaft, Zusammenarbeit und gute Nachbarschaft unterzeichnet, der den gemeinsamen Schutz der Grenze und wichtiger Transportwege sowie

---

[388] Präsident Schewardnadze erklärte danach mehrmals, dass die abchasische Führung und selbst Ardzinba von ihm persönlich und von der georgischen Führung über den Einmarsch und über die Ziele dieser militärischen Operation informiert worden waren.

[389] Die Oppositionsparteien erhoben gegen Schewardnadze wegen der Niederlage in Abchasien und wegen des beabsichtigten GUS-Beitritt ein Misstrauensvotum. Schewardnadze erklärte die Folgen der Niederlage Georgiens mit den Worten: "Georgien wurde in die Knie gezwungen" und bezeichnete den GUS-Beitritt als überlebensnotwendig. Der Vertrag der GUS wurde vom georgischen Parlament am 1. März 1994 mit 125 Ja-Stimmen gegen 69 Nein-Stimmen ratifiziert.

wirtschaftliche Zusammenarbeit vorsieht. Nach der Vertragsunterzeichnung erklärte sich Präsident Jelzin bereit, russische Friedenstruppen nach Abchasien zu entsenden. Am 14. Mai 1994 wurde in Moskau von den Vertretern der georgischen und abchasischen Seite ein Abkommen unterzeichnet, das die Stationierung einer GUS-Friedenstruppe in einer 24 km breiten Pufferzone vorsah. Seit Juni 1994 ist diese Friedenstruppe, die aus russischen Einheiten besteht, in der Konfliktzone stationiert. Damit wurde der Waffenstillstand gesichert. Umstritten bleibt jedoch der künftige Status Abchasiens und die Rückkehr der ca. 250 000 georgischen Flüchtlinge. Die georgische Regierung beharrt auf der Wahrung der territorialen Einheit Georgiens und fordert die Rückkehr aller georgischen Flüchtlinge nach Abchasien. Außerdem hat Sie ihre Bereitschaft für die Gewährleistung der hochstmöglichen Autonomie für Abchasien mehrmals erklärt.[390] Diese Auffasungen fanden auch in die Verfassung Georgiens von 1995 Eingang. Trotzdem steht die abchasische Führung weiterhin auf dem Konfrontationskurs und beharrt auf einer unabhängigen Republik Abchasien. Auch in der Frage der Rückkehr der georgischen Flüchtlinge nach Abchasien zeigt Ardzinbas Regierung absolute Kompromisslosigkeit. Die Friedensverhandlungen von 1996, 1997 und 1998 zwischen den Vertretern der Konfliktseiten endeten ergebnislos. Die russischen Friedenstruppen hatten nach 5 Jahren nicht geschafft die Rückkehr der 250 000 georgischen Flüchtlinge nach Abchasien zu gewährleisten, was die wesentliche Aufgabe ihres Mandats ist. Wegen der Tatenlosigkeit der Friedenstruppen eskalieren die Spannungen an der georgisch-abchasischen Demarkationslinie immer wieder.[391] Der Sicherheitsrat der Vereinten Nationen hat sich in fast 20 Resolutionen für die Rückkehr der Flüchtlinge eingesetzt und die Unterstützung für die territoriale Integrität und Souveränität Georgiens über Abchasien bekräftigt. Die GUS-Staatschefs beschlossen auf Antrag von Präsident Schewardnadze am 19. Januar 1996 ein Wirtschaftsembargo[392] gegen Abchasien, um die Separatisten zu einer Einigung mit der georgischen Zentralregierung zu zwingen. Trotz dieses politischen Drucks, der auf die Führung in Suchumi von allen Seiten ausgeübt wird, beharrt die Regierung Ardzinbas auf der Unabhängigkeit Abchasiens. Eine Übereinkunft ist noch nicht in Sicht. Die Parteien sind weiterhin von einer politischen Beilegung des Konflikts weit entfernt. Die abchasischen separatistischen Kräfte und die prorussischen Kräfte, die sich in Georgien in den letzten Jahren etabliert haben, sind für Russland noch immer ein geeignetes Druckmittel, mit dem es seinen Einfluß auf Georgien gewährleisten kann. Die Chancen auf eine baldige Lösung des Abchasien-Konflikts stehen noch in weiter Ferne.

---

[390] Bei seiner Vereidigung im Amt des Präsidenten stellte Schewardnadze den Abchasen eine weitgehende Autonomie mit eigenem Parlament sowie eigener Verfassung, Fahne und Hymne in Aussicht.

[391] Ende Mai 1998 kam es im Grenzdistrikt Gali zu mehrtägigen Kämpfen zwischen abchasischen Truppen und georgischen Partisanen, die zahlreiche Menschenleben forderten. Mindestens 20 000 Georgiern, die in den vergangenen Monaten in ihre Heimat zurückgekehrt waren, flüchteten erneut in das georgische Kernland.

[392] Im Rahmen dieses Embargos ist die Einstellung aller Wirtschafts- und Geschäftsbeziehungen zu Abchasien mit Ausnahme der Lieferung humanitärer Güter vorgesehen.

## IV. Die vergleichende Bewertung

Die Prozesse der historischen Entwicklung der Territorialordnungen Georgiens, Deutschlands und Spaniens weisen ganz offensichtlich erhebliche Gemeinsamkeiten auf. Die föderalistische Ordnung in der Bundesrepublik Deutschland, der Staat der Autonomen Gemeinschaften in Spanien und die gegenwärtige Gliederung des georgischen Staatsgebietes sind das Ergebnis der oben dargestellten historischen Entwicklungen in dieser Staaten. Nicht zu übersehen ist auch, dass die staatsrechtliche Entwicklungen dieser Länder zwischen dem Zug zum Zentralismus und der Zersplitterung in kleine Staatsgebiete und dementsprechend auch in der staatlichen Organisation vielfach gewechselt wurde. Die Regionen, in die die Staatsgebiete dieser Länder gegliedert sind, haben in der jahrtausendealten Geschichte aller drei Staaten eine besonders wichtige Rolle gespielt. In Deutschland und Spanien sind inzwischen diese Regionen, ihre Rechtsstellung und Kompetenzen verfassungsrechtlich bestimmt, in Georgien soll dies in absehbarer Zukunft durchgeführt werden. Ungeachtet dieses Unterschieds kann man sie alle – gleich ob im nationalen Verfassungstext als Länder, Autonome Gemeinschaften oder "territoriale Einheiten" definiert – aufgrund ihrer jeweiligen geographischen Gegebenheiten, ihrer ethnischen, sprachlichen oder religiösen Gemeinsamkeit, ihrer gemeinsamen historischen Vergangenheit, aber auch ihrer wirtschaftlichen und die das jeweilige Territorium prägenden Struktur als Regionen in einem umfassenden Sinn definieren,[393] wobei oftmals mehrere Merkmale bei einer bestimmten Region zusammenfallen.

In Deutschland, Spanien und Georgien war die Idee von einem einheitlichen Staat zwar lebendig geblieben. Geographie und Geschichte begünstigten dagegen jedoch auch zahlreiche Partikularismen und Regionalismen. So wurde die Lage des Siedlungsraums der sechs germanischen Stämme, der Franken, Sachsen, Schwaben (Alemannen), Bayern, Friesen und Thüringer im Zentrum Europas mit seinen offenen Grenzen nach Ost und West und ohne deutliche geographisch-politische Mitte zu einer Grundbedingung der weiteren geschichtlichen Entwicklung.[394] Und die starke Stellung der Stämme bedingte die künftige föderalistische Ordnung des deutschen Staates. Auch in Spanien hat die Existenz der verschiedenen Stämme zur Herausbildung zahlreicher Königreiche und Fürstentümer beigetragen. Die verschiedenartigen geographischen Bedingungen haben auch die regionale Zergliederung der Staatsgebiete Deutschlands und Spaniens begünstigt. So stehen z.B. den von ausreichenden Niederschlägen gesegneten kantabrischen und pyrenäischen Bergregionen Galiciens, den baskischen Provinzen und Navarras mit ihren fruchtbaren Hängen im Bereich der gemäßigten Klimazone die unwirtlichen, semiariden und

---

[393] Vgl. R. Hrbek, Bundesländer und Regionalismus in der EG, 1988, S. 136; T. Stammen, Das Phänomen des europäischen Regionalismus, 1988, S. 170f.

[394] Vgl. Die Teilung Deutschlands 1945-1955, in: Informationen zur politischen Bildung, 3. Quartal 1991, Nr. 232, S. 1.

allenfalls für eine extensive Weidewirtschaft nutzbaren Bergregionen des südlichen Spaniens gegenüber.[395] Genauso wie in Deutschland und Spanien, haben die natürlichen Bedingungen und historische Faktoren auch Georgien in Regionen gegliedert; das Land war immer durch seine ausgeprägte regionale Zergliederung gekennzeichnet. Die geographisch bedingte Abgeschiedenheit begünstigte die Herausbildung autarker kleinstaatlicher Einheiten. Diese Regionen wurden von zahlreichen georgischen Stämme bewohnt: Kartlier, Imeretier, Kachetier, Chevsureten, Lazen, Svanen, Mengrelen usw. Die verschiedenartigen geographischen und klimatischen Bedingungen und historische Faktoren haben die Bewohner der deutschen, spanischen und georgischen Regionen stark geprägt und auch in politisch-kultureller Hinsicht regionale Besonderheiten entstehen lassen. In Deutschland, Spanien und Georgien handelt es sich dementsprechend (in Georgien bis zum 11., in Spanien bis zum 15. Jahrhundert) um die Geschichte der Entwicklung zahlreicher Herrschaftsgebiete.

In Spanien und Georgien waren zwar einerseits weit zurückreichende Wurzeln eines Einheitsgedankens zu beobachten, daneben lassen sich aber zahlreiche, aus der Kombination von geographischer Lage und historischer Entwicklung zu erklärende Besonderheiten, Partikularismen und Regionalismen beobachten, die bis in die Gegenwart immer wieder die Einheit des spanischen bzw. georgischen Staates, zumindest aber seine innere Organisationsstruktur in Frage stellten. Im Mittelalter begann in diesen Staaten der allmähliche Niedergang der regionalen Besonderheiten zugunsten eines Zentralismus. Es wurde die politische Einheit Spaniens und Georgiens begründet und mächtige Zentralstaaten errichtet. Seitdem gab es nur einen Staat und einen Monarchen, der dessen Oberhaupt und Inhaber der staatlichen Macht war. Trotz solcher Entwicklungen haben die historischen Regionen nicht aufgehört zu existieren. Im komplexen System des spanischen Staates drückte sich die Respektierung von regionalen Institutionen, von Sprachen und Kulturen unter ein und derselben Krone aus. Die verschiedenen Königreiche und Herrschaftsgebiete, unter einer Krone vereint, blieben bestehen und behielten ihre Rechtspersönlichkeit, Verwaltungsinstitutionen und Rechtsordnung. Im georgischen Zentralstaat des "Goldenen Zeitalters" existierten ehemalige Fürstentümer und Königreiche zwar nicht in solcher rechtlicher Form, wie die spanischen Königreiche, trotzdem bestanden regionale Besonderheiten immer noch. Im vereinten Georgien waren ehemalige selbständige Fürstentümer als "Länder" ("saeristao kveknebi") vorhanden, die von den "eristawi" verwaltet wurden. Diese „eristawis" stellten ihrerseits die Großfeudalen und Großfürsten des jeweiligen "Landes" dar.[396] Und nach dem Zerfall des vereinten Georgiens existierten auf dem

[395] Vgl. Bernecker/Pietschmann, Geschichte Spaniens, S. 15.
[396] Zu bemerken ist hier noch eine sehr interessante Gemeinsamkeit, die die georgischen und spanischen Zentralstaaten des Mittelalters aufweisen: Die Katholischen Könige in Spanien haben es abgelehnt, sich in ihrer Herrschertitulatur als "Könige von Spanien" zu bezeichnen, sondern die bis ins 19. Jahrhundert gültige Herrschertitulatur gewählt, die später wiederholt und geringfügig modifiziert, aus einer Aneinanderreihung der Namen der verschiedenen Teilreiche bestand: eben Könige von Kastilien, Leon, Aragon ... usw. Auch in dieser Herrschertitulatur kam der Wille zum Ausdruck, die verfassungsmäßigen Besonderheiten der ererbten Reiche zu respektieren, die durch

georgischen Staatsgebiet bis zum 19. Jahrhundert wieder die historischen Fürstentümer und Königreiche. Die geographische Lage Georgiens, das sich als ständiger Schauplatz kriegerischer Auseinandersetzungen von Persern und Türken erwies, hat die Errichtung einer Zentralmacht, den Zusammenschluss der georgischen Königreiche und Fürstentümer unter einem gemeinsamen Dach, erschwert. So war Georgien über Jahrhunderte durch seine ausgeprägte regionale Zergliederung gekennzeichnet. Was Deutschland angeht, so kann man sagen, dass sich hier die Bildung souveräner Staaten im 17. Jahrhundert nicht auf der Ebene des Reiches, sondern vielmehr auf der Ebene der territorialen Subeinheiten, die später zu modernen Staaten wurden, durchgesetzt hat. Die Geburtsstunde des modernen Staates hat in Deutschland also nicht einen einheitlichen, zentralistisch organisierten Nationalstaat hervorgebracht, sondern ein Nebeneinander zahlreicher souveräner Territorialstaaten unter dem Dach des Reiches. Es muss allerdings angemerkt werden, dass trotz dieser über lange Zeiträume hin fast grotesken innerstaatlichen Teilung im Sinne echter Zersplitterung nie ein Zweifel an der Existenz Deutschlands als Staat im ganzen bestanden hat, wie schwach er im Vergleich zu vielen seiner Nachbarn auch nicht selten war: Teilung innerhalb der Einheit war das Grundcharakteristikum deutscher staatlicher Geschichte bis 1871 und blieb es durchaus auch im Bismarck-Reich mit seinen immer noch 25 Fürsten und Freien Städten.[397]

In Deutschland und Spanien wurde regelmäßig versucht eine Form der Organisation des Staatsgebietes zu finden, die der regionalen Vielfalt und den Besonderheiten dieser Länder Rechnung tragen würde. So wurde 1873 die institutionelle Integration Spaniens und die Lösung der regionalen Frage in einem föderalen Staatsmodel versucht; Die Verfassung der spanischen Republik von 1931 war der erneute bedeutsame Versuch, die Territorialordnung Spaniens unter Berücksichtigung der Regionen zu gestalten. In Deutschland war der Rückgriff auf den Föderalismus als Ordnungsprinzip seit dem Anfang des 19. Jahrhunderts für die Deutung des oben dargestellten historischen Befundes ebenso wie für die dann einsetzende Einheitsbewegung geradezu zwangsläufig. Georgien war zu dieser Zeit ein Bestandteil des zaristischen Russland und dementsprechend kaum in der Lage, seine Zukunft und sein Schicksal selbst zu gestalten. Mann kann aber noch von einer Gemeinsamkeit sprechen, die die Geschichten dieser drei Staaten aufweisen. Nämlich, dass die verfassungsrechtliche Entwicklung in diesen Staaten durch eine Diktatur unterbrochen wurde. In Spanien und Deutschland war es die faschistische (Franco-Regime in Spanien und Hitler-Herrschaft in Deutschland) und in Georgien die bolschewistische (sowjetische) Diktatur. Das Verhältnis von Zentrum und Regionen in Spanien und Deutschland wurde dementsprechend im Sinne eines zentralistischen Unitarismus umgestaltet. Georgien stellte seinerseits ein Teil des sowjetischen Staates

---

Eidesleistung gegenüber den jeweiligen Ständeversammlungen von den Königen zu garantieren waren. Auch die Könige des vereinten georgischen Staates im "Goldenen Zeitalter" tragen ähnliche Titulaturen. Offiziell war der König des vereinten Georgiens "König der Abchasen, Georgier, Ranen und Kachen ... " usw.

[397] Vgl. K.-D. Grothusen, Staatliche Einheit und Teilung, S. 18.

(der Sowjetunion) dar, der vom ersten Tage seiner Existenz ein zentralistisch regierter sowjet-russischer Einheitsstaat war.

Nach dem Ende der Diktaturen in Deutschland und Spanien haben diese Länder eine Staatsorganisation gefunden, die den sprachlich-kulturellen, politisch-historischen und geographisch-ökonomischen Besonderheiten des Landes und seiner regionalen Vielfalt Rechnung trägt. Die Stellung und Kompetenzen der Regionen dieser Staaten wurden verfassungsrechtlich bestimmt. Sie – die Länder in Deutschland und die Autonomen Gemeinschaften in Spanien – verfügen heutzutage über ein gewisses Maß an legislativer Autonomie, was ihnen einen Raum eigenständiger Gestaltungsbefugnis und –fähigkeit eröffnet und sie damit als politisch dezentralisierte Einheiten ausweist. Zwar zeichnen sich die Länder in der Bundesrepublik gegenüber den politisch dezentralisierten Gebilden – den Autonomen Gemeinschaften in Spanien – neben ihrer Staatlichkeit durch ein "verfassungsfestes" Mindestmaß an eigenen Kompetenzen (Art. 79 Abs. 3 GG) aus. Aber es handelt sich eher um graduelle als um quantitative Unterschiede im Hinblick auf das Maß politischer Autonomie.[398] In Georgien kann man die Existenz der politisch dezentralisierten Einheiten (noch) nicht beobachten, obwohl das Land ähnliche regionale Unterschiede und Eigenheiten ausweist wie Deutschland und Spanien. Besonders hervorzuheben ist die Ähnlichkeit der innenpolitischen Situationen in Deutschland und Spanien während der Dezentralisierung ihrer Staatsgebiete mit der gegenwärtigen innenpolitischen Lage Georgiens. Zu den heutigen Staatsorganisationsformen hat man in Deutschland und Spanien während der politisch und wirtschaftlich schwierigsten Zeit dieser Länder gefunden. In Deutschland war das die Nachkriegszeit, in der die Deutschen den Siegern ausgeliefert und nicht mehr in der Lage waren, ihre Zukunft selbst zu gestalten. Das Grundgesetz wurde in den vielleicht politisch und wirtschaftlich schwierigsten Jahren der Geschichte Deutschlands und während des "Kalten Krieges" ausgearbeitet und verkündet. Auch die Dezentralisierung Spaniens war ein außerordentlich schwieriges Unternehmen, denn Spanien hat seinen Dezentralisierungsprozess nicht im Rahmen einer konsolidierten Demokratie begonnen. Vielmehr mussten die Prozesse der territorialen Gliederung in Deutschland und Spanien nahezu zeitgleich zu einem ebenso schwierigen Redemokratisierungsprozess durchgeführt werden.[399] Die Lösung der regionalen Frage wurde in Spanien zu einem wichtigen Prüfstein für die junge Demokratie. Bezeichnend für die Periode der Dezentralisierung ist auch die Tatsache, dass sowohl in Deutschland als auch in Spanien Einigkeit darüber bestand, dass man sich von der Form des zentralisierten Einheitsstaates lösen musste.[400] In Deutschland, wie oben dargestellt, wurde die föderalistische Tradition durch den totalen Einheitsstaat des nationalsozialistischen Regimes unterbrochen, aber der föderalistische Gedanke war damit keineswegs untergegangen. Nach dem Krieg wurde er sodann auf deutschem

---

[398] Vgl. hierzu H.-J. Blanke, S. 32.
[399] Vgl. U. Liebert, Spanien. Das Experiment einer spanischen Nation der Nationalitäten, S. 138.
[400] Vgl. L.López Guerra, Politische Dezentralisierung in Spanien, S. 85.

Boden neu belebt und ausgeprägt. Zu bemerken ist allerdings, dass in den ersten Jahren der Existenz des deutschen Föderalismus die erklärten Gegner des föderativen Staatssystems noch eine deutliche Mehrheit ausmachten.[401] Auch in Spanien war der Gedanke eines politisch dezentralisierten Staates seit dem 19. Jahrhundert stark diskreditiert; der spanische Bürger identifizierte den Staatsbegriff nur noch mit Zentralismus.[402] Die politische Dezentralisierung in Spanien und die Errichtung eines Bundesstaates in Deutschland wurden also in einer Zeit tiefgreifender politischer und wirtschaftlicher Umbrüche durchgeführt: in diesen beiden Bereichen stand man vor einer Fülle von Problemen. Trotz dieser Situation und vorhandener Schwierigkeiten wurden in beiden Ländern durchaus erfolgreich die Prozesse der Dezentralisierung durchgeführt und die Staatsorganisationsformen gefunden, die den historischen, geographischen, kulturellen und politischen Besonderheiten der Regionen dieser Staaten Rechnung tragen.

In Georgien kann man derzeit eine ähnliche Situation beobachten, wie in Deutschland und Spanien während der Dezentralisierung ihrer Staatsgebiete. Es wurden bereits einige Schritte unternommen, um einen neuen, demokratischen Rechtsstaat zu errichten. Ein Demokratisierungsprozess wurde im Gang gesetzt. Jetzt soll aber auch die Frage der territorialen Gliederung des georgischen Staatsgebietes gelöst werden. Die geographische Lage und historische Entwicklung zeigen deutlich, dass Georgien durch seine ausgeprägte regionale Zergliederung gekennzeichnet ist, die historische Regionen ihre Bedeutung bis in die Gegenwart nicht verloren haben und die innere Organisationsstruktur des Landes in Frage gestellt wird. Seit Jahrhunderten, vor und nach dem "Goldenen Zeitalter", existierten die Regionen Georgiens als Fürstentümer und Königreiche. Derzeit hat die Idee der politischen Dezentralisierung des Landes zwar noch viele Gegner (wie in Deutschland in den ersten Jahren nach der Gründung der Bundesrepublik) und der Föderalismus als Prinzip des staatsrechtlichen Aufbaus ist stark diskreditiert (wie in Spanien nach dem Tod Francos). Auch die politische und wirtschaftliche Situation Georgiens ist wegen verschiedener innen- und außenpolitischen Faktoren genauso schwer (und vielleicht noch schwieriger) als in Deutschland und Spanien in der Zeit der Dezentralisierung ihrer Territorien. Trotz dieser Hindernisse und Schwierigkeiten kann man sagen, dass, erstens, die Demokratisierung des Landes, und zweitens, die Dezentralisierung des Staatsgebiets zur Zeit keine Alternative haben. Die politisch, historisch, geographisch, wirtschaftlich, sprachlich und kulturell bedingte regionale Zergliederung Georgiens machen die föderalistischen Strukturen, zumindest die Strukturen eines politisch dezentralisierten Staates notwendig. Man muss dabei auch in Betracht ziehen, dass

---

[401] So lag die Zahl der Befürworter des Bundesstaates 1952 lediglich auf 21%, während die "Zentralisten" 49% ausmachten, vgl. Der Föderalismus in der Bundesrepublik Deutschland, in: Informationen zur politischen Bildung, 204/1992, S. 13.

[402] Nicht zu vergessen ist, dass eine ausgeprägte zentralistische Tradition in Spanien die liberal-demokratische (1868-74) und republikanische (1931-1936) Versuche der Dezentralisierung mehrfach scheitern ließ, U. Liebert, Spanien. Das Experiment einer spanischen Nation der Nationalitäten und Regionen, S. 138.

selbst Spanien, dieses zu den ältesten Nationalstaaten Europas gehörende Land, mehrere Jahrhunderte hindurch durch einen starken, unter dem Franco-Regime extremen Zentralismus beherrscht war, und trotzdem friedlich zu einer Staatsorganisation gefunden hat, die die historischen und geographischen Besonderheiten des Landes und seine regionale Vielfalt berücksichtigt. Auch in Georgien muss man sich endlich darüber einigen, sich von der Form des zentralisierten Nationalstaates zu lösen. Die Errichtung eines zentralistischen georgischen Nationalstaates hat keine historischen, geographischen, politischen und kulturellen Gründe. In einem Nationalstaat besteht eine weitgehende Identität von Nation und Staatsvolk; das Zusammenangehörigkeitsbewußtsein der Nation und der politische Wille derselben zu einem eigenen und selbständigen Staat ist die politische Grundlage eines Nationalstaates. Die nationalen Minderheiten, die in Georgien 30% der Gesamtbevölkerung ausmachen und auch die georgische Bevölkerung selbst sind allerdings wegen eines starken Zugehörigkeitsgefühls zu ihrer eigenen Nationalität bzw. eines starken regionalen Eigenständigkeitsbewußtseins kaum für einen zentralistischen Nationalstaat zu gewinnen. Nicht zu übersehen ist auch, dass heutzutage die Beziehungen zwischen Zentrum und Peripherie aufgrund der unterschiedlichen wirtschaftlichen, sozialen und politischen Entwicklungsniveaus in den verschiedenen Regionen Georgiens recht starkes Konfliktpotential bieten. Insgesamt gesehen ist es ganz offensichtlich, dass eine Staatsform geschaffen werden muss, die es erlaubt, die widerstreitenden Interessen miteinander in Einklang zu bringen und die die regionalen Besonderheiten des Landes berücksichtigt.

# Teil 2
# Die verfassungsrechtliche Ausgestaltung der
# Territorialordnungen Deutschlands und Spaniens


## I. Die bundesstaatliche Ordnung des Grundgesetzes

### 1. Die grundlegenden Strukturprinzipien

Die Bedeutung einer lebensfähigen, starken föderalen Struktur des Staates besteht nicht zuletzt darin, ein Bollwerk gegen die Staatsmacht zu bilden, deren erschreckende Folgen das deutsche Volk im nationalsozialistischen totalen Führerstaat erlebt und erlitten hat. Montesquieus Lehre von der Notwendigkeit, die Macht des Staates durch ihre Teilung zu mäßigen und zu bändigen, wurde drastisch bestätigt. Die Existenz von Länderstaatsgewalt neben der Staatsgewalt des Bundes, die Aufteilung der staatlichen Aufgaben zwischen dem Bund und seinen Gliedstaaten normiert nun eine wirksame vertikale Gewaltenteilung, die Beteiligung des Bundesrates an der politischen Willensbildung des Bundes verstärkt die horizontale Gewaltenteilung. Durch den Untergang der Weimarer Republik ist deutlich geworden, dass eine Verfassungsregelung durch Mißbrauch ihrer Bestimmungen ausgehöhlt und – durch Verfassungsänderung – beseitigt werden kann. Das Grundgesetz erschwert daher in Art. 79 jede Änderung des Grundgesetzes und erklärt in Art. 79 Abs. 3 "eine Änderung dieses Grundgesetzes, durch welche die Gliederung des Bundes in Länder, die grundsätzliche Mitwirkung der Länder bei der Gesetzgebung oder die in den Artikeln 1 und 20 niedergelegten Grundsätze berührt werden", für "unzulässig". Diese Bestimmung belegt wie keine zweite den hohen Stellenwert, den das Grundgesetz der föderalen Struktur beimißt; denn es sind Staatsfundamentalnormen, die durch die "Ewigkeitsgarantie" des Art. 79 Abs.3 GG gegen jede Änderung geschützt werden. Durch diese Garantie wird der Bundesstaat zu einem Essential der verfassungsrechtlichen und politischen Ordnung der Bundesrepublik erhoben.[403] Auch keine verfassungsändernde Zwei-Drittel-Mehrheit des Bundestages und Bundesrates darf die föderative Struktur und Organisation der Bundesrepublik suspendieren.[404] Die Option des Verfassungsgebers für den Föderalismus wird durch eine Reihe von Verfassungsnormen, Grundsätzen und Institutionen konkretisiert,[405] die durch die Rechtsfortbildung des Bundesverfassungsgerichts ergänzt werden. Zu den Wesensmerkmalen gehören[406]:

---

[403] Vgl. H. Laufer, Der Föderalismus der Bundesrepublik Deutschland, S. 31.

[404] Da eine Verfassung, welche sich das Volk nach Art.146 GG (alter Fassung; dieser Artikel wurde durch Einigungsvertrag vom 31. August 1990 am 23. September 1990 geändert) geben konnte, ebenfalls dem Mindeststandard freiheitlich-demokratischer Garantien genügen und damit wohl auch föderative Elemente aufweisen musste, wirkte sich dieser Grundsatz sogar auf eine künftige Verfassung aus, vgl. J. Isensee, Idee und Gestalt des Föderalismus im Grundgesetz, S. 682.

[405] Vgl. K. Stern, Staatsrecht I, § 19 III 1, S. 667.

[406] Vgl. Ders., a.a.O., vgl. auch H.-J. Blanke, S. 40.

a) die Staatlichkeit von Bund und Ländern;
b) die Kompetenzverteilung zwischen Bund und Ländern;[407]
c) das Homogenitätsprinzip;
d) die Zuordnung von Bund und Ländern;
   - die Einwirkungsmöglichkeiten des Bundes auf die Gliedstaaten
   - der Vorrang des Bundesrechts vor Landesrecht
e) der Grundsatz der Bundestreue;
f) die Mitwirkung der Länder bei der Bundeswillensbildung.

*A. Die Staatlichkeit von Bund und Ländern*

Das Charasteristikum des Bundesstaates ist, dass sowohl der Gesamtstaat als auch die Gliedstaaten Staatsqualität besitzen. Die Gliedstaaten stellen das ursprüngliche Element eines Bundesstaates dar (Staatsaufbau von unten nach oben). Dadurch, dass die Gliedstaaten ihre – freilich eingeschränkte – Staatspersönlichkeit behalten, unterscheidet sich der Bundesstaat vom dezentralisierten Einheitsstaat. Die Länder in der Bundesrepublik Deutschland sind dem Bund rechtlich nicht unterworfen (kein "Unterwerfungsverhältnis"), und sie leiten ihre Gewalt nicht von ihm ab, besitzen vielmehr originäre Staatsgewalt.[408] Nach dem Grundgesetz ist die Staatsqualität der Länder unstreitig.[409] Das Bundesverfassungsgericht hat sie bereits früh festgestellt und später bestätigt[410]: "Die Länder sind als Glieder des Bundes Staaten mit eigener – wenn auch gegenständlich beschränkter – nicht vom Bund abgeleiteter, sondern von ihm anerkannter staatlicher Hoheitsmacht".[411] Diese spezifische[412] Staatsqualität unterscheidet die Länder von hochpotenzierten Selbstverwaltungsträgern. Zu den Wesensmerkmalen der Länderstaatlichkeit gehört nach der Rechtsprechung des Bundesverfassungsgerichts insbesondere,
- dass den Ländern "ein Kern eigener Aufgaben als "Hausgut" unentziehbar verbleibt" (Mindestkompetenz);[413]
- dass den Ländern "die freie Bestimmung über (ihre) Organisation einschließlich der in (den) Landesverfassungen enthaltenen organisatorischen Grundentscheidungen zusteht" (Verfassungsautonomie);[414]
- dass den Ländern ein angemessener Anteil am Gesamtsteueraufkommen im Bundesstaat "verfassungskräftig" zugewiesen wird (Garantie der Beteiligung am Steueraufkommen).[415]

[407] Das Kompetenzverteilungssystem des Grundgesetzes wird im zweiten Teil dieses Kapitels detailliert erörtert.
[408] H.-J. Blanke, S. 40.
[409] Vgl. O. Kimmnich, Der Bundesstaat, §26, Rn. 40; H.-J. Vogel, Die bundesstaatliche Ordnung des Grundgesetzes, 5. Kap., S. 817ff; K. Stern, Staatsrecht I, §19 III 1, S. 667ff.
[410] BVerfGE 36, 242, 360f.
[411] BVerfGE 1, 14, 34.
[412] Vgl. K. Stern, Das Staatsrecht der Bundesrepublik Deutschland, S. 155.
[413] BVerfGE 34, 9, 20.
[414] BVerfGE 34, 9, 20; 36, 342, 361; 60, 175, 207.
[415] BVerfGE 34, 9, 20.

Die Staatlichkeit der Länder im Rahmen des durch das Grundgesetz geordneten Bundesstaates schließt das Recht der Länder ein, sich kraft eigener verfassunggebender Gewalt eine Verfassung zu geben und so die Organisation des Staates, die Ausübung der Staatsgewalt und die Grundrechte der Einzelnen autonom auszugestalten. Die verfassungsmäßige Ordnung in den Ländern muss jedoch den Grundsätzen des republikanischen, demokratischen und sozialen Rechtsstaates im Sinne des Grundgesetzes entsprechen (Art. 28 Abs.1 S.1 GG). Im übrigen "stehen die Verfassungsbereiche des Bundes und der Länder grundsätzlich selbständig nebeneinander".[416] Die Staatsgewalt ist dabei zwischen Bund und Ländern nach Aufgaben- und Funktionsbereichen aufgeteilt. Den Gliedstaaten steht zwar kein für immer statisch festgelegter Aufgaben- und Kompetenzbereich zu, es muss ihnen aber ein echter Kernbereich eigener unabgeleiteter Befugnisse auch auf dem Gebiet der Gesetzgebung als unentziehbar gewährleistet sein ("Hausgut").[417]

### B. Homogenitätsprinzip

Soll die bundesstaatliche Ordnung einen funktionsfähigen Bundesstaat sichern, darf sie aber nicht allein auf das Element der Eigenstaatlichkeit abstellen. Vielmehr müssen im Interesse der Bildung und Erhaltung politischer Einheit dem Eigenleben der Gliedstaaten gewisse Grenzen gezogen werden. Für einen Bundesstaat unerläßliche Voraussetzung ist eine gewisse Homogenität der gesamt- und gliedstaatlichen Ordnungen, durch die ein gemeinsames Mindestprogramm von normativen Grundentscheidungen sichergestellt ist. Dadurch soll die Gefahr von verselbständigenden Tendenzen und der Entwicklung von zentrifugalen Kräften, die das Phänomen einer Mehrzahl selbständiger Kompetenzräume in sich trägt, entgegengewirkt werden. Außer von naturgegebenen und historischen Voraussetzungen hängt eine dauerhafte und echte, d.h. von der Bevölkerung getragene, föderalistische Struktur von der Ausgewogenheit der die Föderation bildenden Glieder ab.

Auch das Grundgesetz geht davon aus, dass Staatsform und Verfassungsaufbau von Gliedstaaten und Gesamtstaat keine Unterschiede in grundsätzlicher Hinsicht aufweisen dürfen. Die staatliche Grundstruktur muss in den Ländern der des Bundes entsprechen. Entsprechend dieser Regelung, die in Art. 28 GG festgelegt ist, muss die verfassungsmäßige Ordnung in den Ländern den Grundsätzen des republikanischen, demokratischen und sozialen Rechtsstaates im Sinne des Grundgesetzes entsprechen. Der Bund ist nach Art. 28 Abs. 3 GG verpflichtet ggf. in die Verfassungsordnung der Länder einzugreifen, um die dem Art. 28 Abs.1 GG widersprechenden landesinternen Regelungen zu beseitigen oder beseitigen zu lassen und für die Wiederherstellung der freiheitlichen demokratischen Grundordnung in dem betreffenden Land zu sorgen.[418] Landesverfassungen, die dem Grundsatz der Homogenität in diesem Umfang

---

[416] BVerfGE 64, 301, 317.
[417] So wird etwa die Kulturhoheit als ein solches Kernstück der Eigenstaatlichkeit der Länder angesehen.
[418] Vgl. H.-J. Blanke, S. 47.

widersprechen, sind insoweit unwirksam. Andererseits bedeutet aber Homogenität nicht Uniformität. Den Ländern ist vielmehr ein gewisser Spielraum eigenständiger Entscheidung verblieben. So sind Volksentscheide und die Gewährung von Grundrechten über das Grundgesetz hinaus in den Landesverfassungen zulässig. Durch Art. 28 Abs. 1 GG ist zwingend vorgeschrieben, dass die Vertretung im jeweiligem Land aus Wahlen hervorgeht, die allgemein, unmittelbar, frei, gleich und geheim sein müssen. Auf diese Weise soll gewährleistet werden und bleiben, dass die politischen Fundamentalnormen des politischen Systems der Bundesrepublik im Bund und in allen Ländern dieselben sind und eine grundsätzliche Verschiedenheit mit der Möglichkeit der Auflösung des Bundesstaates von innen her ausgeschlossen bleibt.[419] Art. 28 Abs. 1 GG, der der Verfassungsautonomie der Bundesländer solche Schranken zieht, fällt so die Funktion zu, "generalisierbare, typische bundesstaatliche Konfliktlagen im Wege der Prävention durch Richtlinien positiv zu vermeiden."[420] Nach Absicht des Bundesverfassungsgerichts[421] und der herrschenden Lehre[422] ist die Vorschrift des Art. 28 Abs. 1 GG unmittelbar geltendes Landesrecht. Außerdem ist auch die Souveränität des Volkes in den Ländern beschränkt, und zwar insoweit, als die in Art. 20 Abs. 1 GG normierten Verfassungsprinzipien des Bundesstaates und der Demokratie miteinander konkurrieren und das Bundesstaatsprinzip das Prinzip der Demokratie überlagert.[423] Trotz des Demokratieprinzips wäre es nicht zulässig, dass sich das Volk in einem Land der Bundesrepublik mehrheitlich gegen die Staatseinheit entscheidet und für die Loslösung des Landes von der Bundesrepublik und damit für die politische Selbständigkeit oder den Anschluß an einen anderen Staat votiert.[424] Die bundesstaatliche Einheit gilt in der Bundesrepublik als höheres politisches Gut als eine entsprechende Entscheidung des Volkes.[425]

*C. Die Zuordnung von Bund und Ländern*
    Um eine bundesstaatliche politische Einheit und nicht abgekapselte Staaten im Staate entstehen zu lassen, ist es über das Homogenitätsprinzip und die Kompetenzverteilung hinaus notwendig, verfassungsrechtlich wechselseitige Verflechtungen und Zuordnungsregelungen im Verhältnis von Bund und Ländern festzulegen. Die bundesstaatliche Ordnung des Grundgesetzes ordnet Bund und Länder in der Weise einander zu, dass sie den Ländern bestimmte Einflußmöglichkeiten auf den Bund, dem Bund bestimmte Einflußmöglichkeiten auf die Länder einräumt und dass sie eine gewisse Homogenität der gesamt- und

---

[419] Laufer/Münch, S. 90. Daher wäre es mit dem Grundsatz der freiheitlichen demokratischen Grundordnung des Grundgesetzes unvereinbar, wenn Länder zum Beispiel eine Monarchie, eine Ständedemokratie oder ein basisdemokratisches Rätesystem als interne Verfassungsordnung schaffen wollten.
[420] I. v. Münch, Roters, Grundgesetz-Kommentar, Art. 28, Rn. 4.
[421] BVerfGE 1, 208, 236.
[422] I. v. Münch, Roters, Grundgesetz-Kommentar, Art. 28, Rn. 12; K. Stern, Staatsrecht I, §19 III 5, S. 705.
[423] H. Laufer, Föderalismus, S. 85.
[424] Ders., a.a.O.
[425] Laufer/Münch, S. 91.

gliedstaatlichen Ordnungen herstellt und gewährleistet. Neben Art. 28 GG, der die Homogenität "effektiv"[426] macht, räumt das Grundgesetz dem Bund noch andere spezifische Einwirkungsmöglichkeiten auf die Länder ein, wovon insbesondere die Bundesaufsicht (Art.84, 85), der Bundeszwang (Art. 37) und der Vorrang des Bundesrechts vor dem Landesrecht (Art. 31) hervorzuheben sind.[427]

### 1. Bundesaufsicht

Das Grundgesetz normiert in Art.84 und 85 eine unselbständige *Bundesaufsicht*, d.h. eine Aufsicht des Bundes über die Länder insoweit, als diese Bundesgesetze ausführen. Motiviert ist die Bundesaufsicht durch den Umstand, dass das Grundgesetz den Erlaß eines Gesetzes einerseits und dessen Vollzug andererseits auf verschiedene Körperschaften, nämlich den Bund einerseits und die Länder andererseits, verteilt.[428]

Die Bundesregierung übt die Aufsicht darüber aus, dass die Länder die Bundesgesetze dem geltenden Rechte gemäß ausführen (Art. 84 Abs.3 S.1 GG). Wenn es um die Ausführung durch die Länder im Auftrage des Bundes geht (Bundesauftragsverwaltung), dann erstreckt sich die Bundesaufsicht auf Gesetzmäßigkeit und Zweckmäßigkeit der Ausführung (Art. 85 Abs. 4 S. 1 GG). Damit ist mangels einer selbständigen Bundesaufsicht der nicht durch Bundesgesetz geregelte Bereich der Bundesaufsicht nicht zugänglich.[429] "Der Satz: Wo Bundesgesetze, da Bundesaufsicht, ist auch der Umkehrung fähig: Wo keine Bundesgesetze, da keine Bundesaufsicht."[430] Art. 84 Abs. 3 S. 2 GG umfaßt ein Informationsrecht der Bundesregierung, das zur Entsendung von Beauftragten zu den obersten Landesbehörden, mit deren Zustimmung oder mit Zustimmung des Bundesrates auch zu den nachgeordneten Landesbehörden, berechtigt.[431]

### 2. Bundeszwang

Erst wenn sich die anderen Mittel der Einwirkung auf die Länder als unzureichend erweisen, steht dem Bund das äußerste Mittel des *Bundeszwanges* zur Verfügung. Nach Art.37 Abs.1 GG kann die Bundesregierung mit Zustimmung des Bundesrates die notwendigen Maßnahmen treffen, um das Land zur Erfüllung seiner Pflichten anzuhalten, wenn ein Land die ihm nach dem Grundgesetz obliegenden Bundespflichten nicht erfüllt. Art.37 GG will jedoch nicht nur den Bundeswillen

---

[426] Vgl. die Entstehungsgeschichte des Art. 28 GG in: JöR, 1, 1951, S. 257 ff.

[427] Als weitere Einwirkungsmöglichkeiten des Bundes auf die Länder sind zu nennen: Das Zustimmungsrecht des Bundes zu Verträgen der Länder mit den auswärtigen Staaten (Art. 32 Abs. 3), die Bundesintervention (Art. 91 Abs. 2), die Länderneugliederung (Art. 29), die Gemeinschaftseinrichtungen (Art. 91a, b) usw.

[428] P. Lerche, in: Maunz/Dürig/Herzog/Scholz, Grundgesetz, Art. 84, Rn. 128.

[429] H.-J. Blanke, S. 47.

[430] Maunz, in: Maunz/Dürig/Herzog/Scholz, Art. 84, Rn. 43; vgl. ferner BVerfGE 8, 122, 131.

[431] Die praktische Bedeutung der Bundesaufsicht ist allerdings schwer zu würdigen und einzuschätzen. Zu aufsehenerregenden Konflikten ist es bislang nicht gekommen, was u.a. auf die in der Bundesrepublik Deutschland in voller Blüte stehende Verwaltungsgerichtsbarkeit zurückzuführen sein dürfte, die die Bundesaufsicht weithin entbehrlich macht, vgl. H.-J. Blanke, S. 48.

durchsetzen, sondern ist auch ein Institut des Verfassungsschutzes im Bundesstaat.[432] Zur Durchführung des Bundeszwanges hat die Bundesregierung oder ihr Beauftragter das Weisungsrecht gegenüber allen Ländern und ihren Behörden (Art. 37 Abs. 2 GG). Bundespflichten, gegen die das Land verstoßen haben muss, müssen im Grundgesetz oder im (materiellen oder formellen) Bundesrecht statuiert sein bzw. sich aus diesen ergeben, so das insbesondere auch die Pflicht zur Bundestreue in Betracht kommt.[433] Zu diesen Pflichten gehört z.b. die verfassungs- und gesetzmäßige Ausführung der Bundesgesetze.[434] Als notwendige Maßnahme, die im Rahmen des Bundeszwanges ergriffen werden können, werden "alle tatsächlich und rechtlich zur Verfügung stehenden Machtmittel",[435] die zur Durchsetzung der Pflichterfüllung geeignet und erforderlich sind, angesehen.[436] Diese können sein: Ersatzvornahme, Einbehaltung von Leistungen, Einsatz von Polizeikräften (nach Art. 91 Abs. 2 GG), Übernahme von Regierungs- oder Verwaltungsfunktionen.

Zur Anwendung von Bundeszwang ist es seit der Gründung der Bundesrepublik noch nicht gekommen. Der Bundeszwang ist die ultima ratio im Bundesstaat des Grundgesetzes.[437] Außerdem hat die Bundesregierung im Falle der Gefährdung der freiheitlich demokratischen Grundordnung innerhalb eines Landes Rechte, die dem traditionellen Institut der Bundesintervention zuzurechnen sind (Art. 91 Abs.2 GG). Sie gehören nicht zu den "notwendigen Maßnahmen" im Sinne des Art. 37 Abs. 1 GG.

### 3. *Vorrang des Bundesrechts*

In einem Bundesstaat, in dem zwei eigenständige und grundsätzlich gleichwertige Rechtskreise nebeneinander stehen, muss zwischen den kollidierenden Rechtsnormen eine eindeutige Stufenfolge festgelegt sein. Für einen solchen Fall, nämlich dass Bundes- und Landesgesetzgeber denselben Gegenstand rechtlich geregelt haben, bestimmt Art. 31 GG eine Regelung: *Bundesrecht bricht Landesrecht.* Das Bundesverfassungsgericht betont den Charakter dieser Bestimmung als Kollisionsnorm in einer stufenartig aufgebauten Rechtsordnung, nicht aber als Kompetenznorm.[438] Sie hat zur Folge, dass wann immer für einen Lebensbereich oder Sachverhalt eine bundesstaatliche Regelung vorliegt, sie einer landesrechtlichen Regelung vorgeht und bei Widersprüchen die landesrechtliche Regelung außer Kraft setzt ("Aufhebung"[439]) bzw. die Entstehung neuen Landesrechts zu diesem Gegenstand ausschließt ("Sperre"[440]).[441] Dabei gilt die Stufenordnung des Rechts nur

---

[432] K. Stern, Staatsrecht I, § 19 III 6, S. 714; H.-J. Blanke, S. 48
[433] K. Stern, Staatsrecht I, § 19 III 6, S. 715.
[434] Auch eine Nichtbeachtung bindender Urteile des Bundesverfassungsgerichts stellt einen Verstoss gegen Bundesgesetze dar (§ 31 BVerfGG).
[435] Maunz, in: Maunz/Dürig/Herzog/Scholz, Art. 37, Rn. 47.
[436] H.-J. Blanke, S. 48; Selbst eine Ersatzvornahme einschließlich des Erlasses von Gesetzen wird als ein zulässiges Instrumentarium erachtet, vgl. K. Stern, Staatsrecht, § 19 III 6, S. 716f.
[437] Vgl. I.v. Münch, Bross, Grundgesetz-Kommentar, Art. 85 Rn. 15; F. Ossenbühl, Landesbericht Bundesrepublik Deutschland, S. 139
[438] BVerfGE 26, 116, 135; 35, 342, 363.
[439] G. Anschütz, Art. 13 WV, Anm. 3.
[440] Ders., a.a.O.

für die bundesrechtliche Seite. Das bedeutet, dass jede Rechtsnorm des Bundes jeder Rechtsnorm eines Landes, auch wenn diese höherrangig ist, vorgeht. Aufhebungswirkung besitzt jedoch nur gültiges Bundesrecht, das verfassungsmäßig zustandegekommen sein muss und es darf auch inhaltlich dem Verfassungsrecht nicht widersprechen.[442] Insbesondere muss der Bund die Kompetenz zur Gesetzgebung auf dem entsprechenden Gebiet besitzen.[443]

### D. Der Grundsatz der Bundestreue

Im deutschen Bundesstaat stehen sich der Bund und die Länder nicht isoliert gegenüber, sondern der politische Prozess zeichnet sich durch ein kooperatives Miteinander und durch ein wechselseitiges Treueverhältnis zwischen Bund und Ländern aus.[444] Im deutschen Föderalismus ist das wechselseitige Treueverhältnis zwischen dem Zentralstaat und den Gliedstaaten ein Ergebnis des vom Bundesverfassungsgericht entwickelten Grundsatzes der Bundestreue. Nach der Rechtsprechung des Bundesverfassungsgerichts, ist das Prinzip der Bundestreue ein zentraler ungeschriebener Verfassungssatz,[445] der die Beziehungen zwischen den bundesstaatlichen Wirkungseinheiten bestimmt. Aus ihm ist das Gebot des "bundesfreundlichen Verhaltens" abzuleiten. Dieses Gebot verpflichtet den Bund ebenso wie die einzelnen Länder. Die Länder müssen sich bundesfreundlich, der Bund muss sich landesfreundlich verhalten, soll der politische Prozess im Bundesstaat rational und effektiv verlaufen. Alle an diesem verfassungsrechtlichen Bündnis Beteiligten sind also gehalten, dem Wesen dieses Bündnisses entsprechend zusammenwirken und zu einer Festigung und Wahrung der bundesstaatlichen Belange beizutragen.[446] Der Grundsatz des bundesfreundlichen Verhaltens ist in der bundesstaatlichen Ordnung des Grundgesetzes eine "immanente Verfassungsnorm", die sich daraus ergibt, dass diese Ordnung auf Zusammenwirken und gegenseitige Ergänzung von Bund und Ländern angelegt ist. Dieser ungeschriebene verfassungsimmanente Grundsatz wechselseitiger Pflichten beherrscht das gesamte verfassungsrechtliche Verhältnis der Gliedstaaten untereinander.[447]

Das Bundesverfassungsgericht legt dem Grundsatz der Bundestreue fundamentale Bedeutung für die bundesstaatliche Ordnung des Grundgesetzes bei. Nach seiner Auffassung lassen sich aus ihm konkrete, über die in der bundesstaatlichen Verfassung ausdrücklich normierten verfassungsrechtlichen Pflichten hinausgehende zusätzliche Pflichten des Bundes gegenüber den Ländern

---

[441] Laufer/Münch, S. 90.

[442] H.-J. Blanke, S. 49.

[443] Die gegenwärtige Bedeutung von Art. 31 GG wird allerdings überschätzt: Das Grudngesetz enthält eine genaue Verteilung der Gesetzgebungszuständigkeiten zwischen Bund und Ländern. Art. 31 hat daher nur Bedeutung für die Fälle, in denen Bund und Länder nebeneinander Gesetzgebungskompetenz besitzen (das ist höchst selten, z. B. aber Verfassungsrecht und das Recht des Bundes und der Länder, Grundrechte zu formulieren).

[444] Laufer/Münch, S. 94.

[445] BVerfGE 12, 205, 254; 43, 291, 348.

[446] BVerfGE 1, 299, 315; 3, 52, 57; 34, 9, 20.

[447] BVerfGE 1, 299, 315; 12, 255.

entwickeln. Die Nichtbeachtung dieser Pflichten durch einen Akt des Bundes oder eines Landes lässt diesen Akt verfassungswidrig werden. Die Frage, ob in einem bestimmten Fall die Pflicht zur Bundestreue verletzt wurde, ist eine verfassungsrechtlich überprüfbare Rechtsfrage.[448] Ausfluß der Bundestreue der Länder ist Art. 37 GG (Bundeszwang).

Der Grundsatz der Bundestreue begründet nicht nur die Unterlassungs-, sondern auch Tätigkeitspflichten in Gestalt von Hilfs- und Mitwirkungspflichten.[449] Insgesamt gesehen ergeben sich nach der Rechtsprechung des Bundesverfassungsgerichts aus dem Grundsatz der Bundestreue (aus dem Gebot des bundesfreundlichen Verhaltens) u.a. folgende konkrete bundesstaatsfreundliche Rechtspflichten:

1. Beschränkung der Hoheitsgewalt und der Kompetenzausübung von Bund und Ländern. Der Landesgesetzgeber ist zur Rücksichtnahme auf die Interessen des Bundes und der übrigen Länder verpflichtet, falls die Auswirkungen eines seiner Gesetze nicht auf den Raum seines Landes begrenzt bleiben.[450]

2. Verpflichtung zu gegenseitigen Hilfeleistungen. So haben z.B. die finanzstärkeren Länder den schwächeren Ländern einen horizontalen Finanzausgleich zu gewähren.[451]

3. Weiter kann sich aus dem Grundsatz der Bundestreue eine Pflicht der Länder zur Beachtung von völkerrechtlichen Verträgen des Bundes ergeben.[452] Auf der anderen Seite darf der Bund nicht auf eine Spaltung der Länder ausgehen, mit einigen von ihnen eine Vereinbarung suchen und die anderen vor den Zwang des Beitritts stellen.

4. Pflicht der Länder, ggf. gegen Gemeinden im Wege der Rechtsaufsicht einzuschreiten, die durch ihre Maßnahmen sich bundesfeindlich verhalten (z.B. bei Eingriff in eine ausschließliche Bundeskompetenz[453]).

5. Pflicht des Bundes zu gleichen Verfahrensweisen (Verhandlungsführung, Information usw.) gegenüber allen Ländern, also, Anspruch jedes Landes auf rechtliche und politische Gleichbehandlung durch den Bund.[454]

6. Unter Berücksichtigung der Eigenstaatlichkeit des Bundes und der Länder besteht eine allgemeine Pflicht zur gegenseitigen Kooperation, Koordination und ggf. auch Einigung.

---

[448] Die Bundesregierung kann nach Art. 93 Abs. 1 Nr. 3 GG unmittelbar das Bundesverfassungsgericht anrufen, um eine Entscheidung darüber zu erreichen, ob das Land sich dem Grundgesetz, d.h. hier dem Prinzip der Bundestreue, gemäß verhalten hat und umgekehrt; vgl. BVerfGE 34, 20f.; 8, 131f.

[449] BVerfGE 8, 122, 138; 56, 296, 322.

[450] Freilich kann ein Landesgesetz wegen Verletzung dieser Schranken nur dann verfassungswidrig verworfen werden, wenn der Landesgesetzgeber seine Ermessensfreiheit offensichtlich mißbraucht hat. BVerfGE 4, 140f.; 12, 205, 239; 14, 197, 215; 43, 291, 348.

[451] BVerfGE 1, 117, 131.

[452] BVerfGE 6, 309 (328, 361f.); 32, 199, 219.

[453] BVerfGE 8, 122, 138f.

[454] BVerfGE 12, 205, 255f.

*E. Die Mitwirkung der Länder bei der Bundeswillensbildung*

Neben der Kompetenzverteilung und Finanzverfassung im Bundesstaat ist die Art und Weise, wie die Gliedstaaten an der Willensbildung des Bundes mitwirken, ein weiteres zentrales Strukturmerkmal föderalistisch verfaßter Systeme. Mit der Existenz eines handlungsfähigen föderativen Organs auf der Ebene des Gesamtstaates wird automatisch ein gewaltenhemmender Effekt erreicht: Es besteht ein Gegengewicht sowohl zur gesamtstaatlichen Regierung, als auch zum zentralstaatlichen Parlament. Die Institution, die vor allem die Beteiligung der Länder bei der Bundeswillensbildung garantiert und in der sich diese Beteiligung verwirklicht, ist der Bundesrat.[455] Der Bundesrat als Zweite Kammer[456] im Regierungssystem der Bundesrepublik ist "im kleinen Kreis föderalistisch verfaßter Demokratien ... eine eigentümliche und einzigartige Institution"[457]. Durch ihn wirken die Länder bei der Gesetzgebung und Verwaltung des Bundes mit, weshalb, obwohl der Bundesrat aus Mitgliedern der Landesregierungen zusammensetzt, er Bundesorgan und nicht "Ländervertretung" oder "Länderorgan" ist.[458] Durch dieses föderative Verfassungsorgan werden die Gliedstaaten "gleichsam organisatorisch in den Bund hineingebaut"[459]. Die Beteiligung der Länder bei der Bundeswillensbildung durch den Bundesrat stellt einen weiteren Ausgleich für die relative Ohnmacht der Länder auf dem Gebiet der Gesetzgebung dar.[460] Hier sollen die "Länder als Aufbaukörper des Ganzen ihre Verantwortung für das Ganze realisieren"[461]. Die Struktur des Bundesrates war im Parlamentarischen Rat heftig umstritten und die Alternative "Bundesrat versus Senat" zur Disposition gestellt. Mit seiner Entscheidung hat sich der Parlamentarische Rat in die Tradition der deutschen Verfassungsgeschichte eingereiht und den "föderalistischen Sonderfall Bundesrepublik Deutschland" mit einem "spezifisch etatistischen Charakter der politischen Kultur geschaffen"[462].

Durch den Bundesrat wirken die Länder bei der Gesetzgebung und Verwaltung des Bundes und in Angelegenheiten der Europäischen Union mit (Art. 50 GG). Der Bundesrat besteht aus weisungsgebundenen Mitgliedern der Regierungen der Gliedstaaten (Art. 51 GG). In der Regierungsorientierung des föderativen Organs liegt eine Besonderheit der deutschen Bundesstaatlichkeit.[463] Die Zahl der Stimmen, über die ein Land verfügt und die nur einheitlich abgegeben werden können, beträgt mindestens drei und richtet sich im übrigen nach dessen Einwohnerzahl, so dass das Gewicht der Länder im Bundesrat variiert.[464] Eine wichtige Konsequenz dieser Abstufungsregelung ist die, dass durch diesen Kompromiß die Gefahr der

---

[455] Vgl. Art. 50-53 GG; aus der Literatur: Der Bundesrat als Verfassungsorgan und politische Kraft, 1974.
[456] Vgl. D. Wyduckel, Der Bundesrat als Zweite Kammer, in: DöV, 1989, S. 181-192.
[457] P. G. Kielmansegg, Vom Bundestag zum Bundesrat, 1989, S. 43.
[458] Vgl. Kilper/Lhotta, S. 115.
[459] K. Stern, Staatsrecht I, § 19 III 8, S. 726.
[460] Vgl. M. Bothe, Föderalismus und regionale Autonomie, S. 137; H.-J. Blanke, S. 49.
[461] H. Ridder, Die Ursachen und Folgen föderalistischer Missverständnisse, S. 520f.
[462] Kilper/Lhotta, S. 112.
[463] K. Stern, Staatsrecht I, §19 III 8, S. 729.
[464] H.-J. Blanke, S. 50.

Majorisierung durch ein oder zwei Länder ausgeschaltet wurde.[465] Verfassungsrechtlich gesehen ist der Bundesrat ein "ewiges Organ";[466] er erneuert sich kontinuierlich, da nach jeder Wahl eines Landesparlamentes die neugebildete Regierung auch die Bundesratsmitglieder dieses Landes neu bestellt.

Die Stellung des Bundesrats im Gesetzgebungsverfahren wird von Staatsrechtlern, Politikwissenschaftlern und Politikern unisono als "stark" bezeichnet.[467] Er ist am Zustandekommen aller Gesetze beteiligt, die in die Gesetzgebungskompetenz des Bundes fallen – unabhängig davon, ob der Bund das Gesetz aufgrund seiner ausschließlichen, seiner konkurrierenden oder seiner Zuständigkeit für die Rahmengesetzgebung erlässt. Der Bundesrat hat – neben Bundestag und Bundesregierung – das Initiativrecht (Art. 76 Abs. 1 GG). Der Bundesrat hat ferner die Möglichkeit auf einen Gesetzesbeschluß der Bundesregierung einzuwirken, insbesondere durch sein Einspruchsrecht bei sog. Einspruchsgesetzen (Art. 77 Abs.3 S.1 GG) und sein Zustimmungsrecht bei Zustimmungsgesetzen (Art.77 Abs.1, 2a, GG).

Viele Rechts- und Politikwissenschaftler sind der Meinung, dass das Gesetzesinitiativrecht für die politische Bedeutung des Bundesrates im Gesetzgebungsverfahren von untergeordneter Bedeutung ist.[468] Nach ihrer Auffassung politisch bedeutsamer ist der Einfluß, den der Bundesrat über sein Mitwirkungsrecht im sog. "Ersten Durchgang", d.h. über seine Stellungnahmen, die er zu den Gesetzesvorlagen der Bundesregierung ausübt. Denn mit diesem sog. "politischen Durchgang" hat der Bundesrat die Möglichkeit, die verfassungsrechtlichen, politischen und praktischen Fragen der Gesetzesvorlage zu prüfen.[469]

Nach der Konzeption des Grundgesetzes besitzt der Bundesrat grundsätzlich ein suspensives Vetorecht (Einspruch, Art. 77 Abs. 2 S. 1 GG) gegen die von Bundestag beschlossenen Gesetze.[470] In zahlreichen Fällen der Bundesgesetzgebung bei dem das administrative oder fiskalische Interesse der Länder berührt ist, ist allerdings aufgrund entsprechender enumerativer Regelungen des Grundgesetzes die Zustimmung des

---

[465] In der gegenwärtigen Fassung des Art. 51 Abs. 2 GG heisst es: "Jedes Land hat mindestens drei Stimmen, Länder mit mehr als zwei Millionen Einwohnern haben vier, Länder mit mehr als sechs Millionen Einwohnern fünf, Länder mit mehr als sieben Millionen Einwohnern sechs Stimmen."

[466] Laufer/Münch, S. 109.

[467] Vgl. W.-R. Schenke, Gesetzgebung zwischen Parlamentarismus und Föderalismus, S. 1510; Kilper/Lhotta, S.122; H.-J. Blanke, S. 50; Der Politikwissenschaftler Thaysen spricht sogar vom "überwiegend Einfluss" des Bundesrates auf die Gesetzgebung des Bundes, vgl. U. Thaysen, Mehrheitsfindung im Föderalismus, in: ApuZ, Nr. 35, 1985, S. 4.

[468] Vgl. Laufer/Münch, S. 125-126; Kilper/Lhotta, S. 126.

[469] In dem "Politischen Durchgang" wird darüber hinaus festgestellt, ob es sich um den Entwurf eines Zustimmungs- oder Einspruchsgesetzes handelt, und die Sachverständigen aus den Landesministerien untersuchen, wie sich der Entwurf auf die Verwaltungspraxis auswirken könnte.

[470] Wenn der Einspruch des Bundesrates mit der Mehrheit der Stimmen beschlossen wird, kann er durch Beschluß der Mehrheit der Mitglieder des Bundestages zurückgewiesen werden. Ein mit 2/3-Mehrheit der Stimmen beschlossener Einspruch des Bundesrates kann nur durch eine Zweidrittelmehrheit, wenigstens durch eine absolute Mehrheit des Bundestages zurückgewiesen werden (Art. 77 Abs. 4 GG).

Bundesrates erforderlich.[471] Das Zustimmungserfordernis soll die Grundentscheidung der Verfassung zugunsten des föderalistischen Staatsaufbaus mit absichern und verhindern, dass "Systemverschiebungen" im bundesstaatlichen Gefüge im Wege der einfachen Gesetzgebung herbeigeführt werden.[472] Das Bundesverfassungsgericht hat die Zustimmungsbedürftigkeit dahin ausgelegt, dass dann, wenn nur eine Bestimmung eines Gesetzes eine Zustimmungsbedürftigkeit begründet, das ganze Gesetz zustimmungsbedürftig ist.[473] Diese Auslegung gibt dem Bundesrat ein erhebliches gesetzespolitisches Gewicht.[474] Ein Zustimmungserfordernis ergibt sich auch in zahlreichen Fällen von Verordnungen der Bundesregierung;[475] es besteht ferner bei verfassungsändernden Gesetzen: Wenn die verfassungsändernden Gesetze, die der Bundestag mit Zweidrittelmehrheit beschlossen hat, nicht ebenfalls die Zustimmung einer Zweidrittelmehrheit im Bundesrat erlangen, ist keine Verfassungsänderung möglich (Art. 79 Abs. 2 GG – ein absolutes Vetorecht).

Unbedingt hervorzuheben ist schließlich, dass die grundsätzliche Mitwirkung der Länder bei der Gesetzgebung der Unantastbarkeitsgarantie des Art. 79 Abs. 3 GG unterliegt, womit das Mitbestimmungsrecht der Länder an der Willensbildung des Bundes zu einem Hauptcharakteristikum des bundesstaatlichen Prinzips erklärt worden ist.[476]

## 2. Das Bundesverfassungsgericht als Garant des Bundesstaates und als föderativer Friedenswahrer

Weder der Homogenitätsgrundsatz noch der Grundsatz der Bundestreue vermögen Interessengegensätze, die zu Reibungen oder Streitigkeiten zwischen Bund und Ländern führen können, zu verhindern. Ein geordnetes Funktionieren der föderativen Organisation sowie der Bestand der föderativen Struktur der Bundesrepublik macht eine Institution notwendig, die über einem solchen Staatstypus immanenten Reibungen und Streitigkeiten zwischen Zentralstaat und Gliedstaaten über Kompetenzen und Mitwirkungsbefugnisse entscheidet. Eine echte föderative Lösung von Streitigkeiten zwischen Bund und Ländern – insbesondere in Fragen der Kompetenzverteilung – kann nur durch eine unabhängige richterliche Instanz erreicht werden, die ausgleichend, friedstiftend, stabilisierend und erhaltend in der bundesstaatlichen Ordnung wirkt.[477] Historisch gesehen ist es offensichtlich, dass die Konzeption der Verfassungsgerichtsbarkeit in föderalistischen und "quasiföderativen"

---

[471] Art. 29 Abs. 7; 74a; 79 Abs. 2; 84 Abs. 1 und 5; 85 Abs. 1; 87 Abs.3; 87b Abs.1 und 2; 87c; 87d Abs.2; 87e; 91a Abs. 2; 104a Abs. 3-5; 105 Abs. 3; 106 Abs. 3-6; 106a; 107 Abs. 1; 108 Abs. 2, 4 und 5; 109 Abs. 3 und 4; 115c Abs. 1 und 3; 120a; 134 Abs. 4; 135 Abs. 5 GG.
[472] BVerfGE 55, 274, 319 unter Bezugnahme auf BVerfGE 37, 363, 379f.
[473] BVerfGE 8, 274, 294; vgl. BVerfGE 37, 363ff.
[474] H.-J. Blanke, S. 51; vgl. M. Bothe, Föderalismus und regionale Autonomie, S. 138; H. Laufer, Föderalismus und Verfassungsgerichtsbarkeit, S. 432.
[475] Vgl. Art. 80 Abs. 2 S. 1, 119 S.1 und 129 Abs.1 GG.
[476] Vgl. K. Stern, Staatsrecht I, §19 III 8, S.728; H.-J. Blanke, S. 51.
[477] H.Laufer, S. 32.

Systemen ihre ersten Anstöße von der Funktion gerichtlicher Instanzen erhalten hat, die Streitigkeiten zwischen Gesamtstaat und Gliedstaaten oder den Gliedstaaten untereinander zu schlichten hatten.[478] Hier liegt der Kern der eigentlichen Staatsgerichtsbarkeit, die sich später zu einer umfassenden Verfassungsgerichtsbarkeit entwickelt hat.[479]

Zu den Aufgaben des deutschen Bundesverfassungsgerichts gehört es u.a., Verfassungsstreitigkeiten zwischen Bund und Ländern über die förmliche oder sachliche Vereinbarkeit von Bundesrecht oder Landesrecht mit dem Grundgesetz oder von Landesrecht mit sonstigem Bundesrecht (Art. 93 Abs. 1 Nr. 2 GG)[480] bzw. über Rechte und Pflichten des Bundes und der Länder, insbesondere bei der Ausübung der Bundesaufsicht (Art. 93 Abs. 1 Nr. 3 GG)[481] zu entscheiden sowie Zuständigkeiten zwischen Bundesrat einerseits und Verfassungsorganen des Bundes andererseits (Art. 93 Abs. 1 Nr. 1 GG) zu klären. Das Bundesverfassungsgericht hat auch über andere öffentlich-rechtliche Streitigkeiten zwischen Bund und Ländern oder zwischen verschiedenen Ländern zu urteilen (Art. 93 Abs. 1 Nr. 4 GG) und über die Vereinbarkeit von Landesrecht mit Bundesrecht im Rahmen einer konkreten Normenkontrolle (Art. 100 GG) zu befinden.

Das Bundesverfassungsgericht spielt, wie auch das Verfassungsgericht Spaniens, für die Entwicklung und das normale Funktionieren der bundesstaatlichen Ordnung des Grundgesetzes eine besonders wichtige Rolle. Seine Aufgaben, die bundesstaatliche Ordnung zu garantieren, föderative Konflikte zu lösen und den innerstaatlichen Frieden zu wahren, hat das Bundesverfassungsgericht seit 1951 wirksam wahrgenommen. Es hat sich als Hüter des Bundesstaates in vielen Verfahren bewährt, diesen stabilisiert und durch seine Rechtsprechung den sich wandelnden politischen Anforderungen angepaßt.[482] Die Urteile des Bundesverfassungsgerichts zeigen, dass das Gericht insgesamt seinen Spielraum vor allem dazu nutzt, ohnehin bestehende verfassungs- bzw. gesellschaftspolitische Trends höchstens zu    fördern oder auch abzuschwächen. Durch tiefes Eindringen in die politischen Zusammenhänge hat das Bundesverfassungsgericht die allgemeinen Normen des Grundgesetzes zu einem lebendigen Bestandteil der politischen Wirklichkeit werden lassen und so erheblich dazu beigetragen, die Buchstaben der Verfassung in eine freiheitliche Ordnung von Staat und Gesellschaft umzusetzen.[483] Insgesamt gesehen ist es offensichtlich, dass das Bundesverfassungsgericht ein unabdingbarer Bestandteil der bundesstaatlichen Ordnung des Grundgesetzes ist. Genauso offenkundig ist auch, dass durch die Beseitigung des Bundesverfassungsgerichts eine tragende Säule des demokratischen Rechtsstaates und dadurch dieser selbst zu Fall käme. Auch das zeigt, wie lebenswichtig das Bundesverfassungsgericht für die Bundesrepublik ist.

---

[478] Vgl. H.-J. Blanke, S. 51; E. Klein, Föderalistische Strukturen, S. 15; A. Weber, Generalbericht: Verfassungsgerichtsbarkeit in Westeuropa, S. 63, 79ff.
[479] Vgl. E. Klein, Föderalistische Strukturen, S. 15.
[480] Vgl. hierzu E. Benda, Die Verfassungsgerichtsbarkeit in der Bundesrepublik Deutschland, S. 131f.
[481] Vgl. hierzu die bedeutendsten Bund-Länder-Streitigkeiten: BVerfGE 12, 205; 81, 310.
[482] H. Laufer, Der Föderalismus in der Bundesrepublik Deutschland, S. 83.
[483] Vgl. F. Becker, Grundzüge des öffentlichen Rechts, S. 102.

### 3. Kompetenzverteilung zwischen Bund und Ländern

Die bundesstaatliche Aufgabenverteilung ist durch das Grundgesetz in der Weise geregelt, dass für bestimmte Aufgaben nur der Bund zuständig ist und sich für andere Aufgaben ausschließlich die Länder verantwortlich zeichnen. Man bezeichnet diese Form der Kompetenzzuweisung noch heute als "Trennsystem" und spricht in der Bundesstaatstheorie von einem "Verbot der Mischverwaltung". Das Grundgesetz legt aber auch fest, dass in bestimmten Bereichen der Bund einen Teil der betreffenden Aufgabe erledigt, während die Länder einen Teil derselben Aufgabe zu übernehmen haben, so dass bei der Erfüllung derartiger Staatsaufgaben eine Verflechtung zwischen Bund und Ländern besteht.[484] Die meisten föderalistischen Verfassungen verfolgen bei der Verteilung der Aufgaben das Konzept, enumerativ die gesamtstaatlichen Zuständigkeiten aufzuführen und die von dieser Aufzählung nicht erfaßten Kompetenzen als Residualkompetenzen den Gliedstaaten zuzuweisen.[485] Art. 30 GG, der eine Zuständigkeitsvermutung zugunsten der Länder aufstellt, bestätigt dies für die Bundesrepublik Deutschland. Diese Vorschrift ist Konsequenz der Staatlichkeit der Länder und ihrer vom Bund nicht abgeleiteten Staatsgewalt.[486] Die Aufgabenverteilung zwischen Bund und Ländern findet im Grundgesetz nicht nach Sachgebieten, sondern nach Staatsfunktionen – Gesetzgebung, Verwaltung, Rechtsprechung – statt.[487] Dabei liegt das Schwergewicht der Gesetzgebung beim Bund, während Verwaltung und Rechtsprechung überwiegend Sache der Länder sind. Soweit das Grundgesetz die Wahrnehmung staatlicher Befugnisse oder Aufgaben durch den Bund nicht regelt, sind kraft der speziellen Regelungen der Art. 70, 83 und 92 GG oder kraft der allgemeinen Regelung des Art. 30 GG die Länder zuständig. Die Zuständigkeitsvermutung zugunsten der Länderkompetenz ist allerdings nicht i. S. eines Regel-Ausnahme-Prinzips, sondern als organisatorische, rechtstechnische Kompetenzaufteilungsregelung zu verstehen.[488] Diese bundesverfassungsrechtliche Grundregel über die Verteilung der Zuständigkeiten zwischen dem Bund und den Ländern legt fest, dass eine staatliche Aufgabe und die Ausübung öffentlicher Gewalt in Gesetzgebung, Vollziehung und Rechtsprechung dem Bund nur zusteht, wenn sich dem Grundgesetz eine entsprechende Kompetenz des Bundes entnehmen lässt. Ist das nicht der Fall, so fällt der Gegenstand in die Zuständigkeit der Länder. Die Grundregel des Art. 30 GG wird für die Gesetzgebung in Art. 70 GG, für die Verwaltung in Art. 83 GG und für die Rechtsprechung in Art. 92 GG spezifiziert. Die Kompetenzverteilung im Finanzwesen ist Gegenstand der Finanzverfassung (Art. 104a ff. GG).

---

[484] Vgl. hierzu T. F. W. Schodder, Föderative Gewaltenteilung in der Bundesrepublik Deutschland, 1989.

[485] Vgl. E. Klein,, Föderalistische Strukturen, S. 4; M. Bothe, Die Kompetenzstruktur des modernen Bundesstaates in rechtsvergleichender Sicht, 1997, S. 137; vgl. auch das 10. Amendment zur US-amerikanischen Verfassung, Art. 3 der schweizerischen BV; sec. 107 der australischen Verfassung.

[486] K. Stern, Staatsrecht I, § 19 III 3, S. 675.

[487] Vgl. Kilper/Lhotta, S. 101; H.-J. Blanke, S. 42.

[488] BVerfGE 37, 363, 390.

## A. Die Verteilung der Gesetzgebungskompetenzen

**1.** *Die Zuständigkeiten des Bundes*
Die mit Abstand umfangreichste Zuständigkeitsverteilungsregelung enthält das Grundgesetz auf dem Gebiet der Gesetzgebung (Art. 70ff.). Nach Art. 70 Abs. 1 GG hat der Bund die Gesetzgebungszuständigkeit nur, soweit sie ihm das Grundgesetz ausdrücklich verliehen hat. Es besteht mithin eine Zuständigkeitsvermutung zugunsten der Länder: Im Zweifel sind sie gesetzgebungsbefugt. Die Vorschriften des Grundgesetzes (Art. 71ff.) enthalten jedoch so umfangreiche Kompetenzkataloge für den Bund, dass in Wirklichkeit dieser und nicht die Länder die weitaus größte Zahl von Gesetzen erläßt.[489] Die dem Bund durch diese umfangreichen Kataloge grundgesetzlich verliehenen Gesetzgebungsbefugnisse decken den allergrößten Teil der durch Gesetz regelbaren Sachbereiche und Lebensverhältnisse ab. Kennzeichnend für die grundgesetzliche Kompetenzverteilung ist damit, dass das faktische Schwergewicht der Gesetzgebungszuständigkeit im Gegensatz zur Verwaltungszuständigkeit beim Bund liegt.[490] Die zunehmende "Unitarisierung" auf dem Gebiet der Legislativen ist damit offensichtlich.

**a.** *Die ausschließliche Bundesgesetzgebung*
In der ersten Gruppe sind alle Sachgebiete zusammengefaßt, die nur durch den Bund geregelt werden dürfen (Art. 73 GG). In diesem Bereich ausschließlicher Bundeskompetenzen haben die Länder nach Art. 71 GG die Befugnis zur Gesetzgebung nur, wenn und soweit sie hierzu in einem Bundesgesetz ausdrücklich ermächtigt werden. Eine derartige Ermächtigung der Länder darf sich dabei nur auf Teilgebiete der jeweiligen Materie beziehen. Der Bund hat von dieser Ermächtigungsklausel nur in ganz wenigen Fällen Gebrauch gemacht. Die in Art.73 GG genannten Bereiche sind den Ländern damit im wesentlichen verschlossen.
In die ausschließliche Zuständigkeit des Bundes fallen vor allem solche Bereiche, in denen es um das geschlossene politische und wirtschaftliche, aber auch um das währungs- und finanzpolitische Auftreten der Bundesrepublik nach außen und damit die Beziehungen zu anderen Staaten geht. Ebenfalls dazu gehören die Formen der Staatstätigkeit, die innerhalb des gesamten Bundesgebietes in derselben Art und Weise einheitlich geregelt werden sollen. All diese Bereiche werden in Art. 73 GG enumerativ aufgeführt: die auswärtigen Angelegenheiten sowie die Verteidigung einschließlich des Schutzes der Zivilbevölkerung, die Staatsangehörigkeit im Bunde, das Währungswesen, die Einheit des Zoll- und Handelsgebietes, die Rechtsverhältnisse der Bundesbediensteten, die Bundeseisenbahnen und der Luftverkehr, das Post- und Fernmeldewesen, der gewerbliche Rechtsschutz usw.[491]

---

[489] Vgl. K. Reuter, Grundlagen und Wirkungen in der Bundesrepublik Deutschland, S. 39ff.
[490] K. Stern, Staatsrecht I, § 19 III 3, S. 672; M. Bothe, Föderalismus, S. 135, Laufer/Münch, S. 96ff.
[491] Die Bundeszuständigkeit auf dem Gebiet des Steuerrechts enthält Art. 105 Abs. 1 GG.

**b.** *Die konkurrierende Gesetzgebung*

Im Bereich der konkurrierenden Gesetzgebung haben die Länder und der Bund das Recht der Gesetzgebung. Die Gegenstände der konkurrierenden Zuständigkeit sind in dem umfangreichen Katalog des Art. 74 GG, ferner in Art. 74a, 105 Abs.2 GG niedergelegt.[492] Die Länder sind nur dann zur Gesetzgebung befugt, solange und soweit der Bund von seinem Gesetzgebungsrecht keinen Gebrauch macht. Das bedeutet, dass mit dem Erlaß eines Bundesgesetzes auf dem Gebiet der konkurrierenden Gesetzgebung zugleich alle Ländergesetze auf diesem Bereich aufgehoben werden, denn Bundesrecht bricht Landesrecht (Art. 31 GG). Soweit die Länder in diesem Falle die Materie schon geregelt hatten, treten ihre Regelungen außer Kraft. Das Gesetzgebungsrecht des Bundes besteht zwar nur unter gewissen Voraussetzungen, diese sind jedoch wenig präzise gefaßt und bilden daher in der Praxis kaum Einschränkungen für den Bund. Bis zur Verfassungsreform 1994 waren diese Voraussetzungen in der sogenannten Bedürfnisklausel von Art. 72 Abs. 2 GG aufgeführt: Der Bund hatte das Gesetzgebungsrecht, "soweit ein Bedürfnis nach bundesgesetzlicher Regelung besteht, weil ... 3. Die Wahrung der Rechts- oder Wirtschaftseinheit, insbesondere die Wahrung der Einheitlichkeit der Lebensverhältnisse über das Gebiet eines Landes hinaus dies erfordert."[493]

Die Bundespolitiker konnten aufgrund dieser Vorschrift stets argumentieren, dass die "Einheitlichkeit der Lebensverhältnisse" eine bundesgesetzliche Regelung erfordere. Unterstützt wurden sie dabei vom Bundesverfassungsgericht, das in ständiger Rechtsprechung[494] entschieden hat, dass die Bejahung eines Bedürfnisses nach bundesgesetzlicher Regelung im pflichtgemäßen Ermessen des Bundesgesetzgebers stehe und vom Bundesverfassungsgericht nur daraufhin überprüft werden könne, ob sie einen Ermessensmißbrauch darstelle.[495] Der Bundesgeseztgeber hat damit im Hinblick auf Art. 72 Abs. 2 GG praktisch freie Hand bekommen; der Bund durfte auf dem Gebiet der konkurrierenden Gesetzgebung immer tätig werden, wenn er es für notwendig erachtete. So ist die konkurrierende Gesetzgebung ganz überwiegend Bundessache geworden. Die Länder wurden so gut wie völlig davon ausgeschaltet. Gleichzeitig wurde der Katalog von konkurrierenden Gesetzgebungszuständigkeiten in Art. 74 GG im Laufe der Zeit kontinuierlich ausgeweitet (Nr. 4a, 10a, 11a, 13, 19a, 20, 22, 24).

Bei der Verfassungsreform 1994 spielten die Auseinandersetzungen um eine Neufassung des Art.72 GG eine wichtige Rolle. Dabei ging es vor allem, aber nicht nur um die Bedürfnisklausel in Absatz 2. Hinsichtlich Absatz 1 einigte man sich auf

---

[492] Hierunter fallen z.B. das bürgerliche Recht, das Strafrecht, das gesamte Recht der Wirtschaft, das Arbeitsrecht und das Besoldungsrecht.

[493] Im Parlamentarischen Rat war ursprünglich geplant, das Gesetzgebungsrecht des Bundes im Bereich der konkurrierenden Gesetzgebung noch grosszügiger auszugestalten. Erst nachdem die Alliierten in einem Memorandum grundlegende Bedenken gegen die unitaristische Wirkung der Klausel geäussert hatten, wurde das Gesetzgebungsrecht durch die Bedürfnisklausel etwas eingeschränkt.

[494] Vgl. BVerfGE 2, 224; 4, 127; 10, 245; 13, 233; 33, 229.

[495] Nur einmal, in BVerfGE 1, 14ff., 35f. wurde eine Bedürfnis für eine bundesgesetzliche Regelung verneint, aber lediglich als hilfsweise Begründung für die Verfassungswidrigkeit eines Gesetzes.

die Formulierung, dass der Bund erst dann eine die Länder ausschließende Gesetzgebungskompetenz besitzt, wenn das Gesetz tatsächlich vorliegt. Und so heißt es jetzt in Art. 72 Abs. 1 GG: ".. solange und soweit der Bund von seiner Gesetzgebungszuständigkeit nicht durch Gesetz Gebrauch gemacht hat". Bei der Neuformulierung der bisherigen Bedürfnisklausel in Abs. 2 des Art. 72 einigte man sich darauf, dass die Klausel einerseits präzisiert und andererseits mit einer auf die Länderparlamente ausgedehnten Möglichkeit verbunden wurde, das Bundesverfassungsgericht anzurufen (Art. 93 Abs. 1 Nr. 2a GG), mit dem Ziel, im Streitfall die Vereinbarkeit der Inanspruchnahme einer Landeskompetenz durch den Bund mit den Kriterien des Art. 72 Abs. 2 a.F. GG feststellen zu lassen. Endlich wurde bei der Neuformulierung dieser Frage ein gewisser Fortschritt erzielt (und zwar lediglich bei dieser Frage).[496] Das Ergebnis lautet: "Der Bund hat in diesem Bereich das Gesetzgebungsrecht, wenn und soweit die Herstellung gleichwertiger Lebensverhältnisse im Bundesgebiet oder die Wahrung der Rechts- und Wirtschaftseinheit im gesamtstaatlichen Interesse eine bundesgesetzliche Regelung erforderlich macht."

### c. Die Rahmengesetzgebung des Bundes

Für die Rahmengesetzgebung des Bundes (Art. 75 GG) gilt das Gleiche wie für die konkurrierende Gesetzgebung. Zur Rahmengesetzgebung gehören beispielsweise das Recht der Landesbediensteten, das Presserecht, die allgemeinen Rechtsverhältnisse des Films und die allgemeinen Grundsätze des Hochschulwesens. Rahmenvorschriften können Richtlinien für den Landesgesetzgeber oder allgemeine Rechtsvorschriften für jedermann sein. "Rahmen" bedeutet aber, dass das Bundesgesetz nicht für sich allein bestehen kann, sondern darauf angelegt ist, durch Landesgesetze ausgefüllt zu werden. Dabei muss das, was den Ländern zu regeln bleibt, von substantiellem Gewicht sein. Ob diese Grenze gewahrt ist, steht nicht im Ermessen des Bundesgesetzgebers, sondern ist eine Rechtsfrage, die das Bundesverfassungsgericht voll nachprüft.

Während das Grundgesetz bei der Rahmengesetzgebung (wie bei der konkurrierenden Gesetzgebung) von einem "gewissen "Gleichgewicht" zwischen Bundes- und Landesgesetzen[497] ausgegangen ist, hat sich diese Annahme heute längst als illusorisch erwiesen. Der Bundesgesetzgeber hat hier umfassende Regelungen getroffen. Im Gegensatz dazu ist die Landesgesetzgebung beinahe bedeutungslos geworden. Sie beschränkt sich auf wortgleiche Wiederholungen von Bundesrahmenrecht, auf Regelungen von Einzelfragen sowie auf Ausführungs- und Verfahrensvorschriften. Das ursprüngliche Vorhaben der Länder, im Zuge der Verfassungsreform die Rahmenkompetenz des Bundes für das Hochschulwesen aufzuheben bzw. zumindest einzuschränken, scheiterte am Widerstand des Bundes. In Art. 75 GG wurden nur die Einschränkungen hinsichtlich der Geltungskraft der Rahmenregelungen des Bundes aufgenommen. So wird in Abs. 2 bestimmt, dass

---

[496] Vgl. H.-P. Schneider, Die Aufgabenverteilung zwischen Bund und Ländern nach dem Grundgesetz, S. 43.

[497] Ders., ebd., S. 40.

"Rahmenvorschriften ... nur in Ausnahmefällen in Einzelheiten gehende oder unmittelbar geltende Regelungen enthalten dürfen."[498]

## 2. Die ausschließliche Landesgesetzgebung

Auf allen Bereichen, die das Grundgesetz nicht dem Bund zugewiesen hat, haben ausschließlich die Länder das Recht der Gesetzgebung (Art. 70 Abs. 1 GG). Anders gesagt, diese Landeszuständigkeit besteht zunächst als ausschließliche Gesetzgebungskompetenz der Länder in den Bereichen, in denen das Grundgesetz überhaupt keine Regelung trifft. Da indessen die Gesetzgebungszuständigkeiten des Bundes außerordentlich weit gespannt sind, beschränkt sich die Zuständigkeit der Länder auf wenige Rand- und Restmaterien. Dazu gehört das Landesstaatsrecht, also die eigenverantwortliche Gestaltung der Landesverfassungsordnung (z.b. Landesverfassung, Landtagswahlrecht oder Landesabgeordneten- und -ministerrecht), das Kommunalrecht (z. B. Gemeindeordnung, Kreisordnung), sowie die Organisation bzw. Regelung der eigenen Landesverwaltung, das allgemeine Polizei- und Ordnungsrecht. Von größerem Gewicht ist besonders das Recht der kulturellen Angelegenheiten vor allem im Bildungsbereich (Schul- und Erziehungswesen, außerschulische Jugendbildung, Theater, Museen, Denkmalschutz) einschließlich der Zuständigkeit für die Presse- und das Rundfunkwesen. In ausschließlicher Landeszuständigkeit sind weiterhin das Wasser- und Wegerecht und Teile des Baurechts.

## B. Die Verteilung der Verwaltungskompetenzen

Für die Verwaltung sind grundsätzlich die Länder zuständig (Art. 83 GG). Die Behörden der Landesverwaltungen vollziehen zunächst Landesrecht, das heißt, sie nehmen Verwaltungsaufgaben wahr, für die das Land ausschließlich zuständig ist. Zu ihren Hauptaufgaben gehört dann aber auch der Vollzug von Bundesgesetzen. Als Ausgleich für den legislativen Gewichtsverlust liegt somit der Schwerpunkt der Verwaltungstätigkeit bei den Ländern.[499] Die Vermutung der Allzuständigkeit der Länder im Bereich des Gesetzesvollzugs ist nicht nur eine Formel des Verfassungsrechts, sondern vielmehr liegt der Großteil der Verwaltungszuständigkeit bei den Ländern (und Gemeinden) und stellt auch deren Hauptaufgabe dar. Wennleich die Verwaltungskompetenzen des Bundes und damit die gesamte

---

[498] Der Rahmengesetzgebung nahe kommt die Grundsatzgesetzgebung. Eine Grundsatzgesetzgebung des Bundes kennt das Grundgesetz für das Haushaltsrecht, eine konjunkturgerechte Haushaltswirtschaft und eine mehrjährige Finanzplanung von Bund und Ländern (Art. 109 Abs. 3 GG) sowie – hier in Gestalt einer Sollvorschrift mit einer Bundeszuständigkeit zu "näherer Bestimmung" kombiniert – für die Erfüllung von Gemeinschaftsaufgaben (Art. 91a Abs. 2 S. 2 GG).

[499] Dieses System der Zentralisierung auf dem Gebiete der Gesetzgebung und Dezentralisierung auf dem Gebiet der Verwaltung hat man zutreffend als Vollzugsföderalismus bezeichnet.

Bundesverwaltung seit 1949 nicht unwesentlich angewachsen sind, liegt das Schwergewicht nach wie vor bei den Ländern.[500]

1. Landeseigenverwaltung (Bundesaufsichtsverwaltung)

Die Ausführung der Bundesgesetze erfolgt meistens als eigene Angelegenheit der Länder. Diese auch als Landeseigenverwaltung bezeichnete Form des Vollzugs von Bundesgesetzen stellt den Regelfall des deutschen Verwaltungsföderalismus dar.[501] Die Länder regeln das Verwaltungsverfahren und die Einrichtung der Behörden selbst, soweit nicht Bundesgesetze mit Zustimmung des Bundesrates etwas anderes bestimmen (Art. 84 Abs.1 GG). Die Bundesregierung hat kein Weisungsrecht und führt keine Zweckmäßigkeitsaufsicht, sondern lediglich die sogenannte Rechtsaufsicht durch, kann also das Verwaltungshandeln der Länder auf seine Rechtmäßigkeit hin überprüfen (Art. 84 Abs. 3 GG). Die Weisungsbefugnisse können ihr durch Bundesgesetz, das der Zustimmung des Bundesrates bedarf, für besondere Fälle verliehen werden, umfassen jedoch dann – von Dringlichkeitsfällen abgesehen – nur die Befugnis zu Weisungen an die obersten Landesbehörden, also die Landesregierungen, die Ministerpräsidenten und die Landesministerien (Art. 84 Abs. 5 GG). Die Kosten der Verwaltungstätigkeit werden bei der Landeseigenverwaltung von den Ländern getragen. Um eine einheitliche Ausführung seiner Gesetze zu sichern, räumt das Grundgesetz dem Bund die Möglichkeit ein, allgemeine Verwaltungsvorschriften unter Zustimmung des Bundesrates zu erlassen (Art. 84 Abs. 2 GG).[502]

*2. Bundesauftragsverwaltung*

Nur auf wenigen Gebieten, für die es das Grundgesetz ausdrücklich vorschreibt, führen die Länder die Bundesgesetze im Auftrag des Bundes aus. Das ist aber deutlich seltener der Fall und zwar dann, wenn das Grundgesetz diese Aufgaben nach ihrem sachlichen Gegenstand selbst bezeichnet (Art. 87b Abs. 2 – Bundeswehrverwaltung, 87c – Erzeugung und Nutzung der Kernenergie, 87d Abs. 2 – Luftverkehr, 89 Abs. 2 – Bundeswasserstrassen). Hierzu zählen auch die Verwaltung der Bundesautobahnen und der Bundesfernstrassen (Art. 90 Abs. 2), die Durchführung des Lastenausgleichs (Art.120a) und teilweise die Finanzverwaltung (Art.108 Abs. 3). Die Länder werden auch die Verwaltungsaufgaben im Auftrag des Bundes wahrnehmen, wenn es sich um "Geldleistungsgesetze" des Bundes handelt, die von den Ländern ausgeführt werden, und wenn der Bund mindestens die Hälfte der Aufgaben trägt (Art. 104a Abs. 3 GG). Bei der Bundesauftragsverwaltung bleibt die Einrichtung der Behörden normalerweise zwar Angelegenheit der Länder. Diese Landesbehörden unterstehen aber den Weisungen der zuständigen obersten Bundesbehörden. Das heißt, der Bund beschränkt

[500] Vgl. H.-J. Blanke, S. 45; Laufer/Münch, S. 103; Kilper/Lhotta, S. 102.
[501] Vgl. Laufer/Münch, S. 103.
[502] Diese Möglichkeit ist im Laufe der Zeit zur Regel geworden und hat zur Folge, dass auch das Organisations- und Verfahrensrecht den Ländern in weitem Umfang entglitten, zugleich aber auch der Einfluß des Bundesrats größer geworden ist.

bei der Auftragsverwaltung seine Aufsicht nicht allein auf die Rechtmäßigkeit, sondern dehnt sie im Rahmen der sogenannten Fachaufsicht auch auf die Zweckmäßigkeit des Verwaltungshandelns der Länder aus.

### 3. Bundeseigenverwaltung

In Bereichen wie dem auswärtigen Dienst, der Bundeswehr, dem Bundesgrenzschutz, den Wasserstrassen und der Binnenschiffahrt, dem Luftverkehr sowie der Bundesfinanzverwaltung hat der Bund eine eigene Verwaltung mit eigenem Verwaltungsunterbau, also mit Mittelbehörden, unteren Behörden oder Außenstellen (Art. 87, 87b, 87d GG).[503] Außerhalb dieser im Grundgesetz aufgezählten Verwaltungbereiche kann der Bund nur unter den Voraussetzungen von Art. 87 Abs. 3 GG eigene Behörden errichten. Ohne weiteres ist die Schaffung von Oberbehörden möglich, die selbständig, d.h. nicht auf die Hilfe von Mittel- und Unterbehörden angewiesen sind. Diese Behörden können durch einfaches Bundesgesetz (Einspruchsgesetz) errichtet werden.[504] Diese selbständigen Bundesoberbehörden gehören zur Sonderverwaltung des Bundes. Hierzu zählen auch die bundesunmittelbaren Körperschaften, Anstalten und Stiftungen des öffentlichen Rechts wie die Bundesanstalt für Arbeit oder die Bundesbank.[505]

### C. Die Verteilung der Rechtsprechungskompetenzen

Die Verteilung der Zuständigkeiten im Bereich der Rechtsprechung gestaltet sich unkompliziert. Nach Art. 92 GG wird die rechtsprechende Gewalt durch die im Grundgesetz vorgesehenen Bundesgerichte und durch die Gerichte der Länder ausgeübt. Die Aufgaben der rechtsprechenden Gewalt werden durch Art. 92ff. so verteilt, dass dem Gesamtstaat lediglich diejenigen Rechtsprechungskompetenzen zustehen, die zur Wahrung der Rechtssicherheit, der – unter bundesstaatlichen Gesichtspunkten geforderten – Einheit der Rechtsordnung und der Einheitlichkeit der Rechtsprechung erforderlich sind.[506] Auch hier legt also das Grundgesetz das Schwergewicht auf die Gerichte der Länder. Die Alltags-Rechtsprechung fällt in die Zuständigkeit der Länder, deren Gerichte im Regelfalle Gerichte der ersten und zweiten Instanz sind. In den großen Zweigen der Gerichtsbarkeit, wie z.B. der

---

[503] In den Fällen der Art. 87b Abs. 2, 87d Abs. 2, 89 Abs. 2 S. 3 und 4 GG besteht die Möglichkeit einer Übertragung der betreffenden Verwaltungsaufgaben auf die Länder als Auftragsverwaltung, in dem Fall des Art. 87e Abs. 1 GG können durch Bundesgesetz die Aufgaben der Eisenbahnverkehrsverwaltung den Ländern als eigene Angelegenheit übertragen werden.

[504] So wurden das Bundesaufsichtsamt für das Versicherungs- und Bausparwesen, das Bundesaufsichtsamt für das Kreditwesen, das Kraftfahrtbundesamt, das Bundesgesundheitsamt und das Bundesverwaltungsamt errichtet.

[505] Von Anfang an sah das Grundgesetz eine solche bundeseigene Sonderverwaltung durch bundesunmittelbare Körperschaften des öffentlichen Rechtes im Bereich der Sozialversicherung vor (Art. 87 Abs. 2 GG), vgl. A.Dittmann, Die Bundesverwaltung, Tübingen, 1983.

[506] Vgl. Ch. Dagenhart, Gerichtsorganisation, in: J. Isensee/P. Kirchhof (Hrsg.), Handbuch des Staatsrechts, Bd.III, 1988, §75, S. 859-878, hier 862f.

ordentlichen Gerichtsbarkeit oder der Verwaltungsgerichtsbarkeit sind die Gerichte des Bundes allerdings als "oberste Bundesgerichte" eingerichtet (Art. 95 GG), die im wesentlichen als Revisionsinstanzen wirken und über die oben genannte Einheitlichkeit der Anwendung des Bundesrechts wachen.[507] Alle anderen Rechtsprechungsfunktionen werden durch die Gerichte der Länder ausgeübt. In den Fällen des Art. 96 Abs. 5 GG können die Gerichte der Länder die Gerichtsbarkeit des Bundes ausüben.[508] Die Gerichte der Länder wenden hauptsächlich Bundes-, aber auch Landesrecht an.

Die Aufgabe der Verfassungsgerichtsbarkeit, die nicht eine zusätzliche Revisionsinstanz konstituiert, besteht allein in der Wahrung spezifischen Verfassungsrechts. Diese wird auf Bundesebene durch das Bundesverfassungsgericht (Art. 93, 94 GG), auf Landesebene durch die Landesverfassungsgerichte wahrgenommen.

Freilich ist auch in der Rechtsprechung eine Wandlung zu Lasten der Länder unverkennbar. Sowohl das materielle Recht, das die Gerichte anwenden, als auch das Gerichtsverfassungs- und Verfahrensrecht einschließlich der Regelung der Rechtsstellung der Richter sind heute überwiegend oder sogar durchgehend Bundesrechts.[509] Angesichts der Unabhängigkeit der Länder und ihrer ausschließlichen Bindung an das Gesetz sowie der Tatsache, dass diese Grundsätze in der Rechtsprechung des Bundesverfassungsgerichts und der obersten Gerichtshofe des Bundes entwickelt werden, bleibt den Ländern daher kaum eine eigene Gestaltungsmöglichkeit.

**D. Die Verteilung der Kompetenzen im Finanzwesen**

Von besonderer Bedeutung ist im Bundesstaat die Aufteilung der Zuständigkeiten auf dem Gebiet des Finanzwesens. Um überhaupt von einem bundesstaatlichen System sprechen zu können, ist es notwendig, dass sowohl der Zentralstaat als auch die Gliedstaaten finanziell handlungsfähig sind und ein gewisses Maß an finanzieller Eigenständigkeit aufweisen. Für die Eigenstaatlichkeit sowohl des Zentralstaates als auch der Gliedstaaten stellt die finanzielle Unabhängigkeit das entscheidende Kriterium dar. Die Finanzverfassung muss vor allem gewährleisten, dass bundesstaatliche Ebenen die notwendigen Mittel für die Erfüllung der ihnen

---

[507] Diese Gerichte sind: Bundesgerichtshof, Bundesverwaltungsgericht, Bundesfinanzhof, Bundesarbeitsgericht, Bundessozialgericht. Außerdem gibt Art. 96 GG dem Bund die Kompetenz zur Errichtung eines Bundesgerichts für gewerblichen Rechtsschutz, zur Errichtung von Wehrstrafgerichten und von Gerichten zur Entscheidung in Disziplinarsachen und Beschwerdesachen von Bundesbediensteten.

[508] Das kann ein Bundesgesetz mit Zustimmung des Bundesrates für Strafverfahren auf den Gebieten des Artikels 26 Abs. 1 GG (Verbot der Vorbereitung eines Angriffskrieges) und des Staatsschutzes vorsehen (Art. 95 Abs. 5 GG).

[509] Dadurch, dass die Gerichtsorganisation, die Ausbildung und die Prüfungsanforderungen der Richter jedoch durch Bundesgesetze (z. B. Verwaltungsgerichtsordnung) einheitlich für Bund und Länder geregelt sind, ist die Gerichtsbarkeit in den Ländern nach Bundesmaßstäben organisiert.

zugewiesenen Aufgaben erhalten. Denn die Organisationseinheiten können nur wirksam politisch handeln, wenn sie über entsprechende Geldmittel verfügen. Deshalb sagt die Ausgestaltung der Finanzverfassung mehr über die Verteilung der Gewichte im Bundesstaat aus als alle Vorschriften einer allgemeinen Kompetenzabgrenzung in den Bereichen der Legislativen und der Exekutiven.

Bei jeder deutschen Verfassunggebung gab es heftige Diskussionen um die Ausgestaltung der Finanzverfassung. 1871 setzten die deutschen Einzelstaaten durch, dass das Reich gleichsam zu ihrem Kostgänger wurde. Bis 1906 war das Reich weitgehend auf Matrikularbeiträge der Bundesstaaten angewiesen, die oft nicht vollständig überwiesen wurden (Beitragssystem).[510] Die Neuregelung des Finanzwesens durch die Weimarer Verfassung machte das Reich finanziell von den Ländern unabhängig. 1919 wurde eine einheitliche Reichsfinanzverwaltung geschaffen, mit der das Reich eine durch alle Instanzen durchgegliederte Hoheitsverwaltung auf steuerlichem Gebiet erhielt.[511] Der Vereinheitlichung der Steuerverwaltung folgte eine Zusammenfassung und Vereinheitlichung des Finanz- und Steuerrechts.[512] Die Ansprüche der Länder wurden im wesentlichen auf prozentuale Überweisungen aus den großen Reichssteuern beschränkt (Überweisungssystem). Fast alle Steuereinnahmen flossen in der Weimarer Republik dem Reich zu.

Bei der Abfassung des Grundgesetzes war die Regelung des Finanzwesens im Parlamentarischen Rat stark umstritten. Über kaum ein anderes Gebiet wurde soviel beraten. Es kam darüber hinaus zu mehrfachen Eingriffen der Besatzungsmächte, zu Krisen und zum Stillstand der Verhandlungen.[513] Die vom Parlamentarischen Rat vorgeschlagene Regelung des Finanzwesens der zukünftigen Bundesrepublik hat den Besatzungsmächten wiederholt Anlaß zu Interventionen gegeben, die gegen die nach ihrer Meinung zu starke Beschränkung der finanziellen Selbständigkeit der Länder durch die beabsichtigte Regelung Stellung nahmen.[514] Die Besatzungsmächte haben

---

[510] Vgl. H. Pagenkopf, Der Finanzausgleuch im Bundesstaat, S. 103-105; W. Gerloff, Die Finanzgewalt im Bundesstaat, S. 17.

[511] Die Schaffung einer reichseigenen Finanzverwaltung war ein wichtiger und folgenreicher Schritt zur Stärkung und Stabilisierung der Reichsgewalt. Der Reichsfinanzminister Erzberger kritisierte in diesem Zusammenhang den Reichsfinanzausgleich des Bismarckischen Reiches mit den Worten: "Es ist ein Mangel des alten Systems gewesen, dass das Reich so wenig Steuern besass und dass es nicht einmal die selbständige Verwaltung dieser wenigen Steuern hatte", vgl. M. Erzberger, Reden zur Neuordnung des deutschen Finanzwesens, 1919, S. 111.

[512] Nach Art. 6 Ziff. 6 u. 7 WV stand dem Reich die ausschließliche Gesetzgebung über das Zollwesen sowie das Post- und Telegrafwesen einschließlich des Fernsprechwesens zu. Auf dem Gebiet des Zollwesens wurde die Ertragshoheit ausschließlich dem Reich überlassen. Durch Art. 8 S. 1 WV erhielt das Reich die Gesetzgebungskompetenz über die Abgaben und sonstigen Einnahmen, soweit sie ganz oder teilweise für seine Zwecke in Anspruch genommen wurden. Der Steuerertrag musste in die Reichskasse fliessen, vgl. H.Pagenkopf, Der Finanzausgleich im Bundesstaat, S. 111-112.

[513] G. Wacke, Das Finanzwesen der Bundesrepublik, Beihilfe zur Deutschen Rechts-Zeitschrift, H.13, 1950, S.9.

[514] Memorandum der Besatzungsmächte vom 2. März 1949, in dem sie sich auch gegen die vorgesehene bundeseinheitliche Finanzverwaltung wandten, vgl. Kilper/Lhotta, S. 96-98; H. Pagenkopf, Der Finanzausgleich im Bundesstaat, S. 144-149.

auf die endgültige Fassung der Finanzverfassung des Grundgesetzes entscheidenden Einfluß genommen.

Der Grundsatz des Bund-Länder-Verhältnisses im Finanzwesen besteht darin, dass Bund und Länder finanziell grundsätzlich voneinander unabhängig sind. Das heißt, dass beide die Erfüllung der ihnen verfassungsmäßig übertragenen Aufgaben jeweils selbst zu finanzieren haben und dass jeder einen Anteil am Steueraufkommen haben muss, der ihm hierzu die Möglichkeit gibt. Die Ausgabenverantwortung folgt also der Aufgabenverantwortung. (Dieses Konnexitätsprinzip impliziert zugleich, dass es jeder staatlichen Ebene untersagt ist, der anderen Ebene im Bundesstaat die Finanzierung ihrer Aufgaben aufzuerlegen und beinhaltet auch das Verbot, Aufgaben der jeweils anderen Ebene zu finanzieren). Dass dies alles im Jahre 1949 nicht ganz geglückt war, zeigt sich daran, dass seitdem die Kompetenzverteilung im Finanzwesen mehrfach geändert werden musste,[515] vor allem durch die Reform vom 12. Mai 1969, weil die sog. "kleine" Finanzreform von 1955 eine ganze Reihe von wichtigen Fragen ungeklärt ließ. Diese resultierten grösstenteils aus ungeklärten Kompetenzen bei der Wahrnehmung von Aufgaben. Dadurch war immer wieder strittig, wer die Finanzierungslasten (für die Verwaltung auch von Bundesangelegenheiten, d.h. von Bund getroffener Entscheidungen) zu tragen habe. 1969 wurde daher erneut eine, meist als "grosse" bezeichnete Finanzreform durchgeführt, durch die der X. Abschnitt des Grundgesetzes (Finanzwesen) neu gefaßt und der Abschnitt VIIIa (Gemeinschaftsaufgaben) eingefügt wurde. Durch dieses Gesetz (21. Änderungsgesetz zum GG – Finanzreformgesetz von 1969) erhielt der Bund weitreichende zusätzliche Zuständigkeiten, insbesondere zur gemeinsamen Planung und zur Mitfinanzierung von Länderaufgaben. Alles in allem hat sich damit zumindest auf dem Gebiet der Finanzen das Verhältnis von Bund und Ländern gegenüber der Situation im Kaiserreich geradezu umgekehrt: Die Länder sind zu „Kostgängern" des Bundes geworden. Nach dem gegenwärtigen Stand ist die Finanzverfassung wie folgt zu skizzieren.

1. *Die Verteilung der Ausgabenkompetenzen*

Der Sicherung der finanziellen Selbständigkeit und Unabhängigkeit von Bund, Ländern und Gemeinden dient der obengenannte Lastenverteilungsgrundsatz des Art. 104a Abs.1 GG, nach dem Bund und Länder grundsätzlich gesondert die Ausgaben zu tragen haben, die sich aus der Wahrnehmung ihrer Ausgaben ergeben. Dieses Konnexitätsprinzip gilt, soweit das Grundgesetz nicht ausdrücklich Abweichungen erlaubt. Das Grundgesetz nennt aber eine ganze Reihe solcher Sonderbestimmungen, womit das Konnexitätsprinzip durchbrochen wird.[516] Dies gilt zunächst für die gemeinsame Finanzierung der Gemeinschaftsaufgaben (Art. 91a, 91b GG). Ein zweiter Sonderfall ist die Finanzierung der Bundesauftragsverwaltung. Der Bund ist hier nach Art. 104a Abs. 2 GG verpflichtet, die jeweils entstehenden Sachausgaben zu tragen. Die nächste Sonderregelung gilt für die Bundesgesetze, die Geldleistungen

---

[515] K. Stern, Das Staatsrecht der Bundesrepublik Deutschland, Bd. II, S. 1054.
[516] Vgl. K. Stern, Das Staatsrecht der Bundesrepublik Deutschland, Bd. II, S. 1139ff., Laufer/Münch, S. 150-152.

gewähren, aber von den Ländern ausgeführt werden (Art.104a Abs. 3 GG).[517] Diese Gesetze bedürfen der Zustimmung des Bundesrates, wenn die Länder mindestens ein Viertel der Ausgaben tragen sollen. Jedes Geldleistungsgesetz kann selbst bestimmen, dass der Bund die Leistungen ganz oder teilweise finanziert. Übernimmt der Bund mindestens die Hälfte der Ausgaben, ist das Gesetz in seinem Auftrag auszuführen, d.h. er erhält entscheidenden Einfluß auf die Art und Weise der Gesetzausführung.

Die dritte in Art. 104a GG genannte Ausnahme vom Konnexitätsprinzip betrifft die sogenannten Investitionsfinanzhilfen des Bundes. Art. 104a Abs. 4 GG ermächtigt den Bund, den Ländern Finanzhilfen für besonders bedeutsame Investitionen zu gewähren, die zur Abwehr einer Störung des gesamtwirtschaftlichen Gleichgewichts, zum Ausgleich unterschiedlicher Wirtschaftskraft im Bundesgebiet oder zur Förderung des wirtschaftlichen Wachstums erforderlich sind.[518] Auf diese Weise kann der Bund Einfluß auf die Länder nehmen (trotz der in Art. 109 Abs. 1 GG garantierten Haushaltsautonomie der Länder). Gewährt der Bund Finanzhilfen, ist damit zwangsläufig eine Einschränkung der Autonomie der Länder verbunden, da es kaum vorstellbar ist, dass ein Land eine Finanzhilfe ablehnt. Hierzu hat aber das BVerfG klargestellt, dass Finanzhilfen aus dem Bundeshaushalt an die Länder die Ausnahme bleiben müssen und der Bund auch keinem Land eine Finanzhilfe aufzwingen kann.[519]

*2. Die Verteilung der Steuereinnahmen*

Die Verteilungsfrage des Steueraufkommens ist die Kernfrage der bundesstaatlichen Finanzverfassung. Dadurch wird bestimmt welcher Ebene im Bundesstaat welcher Anteil an den Staatseinnahmen zusteht. Seit der Finanzreform 1969[520] erfolgt die Verteilung des Steueraufkommens auf Bund und Ländern teils nach dem Trennsystem und teils nach dem Verbundsystem: Die Finanzreform hat sich für ein Mischsystem entschieden, mit dem man hoffte, die Vorteile beider Systeme zu bündeln und ihre jeweiligen Nachteile gering zu halten.

---

[517] Hierzu gehören z.B. das Sparprämien- und das Wohnungsbauprämiengesetz, das Wohngeldgesetz, das Bundesentschädigungs- oder auch das Bundesausbildungsförderungsgesetz (BaföG), vgl. H.H. v. Arnim, Finanzzuständigkeit, in: J. Isensee/P. Kirchhof (Hrsg.), Handbuch IV, 1990, S. 987-1019, hier 1000f.

[518] Mit der Aufnahme von Art.104a in das Grundgesetz im Rahmen des Verfassungsreform 1969 wurde die damals bereits übliche Praxis des Bundes, auch Länderaufgaben durch sogenannte Bundesfonds zu finanzieren, verrechtlicht und auf eine klare Verfassungsgrundlage gestellt, vgl. BVerfGE 39, 96, 110.

[519] Die Gewährung der Finanzhilfen muss rechtlich so geregelt sein, dass sie nicht zum Mittel der Einflussnahme auf die Entscheidungsfreiheit der Gliedstaaten bei der Erfüllung der ihnen obliegenden Aufgaben werden, vgl. BVerfGE 39, 96 und BVerfGE 41, 291. Der Bund darf diese auch niemals unmittelbar an eine Gemeinde leisten, sondern immer nur den Ländern gewähren, die sie dann an ihre Gemeinde zu verteilen haben.

[520] Der Parlamentarische Rat hatte sich zunächst prinzipiell für das Trennsystem entschieden. Dieses "unvollständige" Trennsystem lag die Gesetzgebungshoheit weitgehend beim Bund und wurde bis 1955 aufrechterhalten. Mit dem Finanzverfassungsgesetz vom 23. 12. 1955 (Änderung von Art. 107 GG) wurden die Ansätze für ein Verbunsystem entwickelt, das schließlich durch die Finanzreform 1969 noch deutlich intensiviert wurde, vgl. W. Renzsch, Finanzverfassung und Finanzausgleich, 1991.

Nach Art. 106 Abs. 1 GG erhält der Bund die Zölle, die meisten Verbrauchssteuern, soweit sie nicht den Ländern, dem Bund und den Ländern gemeinsam oder den Gemeinden zufließen, einige Verkehrssteuern, die Abgaben im Rahmen der Europäischen Gemeinschaften, einmalige Vermögensabgaben, sowie ggf. eine Ergänzungsabgabe zur Einkommenssteuer und zur Körperschaftssteuer. Entsprechend dem Trennprinzip bekommen nach Art. 106 Abs. 2 GG ausschließlich die Länder die Erträge folgender Steuern: die Vermögenssteuer, die Erbschaftssteuer, die Kraftfahrzeugsteuer, die Biersteuer, die Spielbanksteuer und noch den größten Teil der Verkehrssteuern, soweit sie nicht dem Bund oder dem Bund und den Ländern gemeinsam zustehen.

Das Aufkommen der Einkommen-, der Körperschafts- und der Umsatzsteuer fließt dem Bund und den Länder gemeinsam zu, soweit das Aufkommen der Einkommensteuer nicht den Gemeinden zugewiesen wird (Art. 106 Abs. 3 S. 1 GG – Gemeinschaftsteuern). Dieser "große Steuerverbund" umfaßt über zwei Drittel des gesamten Steueraufkommens von Bund und Ländern. In Art. 106 Abs. 3 S. 2 GG wird verfassungsrechtlich festgelegt, dass das Aufkommen der Einkommensteuer und der Körperschaftssteuer je zur Hälfte zwischen dem Bund und den Ländern aufgeteilt wird. Dagegen werden die Anteile von Bund und Ländern an der Umsatzsteuer durch Zustimmungsgesetz nach bestimmten Grundsätzen (gleichmäßiger Anspruch auf Deckung der notwendigen Ausgaben; Einheitlichkeit der Lebensverhältnisse im Bundesgebiet) festgesetzt (Art. 106 Abs. 3 S. 3 GG).[521]

### 3. Das System des Finanzausgleichs

Trotz dieser detaillierten Regelungen über Steuer- und Ertragshoheit in der Finanzverfassung der Bundesrepublik, sind die einzelnen Länder immer noch verschieden in ihrer Finanzkraft. Bund und Länder müssen gemeinsam dafür einstehen (das bündische Prinzip des Einstehens füreinander), dass die auftretenden finanziellen Leistungsunterschiede einigermaßen ausgeglichen werden. Dem dient der bundesstaatliche Finanzausgleich als eine Korrekturmöglichkeit für die unterschiedliche Finanzkraft der einzelnen Bundesländer.[522] Nach der Rechtsprechung des BVerfG verpflichtet das obengenannte bündische Prinzip des Einstehens füreinander den Bund, die Stellung eines oder mehrerer seiner Gliedstaaten finanziell zu verbessern, wenn deren Finanzausstattung bezüglich der Steuerverteilung innerhalb der Ländergesamtheit korrekturbedürftig ist. Das Prinzip verpflichtet auch die Länder, ungeachtet ihrer Eigenstaatlichkeit und finanziellen Selbständigkeit, zu gewissen Hilfeleistungen an andere, finanziell leistungsschwache Länder.[523] Die bundesdeutsche Finanzverfassung kennt den horizontalen Finanzausgleich aus Mitteln der Länder

---

[521] Bei wesentlicher Veränderung des Verhältnisses zwischen Einnahmen und Ausgaben des Bundes und der Länder sind die Anteile von Bund und Ländern an der Umsatzsteuer neu festzusetzen (Art. 106 Abs. 4 S. 1 GG).

[522] Mehr über den Finanzausgleichssystem in der Bundesrepublik in: W. Dreissig (Hrsg.), Probleme des Finanzausgleichs I, 1978; H. Pagenkopf, Der Finanzausgleich im Bundesstaat, F. Klein, Die Finanz- und Haushaltsreform, 1969; W. Renzsch, Finanzverfassung und Finanzausgleich, 1991.

[523] Vgl. BVerfGE 72, 386f.

(Länderfinanzausgleich), den vertikalen Finanzausgleich zwischen Bund und Ländern in Form von Ergänzungszuweisungen aus Mitteln des Bundes, und die Ausgleichsleistungen des Bundes an Gemeinden.[524]

Der vertikale Finanzausgleich gemäß Art. 106 GG verteilt die Steuereinnahmen zwischen Bund und Gesamtheit der Länder, ohne Rücksicht auf spezifische Bedürfnisse eines oder mehrerer Länder (primäre Steuerverteilung).[525] Der Bund gewährt nach Art. 106 Abs. 8 GG den Ländern oder Gemeinden (Gemeindeverbänden) spezielle Ausgleichsleistungen, wenn ihnen Einrichtungen des Bundes unmittelbar Mehrausgaben oder Mindereinnahmen (Sonderbelastungen) verursachen. Diese Bestimmung ist jedoch an den Vorbehalt geknüpft, dass solche Leistungen nur gewährt werden, wenn und soweit den Ländern oder Gemeinden nicht zugemutet werden kann, die Sonderbelastungen zu tragen.[526]

Den Ausgangspunkt für den Länderfinanzausgleich (horizontaler Finanzausgleich) bildet Art. 107 Abs. 2 GG, der den Bund verpflichtet, dafür Sorge zu tragen, dass die unterschiedliche Finanzkraft der Länder angemessen ausgeglichen wird. Das ist durch Bundesgesetz sicherzustellen und dabei sind die Finanzkraft und Finanzbedarf der Gemeinden (Gemeindeverbände) zu berücksichtigen. Der Bund hat also in einem "Länderausgleichsgesetz" (das der Zustimmung des Bundesrates bedarf) einen angemessenen finanziellen Ausgleich zwischen "leistungsfähigen" und "leistungsschwachen" Ländern sicherzustellen. In Art. 107 Abs. 2 S. 2 spricht das Grundgesetz von ausgleichsberechtigten Ländern, die Ausgleichsansprüche gegen die ausgleichpflichtigen Länder haben, die ihrerseits Ausgleichsvebindlichkeiten gegen jene haben. Wege des horizontalen Finanzausgleichs sind die Neuverteilung von Steuern und Ausgleichszahlungen der "reichen" an die "armen" Länder.[527] Der Landesfinanzausgleich ist auf einen angemessenen Ausgleich der Finanzkraft der Länder und nicht auf eine völlige Nivellierung der Finanzkraft der Länder ausgerichtet.[528] Nach dem Bundesverfassungsgericht wäre eine solche grundgesetzwidrig.[529] Sein Ziel ist vielmehr, die richtige Mitte zu finden zwischen der

---

[524] Vgl. H. Laufer, S. 156-157.

[525] Vgl. F. Ossenbühl, Landesbericht Bundesrepublik Deutschland, S. 144.

[526] Art.107 Abs.2 S.3 GG sieht die Möglichkeit vor, dass der Bund aus seinen Mitteln einen weiteren Finanzausgleich vornimmt, der auch als vertikaler Finanzausgleich bezeichnet wird. Durch das Finanzausgleichsgesetz kann sich der Bund verpflichten, aus seinen Mitteln leistungsschwachen Ländern zur ergänzenden Deckung ihres allgemeinen Finanzbedarfs Ergänzungszuweisungen zu gewähren. Dabei muss der Bund das föderative Gleichbehandlungsgebot gegenüber allen Ländern beachten (BVerfGE 72, 402f.), d.h. durch die Ergänzungszuweisungen darf die Finanzkraft jedes einzelnen Empfängerlandes die durchschnittliche Finanzkraft der Länder nicht überschreiten. Ergänzungszuweisungen dienen u.a. zum Ausgleich bestimmter Sonderlasten (z.B. Seehäfen in Hamburg, Bremen, Niedersachsen, Kosten politischer Führung in Ländern mit geringer Einwohnerzahl, besondere Probleme der Haushaltsstruktur).

[527] Als dritter Weg des horizontalen Finanzausgleichs bezeichnet Fritz Ossenbühl die Ergänzungszuweisungen aus Mitteln des Bundes, vgl F. Ossenbühl, Landesbericht Bundesrepublik Deutschland, S. 144.

[528] Unter Finanzkraft ist hier das Finanzaufkommen in den Ländern zu verstehen, nicht die Relation vom Aufkommen und besonderen Aufgabenlasten (lediglich bei den Gemeinden ist neben der Finanzkraft auch der Finanzbedarf zu berücksichtigen).

[529] Vgl. BVerfGE 1, 131.

Selbständigkeit, Eigenverantwortlichkeit und Bewahrung der Individualität der Länder auf der einen und der soliden gemeinschaftlichen Mitverantwortung für die Existenz und Eigenständigkeit der Bundesgenossen auf der anderen Seite.[530]

**4.** *Die Zuständigkeitsverteilung in der Steuergesetzgebung*

Wie die allgemeine Gesetzgebungszuständigkeit im föderativen System der Bundesrepublik zwischen Bund und Ländern aufgeteilt ist, so ist auch die Kompetenz für die Steuergesetzgebung zwischen Bund und Ländern geteilt. Die Verfassung bestimmt, welche Arten von Steuern es überhaupt geben soll und kann und legt fest, ob der Bund oder die Länder befugt sein sollen, über Einführung, Höhe und Erhöhung der jeweiligen Steuer zu entscheiden. D.h. sowohl der Bund als auch die Länder verfügen über die Steuerhoheit. Art. 105 GG, in dem die Gesetzgebungszuständigkeit auf dem Gebiet des Finanzwesens geregelt ist, bildet so eine wichtige Ergänzung der allgemeinen Zuständigkeitsregelungen.

Die ausschließliche Gesetzgebungskompetenz des Bundes ist nach Art. 105 Abs. 1 GG beschränkt auf Zölle und Finanzmonopole. Sein ausschließliches "Steuerfindungsrecht" beschränkt sich damit auf Gesetze, die Abgaben für Warenbewegungen über die Zollgrenze hinaus erheben (Zollgesetz, Zolltarifgesetz, Allgemeine Zollordnung). Der Bund darf keine neuen Finanzmonopole schaffen.[531]

Die konkurrierende Steuergesetzgebungsbefugnis des Bundes ist von grosser politischer und rechtlicher Bedeutung für die Steuerhoheit im deutschen Bundesstaat. Der Bund hat nach Art. 105 Abs. 2 GG eine konkurrierende Gesetzgebungskompetenz für alle "übrigen Steuern", wenn ihm entweder das Aufkommen dieser Steuern ganz oder teilweise zufließt, oder die Voraussetzungen des Art. 72 Abs. 2 GG ("die Herstellung gleichwertiger Lebensverhältnisse", "die Wahrung der Rechts- oder Wirtschaftseinheit") vorliegen. Eine dieser Voraussetzungen liegt in der Regel stets vor, so dass von einer umfassenden Gesetzgebungskompetenz des Bundes im Finanzwesen gesprochen werden kann. Daran hat auch die Änderung dieser Klausel durch die Verfassungsreform 1994 nichts geändert. Für die derzeitige Praxis der Steuergesetzgebung kann festgestellt werden, dass die konkurrierende Kompetenz des Bundes ausschließliche Zuständigkeit des Bundes bedeutet. Steuerrecht ist weitestgehend Bundesrecht; fast alle Steuern beruhen auf Bundesgesetzen.[532] In einem Bundesstaat, in dem die Gliedstaaten nicht die Möglichkeit haben, die Höhe wichtiger Steuern selbst zu bestimmen, erwarten die Bürger im Ergebnis, dass das

---

[530] BVerfGE 72, 398.

[531] Die Zollgesetzgebungskompetenz des Bundes hat durch die stetige Weiterentwicklung und immer differenziertere Ausgestaltung der Europäischen Union mehr und mehr abgenommen (so werden die nationalen Zollgesetze der EU-Mitgliedstaaten weitgehend von EU-Marktordnungsvorschriften mit Abschöpfungsregelungen ersetzt. Man kann daher feststellen, dass formale ausschließliche Bundeskompetenz in der Steuergesetzgebung politische keine Rolle spielt.

[532] Vgl. F. Ossenbühl, Landesbericht Bundesrepublik Deutschland, S. 143-144.

Leistungsniveau zwischen den einzelnen Gliedstaaten weitgehend gleich ist und die unitarischen Lösungen bevorzugt werden.[533]

Für die Länder bleibt nach dieser Sachlage kaum eine ausschließliche Befugnis für den Erlaß von Steuergesetzen.[534] Nach Art.105 Abs. 2a GG ist den Ländern nur die Befugnis zur Gesetzgebung über die örtlichen Verbrauchs- und Aufwandsteuern ausdrücklich vorbehalten, aber auch dies mit dem Vorbehalt, dass sie nicht mit bundesgesetzlich geregelten Steuern gleichartig sind.[535] Allerdings bedürfen Bundesgesetze über Steuern, deren Aufkommen den Ländern oder den Gemeinden ganz oder zum Teil zufließt (z.b. Einkommen-, Körperschafts-, Umsatzsteuer), der Zustimmung des Bundesrates (Art. 105 Abs. 3 GG). Die Länder haben über dieses Bundesorgan Einfluß auf die Bundesgesetzgebung und können zumindest selber verhindern, dass sie durch den Bund "finanziell ausgetrocknet" werden.

**5.** *Die Finanzverwaltung der Bundesrepublik Deutschland*

Im Wege des Kompromisses zwischen Vertretern des Parlamentarischen Rates und den Besatzungsmächten wurde eine neue Gewalten- und Zuständigkeitsverteilung für die Finanzverwaltung geschaffen. Die Finanzverwaltung wurde entsprechend der Steuerertragshoheit in eine Bundesfinanzverwaltung und in Landesfinanzverwaltungen aufgeteilt (Art. 108 GG).[536] Die Bundesfinanzverwaltung hat nach Art. 108 Abs. 1 GG die Zölle, Finanzmonopole, die bundesgesetzlich geregelten Verbrauchsteuern einschließlich der Einfuhrumsatzsteuer und die Abgaben im Rahmen der Europäischen Gemeinschaften zu verwalten. Die Landesfinanzverwaltungen sind für die Erhebung, Verwahrung und Weiterführung aller übrigen Steuern zuständig (Art. 108 Abs. 2 S. 1 GG). Wenn die Landesfinanzbehörden die Steuern verwalten, die ganz oder zum Teil dem Bund zufliessen, werden sie im Auftrag des Bundes tätig (Art. 108 Abs. 3 GG). Auf diese Weise wird für die wirtschaftlich wichtigsten Steuern eine geteilte Verwaltung vermieden und die Einheitlichkeit der Erhebung sichergestellt. Und das ist auch richtig so, da in einer föderativen Ordnung sowohl aus rechtsstaatlichen Gründen (Gleichheitsprinzip) als auch aufgrund wirtschafts- und finanzpolitischer Notwendigkeiten eine gleichmäßige Erhebung der wichtigsten öffentlichen Abgaben sichergestellt werden muss.[537]

---

[533] Vgl. P. Selmer, Grundsätze der Finanzverfassung des vereinten Deutschlands, in: P. Selmer/F. Kirchhof, Finanzverfassung, 1993, S. 10-70, hier S. 20ff.

[534] Vgl. H.A. Kremer, Der Bayerische Landtag als Steuergesetzgeber, 1994.

[535] Hierunter fallen z.B. die Vergnügung-, die Getränke-, die Hunde-, die Jagd-, die Fischerei- und die Schankerlaubnissteuern. Da der Ertrag dieser Steuern nicht immer in einem angemessenen Verhältnis zu den Verwaltungskosten steht, haben einige Länder bereits auf diese Steuern verzichtet (Bayern 1979); vgl. Laufer/Münch, S. 156.

[536] Zur Entstehungsgeschichte und zur Praxis der Regelung des Grundgesetzes über die Finanzverwaltung vgl. S. Öeter, Die Finanzverwaltung im System der bundesstaatlichen Kompetenzverteilung, 1997.

[537] Vgl. Laufer/Münch, S. 183.

## 4. *Die Einordnung der bundesstaatlichen Ordnung des Grundgesetzes*

Die Entwicklung des föderativen Systems der Bundesrepublik ist durch integrative Tendenzen gekennzeichnet, die im Wege einer Kompetenzverlagerung auf den Bund zu einer Vereinheitlichung (Unitarisierung) sowie in Verbindung mit einer zunehmenden Verschränkung der verschiedenen staatlichen Hoheitsrechte zu einem grösseren Bedarf an dem konzentrierten und gemeinsamen Handeln der bundesstaatlichen Wirkungseinheiten (kooperativer Föderalismus) geführt haben.[538]

Wenn über die Unitarisierung des deutschen Föderalismussystems gesprochen wird, darf nicht übersehen werden, dass ein Grossteil dieser Entwicklung bereits im "ursprünglichen" Grundgesetz angelegt war: Die bundesstaatliche Tradition in Deutschland ist "seit jeher eine unitarische",[539] das Werk des Parlamentarischen Rates ist durch diese Tradition nachhaltig beeinflußt worden und der vom Grundgesetz geschaffene Bundesstaat ist treffend unitarischer Bundesstaat genannt worden.[540] Die unitarische Tradition schlägt sich nieder in

- einer umfangreichen Zuständigkeit des Bundes zur Gesetzgebung;
- der Übertragung der Ausführung der Bundesgesetze und der übrigen Staatsverwaltung auf die Länder;
- der Mitwirkung der Länder bei der Bildung des Bundeswillens durch den Bundesrat, "einer im bundesstaatlichen Vergleich durchaus einmaligen, spezifisch deutschen Institution".[541]

Die Vorschriften des Grundgesetzes über Gesetzgebungskompetenzen haben seit 1949 zahlreiche Änderungen erfahren.[542] Durch die Erweiterung des Kataloge des Art. 74 GG wurden den Ländern Kompetenzen entzogen und dem Bund zugänglich gemacht.[543] Sie betreffen namentlich das Atomrecht, das Verkehrswesen, den öffentlichen Dienst, die Förderung der wissenschaftlichen Forschung, das Hochschulrecht und den Umweltschutz. Die Entmachtung der Länder und vor allem der Länderparlamente,[544] besonders im Bereich der Gesetzgebung, hat ein Maß erreicht, bei dem weitere Schmälerungen die Frage aufwerfen, ob "die grundgesetzliche Mitwirkung der Länder bei der Gesetzgebung" im Sinne des Art. 79 Abs. 3 GG noch gewahrt ist.[545] Die meisten Sachgebiete wurden von der konkurrierenden Gesetzgebung nach Art. 72 GG erfaßt. Bis zur Verfassungsreform 1994 war der Bund im Rahmen der Sachgebiete aus Art. 74 GG beauftragt, eine einheitliche Regelung zu treffen, wenn "die Wahrung der Rechts- oder

---

[538] H.-J. Blanke, S. 52.

[539] Kilper/Lhotta, S. 99.

[540] Vgl. M. Bothe, Föderalismus und regionale Autonomie, S. 144; K. Hesse, Der unitarische Bundesstaat, 1962.

[541] Kilper/Lhotta, S. 99.

[542] Vgl. H-P. Schneider, Kooperation, Konkurrenz oder Konfrontation? Entwicklungstendenzen des Föderalismus in der Bundesrepublik S. 103, wonach 24 Grundgesetzänderungen eine Kompetenzerweiterung von Bundesorganen auf Kosten der Länder zum Gegenstand hatten.

[543] H.-J. Blanke, S. 52.

[544] Vgl. H. Eicher, Der Machtverlusst der Landesparlamente, S. 131f.

[545] F. Ossenbühl, Landesbericht Bundesrepublik Deutschland, S. 132.

Wirtschaftseinheit, insbesondere die Wahrung der Einheitlichkeit der Lebensverhältnisse" über das Gebiet eines Landes hinaus dies erfordert.[546] Diese unbestimmte Formulierung des Art. 72 Abs. 2 Ziff. 3 GG eröffnete dem Bund die Möglichkeit, fast jedes Bundesgesetz über die Gegenstände des Art. 74 zu verabschieden,[547] zumal ihm dabei ein Beurteilungs- bzw. Ermessensspielraum hinsichtlich der Voraussetzungen des Art. 72 Abs. 2 Ziff. 3 GG zustand, der nicht justitiabel sein soll.[548] Unitarisierung bedeutet dabei das "Zurücktreten regionaler Besonderheiten zugunsten fortschreitender Angleichung des Rechtszustandes und der Lebensverhältnisse innerhalb des Bundesgebietes".[549] Unitarisierend wirkte auch das Sozialstaatsprinzip. Das Grundgesetz hat, wie es in Art. 20 Abs. 1 GG statuiert ist, einen "sozialen Bundesstaat" errichtet. Der Sozialstaat zielt auf Normalität; Gleichheit ist sein wesentliches Kriterium und Ziel.[550] Die Verwirklichung des Sozialstaates drängt also auf Vereinheitlichung, der Bundesstaat – auf Vielfalt der Lebensverhältnisse. Die Kraft des Sozialstaatsprinzips erwies sich als beherrschend.

Die Einheitlichkeit der Lebensverhältnisse in den Ländern ist auch das Ergebnis der Verfassungswirklichkeit, nicht nur des Verfassungsrechts.[551] In der Bundesrepublik Deutschland würde, was in anderen Bundesstaaten wie etwa der Schweiz, ohne weiteres hingenommen wird, es als unerträglich empfunden, wenn man beispielsweise in Bayern höhere Einkommenssteuern bezahlen müsste als in Niedersachsen. Auch die unterschiedliche Beamtenbesoldung in Bund und Ländern wurde durch Grundgesetzänderung beseitigt. Spätestens beim Geld hört also der Drang nach bundesstaatlicher Vielfalt auf.[552] Insgesamt gesehen kann man sagen, dass während im 19. Jahrhundert die Länder noch „historisch gewachsene Staatswesen mit je eigener, durch Geschichte, Stammesbewußtsein und angestammtem Herrscherhaus geprägter Individualität"[553] waren, die Kriegswirren, Wirtschaftskrisen und technologischen Entwicklungen des 20. Jahrhunderts zu einer wachsenden Mobilität der Bevölkerung geführt und das allgemeine Zusammengehörigkeitsgefühl – zunächst im nationalstaatlichen, später im kulturstaatlichen Sinn – auch über die Ländergrenzen hinweg gestärkt haben.[554] Zugleich wurde in der Bundesrepublik der Kreis jener Aufgaben, die ihrer Natur nach am besten im Rahmen eines Landes erfüllt werden können, eng zusammengeschmolzen. Auch die Entwicklung zur modernen Industriegesellschaft verlangte nach einer weitgehenden Einheitlichkeit und Gleichmäßigkeit der Lebensverhältnisse. Die Wirkungsweise der bundesstaatlichen

---

[546] Nach der Verfassungsänderung von 1994 hat Art. 72 Abs. 2 GG folgende Fassung: "Der Bund hat in diesem Bereich das Gesetzgebungsrecht, wenn und soweit die Herstellung gleichwertiger Lebensverhältnisse im Bundesgebiet oder die Wahrung der Rechts- und Wirtschaftseinheit im gesamtstaatlichen Interesse eine bundesgesetzliche Regelung erforderlich macht".
[547] Vgl. H. Laufer, Der Föderalismus in der Bundesrepublik Deutschland, S. 40
[548] BVerfGE 2, 213, 224f.; vgl. H.-J. Blanke, S. 53.
[549] K, Hesse, Aspekte des kooperativen Föderalismus, S. 143.
[550] H.-J. Blanke, S. 53.
[551] Vgl. F. Ossenbühl, Landesbericht Bundesrepublik Deutschland, S. 153.
[552] Ders., a.a.O.
[553] K. Hesse, Grundzüge des Verfassungsrechts der Bundesrepublik Deutschland, S. 91.
[554] H.-P. Schneider, Kooperation, Konkurrenz oder Konfrontation? S. 96.

Ordnung hat sich grundlegend gewandelt.[555] Nicht mehr Heimatverbundenheit, Stammestradition, Religionszugehörigkeit oder sonstige geschichtliche und kulturelle Zusammenhänge erfüllen die Bundesstaatsidee mit Leben, sondern andere, für den Integrationsprozess des politischen Gemeinwesens mindestens ebenso wichtige Elemente: Der Bundesstaat ergänzt und verstärkt die demokratische Ordnung, die Gewaltenteilung sowie den sozialen Rechtsstaat und verwirklicht damit ein Stück konkreter politischer Freiheit.[556]

Die Stärkung des Bundes im Gesetzgebungsbereich wurde durch eine Anreicherung seiner Verwaltungsmacht begleitet, insbesondere im Bereich der Gemeinschaftsaufgaben (Art.91a GG) und der Investitionshilfe (Art. 104a Abs. 4 GG).[557] Diese Grundgesetzänderungen haben zu einer intensiven Verflechtung der Verwaltungsräume von Bund und Ländern geführt,[558] womit zugleich das Phänomen des kooperativen Föderalismus angesprochen ist. Die oben dargestellte sog. zweite, "unitarische" Phase der Entwicklung der bundesstaatlichen Ordnung der Bundesrepublik, die durch die Vereinheitlichung von Rechtsmaterien gekennzeichnet war, wurde von einer dritten, dem "kooperativen Föderalismus", abgelöst.[559]

Mit dem "kooperativen Föderalismus"[560] wird das Phänomen eines alle Bereiche der Staatstätigkeit umfassenden konzertierten Handels bezeichnet, der dazu geführt hat, dass man "heute kaum noch von klar abgrenzbaren Entscheidungsprozessen des Bundes oder der Länder sprechen kann."[561]

Aufgrund der Form der Arbeitsteilung, welche im Grundgesetz vorhanden ist, nämlich die Verteilung der staatlichen Aufgaben nach Kompetenzarten und nicht nach Politikfeldern (wie dies im US-amerikanischen Bundesstaat der Fall ist), ist die Zusammenarbeit der beiden Ebenen unverzichtbar. Ähnlich wirkt sich die Bundesratslösung aus: Auf diese Weise sind es die Regierungen der Länder (und nicht die Abgeordneten, die von der Bevölkerung in den Gliedstaaten gewählt werden, wie beim Senatsmodell), die an der Gesetzgebung des Bundes mitwirken. Diese Konstruktion macht die Zusammenarbeit von vornherein zur Voraussetzung. Darüber hinaus werden als wichtigste Gründe der ständige Aufgabenzuwachs für den Staat und die zunehmende Komplexität von Problemen genannt, die ein gemeinschaftliches Vorgehen aller staatlichen Ebenen zur Effektivierung des staatlichen Systems notwendig machen.[562] Kooperativer Föderalismus erscheint insoweit als Mittel der Anpassung der bundesstaatlichen Ordnung an die Erfordernisse des modernen Planungs-, Lenkungs- und Vorsorgestaates.[563]

---

[555] H.-P. Schneider,ebd., S. 97.
[556] Vgl. K. Stern, Staatsrecht, S. 493, auch H.-P. Schneider, ebd., S. 97ff.
[557] H.-J. Blanke, S. 53.
[558] Vgl. F. Ossenbühl, Föderalismus nach 40 Jahre Grundgesetz, in: DVBl, 1989, S. 1233f.
[559] H.-P. Schneider, Deutsch-Spanischens Verfassungsrechts-Kolloquium, S. 176.
[560] Der Begriff kommt aus den USA, wo er als Gegenbegriff zu dem aus der Gründerzeit stammenden "Dualistischen Föderalismus" als unkoordiniertes Nebeneinander oder gar Gegeneinander von Union und Einzelstaaten geprägt wurde.
[561] H.-J. Blanke, S. 54.
[562] Kilper/Lhotta, S. 178.
[563] Dies., a.a.O.

Der Umstand, dass im Rahmen der Kooperation der verschiedenen staatlichen Akteure ein Geflecht von sich überschneidenden Zuständigkeiten, von Koordinations- und Absprachemustern sowie von formellen und informellen Mitsprachebefugnissen entstand, wird als Politikverflechtung bezeichnet. Dieser Begriff umschreibt die Tatsache, dass in einem Bundesstaat die zahlreichen Organisations- und Entscheidungsebenen sowohl horizontal als auch vertikal miteinander verzahnt sind.[564] Zu den Besonderheiten der bundesdeutschen Politikverflechtung im Bundesstaat gehört, dass sich neben dem intensiven Zusammenwirken von Bund und Ländern bereits frühzeitig auch eine Zusammenarbeit zwischen den Ländern, die Kooperation auf der sogenannten "dritten Ebene" als Grundmuster einspielte.[565] Die sog. Selbstkoordination der Länder war sowohl von faktischen Zwängen (die Notwendigkeit der Bewältigung akuter Versorgungsprobleme in der unmittelbaren Nachkriegszeit) als auch von Interessen der Länder selbst geleitet: So gingen bereits in Herrenchiemsee sogar Verfechter der Senatslösung und des Trennprinzips davon aus, dass auch in den Bereichen, die ausschließlich den Ländern vorbehalten bleiben sollten, die Rechtseinheit durch zwischenstaatliche Vereinbarungen zwischen den Ländern gesichert werden sollte.[566] Zu diesem Zweck trafen sich die Landesminister und die Ministerpräsidenten der Länder auf zonalen und interzonalen Koordinierungskonferenzen. Die Länder entschieden sich damals als für die Strategie der (oben genannten) horizontalen Selbstkoordination und waren nicht daran interessiert, als eigenständige politische Einheiten aufzutreten.[567] Im Ergebnis dieser Koordination auf der "dritten Ebene" gelang es den Ländern, ihre gemeinsame Handlungsfähigkeit gegenüber dem Bund zu sichern, aber gleichzeitig verlor jedes einzelne Land – und dabei vor allem die Landtage – auf diese Weise einen Grossteil seiner Gestaltungsautonomie.

Die auch durch den kooperativen Föderalismus bedingte Entmachtung der Länderparlamente führte im Wege eines entsprechenden Machtzuwachses der Landesregierungen gleichzeitig zu einer Aufwertung des Bundesrates.[568] Parallel zur teilweisen Neutralisierung und Entpolitisierung der Länderparlamente vollzog sich so ein Machtgewinn des Bundesrates.[569] Die Rolle des Bundesrates als Medium der Partizipation der Länder am Entscheidungsprozess des Bundes wurde durch den kooperativen Föderalismus noch verstärkt, der dieses Organ – ohne es im Regelfall in die kooperativen Verfahren selbst einzubeziehen[570] - von seiner ehemaligen Randlage

---

[564] Laufer/Münch, S. 186.

[565] Vgl. F.W. Scharpf, Der Bundesrat und die Kooperation auf der "dritten Ebene", 1989.

[566] Vgl. Ders., S. 34f.; Kilper/Lhotta, S. 179.

[567] Die Länder verzichteten sowohl aus politischen Gründen als auch aufgrund der Furcht vor zu grossen Belastungen darauf, einen Anspruch auf die Überführung früherer Aufgaben des Bundes in autonome Landeskompetenzen zu erheben. Statt dessen verlegten sie sich darauf, überregionale Aufgaben wie die Forschungsförderung inhaltlich abzustimmen und auch gemeinsam zu finanzieren, vgl. Laufer/Münch, S.186.

[568] H. Lemke, Kompetenzen der Länderparlamente, S. 203f.

[569] H.-J. Blanke, S. 56.

[570] Vgl. R. Herzog, Stellung des Bundesrates, §44, Rn. 13; K.Stern, Die föderative Ordnung, S. 27.

stärker in das Zentrum des politischen Machtprozesses gerückt hat.[571] Zu bemerken ist hier auch, dass zwar die Zusammenarbeit zwischen den Ländern auf der horizontalen Ebene bis heute eine sehr wichtige Komponente des kooperativen Föderalismus ist. Man kann aber feststellen, dass diese Selbstkoordination der Länder allmählich an Bedeutung verlor und statt dessen die Zusammenarbeit mit den Institutionen des Bundes, also die vertikale Koordination und Kooperation, wichtiger wurde.[572] Seit Anfang der 90er Jahre lässt sich eine erneute Umorientierung beobachten: Infolge der deutschen Vereinigung verstärkten die Länder ihre Bemühungen um Selbstkoordination, um auf diese Weise Landesinteressen besser gegenüber dem Bund wahren zu können.[573]

Zusammenfassend lässt sich der vom Grundgesetz geschaffene Bundesstaat durch zwei Elemente kennzeichnen: Durch eine Zentralisierung, die durch Partizipation gemäßigt ist, und durch Selbstkoordinierung der Länder bzw. von Bund und Ländern. Außerdem hat der deutsche Föderalismus im Laufe der Zeit ein Maß an Zentralisierung erreicht, das keine weitere Entwicklung in diesem Sinne zulässt, ohne die Rolle des Föderalismus als ein Element politischer Mäßigung, ja das Gleichgewicht des bundesstaatlichen Systems zu gefährden.[574]

---

[571] H. Laufer, Der Föderalismus in der Bundesrepublik Deutschland, S. 41.
[572] Laufer/Münch, S. 188.
[573] Vgl. A. Benz, Neue Formen der Zusammenarbeit, in: DöV, 46, 1993, S. 881-889.
[574] Vgl. M. Bothe, Föderalismus und regionale Autonomie, S. 144f.; R. Herzog, Wandel des Föderalismus, S.41f.; H.-J. Blanke, S. 53.

## II. Die Grundzüge des Staates der Autonomen Gemeinschaften

### 1. Die grundlegenden Strukturprinzipien

In der Verfassung Spanien von 1978 ist die Form der territorialen Organisation nicht eindeutig festgelegt worden. Auch ergeben die verschiedenen Teilregelungen in der Verfassung kein vollständiges Bild des Autonomiestaates. Vielmehr überläßt die Verfassung der verfassungsrechtlichen Dogmatik und der Staatspraxis, aus den fragmentarischen Teilregelungen den Staat der Autonomen Gemeinschaften weiter auszubilden und fortzuentwickeln. Die Rechtsprechung des Verfassungsgerichts bildet faktisch eine der Elemente der territorialen Verfassung des Staates.[575] Dennoch deutet die Verfassung selbst in ihren territorialen Organisationsbestimmungen einen bestimmten Funktionssinn des Autonomiestaates an. In zahlreichen Organisations-, Kompetenz- und Verfahrensvorschriften gestaltet die Verfassung den Autonomiestaat näher aus und zeichnet wesentliche Strukturen vor.

Einheit und Autonomie kennzeichnen nach Art. 2 SV das Beziehungsgefüge politischer Entscheidungen im Staat der Autonomen Gemeinschaften. Sie sind grundlegend für den inneren Aufbau und das Funktionieren des Autonomiestaates[576] und spielen in sämtlichen Fragen der Territorialordnung des Staates eine entscheidende Rolle. Das Verfassungsgericht Spaniens, das für die Entwicklung und Konstruktion des neuen Modells territorialer Organisation der Verfassung eine besonders wichtige Rolle gespielt hat, zog diese beiden Prinzipien zur Entscheidungsfindung immer wieder heran.[577] Die Prinzipien der Einheit und Autonomie sind eng miteinander verknüpft – die Autonomie setzt die Einheit voraus und erhält ihre Daseinsberechtigung aus dem Einheitsprinzip. Umgekehrt bezieht auch das Einheitsprinzip seine Existenzberechtigung zum großen Teil aus der Autonomie. Als Synthese ergibt sich aus ihnen der Autonomiestaat.[578]

### A. Das Einheitsprinzip

Artikel 2 SV lautet: *"Die Verfassung stützt sich auf die unauflösliche Einheit der spanischen Nation, gemeinsames und unteilbares Vaterland aller Spanier, und anerkennt und gewährleistet das Recht auf Selbstverwaltung der Nationalitäten und Regionen, die ihr Bestandteil sind, und auf die Solidarität zwischen ihnen".*

Die in diesem Artikel hervorgehobene "unauflösliche Einheit der spanischen Nation" ist das grundlegende Element der territorialen Organisation der staatlichen Gewalt. Dazu erklärt auch Art. 1 Abs. 2 SV: "Die nationale Souveränität ruht in dem spanischen Volk, von dem alle Staatsgewalt ausgeht". Durch diese beiden Artikel wird klargestellt, dass nur dem Königreich Spanien die drei Elemente der Staatlichkeit,

---

[575] Vgl. P. Cruz Villalón, Die Neugliederung des Spanischen Staates, in: JöR, Bd. 34, 1985, S. 231.
[576] Vgl. K.Wendland, S. 91; T. Wiedmann, S. 195; H.- J. Blanke, S. 61-62.
[577] Mehr dazu s. in: K. Wendland, S. 126-129.
[578] T. Wiedmann, S. 195.

Staatsvolk, Staatsgewalt und Staatsgebiet, zuzuordnen sind; die Verfassung anerkennt somit nur einen Souverän, das spanische Volk. Das Verfassungsgericht hat in einem seiner ersten Urteile erklärt, dass die Einheit der spanischen Nation der Ausgangspunkt der spanischen Verfassung ist, und dass deren Staatsgewalten vom spanischen Volk als Träger der nationalen Souveränität ausgehen.[579] Die Einheit wird für das gesamte nationale Territorium durch eine Organisation verkörpert: den Staat.[580] Dem Prinzip der Einheit verleiht die Verfassung in vielen ihrer anderen Vorschriften Substanz: Sie bekennt sich zu einer einzigen Rechtsordnung (Art. 1), gewährleistet ein einheitliches Wirtschaftsgebiet (Art.131, 138 Abs. 2, 139 Abs.2, 159 Abs. 2) und schreibt für alle Spanier gleiche Rechte und Pflichten vor (Art. 139 Abs.1). Daraus wurde zwingend die Einheit des Staates gefolgert – mit den Erfordernissen einer einheitlichen Organisation, einer einzigen Völkerrechtspersönlichkeit, einer einheitlichen Vertretung nach außen, einer einzigen Staatsangehörigkeit.[581] Nach der Rechtsprechung des Verfassungsgerichts[582] sind auch die Autonomen Gemeinschaften territoriale Gebietskörperschaften des Staates, und zugleich politische Entscheidungs- sowie Regierungsinstanzen mit der Befugnis, die Gebietskörperschaften politisch zu führen. Das Einheitsprinzip bildet die Grundlage und den Ausgangspunkt für die Existenz substaatlicher autonomer Gemeinschaften, gleichzeitig stellt es aber eine Beschränkung für die Anwendung des Autonomieprinzips dar. Es rechtfertigt die Zuweisung von speziellen Kompetenzen an den Staat, da durch die Bindung der Ausübung des Autonomieprinzips an die diesbezüglichen Interessen (Art. 137 SV) dem Zentralstaat implizit die Verteidigung der allgemeinen Interessen vorbehalten ist.[583]

### B. *Das Autonomieprinzip*

Das Autonomieprinzip ist verfassungsrechtlich als ein Recht (und nicht eine Pflicht) festgelegt, das sich aus Art. 2 SV ergibt. Der Grundsatz, der die Verfassung auf der "unteilbaren Einheit der spanischen Nation" ruhen lässt, schreibt das Recht auf Autonomie "der Nationalitäten und Regionen (fest), die sie (die Nation) bilden". Diese Unterscheidung zwischen Regionen einerseits und Nationalitäten (*nacionalidades*) andererseits hat keine Bedeutung für die inhaltliche Qualität der Autonomie, da die

---

[579] STC 4/1981 vom 2. 2. in JC Bd.1, S. 44.
[580] Der Begriff des Staates im Hinblick auf seine Verwendung in der spanischen Verfassung ist ambivalent: teilweise bezeichnet er die gesamte rechtlich-politische Organisation der spanischen Nation einschließlich der Regionen, Nationalitäten und anderen autonomen Gebietskörperschaften (in Art. 1, 56, 137 SV sowie in der Überschrift des Titels VIII der Verfassung), teilweise nimmt dieser Terminus nur auf die Gesamtheit der zentralen und peripheren Institutionen und Organe des Zentralstaates im Gegensatz zu den autonomen Gebietskörperschaften Bezug (in Art. 3 Abs.1, 149, 150 SV). Diese zweideutige Verwendung des Begriffs "Staat" in der Verfassung hat die Feststellung des Verfassungsgerichts veranlasst, dass die Autonomien als öffentlich-rechtliche Körperschaften auf territorialer Grundlage von ihrer politischen Natur auch "Staat" sind (vgl. STC 25/198). Folglich stelle der spanische Staat einen zusammengesetzten Staat ("Estado compuesto") dar, vgl. STC 1/1982 v. 28. 1. 1982.
[581] Vgl. T. Wiedmann, S. 195-196.
[582] Vgl. STC 38/1982, STC 32/1983.
[583] Vgl. H.-J. Blanke, S. 62; T. Wiedmann, S. 196.

Nationalitäten und Regionen in der Verfassung eine Gleichbehandlung erfahren.[584] Erstens wird in der Verfassung nirgends spezifiziert, was die "Nationalitäten" und was die "Regionen" sind,[585] und zweitens war schon zuvor beschlossen worden, dass das spanische Staatsgebiet in Autonome Gemeinschaften aufgegliedert sei, wobei den Cortes sogar die Fähigkeit zugesprochen wurde, das "Recht auf Autonomie" für jene Teile des Landes auszuüben, die es nicht wahrnehmen wollten (Art.144c).[586] Art. 137 SV bestimmt, dass sich der Staat territorial in Gemeinden, Provinzen und die sich gründenden Autonomen Gemeinschaften gliedert, die alle für die Wahrnehmung ihrer jeweiligen Interessen Autonomie genießen. Das Autonomieprinzip hat aber unterschiedliche Bedeutungen für die Autonomen Gemeinschaften und die lokalen Körperschaften.[587] Von Anbeginn seiner Rechtsprechung hat das Verfassungsgericht die Selbstregierung der Nationalitäten und Regionen von der bloßen Selbstverwaltung (*autonomía administrativa*) der Gemeinden und Provinzen unterschieden. Selbstregierung der Autonomen Gemeinschaften bedeute, dass diese in den ihrer Selbstregierung unterliegenden Materien eine eigene Politik entwerfen und verfolgen kann. In diesem Sinne definierte das Verfassungsgericht die Autonomen Gemeinschaften als "öffentliche Gebietskörperschaften politischer Natur."[588] Die verfassungsrechtliche Gewährleistung der Selbstregierung der gegründeten Autonomen Gemeinschaften ist also im Sinne der politischen Selbstbestimmung mit exekutiver, verwaltungsmäßiger und legislativer Gewalt auszulegen; sie beinhaltet auch finanzielle Autonomie.[589] Das Verfassungsgericht definierte jedoch deutlich, dass Autonomie auf eine beschränkte Gewalt Bezug nimmt. Autonomie sei nicht Souveränität. Eine Autonome Gebietskörperschaft stelle immer nur einen Teil eines ganzen dar.[590] Das Verfassungsgericht interpretierte die Autonomie der Nationalitäten und Regionen dahin, dass sie auf deren jeweiliges Gebiet beschränkt sei. Dazu führte das Gericht aus, die Autonomen Gemeinschaften seien öffentlich-rechtliche Körperschaften ohne Staatscharakter auf territorialer Basis.[591] Das Autonomieprinzip bedeutet zugleich Einheit und Autonomie. Die Autonomen Gemeinschaften bleiben

---

[584] P. Cruz Villalón, Die Neugliederung des Spanischen Staates, in: JöR, 34, 1985, S. 198; H.-J. Blanke, S. 62.

[585] Tatsächlich erscheint der Dualismus Nationalitäten-Regionen einzig und allein in Art. 2 SV. Ab Art. 3 spricht die Verfassung nur von Autonomen Gemeinschaften oder, wenn das nicht möglich ist, von "Territorien".

[586] Die in der Verfassung vollzogene Anerkennung verschiedener Nationalitäten bedeutet aber gleichzeitig die Anerkennung der Existenz verschiedener Volksgruppen innerhalb ein und desselben Staates, demzufolge also, der sich in einer Vielfalt von Kulturen und Sprachen ausdrückt, von denen keine die Berechtigung besitzt, das Erscheinungsbild Spaniens allein zu bestimmen. Schließlich gibt Art. 2 SV die Gewissheit darüber, dass die verschiedenen Nationalitäten und Regionen in einer einzigen Nation, der spanischen Nation, integriert sind, die wiederum aber nur als zusammengesetzte (*compuesta*) oder komplexe (*compleja*) Nation gedacht werden kann, vgl. P. Cruz Villalón, ebd., S. 198.

[587] Vgl. J.A. Gonzalez Casanova, Die Entwicklung der Autonomie in Spanien, S. 158.

[588] STC 25/1981.

[589] Vgl. K. Wendland, S. 94.

[590] STC 4/1981.

[591] STC 25/1981.

also – aufgrund des Einheitsprinzips – staatliche Körperschaften, die auch (die einzige) staatliche Gewalt ausüben;[592] sie üben in jedem Fall abgeleitete Staatsgewalt aus; sie besitzen keine Staatsqualität. Autonomie und Einheit widersprechen sich demnach nicht. Die Autonomie leitet sich von der Einheit des Staates ab und wird durch sie begrenzt. Anders gesagt: Das Prinzip der Autonomie setzt das Prinzip der Einheit voraus. Beide Prinzipien sind untrennbar miteinander verbunden.[593]

## 2. Verbindliche Prinzipien für die Autonomen Gemeinschaften

Neben den Prinzipien der Einheit und Autonomie nennt die Verfassung eine Reihe von besonderen Strukturprinzipien, die den Bestand der einheitlichen verfassungsrechtlichen Ordnung gewährleisten sollen. Diese Prinzipien werden als Integrationsprinzipien bezeichnet. Besondere Bedeutung entfalten sie als verbindliche Prinzipien für die autonome Kompetenzausübung. Als solche nennt die Verfassung das Kompetenz-, Solidaritäts- und Gleichheitsprinzip.[594] Die Verfassungsrechtsprechung hat darüber hinaus das Prinzip der Treue gegenüber der Verfassung und das Prinzip der wirtschaftlichen Einheit entwickelt.[595]

*A. Das Kompetenzprinzip*
Das Kompetenzprinzip bestimmt die Verteilung der Kompetenzen zwischen den Instanzen des Zentralstaates und der Autonomen Gemeinschaften. Dieses Prinzip lässt sich aus Art. 147 Abs. 2 d sowie Art. 148, 149 SV entnehmen. Das Verfassungsgericht hat festgestellt, dass nur verfassungsrechtliche Normen, zu denen die Verfassung und die Statuten der Autonomen Gemeinschaften zählen (*bloque de constitucionalidad*) die Kompetenzen bestimmen können. Die verfassungsrechtlichen Normen weisen dem Zentralstaat die erforderlichen Mittel zu und übertragen ihm die Aufgabe, die Verteidigung der Gesamtinteressen zu übernehmen.[596] Die Erfordernisse des allgemeinen Interesses, das stets das Gesamtinteresse des spanischen Staates zum Bezugspunkt hat, sind in ihren Grundzügen verfassungsrechtlich festgelegt, wobei

---

[592] Vgl. M. J. Montoro Chiner, Spanien als Staat der Autonomen Gemeinschaften, in: DöV, 3/1987, S. 87.

[593] Hier ist unbedingt zu bemerken, dass nach der Rechtsprechung des Verfassungsgerichts das Einheitsprinzip eine gewisse Vorrangstellung gegenüber dem Autonomieprinzip geniesst. Das Verfassungsgericht erklärte, dass als Folge des Einheitsprinzips und des Vorrangs des Interesses der Nation in bestimmten Vorschriften die übergeordnete Position des Staates zum Ausdruck kommt (z.B. Art. 148 Abs. 1 Nr.2, auch Art.150 Abs. 3 und 155 SV). Das Verfassungsgericht betonte aber zugleich, dass die staatliche Überordnung auf die in der Verfassung vorgeschriebenen Fälle beschränkt und an das allgemeine Interesse, das seinerseits das Einheitsprinzip definiert und begrenzt, gebunden ist. Ein grundsätzlichen Über-Unterordnungsverhältniss zwischen Staat und Autonomen Gemeinschaften besteht nicht, vgl. STC 4/1981, auch K. Wendland, S. 95.

[594] Vgl. M. J. Montoro Chiner, Spanien als Staat der Autonomen Gemeinschaften, in: DöV, 3/1987, S. 87.

[595] Vgl. H.-J. Blanke, S. 67-72.

[596] STC 4/1981, STC 25/1981, STC 37/1981.

darüber hinausgehende Konkretisierungen mittels der Statute oder staatlicher Normen möglich sind. Dem Zentralstaat sind damit die wesentlichen Zuständigkeiten im Hinblick auf die gesetzliche Ausgestaltung, Zielsetzung sowie die einheitliche Behandlung und Bestimmung der grundsätzlichen Angelegenheiten überantwortet.[597] Obwohl der Zentralstaat kein Monopol hinsichtlich der Wahrung der Gesamtinteressen besitzt, erteilt die Verfassung ihm eine "Ausnahmegenehmigung" (Art. 150 Abs. 3 SV) zum Eingriff in die Autonome Kompetenzsphäre, falls die Wahrung des Gesamtinteresses dies erforderlich macht.[598]

**B. Das Solidaritätsprinzip**

Außer in Art. 2 SV findet sich das Prinzip der Solidarität an verschiedenen Stellen des Verfassungstextes, überall dort, wo die Wirtschafts-, Sozial- und Haushaltspolitik thematisiert werden (Art. 45 Abs.2, 138 Abs.1, 156 Abs.1, 158 SV). Gemäß Art. 138 Abs.1 SV gewährleistet der Staat die Verwirklichung des Solidaritätsprinzips, "indem er über die Herbeiführung eines angemessenen und gerechten wirtschaftlichen Gleichgewichts zwischen den verschiedenen Teilen des spanischen Territoriums wacht und sich besonders der Gegebenheiten der Inseln annimmt".

Das Verfassungsgericht hat erklärt, dass das Solidaritätsprinzip ein Folgesatz des Autonomierechts der Nationalitäten und Regionen sei und es der Regierung, gemeinsam mit den Cortes Generales, obliege, die effektive Gewährleistung dieses Grundsatzes zu überwachen.[599] Außerdem stellt das Subsidiaritätsprinzip auch als allgemeines kompetenzbeschränkendes Kriterium eine Schranke für das Autonomieprinzip dar, indem es als Garant der Einheit der Nation und des guten Funktionierens des Wirtschaftssystems (Art.2, 40, 128 etc. SV) dient.[600] Das Solidaritätsprinzip begründet auch den erforderlichen Ausgleich aller Staatsgebiete untereinander durch den Interterritorialen Ausgleichsfond (Art.158 Abs.2 SV). Darüber hinaus bildet es eines der Maßgaben für die finanzielle Autonomie der Autonomen Gemeinschaften: Art. 156 Abs.1 SV weist darauf hin, dass jene bei der Ausübung von Finanzkompetenzen unter anderem den Grundsatz der Solidarität zu beachten haben. Allgemein wird dem Prinzip daher eine ökonomische Ausgleichsfunktion beigemessen.[601] Die Solidarität erweist sich auch als ein für alle staatlichen Instanzen verbindliches Prinzip: Zentralstaat und Autonome Gemeinschaften müssen ihr wirtschaftliches bzw. rechtlich-politisches Handeln zur Vermeidung von Ungleichgewichten oder einseitigen Vergünstigungen aufeinander

---

[597] Diese Vorrangstellung des Zentralstaates konkretisiert sich in dessen ausschließlicher Zuständigkeit für die Übernahme völkerrechtlicher Recht und Pflichten, im Vorrang der zentralstaatlichen Normen bei einem Konflikt mit den Normen der Autonomen Gemeinschaften, sowie schließlich in der ergänzenden Anwendbarkeit des zentralstaatlichen Rechts in den Autonomen Gemeinschaften (Art. 149 Abs. 3 SV).

[598] Vgl. M. J. Montoro Chiner, Spanien als Staat der Autonomen Gemeinschaften, in: DöV, 3/1987, S. 87.

[599] STC 25/1981.

[600] Vgl. K. Wendland, S. 97.

[601] Vgl. T. Wiedmann, S. 197.

abstimmen. Dies verpflichtet nicht allein die Autonomen Gemeinschaften untereinander zur Zusammenarbeit, sondern auch den Staat zu einer ausgewogenen Kooperation mit allen Autonomen Gemeinschaften. Diese allgemeine und gegenseitige Pflicht zur Zusammenarbeit, die ihre Grundlage im Solidaritätsprinzip findet, hat sich in der Verfassungsrechtslehre als ein grundlegendes Element spanischer Verfassungsordnung herausgebildet.[602]

Das Prinzip der Solidarität hat noch eine Auswirkung, die über die Bindung an wirtschaftliche Fragen hinausgeht. Das Verfassungsgericht leitete eine konkrete Verpflichtung zur Zusammenarbeit zwischen Staat und Autonomen Gemeinschaften aus der in diesem Verhältnis bestehenden Pflicht zur "Treue gegenüber der Verfassung" (*fidelidad a la Constitución*) ab.[603] In der Lehre wird auf die vergleichbare Bedeutung der "Bundestreue" in der föderalen Ordnung der Bundesrepublik hingewiesen.[604] Das Solidaritätsprinzip zwingt die Autonomen Gemeinschaften dazu, sich gegenüber den Interessen des Gesamtstaates nicht ablehnend zu verhalten, aber es gebietet auch allen öffentlichen Gewalten, sich loyal oder "treu" zu verhalten, die Regeln des Systems zu beachten und sich um ihre Erhaltung zu bemühen.[605] Es ist damit auch ein Prinzip der Verfassungstreue.

### C. Das Gleichheitsprinzip

Der Gleichheitsgrundsatz ist in Art.1 Abs.1 SV niedergelegt. Er verlangt keine Uniformität oder Homogenität der Autonomen Gemeinschaften, sondern wird vom Verfassungsgericht, ähnlich wie in der Bundesrepublik Deutschland, als Willkürverbot ausgelegt. Alle Autonomen Gemeinschaften haben die gleiche subjektive Rechtsstellung vor der Verfassung.[606] Die rechtliche Gleichheit der Autonomen Gemeinschaften bedeutet deren Gleichheit nur in bestimmten Bereichen: in ihrer Unterordnung unter die Verfassung, in bezug auf die Prinzipien der Vertretung im Senat (Art. 69 Abs.5 SV) und in bezug auf ihre Legitimation bzw. Klagerechte vor dem Verfassungsgericht (Art. 162 Abs.1 SV). Nach Art. 138 Abs.2 SV dürfen die Unterschiede in den Statuten der Autonomen Gemeinschaften in keinem Fall zu wirtschaftlichen oder sozialen Privilegien führen. Damit ist nicht eine Gleichförmigkeit aller Regionen gemeint (das widerspricht dem Autonomieprinzip). Vielmehr verbietet dieser Grundsatz, bestimmten Regionen einen nicht in der Verfassung vorgesehenen privilegierten Status innerhalb des politischen Systems einzuräumen.[607] So wird das Wesen der Autonomen Gemeinschaften von zwei unterschiedlichen Aspekten geprägt, nämlich der Homogenität einerseits und der Verschiedenheit andererseits.[608] Ohne den ersten Aspekt würde es keine Einheit und

---

[602] Vgl. E. Alberti, Kooperation und Konflikt, S. 138.
[603] STC 11/1986.
[604] Vgl. E. Alberti, Kooperation und Konflikt, S. 138; M. J. Montoro Chiner, Spanien als Staat der Autonomen Gemeinschaften, in: DöV, 3/1987, S. 88.
[605] Vgl. K. Wendland, S.97; M. J. Montoro Chiner, ebd., S. 88.
[606] Vgl. M. J. Montoro Chiner, S. 88; H.-J. Blanke, S. 71.
[607] STC 76/1983.
[608] Vgl. H.-J. Blanke, S. 71.

keine staatliche Integration geben. Ohne den zweiten Aspekt würde es weder Pluralismus noch Selbstverwaltung geben.[609] Dem Bürger soll aus dem Kriterium der Verschiedenheit kein Nachteil erwachsen. Die unterschiedlichen Rechtsstellungen der Autonomen Gemeinschaften haben nur solche Beschränkungen zur Folge, die nicht die Grundrechte der Bürger beeinträchtigen. Grundsätzlich bestimmt Art. 139 Abs.1 SV, dass alle Spanier im gesamten Staatsgebiet die gleichen Rechte und Pflichten haben. Dieses Prinzip kann jedoch nicht so ausgelegt werden, dass alle Autonomen Gemeinschaften bei gleichen Voraussetzungen dieselben Maßnahmen zu treffen hätten. Sondern es bedeutet, dass die Regelung der Basisvoraussetzungen, welche die Ausübung der Rechte gewährleisten, dem staatlichen Gesetzgeber vorbehalten ist (Art.149 Abs.1 Nr.1 SV).[610] In der Lehre herrscht die Meinung, dass das verfassungsrechtliche Gleichheitsprinzip dann verletzt wird, wenn eine Rechtsnorm einer Autonomen Gemeinschaft eine grundlegende Rechtsposition eines Bürgers beeinträchtigt oder eine Diskriminierung der Bürger aus verschiedenen Gebieten stattfindet. Aus dem Gleichheitsprinzip ergibt sich ferner die Gleichheit vor dem Gesetz (Art. 14 SV), das Recht auf gleichen Zugang zu öffentlichen Funktionen und Ämtern (Art. 23 Abs. 2 SV) sowie das Erfordernis eines Steuersystems, das u.a. am Grundsatz der Gleichheit ausgerichtet ist (Art. 31 Abs.1 SV).

*D. Das Prinzip der Einheit der Wirtschaftsordnung*

Als weiteres verbindliches und integratives Prinzip ist schließlich die Einheit der Wirtschaftsordnung zu nennen. Nirgends steht dieses Prinzip ausdrücklich geschrieben, aber das Verfassungsgericht hat erläutert,[611] dass es sich in der Bestimmung des Art. 139 Abs. 2 SV konkretisiert, wonach keine Behörde Maßnahmen ergreifen darf, die direkt oder indirekt zu einer Behinderung der Freizügigkeit und Niederlassungsfreiheit von Personen und des freien Güterverkehrs im gesamten spanischen Staatsgebiet führen. Ferner findet sich dieses Prinzip in dem an die Autonome Gemeinschaften gerichteten Verbot des Art. 157 Abs. 2 SV, Besteuerungsmassnahmen zu ergreifen, die sich auf außerhalb ihres Territorium befindliches Vermögen beziehen oder den freien Verkehr von Wahren oder Dienstleistungen behindern.

### 3. Das System der Kompetenzverteilung

#### I. *Rechtsquelle: Verfassung und Statuten*

Die Verteilung der Kompetenzen zwischen Staat und Autonomen Gemeinschaften stellt die zentrale Frage des spanischen Staatsorganisationsrechts dar.

---

[609] STC 76/1983.
[610] Vgl. auch M.J. Montoro Chiner, Spanien als Staat der Autonomen Gemeinschaften, in: DöV, 3/1987, S. 88.
[611] STC 1/1982.

Über nichts gerieten der staatliche und die autonomen Gesetzgeber so häufig in Streit, nichts wurde so eingehend vor dem Verfassungsgericht verhandelt wie die Verteilung der Kompetenzen im Autonomiestaat. Deshalb ist die aus der Verfassung und den Autonomiestatuten bestehende Ordnung durch die Rechtsprechung des Verfassungsgerichts mit entscheidender Wirkung vervollständigt worden.[612]

Die Kompetenzen, die die Autonomen Gemeinschaften übernommen haben und die Kompetenzen, die der Staat sich vorbehalten hat, sind einerseits in der Verfassung und zum anderen in den jeweiligen Statuten festgelegt. Die Statutnormen beinhalten eine unentbehrliche Ergänzung des in der Verfassung normierten Staatsorganisationsrechts. "Ohne sie ist die spanische Autonomieordnung nicht zu verstehen."[613] Erst aus dem Zusammenwirken der Verfassung und der Statute ergibt sich, dass Spanien ein politisch dezentralisierter Staat ist, dass es überhaupt Autonome Gemeinschaften gibt, und wie das Staatgebiet gegliedert ist.[614] Die Autonomiestatuten bilden zusammen mit der Verfassung den sog. "Block der Verfassungsmäßigkeit" (*bloque de constitucionalidad*). Mit diesem Begriff, der durch die Rechtsprechung des Verfassungsgerichts eingeführt wurde,[615] soll der Tatsache Rechnung getragen werden, dass die Lösung eines Kompetenzkonfliktes zwischen dem Staat und einer Autonomen Gemeinschaft sich immer aus dem Zusammenwirken der Verfassungsnorm und der Statutnormen ergibt.[616] Beide zusammen bilden den Maßstab für die Kontrolle des Verfassungsgerichts.[617] Dies besagt jedoch selbstverständlich nicht, dass das Autonomiestatut nicht auch selbst zum Gegenstand einer Normenkontrolle werden kann. Sobald aber die Verfassungsmäßigkeit der Statutnorm angenommen ist, muss die Lösung des Kompetenzkonfliktes aus dem "Block der Verfassungsmäßigkeit" abgeleitet werden. So bilden die Statute eine völlig eigenständige Kategorie, die für die spanische Rechtsordnung ebenso kennzeichnend ist wie die Verfassung oder das Gesetz.[618]

Art. 147 Abs. 1 SV weist das Autonomiestatut als die institutionelle Grundnorm (*la norma institucionla basica*) der jeweiligen Autonomen Gemeinschaft aus. Der Staat erkennt dies an und schützt es als integralen Bestandteil seiner Rechtsordnung.

---

[612] In diesem Zusammenhang mag ein kurzer Hinweis auf zwei Streitfragen genügen, nämlich zum einen die völlige Bestätigung des Rangs des Autonomiestatuts, so wie er sich aus der LOAPA-Entscheidung ergibt (Vgl. STC 76/1983), und zum anderen die Formulierung des *materiellen* Begriffs der Grundlage oder des Rahmens, die den Autonomen Gemeinschaften die Ausübung ihrer bedeutendsten Gesetzgebungskompetenzen erlaubt hat (vgl. STC 32/1981, STC 1/1982), vgl. dazu P. Cruz Villalón, Die Neugliederung des Spanischen Staates, in: JöR, 34, 1985, S. 231.

[613] T. Wiedmann, S. 198.

[614] P. Cruz Villalón, Die Neugliederung des Spanischen Staates, in: JöR, Bd. 34, 1985, S. 229.

[615] STC 10/1982.

[616] P. Cruz Villalón, ebd., S. 229; M.J. Montoro Chiner, Spanien als Staat der Autonomen Gemeinschaften, in: DöV, 3/1987, S. 87.

[617] Vgl. STC 76/1983; STC 71/1983; STC 25/1983.

[618] "Heute könnte die Kategorie der Organgesetze in der spanischen Rechtsordnung abgeschafft werden, ohne dass dies eine bedeutende Veränderung dieser Rechtsordnung darstellte. Aber ohne die Kategorie der Autonomiestatute wäre das Verfassungsgebäude von 1978 nicht wieder zu erkennen"- P. Cruz Villalón, Die Neugliederung des Spanischen Staates, in: JöR, Bd. 34, 1985, S. 231.

So ist das Statut staatliche und zugleich autonome Rechtsnorm. Das erklärt sich aus seiner Entstehung: Nach der Aushandlung der Statutbestimmungen zwischen Repräsentanten der Autonomen Gemeinschaften und der Zentralregierung bedarf sein Inkrafttreten wie auch jede Änderung der Zustimmung und Annahme durch die Cortes Generales (Art.144, 146, 147 Abs. 3 SV). Das Statut wird daher häufig als Rechtsnorm sui generis bezeichnet.[619] Seinerseits stimmen alle Autonomiestatute, auch wenn sie in Detailfragen voneinander abweichen, in dem Punkt überein, dass nämlich kein einziges Autonomiestatut ohne die Zustimmung des jeweiligen autonomen Parlaments abgeändert werden kann.[620] Die Zentralgewalt des Staates kann folglich nie einseitig eine Reform eines Autonomiestatuts vornehmen. Die territoriale Struktur des Staates als grundlegendes Ergebnis der siebzehn Autonomiestatute steht somit nicht mehr zur Disposition des staatlichen Gesetzgebers, vielmehr geht es aus dem übereinstimmenden Willen des staatlichen und des autonomen Gesetzgebers hervor. Die Statute gehen auch den übrigen Rechtsnormen vor. Das einzige Verfahren, wodurch die Zentralgewalt des Staates einseitig den Inhalt der Autonomiestatute und somit auch die Grunstruktur des Staates ändern kann, ist die Verfassungsänderung. Daher kann man sagen, dass die gegenwärtige Staatsform Spaniens eine verfassungsrechtlich garantierte Staatsform ist.[621]

## II. *Die Kompetenzordnung*

Der VIII. Titel der spanischen Verfassung regelt die territoriale Organisation des Staates. In diesem Titel sind auch die Kompetenzverteilungsartikel angesiedelt. Das System der Kompetenzverteilung ist sehr komplex, weil uneinheitlich.[622] Die Verfassung geht – zumindest ihrer äußeren Form nach – vom System der bilateralen Enumeration (Zwei-Listen-System) aus. In Art. 148 listet die Verfassung Materien auf, die von allen Autonomen Gemeinschaften mittels Statuten übernommen werden können. In der folgenden Vorschrift, in Art. 149 Abs.1 umschreibt sie enumerativ die ausschließlichen Zuständigkeiten (*competencias exclusivas*) des Staates. Art. 149 Abs. 3 SV ergänzt dieses doppelte Listensystem um eine Residualklausel zwecks Regelung jener Bereiche, die in keiner der beiden Listen aufgeführt sind.[623]

Das System der Kompetenzverteilung im Autonomiestaat ist dadurch gezeichnet, dass das Verfahren, durch das sich die Autonomen Gemeinschaften konstituiert haben, auch Auswirkungen auf die Übernahme ihrer Kompetenzen hat.[624]

---

[619] Vgl. T. Wiedmann, S. 198.
[620] Die Billigung durch die autonomen Parlamente muss bei fünf Autonomiestatuten mit absoluter Mehrheit, bei vier Statuten mit einer Drei-Fünftel-Mehrheit und bei acht Statuten sogar mit Zwei-Drittel Mehrheit erfolgen, weshalb nicht die Rede von einer "Labilität" der Autonomen Gemeinschaften sein kann, vgl. K Stern, Staatsrecht, Bd. I, 1984, S. 663.
[621] Vgl. P. Cruz Villalón, Die Neugliederung des Spanischen Staates, in: JöR, Bd. 34, 1985, S. 230.
[622] M. J. Montoro Chiner, Landesbericht Spanien, S. 181.
[623] Vgl. T. Wiedmann, S. 201; H.-J. Blanke, S. 76.
[624] Vgl. K. Wendland, S. 100-101; M. J. Montoro Chiner, Landesbericht Spanien, S. 182.

Den sogenannten "historischen" Autonomen Gemeinschaften standen die Kompetenzen des Art. 148 Abs.1 SV zu, und außerdem konnten sie all jene Zuständigkeiten übernehmen, die nicht durch Art.149 Abs.1 SV dem Staat ausschließlich vorbehalten waren, also die ungeschriebenen Residualkompetenzen. Hingegen durften die sog. „nicht-historischen" Autonomen Gemeinschaften während der ersten fünf Jahre ihres Bestehens die Kompetenzen ausüben, die ihnen ihr Autonomiestatut in den Sachbereichen des Art. 148 Abs.1 SV zugewiesen hatte.[625] Fünf Jahre nach ihrer Gründung hatten aber auch die Autonomen Gemeinschaften Zugriff auf die Residualkompetenzen und konnten nach Art. 148 Abs. 2 SV durch Reform ihrer Statuten ihre Kompetenzen ebenfalls bis zur Obergrenze des Art. 149 Abs. 1 SV erweitern.[626]

## A. Die Verteilung der Gesetzgebungskompetenzen

### 1. Die Regelungen des Art. 149 Abs. 3 SV

Besondere Bedeutung im System der Kompetenzverteilung hat die Regelung des Art.149 Abs. 3 SV, die Bestandteil der Kompetenzordnung ist. Diese Regelung besagt, dass die durch die Verfassung nicht ausdrücklich dem Staat übertragenen Bereiche von den Autonomen Gemeinschaften wahrgenommen werden dürfen, und zwar kraft ihres jeweiligen Autonomiestatuts. Aber die Kompetenz in den Bereichen, die durch die Autonomiestatute nicht übernommen werden, liegt beim Staat. Einerseits berechtigt diese doppelte Residualklausel die Autonomen Gemeinschaften, die dem Staat nicht ausdrücklich zugewiesenen Kompetenzen selbst zu übernehmen, andererseits wirkt sie auch für den Staat, weil diesem alle übrige Kompetenzen zustehen, die die Autonomen Gemeinschaften nicht in ihre Statuten übernommen haben.

Nach Art. 149 Abs. 3 S. 2 und 3 SV gehen die Normen des Staates in bestimmten Konfliktfällen in allen Bereichen, die nicht zur ausschließlichen Kompetenz der Autonomen Gemeinschaften gehören den Rechtsnormen der Autonomen Gemeinschaften vor, und das staatliche Recht ergänzt in jedem Fall das Recht der Autonomen Gemeinschaften.

Art. 149 Abs. 3 S. 2 SV ist ein Konfliktlösungsmechanismus, der nur in dem Fall eingreift, in dem auf die Kompetenzordnung nicht zurückgegriffen werden kann.

---

[625] Diese Art.148 Abs.1 SV enthält eine 22 Punkte umfassende Liste, die die Gebiete aufzählt, auf denen die Autonomen Gemeinschaften durch ihre Autonomiestatute Zuständigkeiten übernehmen können. Er präzisiert nicht, welcher Art diese Kompetenzen sind, aber eine globale Interpretation des Titels VIII der Verfassung scheint nahezulegen, dass damit sowohl legislative, als auch exekutive Kompetenzen gemeint sind, vgl. R. Schütz, Spanien auf dem Weg zum Autonomiestaat, 22, 1983, S.203.

[626] Ausnahmen bilden hier die Kanarischen Inseln und Valencia, die sich nach dem Scheitern ihrer Konstituierung nach Art. 151 Abs. 1 SV ebenfalls nach Art. 143 Abs. 2 gründeten, aber aufgrund der Pactos Autonomicos 1982 gemäß Art. 150 Abs. 2 SV die Kompetenzen übertragen bekamen, die sie mit den historischen Gemeinschaften gleichstellen. Sie haben damit trotz ihrer regulären Entstehungsform ein hohes Kompetenzniveau.

In der Lehre ist die Tatsache unstreitig, dass die Vorrangklausel für alle staatlichen Rechtsnormen, also Gesetze und Verordnungen, gilt. Im Falle des Zusammentreffens zweier Regelungen, d.h. einer staatlichen Regelung einerseits und einer Regelung durch die Autonome Gemeinschaft andererseits, wird der staatlichen Regelung gegenüber der autonomen Vorrang eingeräumt.[627] Anders gesagt greift diese Vorrangklausel immer dann ein, wenn sich aus der Gesamtauslegung der Statuten und der Verfassung nicht ergibt, welchem Kompetenzträger eine Zuständigkeit zuzuordnen ist und die gesetzgeberische Tätigkeit einer Autonomen Gemeinschaft in einem spezifischen Bereich den Staat an der Ausübung einer ausschließlichen Zuständigkeit hindert. Es setzt dann die staatliche Regelung gegenüber der autonomen Regelung durch.[628]

Nach der Rechtsprechung des Verfassungsgerichts ist die Hauptzielrichtung der Ergänzungsklausel Rechtslücken zu schließen. Ein Gesetz des staatlichen Gesetzgebers ist danach in den Autonomen Gemeinschaften, die sich in ihren Statuten bereits Kompetenzen im selben Bereich gesichert haben, nicht anwendbar. Wenn allerdings nur einige Autonome Gemeinschaften auf diesem Sachbereich ausschließliche Zuständigkeiten verankert haben, dann sind die staatlichen Gesetze dort nicht anwendbar und in den übrigen Autonomen Gemeinschaften, die auf demselben Gebiet keine ausschließlichen Zuständigkeiten übernommen haben, ist die staatliche Regelung direkt und ergänzend anzuwenden, bis die jeweilige Autonome Gemeinschaft eine eigene Regelung erlässt.[629]

*2. Die ausschließlichen Kompetenzen (competencias exclusivas)*

Art. 149 Abs.1 SV legt 32 Materien fest, bezüglich derer sich der Staat die ausschließliche Zuständigkeit vorbehält. Bei der Aufzählung der einzelnen Materien dieser Liste werden jedoch Bereiche genannt, bezüglich derer die Autonomiestatute gemäß Art. 148 Abs.1 SV gewisse Kompetenzen für die Autonomen Gemeinschaften übernehmen können. Vielfach ist nicht zu erkennen, wo die Grenzen der staatlichen Kompetenzen in Art. 149 Abs.1 SV genau verlaufen. Die Verfassung sprach wohl von "ausschließlichen Kompetenzen", definierte diese aber nicht als eine einheitliche Kategorie, die sich von den geteilten Kompetenzen abgrenzen ließe. Das Kompetenzverteilungssystem ist daher in der spanischen Rechtswissenschaft als "ungenau" und "unausgeglichen" bezeichnet worden.[630] Von einer unumstrittenen Verteilung kann weder bezüglich der ausschließlichen noch der geteilten Kompetenzen die Rede sein, da weder die Verfassung noch die Statuten den Begriff "ausschließlich" eindeutig verwenden.[631] Um die ausschließlichen Zuständigkeiten des Staates zu beschreiben, verwendet Art.149 Abs.1 SV nicht weniger als zehn verschiedene Kompetenzbegriffe. Hinsichtlich der Rechte und Pflichten der Spanier

---

[627] Vgl. H.-J. Blanke, S. 115.
[628] Vgl. K. Wendland, S. 209-210.
[629] STC 147/1991.
[630] Vgl. H.-J. Blanke, S. 77; T. Wiedmann, S. 201.
[631] Vgl. M. J. Montoro Chiner, Spanien als Staat der Autonomen Gemeinschaften, in: DöV, 3/1987, S. 89.

soll der Staat die "grundlegenden Bedingungen" (*condiciones basicas*, Art. 149 Abs.1 Nr.1) regeln, in anderen Materien die "Grundlagen" (*bases*, Art. 149 Abs.1 Nr. 11, 13, 18, 25). Im selben Artikel wird dem Staat die "Grundlagengesetzgebung" (*legislación basica* Art. 149 Abs.1 Nr.17, 23), einfach nur die "Gesetzgebung" (Art. 149 Abs.1 Nr.9) oder aber die "Gesetzgebung" mit dem Hinweis überantwortet: "unbeschadet" notwendiger Sonderregelungen oder der Ausführung durch die Autonomen Gemeinschaften (Art. 149 Abs.1 Nr. 6, 7).[632] Die genaue Definition dieses Begriffs hat aber eine besondere Bedeutung, vor allem wegen der Vorrangklausel des Artikels 149 Abs. 3 SV. Denn diesem zufolge bricht das staatliche Recht nur jenes autonome Recht, das nicht aufgrund einer ausschließlichen (autonomen) Kompetenz ergangen ist. Das Verfassungsgericht hat auf die Zweideutigkeit des Begriffs "ausschließlich" hingewiesen.[633] Die Kompetenzen schließen die Sachgebiete und Aufgaben ein. Es ist möglich, dass die Kompetenzen für ein bestimmtes Sachgebiet zwischen dem Staat und der oder den betroffenen Autonomen Gemeinschaften aufgeteilt werden. Gelegentlich kommt es aber auch vor, dass die Kompetenz des Staates mit derjenigen einer oder mehreren Autonomien bei einer Aufgabe oder auf einem Sachgebiet konkurriert.

Bei den in Art. 149 Abs. 1 SV aufgezählten ausschließlichen staatlichen Kompetenzen handelt es sich nur zu einem Teil tatsächlich um ausschließliche Kompetenzen im technischen Sinne; im übrigen finden sich dort der Sache nach geteilte und konkurrierende Zuständigkeiten und erst eine systematische Auslegung der Verfassung und der Statuten kann über den Typ und den wahren Inhalt der Kompetenz Aufschluß geben.[634] Nach der herrschenden Lehre ausschließliche Kompetenzen gibt es zweierlei: Unter den absoluten ausschließlichen Kompetenzen stehen nur einem Kompetenzträger alle Staatsfunktionen in einem Sachgebiet zu. So obliegen z.B. im Falle des Art. 149 Abs.1 Nr.4 SV die Angelegenheiten der Verteidigung und Streitkräfte dem Staat. Weitere Beispiele dafür sind internationale Beziehungen (Art. 149 Abs.1 Nr. 4 SV) und Währungspolitik (Art. 149 Abs.1 Nr.11 SV). Diese Art der ausschließlichen Kompetenz kann grundsätzlich auch den Autonomen Gemeinschaften zustehen. Die absoluten ausschließlichen Kompetenzen haben die Autonomen Gemeinschaften auf den Gebieten, in denen sie auch die Gesetzgebungskompetenz ausüben, indem sie damit die Gesetzgebung des Staates ergänzen. Das ist z.B. der Fall in den Bereichen Städtebau, Straßenbau, Jugendhilfe. Das Verfassungsgericht betont,[635] dass die ausschließlichen Kompetenzen der Autonomen Gemeinschaften das Recht geben, sich den staatlichen Regeln zu widersetzen, die auf diesen Gebieten ergehen, weil ihre ausschließliche Kompetenz sonst leerliefe.

Bei dem zweiten Typ der ausschließlichen Kompetenzen, den sog. eingeschränkten ausschließlichen Kompetenzen, nehmen Staat und Autonome

---

[632] Vgl. T. Wiedmann, S. 202.
[633] STC 5/1982.
[634] Vgl. K. Wendland, S. 116.
[635] STC 147/1991.

Gemeinschaften im selben Regelungsbereich unterschiedliche Staatsfunktionen wahr (Staat: Gesetzgebung; Autonome Gemeinschaft: verwaltungsmäßiger Vollzug), d.h. sie sind darin jeweils ausschließlich zuständig.[636] Obliegt also z.B. die Handelsgesetzgebung dem Staat und den Autonomen Gemeinschaften die verwaltungsmäßige Ausführung der staatlichen Gesetze, soll der Staat darin die ausschließliche Gesetzgebungskompetenz haben. Die Autonomen Gemeinschaften, die nur eine andere Staatsfunktion im selben Regelungsgebiet wahrnehmen, sind darin aber ebenfalls ausschließlich zuständig.[637]

**3.** *Die geteilten Kompetenzen (competencias compartidas)*
Bei den aufgeteilten Kompetenzen werden Staat und autonome Organe im selben Regelungsbereich und in derselben Staatsfunktion tätig, nehmen aber innerhalb der Staatsfunktion unterschiedliche Aufgaben wahr, d.h. sie teilen sich diese auf. Solche zwischen dem Staat und den Autonomen Gemeinschaften "geteilte Kompetenz" liegt vor, wenn
- dem Staat die Basisgesetzgebungskompetenz, d.h. die grundlegende Gesetzgebung oder
- die Rahmengesetzgebung für ein bestimmtes Sachgebiet obliegt, aber die zur Entwicklung angeführte Gesetzgebung durch ein formelles Gesetz an die Autonomen Gemeinschaften übertragen worden ist.[638] Problematisch ist, welche Bedeutung und Einschränkungen die Begriffe "Basis", "Basisnorm", "Grundlage", "grundlegende Gesetzgebung" beinhalten. An der Bedeutung und Interpretation dieser Rechtsbegriffe hängt die richtige Verteilung der Gesetzgebungskompetenzen. Kompetenz, um den Begriff "Basis" zu definieren, steht dem staatlichen Gesetzgeber als Hüter des Allgemeinwohls zu. Trotzdem soll die Definition des Begriffs "Basis" auch den Autonomen Gemeinschaften eine eigene Gesetzgebende Option offen lassen.[639] Die Beurteilung, ob der staatliche Gesetzgeber die Schranken der "Basisgesetzgebung" überschritten hat, wird vom Verfassungsgericht getroffen. Dem staatlichen Gesetzgeber ist es nicht möglich, eine grundsätzliche Definition zum Begriff der Basisgesetzgebung einzuholen.[640] Der Ermessensspielraum des staatlichen Gesetzgebers bei der Entscheidung über die jeweilige Auslegung des Begriffs "Basis" ist jedoch nicht richterlich überprüfbar.
Nach der Rechtsprechung des Verfassungsgerichts muss die Definition des Begriffs "Basis" "logisch" aber nicht "chronologisch" sein. Wenn es an einem

---

[636] Vgl. K. Wendland, S. 126.

[637] Hierzu zählen z.B. Organisation, öffentliche Werke und Arbeiten, Gesundheits-, Kommunal-, Kultur-, Berg- und Forstwesen sowie Transport- und Gewässerwesen.

[638] Vgl. M. J. Montoro Chiner, Spanien als Staat der Autonomen Gemeinschaften, in: DöV, 3/1987, S. 89.

[639] Vgl. Dies., a.a.O.

[640] Der staatliche Gesetzgeber versuchte erfolglos eine Definition der vagen und unpräzisen Begriffe "Basis", "Grundlage", "Basisgesetzgebung" zu erlangen. Durch Organgesetz erreichte er eine Regelung, um die Autonomieverfahren zu harmonisieren. Das Verfassungsgericht erklärte das Gesetz für nichtig und warf dem Gesetzgeber einen Verstoß gegen den Willen der Verfassungsväter vor (STC 76/1983- LOAPA).

postkonstitutionellen Gesetz fehlt, so kann zur Definition des Begriffs "Basis" auf die gesamte vorhandene, also auch die vorkonstitutionelle Rechtsordnung zurückgegriffen werden. Auf diese Weise ist es möglich, sich für die Auslegung der Begriffe "Basis", "Basisnorm" und "Basisgesetzgebung" sogar auf Verwaltungsvorschriften zu berufen, die vor Verabschiedung der Verfassung erlassen wurden.[641] So umfaßt der Begriff "Basis" nicht nur die formellen Gesetze, sondern auch Verwaltungsvorschriften, die die Gesetze präzisieren und entwickeln, wobei diese Verwaltungsvorschriften in Spanien auch externe Wirkung haben.[642] Dementsprechend dürfen die Autonomen Gemeinschaften nur interne oder organisatorische Verwaltungsvorschriften mit Innenwirkung erlassen sowie die staatliche Gesetzgebung auf diesen Bereichen ausführen.

### 4. Grundlagen- und Entwicklungsgesetzgebung

Wie bereits dargestellt wurde, fassen unter geteilte Kompetenzen Lehre und Verfassungsrechtsprechung die Zuständigkeiten, bei denen zwei Kompetenzträger zwar im selben Regelungsbereich dieselbe Staatsfunktion ausüben, bei denen innerhalb der Staatsfunktion jedoch die Zuständigkeiten aufgeteilt werden.[643] Dies ist der Fall, wenn der Staat die Kompetenz zur Grundlagengesetzgebung (*competencia de legislación basica*) und die Autonome Gemeinschaft die Kompetenz zur gesetzlichen Entwicklung (*competencia de desarollo legislativo*) hat.

Art.149 Abs.1 SV weist in zahlreichen Ziffern dem Staat die Grundlagengesetzgebung und den Autonomen Gemeinschaften die Entwicklungsgesetzgebung zu (Nr. 8, 11, 13, 16, 18, und 25 – "Grundlagen" (*bases*), Nr. 17, 18, und 23 – die grundlegende Gesetzgebung (*legislación basica*), Nr. 27 und 30 – die grundlegenden Normen (*normas basicas*)). Das spanische Verfassungsgericht hat bereits festgestellt, dass der Begriff "Grundlagen" oder "grundlegende Gesetzgebung" nicht mit den "Basisgesetzen" der Art. 82 und 83 SV gleichzusetzen ist, auch nicht mit den in Art. 150 Abs.1 SV angesprochenen "Grundlagen". In den beiden letztgenannten Fällen geht es um eine Delegation zur Gesetzgebung, die eine Zuständigkeit zum Erlaß von Normen voraussetzt, welche die gesetzgebende Körperschaft einem anderen Organ überträgt. Im vorliegenden Fall geht es hingegen um eine allein staatlichen Organen vorbehaltene Regelungsbefugnis, die darin besteht, allgemeine normative Vorgaben zu machen, die die Autonomen Gemeinschaften in den Entwicklungsgesetzen konkretisierend ausgestalten können. Nach Ansicht des Verfassungsgerichts darf die Festlegung von grundlegenden Normen niemals einen derartigen Grad an Detailliertheit erreichen, dass die entsprechenden Kompetenzen der Autonomen Gemeinschaften leerlaufen, zu deren Gunsten ein "verfassungsrechtlicher Vorbehalt" besteht. Zugleich aber schränken die inhaltlichen Vorgaben des Grundlagengesetzes die Autonomie auch ein. Wenn eine staatliche Definition der Grundlagen vorhanden ist, sind die Autonomen Gemeinschaften an diese inhaltlich

---

[641] STC 32/1982, 33/1982; vgl. M. J. Montoro Chiner, in: DöV, 3/1987, S. 90.
[642] Vgl. M. J. Montoro Chiner, Landesbericht Spanien, S. 186.
[643] K. Wendland, S. 109.

gebunden. Sie müssen, wenn der Staat die Grundlagen neu definiert, ihre Entwicklungsgesetze sogar anpassen, damit diese Entwicklungsgesetze den Grundlagengesetzen nicht widersprechen.[644] Ihre Entwicklungsgesetzgebungskompetenz ist aufgrunddessen im Ergebnis der staatlichen Grundlagengesetzgebungskompetenz untergeordnet.[645]

### 5. Die Regelung des Art.150 SV

Die staatlichen Zuständigkeiten in Art.150 Abs.1-3 SV können nachträglich auf die Kompetenzordnung, insbesondere auch auf die Kompetenzen der Autonomen Gemeinschaften, einwirken. Einige Rechtswissenschaftler nennen die Regelungen des Art.150 SV die extrastatutarischen Ausnahmen bzw. Modifikationen des regulären Systems der Kompetenzverteilung.[646]

#### a. Die staatlichen Rahmengesetze

Art.150 Abs.1 SV gestattet den Cortes Generales, in Angelegenheiten gesamtstaatlicher Kompetenz allen oder einer der Autonomen Gemeinschaften die Befugnis zu übertragen, sich selbst im Rahmen der Prinzipien, Grundlagen und Leitlinien eines Organgesetzes Rechtsnormen zu geben (leyes marco). Bei dieser Kompetenz, die von der Lehre als "Rahmengesetzgebungskompetenz" bezeichnet wird, handelt es sich um eine doppelte Zuständigkeit der Cortes, einen inhaltlichen Rahmen vorzugeben und den Autonomen Gemeinschaften die Fähigkeit zu verleihen, in diesem Rahmen gesetzgeberisch tätig zu werden. Der Rahmen kann sowohl im Bereich staatlicher ausschließlicher Zuständigkeit als auch staatlicher Residualkompetenz gemäß Art. 149 Abs. 3 SV gesetzt werden. Er muss gemäß Art. 150 Abs.1 S.1 SV in Form eines staatlichen (formellen) Gesetzes festgelegt werden.[647] Hierarchisch ist die Position des Rahmengesetzes nach Art. 150 Abs.1 SV höherrangig als die eines Grundlagengesetzes, da das staatliche Rahmengesetz, wie schon oben gesagt, Richtlinien festlegt und zudem Kontrollmechanismen für die Cortes Generales enthalten muss, mit Hilfe derer die nachfolgende Legislativtätigkeit der Autonomen Gemeinschaften überprüft werden kann.

#### b. Die staatlichen Transfer- und Delegationsgesetze

Die Regelung des Art.150 Abs.2 SV wird von der herrschenden Meinung in der Weise interpretiert, dass im Wege eines Organgesetzes konkrete staatliche Exekutivbefugnisse auf die Autonomen Gemeinschaften übertragen werden können, um die Kompetenzordnung zu ergänzen (leyes de transferencia y delegación). Die Delegationsbefugnis des Staates betrifft zum einen alle staatlichen Kompetenzen, die nicht ausschließlicher Art sind, also nicht in Art.149 Abs.1 SV enthalten sind und nicht von der Residualklausel des Art. 149 Abs.3 SV erfaßt werden. Aber auch im Bereich

---

[644] Vgl. K. Wendland, S. 110.
[645] Mehr dazu vgl. unten S. 181.
[646] Vgl. H.-J. Blanke, S. 111.
[647] Vgl. K. Wendland, S. 121.

der ausschließlichen Kompetenzen des Staates ist eine Delegation möglich,[648] wobei die übertragenen Zuständigkeiten vom Staat einseitig zurückgerufen werden können. Die Zuständigkeiten bleiben also staatliche Zuständigkeiten in den Händen der Autonomen Gemeinschaften, solange sie von diesen nicht in die Autonomiestatuten übernommen werden und Teil des "bloque de constitucionalidad" werden. Gemäß Art.150 Abs.2 S.2 SV muss jedes Übertragungsorgangesetz nicht nur die finanziellen Mittel bestimmen, die den Autonomen Gemeinschaften zum Zwecke der effektiven Kompetenzausübung mitübertragen werden, sondern auch Kontrollmechanismen über die Ausübung der abgeleiteten Zuständigkeiten festlegen. Die Kontrollrechte umfassen Aufsichtsrechte bis hin zum Entzug der Zuständigkeit.

**c.** *Die staatlichen Harmonisierungsgesetze (leyes de armonización)*
In Art.150 Abs. 3 SV ist der Zentralgewalt mittels Gesetzgebung eine exzeptionelle Einwirkungsmöglichkeit auf die autonome Gesetzgebung gestattet, die den autonomen Kompetenzbereich im Gegensatz zu Art. 150 Abs.1 und 2 SV einengt. Es handelt sich um die Harmonisierungsgesetze, also diejenigen Gesetze, "die die notwendigen Grundsätze für eine Angleichung der normativen Bestimmungen der Autonomen Gemeinschaften enthalten", durch die der Staat in den Kernbereich der autonomen Regelungskompetenz eingreifen kann. Vor Erlaß eines Harmonisierungsgesetzes müssen die Cortes festgestellt haben, dass hieran ein allgemeines Interesse besteht. Das "allgemeine Interesse" ist allerdings ein gesamtstaatlicher Parameter, der im Einzelfall gegenüber den Interessen der Autonomen Gemeinschaften überwiegen kann.[649] Die Harmonisierungsgesetzgebung verfolgt so den Zweck der Herstellung von Einheitlichkeit, allerdings im Wege des Bruchs bestehender autonomer Kompetenzen. Das Verfassungsgericht hat den Anwendungsbereich dieser Vorschrift eng definiert:[650] Die Harmonisierungsgesetzgebung sei als Ausnahmevorschrift nur dann anzuwenden, wenn keine anderen Mittel zur Verfügung stünden, um dasselbe Ziel zu erreichen. Nach Ansicht des Verfassungsgerichts ist Art. 150 Abs.3 SV eine Norm, die das System abschließt (*norma de cierre del sistema*); überdies stellt sie eine Art ultima ratio dar. Seinem Inhalt nach ist das Harmonisierungsgesetz ein Grundsatzgesetz, dass den betreffenden Bereich nicht erschöpfend regeln darf. Für die autonome Gesetzgebung muss innerhalb eines allgemeinen Rahmens somit noch genügend Spielraum

---

[648] Nach dem Wortlaut des Art.150 Abs. 2 können jene staatlichen Kompetenzen (des Art. 149 Abs.1 SV) übertragen werden, die "ihrer Natur nach einer Übertragung oder Delegation zugänglich sind". Die Auslegung dieser unbestimmten Rechtsbegriffe ist strittig: Einige Wissenschaftler sehen keine prinzipiell unübertragbaren Regelungsgebiete, andere verneinen die Übertragbarkeit von Gesetzgebungskompetenzen bei Regelungsgebieten, auf denen die Autonomen Gemeinschaften, wie es das Verfassungsgericht ausdrückt, keine eigene Politik entfalten dürfen (wie Verteidigung, Aussenpolitik u.s.w.). Die nachvollziehbarste Lösung scheint zu sein die Meinung von Fernandez Sagado, der die vollständigen oder absoluten ausschließlichen Kompetenzen von der Übertragbarkeit ausnimmt; vgl. K. Wendland, S. 123-124.
[649] Vgl. K. Wendland, S. 124.
[650] STC 76/1983 – Entscheidung zur LOAPA.

verbleiben. Vor allem darf die Harmonisierung keine Statutänderung ersetzen oder bewirken.

## B. Die Verwaltungsorganisation

Die Verfassung Spaniens enthält keine nähere Regelung über die Verteilung der administrativen Vollzugskompetenzen zwischen Staat und Autonomen Gemeinschaften, was neben der Verteilung der Gesetzgebungskompetenzen ebenfalls als unbefriedigend empfunden wird.[651] Es fehlt eine Generalklausel, um ein Kriterium für die Aufteilung der Kompetenzen bzw. ihre Beschränkungen zu definieren. Nach Art. 149 Abs. 1 SV ist von Fall zu Fall zu untersuchen, ob die Kompetenzen an den Staat oder an die Autonomen Gemeinschaften fallen.

Grundsätzlich lässt sich folgendes feststellen: Die Vollzugskompetenzen fallen an den Staat oder an die Autonomen Gemeinschaften unabhängig von der Frage, wie die Gesetzgebungskompetenzen zugewiesen sind. In jedem Fall sind die Gemeinschaften für die Vollziehung und verwaltungsmäßige Ausführung ihres eigenen Rechts zuständig. Möglich ist auch, dass eine Autonome Gemeinschaft nur die Vollzugskompetenz für eine staatliche Gesetzgebung hat, weil in einigen Fällen sich der Staat die Gesetzgebungskompetenz vorbehalten, die Vollzugskompetenz jedoch an die Autonomen Gemeinschaften übertragen hat (z.B. Art.149 Abs.1 Nr. 7, 17, 28 SV). Die staatlichen Behörden vollziehen in keinem Fall autonomes Recht. Wenn also einer Autonomen Gemeinschaft nach der Verfassung und dem jeweiligen Statut die Gesetzgebungskompetenz für ein Sachgebiet übertragen worden ist, hat sie im Prinzip auch die Vollziehungskompetenz für dieses Sachgebiet. Wenn die Autonome Gemeinschaft die Entwicklungsgesetzgebungs- und Ausführungskompetenz innehat, dann obliegt ihr der Vollzug der staatlichen Grundlagengesetzgebung und der eigenen Entwicklungsgesetzgebung sowie deren Ausführung. Der Autonomen Gemeinschaft verbleibt keinerlei Zuständigkeit, wenn der Staat die vollständige Gesetzgebungs- und Ausführungskompetenz innehat.[652] Dazu können die Verwaltungsaufgaben der Gemeinschaften noch erweitert werden: Gemäß Art. 150 Abs.1 SV können Cortes Generales die Autonomen Gemeinschaften durch ein Rahmengesetz ermächtigen, im Bereich staatlicher (exekutiver) Zuständigkeit gesetzgeberisch tätig zu werden. Auch die Delegationsmöglichkeit des Artikels 150 Abs. 2 SV durch Organgesetz umfaßt (eigentlich) spezifische Exekutivbefugnisse.

---

[651] Vgl. M.J.Montoro Chiner, Spanien als Staat der Autonomen Gemeinschaften, in: DöV, 3/1987, S. 90; H.-J. Blanke, S. 88.

[652] Vgl. M. J. Montoro Chiner, Spanien als Staat der Autonomen Gemeinschaften, in: DöV, 3/1987, S. 90; K.Wendland, S. 169.

## 1. Autonome Verwaltung

Die Statuten sehen eine eigene Verwaltung für jede Autonome Gemeinschaft vor, die der jeweiligen Exekutive direkt unterstehen.[653] Die unmittelbare Verwaltung der Autonomen Gemeinschaft entspricht der staatlichen Organisationsstruktur einer hierarchischen und sektoralen Einteilung in Abteilungen und Ressorts. Es ist aber nicht allein den Autonomen Gemeinschaften überlassen, Gestalt und Funktionsweise ihrer Verwaltung und Verwaltungsorgane auszugestalten. Art. 149 Abs.1 Nr. 18 legt die Regelung der "Grundlagen der Rechtsordnung der öffentlichen Verwaltungen" in die Hände des staatlichen Gesetzgebers und modifiziert damit erheblich die "ausschließliche" Kompetenz, welche die Gemeinschaften zur Regelung der Organisation ihrer Selbstregierungsinstitutionen gemäß Art. 148 Abs. 1 Nr. 1 SV haben.[654] Auf der Grundlage des Artikels 149 Abs. 1 Nr. 18 SV hat der staatliche Gesetzgeber 1992 das Gesetz über die Rechtsordnung der öffentlichen Verwaltungen und des gemeinsamen Verwaltungsverfahrens erlassen, in dem die Grundsätze der Verwaltungsordnung, des gemeinsamen Verwaltungsverfahrens und der Amtshaftung geregelt werden.

Die mittelbare Verwaltung besteht auf Grund der Delegation und Übertragung von Kompetenzen der Autonomen Gemeinschaften an die Provinzräte – falls die Autonome Gemeinschaft sich aus mehreren Provinzen zusammensetzt – bzw. an die Gemeinden, Gemeindeverbände und Kreise (*Comarcas*).[655] Diese Dezentralisierung, die schon in den Statuten vorgesehen war, ist in Art. 27 und 37 des 1985 erlassenen Basisgesetzes "zur Regelung der Grundlagen der lokalen Ordnung" geregelt worden. Bei der Übertragung des Vollzugs dieser Kompetenzen an die Kommunalverwaltung müssen die Voraussetzungen, die Dauer und die Kontrolle der Übertragung festgesetzt werden.

## 2. Staatliche Verwaltung.

Gemäß Art.154 SV gibt es in jeder Autonomen Gemeinschaft einen von der Regierung ernannten Delegierten,[656] der die Verwaltung des Staates im Gebiet der Autonomen Gemeinschaft leitet und sie mit der Verwaltung der Autonomen Gemeinschaft koordiniert. Dazu erfüllt er noch die Funktion der Vertretung der Regierung in der Autonomen Gemeinschaft. Der Regierungsdelegierte steht an der Spitze der peripheren Staatsverwaltung und wird durch königliche Verordnung des Ministerrats auf Vorschlag des staatlichen Ministerpräsidenten ernannt und entlassen. Ihm obliegt dem Regierungsrat der Autonomen Gemeinschaft und durch ihn der gesetzgebenden Körperschaft der Gemeinschaft die Informationen zuzuleiten, die sie

---

[653] Während es in den ersten beiden Statuten des Baskenlandes und Kataloniens noch kaum Hinweise auf einen Verwaltungsapparat gibt, wird in den Artikeln 39 bis 41 des späteren galizischen Statuts erstmals die Errichtung eines eigenen Verwaltungsapparats vorgesehen.

[654] Vgl. K. Wendland, S. 160;

[655] Vgl. M. J. Montoro Chiner, Spanien als Staat der Autonomen Gemeinschaften, in: DöV, 3/1987, S. 91.

[656] Nur sein Amt und seine Funktion sind von der Verfassung vorgesehen. Das Gesetz 17/1983 gestaltet sein Amt und seine Aufgaben näher aus.

für die bessere Ausübung ihrer Kompetenzen benötigen. Umgekehrt sollen auch die Organe der autonomen Verwaltung dem Delegierten von ihm erbetene Informationen zukommen lassen, die er für die Erfüllung seiner Aufgaben benötigt. Ihm unterstehen eine Reihe von Fachbehörden sowie die regionalen Oberbehörden der staatlichen Peripherieverwaltung. Der Regierungsdelegierte hat keine funktionellen Eingriffsrechte in die Regierung oder Verwaltung der Autonomen Gemeinschaften und beeinträchtigt das unabhängige Funktionieren staatlicher und autonomer Regierungen nicht. Seine Präsenz hat eher symbolischen und repräsentativen Charakter. Sinn und Zweck des Amtes des Regierungsdelegierten war in der Verfassungslehre und in der politischen Diskussion Gegenstand kontroverser Diskussionen. Die Kritiker meinen, dass dieses Amt für die zentralistischen Staatsformen typisch ist und ein Relikt aus früheren Zeiten im heutigen Autonomiestaat darstelle. Zu bemerken ist hier auch, dass in Bundesstaaten die Vertreter der Zentralregierung nur in Ausnahmesituationen auf dem Gebiet der Gliedstaaten tätig werden können.[657]

Dem Provinzgouverneur (Gobernador civil) obliegen die entsprechenden Aufgaben in der Provinz. Als ständiger Vertreter der nationalen Regierung in der Provinz steht er an der Spitze aller ministeriellen Dienststellen auf Provinzebene. Die Autonomen Gemeinschaften fordern seit langem die Abschaffung dieser Institution, die für sie immer noch den Zentralismus Francos symbolisiert.[658]

## C. Die Rechtsprechungsaufgaben und Gerichtsorganisation

Die spanische Verfassung gestaltet die Judikative in ungewohnter Ausführlichkeit aus. Die wesentlichen Grundprinzipien der rechtsprechenden Gewalt werden in Art. 117 bis 127, 149 Abs.1 Nr.5 und Art.152 Abs.1 SV normiert. Auch die Statuten der Autonomen Gemeinschaften enthalten ausführliche Regelungen der Rechtsprechungsaufgaben und der Gerichtsorganisation.

Art. 117 Abs. 5 S. 1 SV normiert das Prinzip der Einheit der Rechtsprechung, das die Grundlage für die Organisation und das Funktionieren aller Justizorgane ist. Das Verfassungsgericht hat erklärt, dass es nur eine judikative Gewalt gäbe und sich diese aus Art.117 Abs. 5 ergäbe.[659] Gemäß Art.149 Abs.1 Nr. 5 SV ist der Staat ausschließlich für die Justizverwaltung zuständig, die alle Funktionen und Kooperationsmechanismen umfaßt, deren Leitung und Verwaltung nicht schon im sechsten Titel der Verfassung geregelt werden.

Besondere Bestimmung für die Gerichtsorganisation auf dem Gebiet der Autonomen Gemeinschaften ist Art.152 Abs.1 SV, dessen Regelungen im Vergleich zu denen in bezug auf Legislative und Exekutive besonders ausführlich sind. Das Oberste Gericht bildet gemäß Art.152 Abs.1 SV die Spitze der Gerichtsorganisation

---

[657] Vgl. K. Wendland, S. 164.
[658] Vgl. T. Wiedmann, S. 188.
[659] Vgl. STC 56/1990.

im Gebiet der Autonomen Gemeinschaften. In den Statuten der Autonomen Gemeinschaften können "die Voraussetzungen und Formen ihrer Beteiligung an der Demarkation der Grenzen des Territoriums festgelegt werden. All dies geschieht in Übereinstimmung mit dem im Organgesetz über die rechtsprechende Gewalt bestimmten und im Rahmen der Einheit und Unabhängigkeit derselben. Unbeschadet der im Art.123 SV verfügten enden die prozessualen Instanzen gegebenenfalls bei Justizorganen, die sich auf dem Territorium jener Autonomen Gemeinschaft befinden, auf dem sich auch das in erster Instanz zuständige Organ befindet". Die entsprechenden Statuten der Autonomien erhielten entweder Ermächtigungs- oder Blanknormen hinsichtlich der Obergerichte, die auf das künftige Organgesetz verwiesen, oder sie überließen die Regelung den Autonomen Gemeinschaften unabhängig vom künftigen Inhalt des angeführten Gesetzes. Das Organgesetz über die rechtsprechende Gewalt (*Ley Organica del Poder Judicial* – LOPJ) wurde 1985 erlassen und hat das System der Tribunales Superiores für alle Autonomen Gemeinschaften verallgemeinert.[660] Das Organgesetz hat die Rechte der Autonomen Gemeinschaften in bezug auf die Einteilung in Gerichtsbezirke auf bloße Teilnahmerechte zurückgestuft: Gemäß Art. 35 Abs. 2 LOPJ können die Autonomen Gemeinschaften der Regelung auf deren Ersuchen einen Vorschlag darüber zukommen lassen, wie die Einteilung in Gerichtsbezirke erfolgen sollte. Im übrigen sind sie am Verfahren, das diesem Vorschlag nachfolgt und zur Entscheidung führt, nicht beteiligt.[661] Das Organgesetz erhält und erweitert die Kompetenzen der staatlichen Exekutive in bezug auf materielle und personelle Fragen der rechtsprechenden Organe (mit Ausnahme derjenigen, die Richter und Staatsanwälte betreffen, deren Kompetenzen durch den Consejo General del Poder Judicial[662] (Generalrat der Justiz) geregelt sind). Art. 37 Abs.1, 3 und 4 des Organgesetzes verleiht den Autonomen Gemeinschaften die Befugnis, über staatliche Mittel und Ressourcen für die Justizverwaltung zu verfügen, und weist ferner auf die Möglichkeit hin, dass die Autonomen Gemeinschaften ebenfalls Mittel und Ressourcen dafür bereitstellen.

---

[660] Vor 1985 hatten nur die "historischen" Autonomen Gemeinschaften das Recht, eigene Oberste Gerichte zu errichten: Die Bestimmungen zur Justizverwaltung liessen sich nicht auf die Gemeinschaften der Entstehungsform nach Art. 143 SV anwenden, da wegen des Grundsatzes der Einheit der Justizverwaltung die Gerichte als staatliche Organe angesehen waren, die nicht unter die in Art. 147 Abs. 2 oder 148 Abs.1 Nr.1 SV erwähnten autonomen Institutionen fallen; vgl. K. Wendland, S. 175.

[661] Diese blosse Beteiligung der Autonomen Gemeinschaften an der Einteilung der Gerichtsbezirke hatten wegen der offensichtlichen haushaltsrechtlichen Konsequenzen auch schon die nach den Statuten erlassenen einfachen Gesetze der Autonomen Gemeinschaften vorgesehen; K. Wendland, S. 177.

[662] Nach Art. 122 Abs. 2 und 3 SV ist der Generalrat der Justiz das leitende Organ der Gerichtsgewalt. Das Organgesetz regelt seine Geschäftsordnung und das System der Unvereinbarkeiten seiner Mitglieder und Funktionen, vor allem in Fragen der Ernennung, Beförderung, Inspektion und Disziplinarordnung; Das Organgesetz über den Generalrat der Justiz (1/1980 vom 1.1.) regelt seine Konstitution und Funktionsweise.

## 4. Die Finanzverfassung

Die Grundlagen der spanischen Finanzverfassung sind in den Art.156-158 SV niedergelegt und werden in den Autonomiestatuten und insbesondere in dem Organgesetz über die Finanzierung der Autonomen Gemeinschaften (LOFCA)[663] konkretisiert.[664] Daneben sind das Gesetz über den territorialen Ausgleichsfonds sowie die jährlich verabschiedeten Staatshaushaltsgesetze maßgeblich.

Sowohl staatliche als auch autonome Tätigkeiten im Bereich der Finanzverwaltung unterliegen vielfältigen Ausprägungen der Struktur- und Integrationsprinzipien. Die Finanzverfassung beruht auf vier Prinzipien: Das erste Prinzip – die finanzielle Autonomie – garantiert den Regionen die Freiheit, im Rahmen der Verfassung über ihre Einkünfte und Ausgaben selbst zu bestimmen. Das Verfassungsprinzip der Solidarität verlangt einen angemessenen und gerechten wirtschaftlichen Ausgleich der Regionen untereinander. Das dritte Prinzip – die Gleichheit der Regionen – verbietet jegliche Privilegien. Und schließlich steht das gesamte öffentliche Finanzwesen zur Sicherung seiner Effizienz unter dem Gebot der Zusammenarbeit der verschiedenen Regierungsebenen (Koordinationsprinzip).[665] Diese vier Säulen der Finanzverfassung werden in den fünf Grundsätzen konkretisiert: 1. in dem Leitprinzip einer gerechten Verteilung des regionalen und persönlichen Einkommens (Art. 40 Abs.1 SV); 2. in dem Ziel der Angleichung des Lebensstandards aller Spanier (Art. 130 SV); in der Forderung: 3. nach Ausgleich und Abstimmung der regionalen und ressortbezogener Entwicklung (Art. 131 Abs.1 SV) und 4. nach Gleichheit der Rechte im gesamten Staatsgebiet (Art. 139 Abs. 1 SV); sowie 5. in dem Verfassungsgrundsatz der Solidarität, wonach der Staat für die Herbeiführung eines angemessenen und gerechten wirtschaftlichen Gleichgewichts zwischen den einzelnen Teilen des spanischen Territoriums sorgen soll (Art.138 Abs.1 SV)[666]

Aus historischen Gründen ist das Finanzierungssystem in Spanien nicht einheitlich. Das Baskenland und Navarra unterhalten von dem allgemeinen System (*regimén comun*) der übrigen fünfzehn Autonomen Gemeinschaften abweichende Sondersysteme (*regimén foral*), die sich grundlegend vom allgemeinen System unterschieden. Die historischen Steuerprivilegien des Baskenlandes und Navarras sind in der ersten Zusatzbestimmung zur Verfassung geschützt. Diese Privilegien werden in deren besonderen Finanzierungsregelungen aufrechterhalten. Im Falle des Baskenlandes verfügen die Organe der drei Provinzen über nahezu die gesamte Steuerhoheit.[667] Ähnliches gilt auch für Navarra, mit dem Unterschied, dass die

---

[663] Ley Organica de Financiación de las CCAA, abgekürzt LOFCA, 8/1980 vom 22.9.1980.
[664] Vgl. dazu A. Hildenbrand, Die Finanzierung der Autonomen Gemeinschaften, S. 125ff.; A. López Pina, Die Finanzverfassung Spaniens, S. 37-45.
[665] Vgl. T. Wiedmann, S. 209.
[666] A. López Pina, Die Finanzverfassung Spaniens, S. 37-38; K. Wendland, S. 231.
[667] Die Diputaciones Forales führen einen Teil der Steuererträge jährlich an die Autonome Regierung ab. Dieser Teil wird alle fünf Jahre durch ein Gremium, das sich aus Vertretern der baskischen Provinzen, der baskischen Regierung und der Staatsregieurng zusammensetzt, neu berechnet. Zur Finanzierung der allgemeinen Staatsaufgaben trägt das Baskenland durch eine Zuweisung, den sog.

Foralgemeinschaft mit der Diputacion Foral zusammenfällt, die Autonome Gemeinschaft also selbst die Steuerhoheit besitzt. Außerdem gibt es zahlreiche Formen bilateraler Abkommen über die gemeinsame Finanzierung von Investitionen. Die Finanzressourcen der Autonomen Gemeinschaften bestehen aus: a) gänzlich oder teilweise durch den Staat abgetretenen Steuern; Zuschlägen auf staatliche Steuern und anderen Beteiligungen an den Einkünften des Staates (Grundfinanzierung), b) eigenen Steuern und sonstigen Einnahmequellen sowie c) finanzieller Neuverteilung mittels des Ausgleichsfonds. Im Gegensatz zum Foralregime fließen den übrigen Gemeinschaften nur zu einem geringen Teil eigene Einkünfte zu. Gemäß LOFCA werden die Autonomen Gemeinschaften überwiegend durch staatliche Zuweisungen finanziert.[668]

## 1. Die Grundfinanzierung

In Art. 157 SV werden die obengenannten Finanzierungsquellen der Autonomen Gemeinschaften enumerativ aufgeführt. Die Grundfinanzierung kann sich – nach Art. 157 Abs.1 SV – aus Steuern zusammensetzen, die ganz oder teilweise vom Staat abgetreten wurden. Abgetretene Abgaben sind solche, die der Staat festgesetzt und verordnet hat, und deren Ertrag den Autonomen Gemeinschaften zukommt. Das Organgesetz über die Finanzierung der Autonomen Gemeinschaften (LOFCA) regelt die Steuerabtretung an die Autonomen Gemeinschaften durch den Staat. Nach Art.11 Abs.1 LOFCA können Abgaben aus den folgenden Steuerbereichen abgetreten werden: Vermögenssteuer, Steuer auf Vermögensübertragungen, Steuer auf Hinterlassenschaften und Schenkungen, allgemeine Steuern auf Einzelhandelsverkäufe, Steuer auf besondere Einzelhandelsumsätze mit Ausnahme der aufgrund von Steuermonopolen erzielten Abgaben, Gebühren und sonstige Abgaben auf Spiele.[669] Nach 1991 tritt der Staat den Autonomen Gemeinschaften einen Teil der Einkommensteuererträge ab.[670] Der Staat behält sich dabei die gesetzliche Regelung vor und überläßt den Autonomen Gemeinschaften nur die Verwaltung und Erträge der Steuern.

In den Abkommen von November 1986 und Januar 1992 wurden vom Rat für Steuer- und Finanzpolitik zwei Arten von finanziellen Zuweisungen (mittels derer der Staat den Autonomen Gemeinschaften Mittel zu Lasten seines Haushalts zuteilt), die Verfassungsgrundsätze und das geltende Finanzrecht, konkretisiert:

*a. Zweckfreie Finanzierung (financiación incondicionada).* Es handelt sich um finanzielle Zuteilungen mit dem Ziel, die Autonomen Gemeinschaften mit den für die

---

cupo, an die Staatskasse bei. Diese Zuweisungen erscheinen im Staatshaushalt auf der Einnahmeseite; vgl. T. Wiedmann, S. 209.

[668] Während 1991 88,7% der Einnahmen der Autonomen Gemeinschaften aus dem Staatshaushalt entstammten, brachten sie im Durchschnitt nur 11,3% ihrer Mittel selbst auf; vgl. K. Wendland, S. 232.

[669] Vgl. A. López Pina, Die Finanzverfassung Spaniens, S.40; T. Wiedmann, S. 210; K. Wendland, S. 233-234.

[670] T. Wiedmann, S. 211.

Ausführung der übertragenen Dienstleistungen notwendigen Mittel auszustatten. Durch diese Finanzierung erhält das Autonomieprinzip seine materielle Grundlage.[671] Die zweckfreie Finanzierung setzt sich aus obengenannten abgetretenen Steuern und den für die übertragenen Dienstleistungen zugeteilten Abgaben und der Beteiligung der Autonomen Gemeinschaften an den staatlichen Steuereinnahmen andererseits zusammen. Die Beteiligungen an den Steuereinnahmen machen den Hauptteil der Finanzeinnahmen der Autonomen Gemeinschaften aus. Bei diesen Beteiligungen handelt es sich um Erträge, die alle Autonomen Gemeinschaften aus der mittelbaren Besteuerung des Staates,[672] insbesondere den Einkommen-, Körperschafts- und Mehrwertsteuern, erhalten.[673] Die Anteile werden nach Vereinbarung der Beteiligten prozentual in einem Gesetz festgelegt. Art. 13 LOFCA nennt verschiedene sozioökonomische Indikatoren (Bevölkerung, Fläche, Insellage, relative Armut, Steuerkraft) für die Errechnung der prozentualen Beteiligung.[674]

*b. Zweckgebundene Finanzierung (financiación condicionada).* Alle übrigen Finanzzuweisungen dienen einerseits dazu, dem Solidaritätsprinzip Rechnung zu tragen, andererseits, die Regionen in die Lage zu versetzen, den Staat bei der Verfolgung seiner Wirtschafts- und Sozialpolitik zu unterstützen.[675]

Die zweckgebundenen Zuweisungen bestehen vor allem aus Subventionen, die die Autonomen Gemeinschaften aufgrund von verschiedenen Verträgen und Investitionsabkommen aus dem Staatshaushalt erhalten. Das sind die Mittel, mit deren Hilfe bestimmte, allgemeine Ziele der Wirtschafts- oder Sozialpolitik des Staates verwirklicht werden, deren Ausführung den Autonomen Gemeinschaften zukommt.[676] Die Verwaltung der Subventionen obliegt den Autonomen Gemeinschaften.[677]

### 2. Der interterritoriale Ausgleichsfond
Wichtigste Gruppe der zweckgebundenen Zuweisungen sind die Mittel, die die Autonomen Gemeinschaften aus dem Interterritorialen Ausgleichsfonds (*Fondo de*

---

[671] A. López Pina, Die Finanzverfassung Spaniens, S. 41.
[672] M. J. Montoro Chiner, Spanien als Staat der Autonomen Gemeinschaften, in: DöV, 3/1987, S. 93.
[673] D. Nohlen/A. Hildenbrand, Spanien: Wirtschaft-Gesellschaft-Politik, S. 325.
[674] Am 7. November 1986 wurde vom Rat für Steuer- und Finanzpolitik eine Vereinbarung getroffen, nach der alle fünf Jahre ein neuer Prozentsatz für die Beteligungen der AG an den Steuereinnahmen berechnet wird.
[675] T. Wiedmann, S. 210.
[676] A. López Pina, Die Finanzverfassung Spaniens, S. 41.
[677] Nach der Doktrin des Verfassungsgerichts sind die Subventionen an eine doppelte Voraussetzung gebunden: einerseits ist darauf zu achten, dass durch die Ausübung der Finanzgewalt des Staates die materiellen Zuständigkeiten der Autonomien nicht missachtet, verdrängt oder eingeschränkt werden; andererseits ist aber auch zu vermeiden, dass durch eine übertriebene Angst vor möglichen Einmischungen in die Zuständigkeiten der Autonomen Gemeinschaften letzten Endes die staatlichen Zuständigkeiten untergraben und auf diese Weise die Verfügungsgewalt des Staates über die eigenen Finanzmittel und die Gestaltungsfreiheit des Gesetzgebers eingeengt werden; vgl. A. López Pina, ebd., S. 42.

*Compensación Interterritorial)* erhalten.[678] Der Ausgleichsfond wird allein mit staatlichen Mitteln bedient. Damit verzichtete Spanien auf einen horizontalen Finanzausgleich der Regionen untereinander nach dem Vorbild des Grundgesetzes.[679] Er ist das wichtigste Instrument, die regionalen Wirtschaftsunterschiede auszugleichen und im gesamten Staatsgebiet ein Mindestniveau öffentlicher Leistungen zu garantieren. Der Ausgleichsfond sollte in der Vergangenheit sowohl die interterritoriale Solidarität als auch zugleich die Finanzierung neuer Investitionsvorhaben im Rahmen der übertragenen Dienstleistungen ermöglichen. 1990 fand aber eine Trennung mit dem Ziel statt, sich auf die Angleichung der Lebensverhältnisse zu konzentrieren. Die Kriterien für die Verteilung der Finanzmittel wurden jenen des Europäischen Fonds für regionale Entwicklung der Europäischen Union angeglichen. Nur die wirtschaftlich weniger entwickelten Gemeinschaften erhalten heute Leistungen aus dem Ausgleichsfonds: Es sind die Regionen, in denen das durchschnittliche Bruttoinlandsprodukt pro Einwohner weniger als 75% des Durchschnitts der EU beträgt.[680]

### 3. *Eigene Einkünfte*
Kraft ihrer Gesetzgebungskompetenzen können die Autonomen Gemeinschaften eigene Einnahmequellen schaffen. Hierzu gehören vor allem eigene Steuern und Sondergebühren (Art. 9 LOFCA). Die Gemeinschaften können auch Zuschläge auf staatliche Steuern erheben (Art. 12 LOFCA). Weitere Einnahmen lassen sich aus eigenem Vermögen und privatrechtlichen Quellen (Art. 5 LOFCA), insbesondere aus Kreditgeschäften, sowie Strafen und Sanktionen erzielen.

Bei der eigenen Besteuerung zur Deckung öffentlicher Aufgaben, die in der Kompetenz der Autonomen Gemeinschaften liegen, ist vor allem das Subsidiaritätsprinzip zu beachten. Da der Staat sich bisher die wichtigsten Quellen der Steuereinnahmen vorbehalten hat, ist zur Zeit eine eigene Besteuerung durch die Autonomen Gemeinschaften fast ausgeschlossen. Eine solche zusätzliche Besteuerung würde von den Bürgern als schwere Belastung und Affront ihnen gegenüber aufgefaßt werden.[681] Deshalb sind heutzutage nur wenige Steuertatbestände zu finden, die der Staat noch nicht selbst in Anspruch genommen hat. Beispiele dafür sind selten und wenig einträglich: Die Steuern für das Bingospiel in Katalonien, Valencia und Murcia ist dazu ebenso wie die auf den Kanarischen Inseln erhobenen Steuern auf den

---

[678] Die Errichtung eines interterritorialen Ausgleichsfonds, der den Autonomien neue Investitionen ermöglicht, wurde durch Art. 158 Abs. 2 SV vorgesehen. Dieser Fond wurde für die Verwirklichung des Solidaritätsprinzips, das dem Staat aufgibt, ein angemessenes und gerechtes wirschaftliches Gleichgewicht zwschen den einzelnen Teilen des spanischen Territoriums herzustellen (Art. 138 Abs. 1 SV), und für den Ausgleich zwischen wirtschaftlichen Unterschieden zwischen Regionen errichtet, vgl. M. J. Montoro Chiner, Spanien als Staat der Autonomen Gemeinschaften, in: DöV, 3/1987, S. 93.
[679] Vgl. T. Wiedmann, S. 210.
[680] Hierzu zählen neun Autonome Gemeinschaften: Andalusien, Asturien, Kanarische Inseln, Kastilien-La Mancha, Castilla y Leon, Extremadura, Galicien, Murcia und Comunidad Valenciana.
[681] Vgl. M. J. Montoro Chiner, Spanien als Staat der Autonomen Gemeinschaften, in: DöV, 3/1987, S. 93.

Verbrauch von Erdöltreibstoffen zu rechnen.[682] Auch Zuschläge auf staatliche Steuern werden nur selten erhoben. Die Autonomen Gemeinschaften haben davon freilich nur sehr behutsam Gebrauch gemacht, nachdem die Bevölkerung gerade auf die Handhabung dieses Instruments besonders unwillig reagierte.[683] So bleiben nur die Einnahmen aus Eigenvermögen, insbesondere der Erlös aus Kreditgeschäften, als eigene Einnahmequelle von Bedeutung.[684]

## 5. Die Aufsichtszuständigkeit des Staates

*A. Die Staatsaufsicht*

Im Bereich der Legislativen der Autonomen Gemeinschaften gibt es keinerlei staatliche Aufsicht. Im Exekutivbereich hingegen verfügt der Staat über mehrere Kontrollmittel, die Autonomen Gemeinschaften zur Einhaltung ihrer verfassungsmäßigen Pflichten anzuhalten. Zwar ist dem Staat jede Aufsicht verwehrt soweit die Autonomen Gemeinschaften eigenes Recht ausführen. Wenn die Gemeinschaften staatliches Recht verwaltungsmäßig ausführen kommen jedoch verschiedene Möglichkeiten der Staatsaufsicht in Frage. Nach der Rechtsprechung des Verfassungsgerichts bezieht sich das verfassungsrechtliche Gleichheitspostulat nicht nur auf die Ausübung der Grundrechte, sondern auf alle grundlegenden Rechtspositionen (*posiciones juridicas fundamentales*). Mit der Begründung, der Staat müsse die Gleichheit der grundlegenden Rechtspositionen gewährleisten, hat das Verfassungsgericht daher die Existenz einer staatlichen Aufsicht (*supervisión estatal*) über die Ausführung von staatlichen Gesetzen durch die Autonomen Gemeinschaften legitimiert, damit gewährleistet werden kann, dass alle Spanier gegenüber der Ausübung der staatlichen Gesetze durch die Autonomen Gemeinschaften gleich sind.[685]

Die Reichweite einer solchen staatlichen Aufsicht ist jedoch stark eingeschränkt. Sie erstreckt sich lediglich auf Rechtsfragen, nicht aber auf Gesichtspunkte bloßer Zweckmäßigkeit bezüglich der Ausführung und des Vollzuges oder derjenigen Modalitäten oder Umstände, die in keinem Zusammenhang mit der Durchführung stehen. Die staatliche Aufsicht darf in keinem Fall ein hierarchisches Abhängigkeitsverhältnis zwischen Autonomen Gemeinschaften und Staat bewirken, das mit dem Autonomieprinzip unvereinbar wäre.[686]

Bei der sog. "hohen Aufsicht" (*alta inspección*) handelt es sich um Aufsichtsrechte des Staates, die einige Autonomiestatuten diesem in ganz spezifischen Sachbereichen wie insbesondere Gesundheits- und Erziehungswesen,

---

[682] T. Wiedmann, S. 211.
[683] A. Hildenbrand, Die Finanzierung der Autonomen Gemeinschaften, S. 134.
[684] A. López Pina, Die Finanzverfassung Spaniens, S. 41.
[685] Vgl. K. Wendland, S. 173.
[686] STC 67/1983; vgl. auch K. Wendland, S. 173. Die staatliche Aufsicht wird mit der Aufsicht des Bundes über die Länder bei deren Aufgabenerledigung als eigene Angelegenheit gemäß Art. 84 GG verglichen.

Sozialgesetzgebung und Arbeitsgesetzgebung gewähren. In der Regel sind dies Sachmaterien, in denen die Autonomen Gemeinschaften staatliche Gesetze ausführen. Nach der Rechtsprechung des Verfassungsgerichts umfaßt diese Aufsicht inhaltlich die Überprüfung der Auslegung der staatlichen und autonomen Rechtsnormen.[687] Wegen der vagen Formulierungen der Vorschriften hat sie das Verfassungsgericht restriktiv ausgelegt: "Die hohe Aufsicht (des Staates) darf sich nicht in eine bevormundende Kontrolle der Tätigkeit der Gemeinschaft verwandeln..."[688]. Wegen dieser Interpretation darf der Staat das Instrument der Aufsicht und Kontrolle nur in den verfassungsrechtlich vorgesehenen Grenzen, es aber nicht als ein Mittel weitergehender, insbesondere politischer Kontrolle, benutzen.

**B.** *Der Staatszwang*

Ein weiteres Mittel der staatlichen Kontrolle und der Einwirkung auf den autonomen Hoheitsbereich ist die in Art. 155 SV vorgesehene Möglichkeit des "Staatszwangs" (*coaccion estatal*). Nach Art. 155 Abs. 1 SV kann die Staatsregierung die Autonome Gemeinschaft, die ihre verfassungsrechtlichen oder sich aus anderen Gesetzen ergebenden Pflichten nicht erfüllt, oder in einer Form handelt, die das Interesse Spaniens in gravierender Form verletzt, vorgehen. Zunächst hat die Staatsregierung den Präsidenten der Gemeinschaft zu pflichtgemäßem Verhalten aufzufordern, und kann, soweit hierbei erfolglos, mit Zustimmung der absoluten Mehrheit des Senats die "erforderlichen Maßnahmen" ergreifen, um das pflichtgemäße Verhalten der Autonomen Gemeinschaft beziehungsweise den Schutz des allgemeinen Interesses zu erzwingen. Nach Art. 155 Abs. 2 SV kann die Regierung für die Durchsetzung der in Absatz 1 vorgesehenen Zwangsmittel allen Behörden der Autonomen Gemeinschaften Weisungen erteilen.[689]

Die überwiegende Meinung im spanischen Schrifttum lässt die Anwendung des Art.155 SV nur in ganz außergewöhnlichen Fällen als ultima ratio zu.[690] Dieses äußerste Kontrollmittel wurde bisher noch nie seitens des Staates angewendet. Art.

---

[687] Weder Zweck noch Mittel dieser Art der Staatsaufsicht wurden niedergelegt. Das Verfassungsgericht hat festgestellt (STC 95/1984), dass derlei staatliche Kontrollmassnahmen ihre Grundlage in der Verfassung oder in den Autonomiestatuten finden müssen und nicht durch staatliches Gesetz eingeführt werden dürfen, wenn die Autonome Gemeinschaft in diesem Bereich Exekutivkompetenzen verankert hat. Die Aufsichtsmittel beschränken sich auf die Untersuchung und Überwachung der autonomen Tätigkeiten, ohne konkrete Eingriffsbefugnisse zu gewähren; vgl. K. Wendland, S. 173-174.

[688] STC 32/1983.

[689] Bevor die in Art. 155 SV vorgesehenen Verfahren der "Aufforderung" und der Einleitung der erforderlichen  Maßnahmen zur zwangsweisen Erfüllung der Verpflichtungen zur Anwendung gelangen, können die staatlichen Organe nach der Rechtsprechung des Verfassungsgerichts gleichsam in einem Vorverfahren außerhalb der Modalitäten des Art. 155 SV eine formlose Aufforderung an die Autonome Gemeinschaft richten, die unrichtige Vorgehensweise bei der Durchführung zu korrigieren.

[690] Im einzelnen schweigt die Verfassung über die "erforderlichen Zwangsmittel", aber diese dürften – dies ergibt sich aus Absatz 2 – die Auflösung autonomer Organe und deren Ersetzung durch staatliche umfassen, soweit die Rechts- oder Interessensverletzung der Autonomen Gemeinschaft insgesamt und nicht nur einem ihrer Organe zuzurechnen ist.

155 SV wäre auch eine Art Sanktion für den hypothetischen Fall, dass die Autonomen Gemeinschaften ihren Verpflichtungen gegenüber den europäischen Gemeinschaften nicht nachkämen.[691]

## 6. Die Mitwirkung der Autonomen Gemeinschaften an der staatlichen Willensbildung – der Senat

Die Mitwirkung der Autonomen Gemeinschaften an der staatlichen Willensbildung ist in der Verfassung vor allem durch deren Vertretung im Senat vorgesehen. Art. 69 Abs.1 SV verankert den Senat als Kammer der "territorialen Vertretung". Zusammen mit dem Kongress der Abgeordneten bildet er die gesetzgebenden Körperschaften, die Cortes Generales. Ihnen obliegen gemäß Art. 66 Abs.2 SV unter anderem die gesetzgeberische Gewalt des Staates und die Kontrolle der Regierung. Mit der Errichtung des Senats schien das Zweikammersystem von 1978 auf dem vorgesehenen dezentralisierten Charakter des Staates zu wurzeln.[692] Der Rest dieser Vorschrift (Art. 69 Abs.2-6) aber macht den Senat zu einem "seltsam hybriden Gebilde, das ihn zu dem mißlungensten unter den spanischen Verfassungsorganen werden ließ".[693] Die in Art. 69 SV geregelte Zusammensetzung führt im Ergebnis dazu, dass nur etwa ein Fünftel (nämlich 47) aller Senatoren von den Autonomen Gemeinschaften ernannt werden. Gemäß Art. 69 Abs.5 SV stellen die Autonomen Gemeinschaften jeweils nur einen Senator und einen weiteren für jede Million Einwohner. Daneben werden nach Art. 69 Abs. 2 SV in jeder Provinz von den Stimmberechtigten auf Grund allgemeiner, freier, gleicher, unmittelbarer und geheimer Wahlen vier Senatoren gewählt.[694] Nur die von den Autonomen Gemeinschaften ernannten, nicht unbedingt die in den Provinzen gewählten Senatoren, sind jedoch echte Repräsentanten der Autonomie.[695] Daher ist der Senat trotz seiner Bezeichnung als "Kammer der territorialen Vertretung" durch die Verfassung nicht imstande, diese Funktion der Vertretung der Interessen der Autonomen Gemeinschaften in den Bereichen staatlicher Willensbildung, die sie betreffen könnten – nicht einmal im ausschließlich legislativen Bereich -, vollständig und effektiv zu übernehmen.[696]

Die Hauptursache für die schwache verfassungsrechtliche Stellung des Senats ist die Regelung, dass er nach Art. 90 Abs. 2 SV bei einfachen Gesetzen sowie bei Organgesetzen lediglich ein Einspruchs-, aber kein Zustimmungsrecht besitzt. Gemäß Art. 87 Abs.1 SV hat der Senat – neben Regierung und Abgeordnetenhaus – ein

---

[691] M. J. Montoro Chiner, Landesbericht Spanien, S. 193.

[692] H.-J. Blanke, S. 74.

[693] P. Cruz Villalón, Die Neugliederung des Spanischen Staates, in: JöR, Bd. 34, 1985, S. 232.

[694] Die drei insularen Provinzen wählen eine höhere Zahl an Senatoren, nämlich Teneriffa sechs, Gran Canaria fünf und die Balearen ebenfalls fünf; hinzu kommen je zwei Senatoren aus den an der nordafrikanischen Küste liegenden Städten Ceuta und Melilla, vgl. P. Cruz Villalón, ebd., S. 232.

[695] Vgl. M. J. Montoro Chiner, Landesbericht Spanien, S. 190.

[696] E. Alberti, Kooperation und Konflikt, S. 134.

Gesetzesinitiativrecht. Ist ein Gesetzesvorschlag von der Plenarmehrheit des Abgeordnetenhauses angenommen worden, so kann er mit absoluter Mehrheit ein Veto einlegen und Änderungsvorschläge machen. Art. 90 Abs. 2 S. 3 SV macht jedoch deutlich, dass dieses Vetorecht keine größere Auswirkungen hat: Hiernach kann das Abgeordnetenhaus, bevor es dem König den Gesetzesvorschlag zur Ratifizierung vorlegt, das Veto des Senats mit einem Beschluß der absoluten Mehrheit aufheben. Wird die absolute Mehrheit im Abgeordnetenhaus nicht erreicht, genügt für die Aufhebung des Vetos nach Ablauf von zwei Monaten sogar die einfache Mehrheit. Hier zeigt sich die deutliche Unterordnung des Senats gegenüber dem Abgeordnetenhaus. Für viele Entscheidungen ist das Abgeordnetenhaus allein[697] und nur für einige sind beide Kammern zuständig. So muss z.b. der Senat die Anwendung des Staatszwanges gegen die Autonomen Gemeinschaften gemäß Art. 155 SV mit absoluter Mehrheit billigen. Die Cortes Generales – und als ihr Bestandteil der Senat – sind im Falle der Rahmengesetzgebungskompetenz gemäß Art. 150 Abs. 1 SV für die Ermächtigung der Autonomen Gemeinschaften zuständig, in dem von einem staatlichen Gesetz gesetzten Rahmen gesetzgeberisch tätig zu werden. Auch im Falle der Harmonisierungsgesetzgebung gemäß Art. 150 Abs.3 SV obliegt es vor dessen Erlaß zunächst beiden Kammern, mit absoluter Mehrheit dessen Erforderlichkeit festzustellen.

Der Senat nimmt im Gesamtbild der Aufgabenverteilung zwischen beiden Kammern eine deutlich untergeordnete Position ein. Er hat keinerlei Mittel, seine Änderungsvorschläge zu den Gesetzen durchzusetzen, selbst dann nicht, wenn es sich um staatliche Gesetze handelt, die, wie die Grundlagengesetze, die Interessen der Autonomen Gemeinschaften besonders berühren. Der spanische Senat ist also weit davon entfernt, eine "Zweite Kammer" im Stil des Deutschen Bundesrates zu sein, durch den die Länder bei der Gesetzgebung und Verwaltung des Bundes mitwirken. Er ist in der Regel bloße Zweitlesungskammer mit Vetorecht, das vom Kongreß mit Mehrheitsentscheidungen übergangen werden kann.[698] Alle parlamentarischen Kräfte haben diese Unfähigkeit des Senats, seine Aufgabe als Interessensvertretung der Autonomen Gemeinschaften zu erfüllen, ausdrücklich anerkannt.[699] Das Problem der Umgestaltung des Senats besteht darin, dass jede Änderung der Aufgaben und der Zusammensetzung des Senats eine Verfassungsreform erfordert. Das ist der einzige Grund, weshalb der Senat in seiner Struktur seit 1978 unverändert geblieben ist und nicht zu einer Vertretung der Autonomen Gemeinschaften umgebaut wurde.[700] Der Senat ist ohne Zweifel die "Schlüsselinstanz" dafür, dass der Staat der Autonomien auch in der Praxis funktioniert. Genau deshalb bedarf Spanien dringend einer

---

[697] Z.B. die Amtseinsetzung des staatlichen Ministerpräsidenten (Art. 99 Abs. 3 SV), die Beteiligung an der Verhängung der verschiedenen Ausnahmezustände (Art. 116 SV). Auch nur das Abgeordnetenhaus kann dem Ministerpräsidenten die Vertraünsfrage stellen und das Misstrauensvotum abgeben (Art. 112, 113 SV).

[698] Vgl. K. Wendland, S. 187.

[699] Vgl. E. Alberti, Kooperation und Konflikt, S. 135.

[700] Vgl. P. Cruz Villalón, Zehn Jahre spanische Verfassung, in: JöR, Bd. 37, 1988, S. 113; M. J. Montoro Chiner, Landesbericht Spanien, S. 190; H.-J. Blanke, S. 74.

Kammer, in der die Autonomen Gemeinschaften in den sie betreffenden Angelegenheiten mitentscheiden. In diesem Sinne besteht in der spanischen Lehre Übereinstimmung, dass das Orientierungsmodell der deutsche Bundesrat ist.[701] Nur wenn die Autonomen Gemeinschaften über den Senat am staatlichen Gesetzgebungsprozess beteiligt wären, ließen sich die Konflikte vermindern, die heutzutage als einzigen Ausweg nur die Anrufung des Verfassungsgerichts lassen.[702]

### 7. Das Verfassungsgericht

Die Existenz eines Verfassungsgerichts (Art. 159-165 SV) erklärt sich zunächst aus dem Primat der richterlichen Rechtskontrolle, darüber hinaus aber auch aus der politischen Dezentralisierung des Staates. Die Regelung der Konflikte zwischen Staat und Autonomen Gemeinschaften ist völlig verrechtlicht und die richterliche Entscheidung dieser Konflikte stellt eine Hauptaufgabe des Verfassungsgerichts dar. Eine eigenständige Verfassungsgerichtsbarkeit der Autonomen Gemeinschaften gibt es daneben mangels einer autonomen Verfassungsgewalt nicht, so dass die gesamte Verfassungsrechtsprechung des Staates, einschließlich der inneren Verfassungsgerichtsbarkeit der Autonomen Gemeinschaften, bei einem einzigen Verfassungsgericht konzentriert ist.[703]

Das Verfassungsgericht wacht über die konkrete Anwendung der Normen, welche die Kompetenzverteilung regeln. Das sind die Regelungen des bloque de constitucionalidad. Konflikte bei den Gesetzgebungskompetenzen werden im Verfahren der abstrakten Normenkontrolle (*recurso de inconstitucionalidad*, Art. 161 Abs.1a, 162 Abs.1a SV), die übrigen Konflikte meist in einem Verfahren entschieden, das den Namen "Kompetenzkonflikt" (*conflicto de competencias*, Art. 161 Abs.1c SV) trägt. Schließlich kann der Staat über den Weg der "Anfechtung" (*impugnación*, Art. 161 Abs. 2 SV) jederzeit jeden Rechtsakt einer Autonomen Gemeinschaft anfechten, der nicht bereits im Rahmen der beiden anderen Verfahren überprüfbar ist.[704]

Wegen der Allgemeinheit und Ungenauigkeit der Verfassungsvorschriften, insbesondere wegen der Originalität des von der spanischen Verfassung eingeführten territorialen Verteilungssystems der Macht und der Zuständigkeiten, sah sich das Verfassungsgericht gezwungen, im Aufbau des Staates mitzuwirken. Faktisch wurde dem Verfassungsgericht vom Verfassungsgeber die Verantwortung dafür übertragen, das Normensystem, das die territoriale Organisation Spaniens im Einzelnen regelte, zu konstruieren.[705] Dies hat zugleich zu einer völligen Überlastung des Gerichts geführt. Die Ursache hierfür lag u. a. darin, dass andere Mechanismen, die der Anrufung des Verfassungsgerichts eigentlich vorgeschaltet sein sollten, nicht oder nicht in

---

[701] Vgl. E. Alberti, Kooperation und Konflikt, S. 135.
[702] M. J. Montoro Chiner, Landesbericht Spanien, S. 191.
[703] H.-J. Blanke, S. 74-75.
[704] Vgl. hierzu H.-J. Faller, Das spanische Verfassungsgericht, in: JöR, Bd. 29, 1980, S. 279ff.; A. Weber, Die Verfassungsgerichtsbarkeit in Spanien, in: JöR, Bd. 34, 1985, S. 245-285.
[705] E. Alberti, Kooperation und Konflikt, S. 137.

genügender Weise funktionierten.[706] Die meisten Streitigkeiten ereigneten sich in den Jahren 1981-1992.[707] Diese Konflikte hatten fast sämtliche Kompetenzen zum Gegenstand und betrafen fast alle Gebiete der öffentlichen Handlung. Das Verfassungsgericht hatte nicht nur entschieden, ob eine bestimmte Handlung des Staates oder der Autonomen Gemeinschaften verfassungsgemäß war, sondern es hatte in vielen Fällen auf der Grundlage sehr allgemeiner Verfassungsvorschriften, die manchmal nur Prinzipien oder sogar nur Anhaltspunkte für Prinzipien enthielten, die anzuwendende Regel selbst erst schaffen müssen. Bereits in den ersten Jahren seines Bestehens hat die Rechtsprechung des Verfassungsgerichts einen wesentlichen Beitrag zum Verständnis der Kompetenztypen und zur Struktur der Kompetenzordnung geleistet. In seiner Entscheidung zur LOAPA hat das Verfassungsgericht die Grenzen zwischen parlamentarischem Gesetzgeber und Verfassungsgeber gezogen und damit zugleich ein stabilisierendes Gegengewicht gegen politische Einwirkungen gesetzt.[708] Auch für andere wichtige Bereiche, wie für die Finanzautonomie der Autonomen Gemeinschaften und für das Kontrollsystem und die staatlichen Eingriffsbefugnisse in die Tätigkeiten der Autonomen Gemeinschaften, war die konstruktive Arbeit des Verfassungsgerichts entscheidend. Heutzutage ist es unmöglich, das spanische Modell territorialer Organisation zu überblicken, ohne nicht die Rechtsprechung des Verfassungsgerichts mit einer gewissen Genauigkeit zu kennen.

### 8. Die Einordnung der territorialen Struktur des spanischen Staates

Die Verfassung Spaniens von 1978 hat darauf verzichtet, den Staat im Hinblick auf seine territoriale Struktur zu definieren. Mangels solcher verfassungsrechtlicher Definition der Staatsorganisationsstruktur hat die Lehre unterschiedliche Bezeichnungen zum Zwecke seiner Charakterisierung vorgeschlagen wie z.B. Estado plural, Estado compuesto, Estado autonomico, Estado unitario con espiritu federalista, Estado federal unitario, Estado unitario-federal, Estado unitario-regional, Estado semifederal usw.[709] Die größte Verbreitung in der öffentlichen Meinung hat jedoch die originellste aller Bezeichnungen gefunden, nämlich "Staat der Autonomien" (Estado de las Autonomias).[710]

---

[706] Wie bereits analysiert wurde, konnte der Senat, der in der Verfassung als "Kammer der territorialen Vertretung" bezeichnet wird, die Zahl der Konflikte, die dem Verfassungsgericht angetragen wurden, verringern, aber erst dann, als die Autonomen Gemeinschaften über den Senat am staatlichen Gesetzgebungsprozess beteiligt waren; vgl. P. Cruz Villalón, die Neugliederung des Spanischen Staates, in: JöR, Bd. 34, 1985, S. 238.

[707] Bis September 1993 wurden von den verschiedenen möglichen Verfahren 839 Streitigkeiten vor dem Verfassungsgericht anhängig, von denen 314 vom Staat gegen die Autonomen Gemeinschaften und 525 von den Autonomen Gemeinschaften gegen den Staat ausgingen; vgl. E. Alberti, Kooperation und Konflikt, S.136.

[708] Vgl. K. Wendland, S. 179.

[709] Vgl. P. Cruz Villalón, Die Neugliederung des Spanischen Staates, in: JöR, Bd. 34, S. 239; H.-J. Blanke, S.117.

[710] P. Cruz Villalón, ebd., S. 239.

Die Dezentralisationsstrukturen im Hinblick auf die Annahme eines eher regionalistisch oder föderalistisch organisiertes Staates können ganz unterschiedlich bewertet werden. Auch der Spanische Staat kann so einfach weder als Einheitsstaat noch als Bundesstaat eingeordnet werden. Bei der Bewertung und Einordnung der Territorialstruktur des spanischen Staates muss man unbedingt die verfassungsrechtlichen Bestimmungen, deren Entstehungsgeschichte und die durch das dispositive Prinzip ermöglichte Entwicklung in Betracht ziehen. Aber der wichtigste Ausgangspunkt bei der Lösung dieser Frage muss die These sein, dass jeder Staat eine Ausformung sui generis ist,[711] jeder Bundesstaat stellt "eine konkret-geschichtliche Individualität" dar.[712] Man muss unbedingt zur Kenntnis nehmen, dass es kein einheitliches Modell des föderalen Staates gibt und das das Adjektiv „föderal" auch nicht überall dasselbe beinhalten muss. Daher lässt sich auch der föderale Staat nicht als ein einheitliches Konzept definieren. In jedem konkreten Bundesstaat mag die Autonomie der einzelnen Einheiten, das System der Finanzierung, die Zusammensetzung und Funktion der Zweiten Kammer, die jeweilige Institution, der Residualkompetenzen zugewiesen werden oder das Beziehungsgeflecht der einzelnen Verordnungen (mit oder ohne Vorrangklausel) sich durchaus unterschiedlich gestalten.[713] Außerdem stell eine Verfassung, die zu einem Bundesstaat führt, immer einen Kompromiß zwischen zentrifugalen und zentripetalen Kräften dar, und dieser Kompromiß kann daher im Einzelfall ganz verschieden gelagert sein. Auf Grund dieser Thesen kann man versuchen, die richtige Lösung dieses Problems zu finden.

Die verfassungsrechtliche Ausgangslage und tatsächliche Entwicklung des spanischen Staates (die Autonomen Gemeinschaften gründeten sich, wie gezeigt, mit unterschiedlichen Geschwindigkeiten und zunächst sehr unterschiedlichen Kompetenzniveaus) haben dazu beigetragen, dass sich eine kompetenzielle und rechtliche Heterogenität entwickelt hat.[714] Viele Verfassungsvorschriften tragen zu dieser Asymmetrie bei (die unterschiedlichen Entstehungsverfahren und Kompetenzniveaus der "historischen" und "nicht-historischen" Autonomen Gemeinschaften; der Unterschied zwischen Regionen und Nationalitäten, in dem die Verfassung auf historische Besonderheiten Rücksicht nahm; die Gewährleistung der Foralrechte (die erste Zusatzbestimmung der SV); der Schutz der Foral- und lokalen Sonderrechte in den Zivilrechtordnungen der Autonomen Gemeinschaften (Art. 149 Abs.1 Nr.8 SV)). Das im Verhältnis zu den übrigen Regionen höhere politische und wirtschaftliche Gewicht Katalonies und Baskenlandes mußte sich in irgendeiner Form niederschlagen, und tatsächlich wurden diese Gebiete sowohl im Moment der Verfassungsgebung als auch im Verlauf der späteren Verfassungsentwicklung gesondert behandelt. Aber im Verlaufe dieser Entwicklung hat sich Spanien durch die Autonomie-Vereinbarungen (Acuerdos Autonomicos) von 1981 und 1992 immer mehr

---

[711] Vgl. K. Stern, Staatsrecht, Bd.1, S. 648.
[712] Vgl. hierzu K. Hesse, Grundzüge des Verfassungsrechts, 1988.
[713] J.J. Gonzalez Encinar, Ein asymmetrischer Bundesstaat, S. 227.
[714] Vgl. K. Wendland, S. 246.

an einen Bundesstaat angenähert.[715] Auch das Verfassungsgericht hat in den letzten Jahren dazu beigetragen, ein föderales System aufzubauen. Die obengenannte verfassungsrechtlich vorgegebene Asymmetrie wurde geschmälert. In den Acuerdos Autonomicos wurden eine allgemeine, koordinierte und homogene Autonomisierung des gesamten Staatsgebietes, die Anerkennung des Grundsatzes der Gleichheit aller Autonomen Gemeinschaften sowie die Angleichung der Kompetenzniveaus vereinbart.[716] Auch weitere Faktoren unterstützten die föderalistische Tendenz des nachkonstitutionellen Autonomisierungsprozesses:[717] So die Etablierung eines parlamentarisch-demokratisch geprägten Regierungsytems in allen Autonomen Gemeinschaften, die Anerkennung einer Legislativgewalt aller Autonomen Gemeinschaften, die Ebenbürtigkeit der autonomen und der staatlichen Rechtsquelle sowie schließlich die Entfaltung des Homogenitätsprinzips.[718] Aus heutiger Sicht lässt sich sagen, dass der spanische Staat viele Elemente des Bundesstaates erhält und viele seiner Verfahrensweisen benutzt. Praktisch alle Institutionen, in denen die politische Dezentralisierung Spaniens Gestalt annimmt, wurden von föderalen Staaten und deren Organisationsverfahren übernommen.[719] Auch die Autonomen Gemeinschaften können, was die hierarchische Gleichordnung, Selbständigkeit und organisatorische, materielle und funktionelle Unabhängigkeit in den entscheidenden Bereichen der legislativen und exekutiven Gewalt im Verhältnis zum Zentralstaat angeht, mit Gliedstaaten eines Bundesstaates weitgehend gleichgesetzt werden. Aber trotzdem ist der spanische Staat (noch) kein Bundesstaat. Dazu fehlt vor allem eine bundesstaatliche Verfassung, d.h. die Verfassung als Geburtsurkunde eines neuen politischen Subjekts, das gleichzeitig auch die Zentralgewalt des neuen Gemeinwesens bildet.[720] Der spanische Staat ist vielmehr ein besonderes Staatsgebilde (in Anlehnung an "Jeder Staat ist eine Ausformung sui generis"), der dazu neigt, wie die bisherigen Bundesstaaten zu funktionieren.[721] Hier ist auch nicht zu vergessen, dass "Bundesstaat" immer ein Prozeß auch für die Länder ist, in denen ein föderatives System bereits existiert und man weiß nie genau, wohin er sich entwickeln wird. Der

---

[715] Vgl. H.-J. Blanke, S. 118.

[716] Die Entwicklung der vergangenen Jahre hat allerdings gezeigt, dass jede Angleichung vom Kompetenzen ein neues Ungleichgewicht der Kompetenzniveaus unmittelbar zu produzieren scheint. Auch nach Abschluss der Autonomievereinbarungen 1992 gehen die politischen Verhandlungen über die Kompetenzerweiterungen insbesondere durch die historischen Autonomen Gemeinschaften unvermindert weiter.

[717] Vgl. P. Cruz Villalón, Die Neugliederung des Spanischen Staates, in: JöR, Bd. 34, 1985, S. 235ff.

[718] Vgl. H.-J. Blanke, S. 119.

[719] Vgl. J.J. Gonzalez Encinar, Ein asymmetrischer Bundesstaat, S. 227.

[720] Vgl. P. Cruz Villalón, Die Neugliederung des Spanischen Staates, in: JöR, Bd. 34, 1985, S. 240.

[721] Einige Wissenschaftler meinen, dass der heutige spanische Staat eine Form des Präföderalismus bildet; vgl. M. Busch, Autonomie und Föderalismus, 1988, S.361; P.Cruz Villalón, Die Neugliederung des Spanischen Staates, in: JöR, Bd. 34, 1985, S. 240; J.A. Gonzalez Casanova, Entwicklung der Autonomie in Spanien, 1982, S.160; G. Trujillo Fernandez, Der neue spanische Föderalismus, 1982, S.120f.. J. J. Gonzalez Encinar sogar meint, dass Spaniens Staat sich nicht "auf ein föderales Gebilde hin" bewegt, sondern Spanien bereits ein föderal organisierter Staat ist, der alle Bedingungen erfüllt, beziehungsweise alle strukturellen Eigenschaften eines solchen Staates in sich vereint.

161

spanische Staat hat seinen eigenen, sog. "spanischen Sonderweg" ausgewählt. Zu diesem Sonderweg hat allerdings die historische Entwicklung der spanischen Territorialordnung geführt. Die heutige Territorialstruktur des spanischen Staates und die oben dargestellten Vorzeichen des asymmetrischen Föderalismus sind verfassungsreale und normative Ausprägungen der spezifisch iberischen und historischen Verschiedenheit von Regionen und Nationalitäten und Ausdruck deren Heterogenität.[722]

---

[722] Vgl. K. Wendland, S. 248.

# Teil 3
# Die Grundsätze der zukünftigen Territorialordnung Georgiens

## I. Die Verfassungsentwicklung Georgiens 1992-1997

### A. Die Verabschiedung der Verfassung von 1995

Die Verabschiedung der Verfassung 1995 war eines der wichtigsten politischen und verfassungsrechtlichen Ereignisse in der jüngsten Geschichte Georgiens. Die Bedeutung der neuen Verfassung besteht u.a. darin, dass zum ersten Mal seit 1992 das Land wieder einen obersten Gesetzgebungsakt – eine Verfassung besitzt, die fast alle wichtigen Bereiche des öffentlichen Lebens regelt. Nach dem erfolgreichen Aufstand gegen den Präsidenten Z.Gamsachurdia gab es in Georgien keine gültige Verfassung mehr: Mit der Bekanntmachung vom 2. Januar 1992 suspendierte der Militärrat die Geltung der Verfassung von 1978 (die mit den von der Regierung und dem Parlament Gamsachurdias durchgeführten zahlreichen Änderungen in Kraft blieb) und verkündete die Auflösung des Parlaments sowie die Absetzung der Regierung. Ferner verkündete der Militärrat in seiner Deklaration vom 21.Februar 1992 "den Vorrang der internationalen Rechtsnormen und der Verfassung der Georgischen Demokratischen Republik vom 21. Februar 1921 sowie die Wiederherstellung der Geltung ihrer Bestimmungen unter Berücksichtigung der gegenwärtigen Realitäten und ohne Änderung der gegenwärtigen Grenzen und der national-staatlichen Verfassung".[723] Gleichzeitig erklärte der Militärrat in seinem Beschluß vom 24. Februar 1992 die auf dem Gebiet Georgiens bis zu dieser Zeit gültige Gesetzgebung für fortgeltend, mit Ausnahme derjenigen gesetzlichen Bestimmungen, "die gegen die Prinzipien der Verfassung der Republik Georgien verstoßen."[724] Zu beachten ist hier allerdings, dass, erstens, die Inkraftsetzung der Verfassung von 1921 nach einem solchem Verfahren auf keinen Fall als legitim angesehen werden kann,[725] und zweitens, der Inkraftsetzung keine angemessenen gesetzgebenden und andere erforderliche Reformen folgten. Die formell inkraftgesetzte Verfassung war lebensunfähig, die Gesellschaft aber lebte nach der Gesetzgebung des sozialistischen Georgiens und der Sowjetunion, die in der Tat nicht mehr existierten.[726]

---

[723] Der Text der Deklaration des Militärrates findet sich in der Zeitung „sakartvelos respublika" (Republik Georgien), 22. Februar, 1992.

[724] Vgl. E. Ciklauri-Lammich/S. Lammich, Grundzüge der Verfassungsentwicklung Georgiens in der postkommunistischen Periode, S. 5.

[725] Der Militärrat, der nach dem Militärputsch (bis zum 10. März 1991) die oberste Staatsgewalt übernahm, verfügte über keine Legitimationsbasis. Er bestand aus den beiden Anführern des Militärputsches, T. Kitovani (früherer Kommandant der Nationalgarde) und J. Joseliani (Anführer der paramilitärischen Organisation "Mchedrioni").

[726] Trotzdem wurde diese eigenartige Art der Inkraftsetzung der Verfassung einige Monate später durch den Staatsrat bestätigt (per Beschluss vom 17. Juni 1992 "Über die Geltung der Gesetzgebung der Republik Georgien in Zusammenhang mit der Wiederherstellung der Geltung der Verfassung Georgiens von 1921"). Nicht zu vergessen ist jedoch, dass auch der Staatsrat über keine Legitimation verfügte: er setzte sich aus Vertretern der politischen Parteien und

Dieser absolut anormale Zustand wurde teilweise durch das Gesetz über die Staatsgewalt vom 6. November 1992 verändert.[727] Dieses Gesetz wurde als "kleine Verfassung" bezeichnet und galt als ein wichtiges Ereignis auf dem Wege der Durchsetzung einer verfassungsmäßigen Ordnung.[728] Trotzdem war das ein in seiner Geltung begrenzter, mit der echten Verfassung absolut nicht vergleichbarer und nicht vollwertiger Akt, denn er ließ solch wichtige Bereiche des öffentlichen Lebens unberührt, wie die Grundrechte und Freiheiten des Menschen, die rechtsprechende Gewalt, die territoriale Gliederung, die örtliche Selbstverwaltung und das politische System u.a.

Im Februar/März 1993 setzte das im Oktober 1992 in allgemeinen, direkten und freien Wahlen gewählte Parlament Georgiens einen staatlichen Verfassungsausschuß ein, der zur Erarbeitung einer neuen Fassung der Verfassung Georgiens von 1921 verpflichtet wurde.[729] Anfang 1995 lagen im Verfassungsausschuß außer seinem eigenen Entwurf noch zwölf Entwürfe vor. In den spezialisierten Arbeitsgruppen des Ausschusses wurden die Schritte zur Ausarbeitung einer einheitlichen Fassung unternommen. Im Mai 1995 begannen die Schlußbehandlungen in den Plenarsitzungen des Ausschusses.[730] Am 2. Juli nahm der Ausschuß den Entwurf an und wies ihn dem Parlament zur Bestätigung zu. Bezeichnend für den Prozeß der Ausarbeitung der Verfassung ist, dass jener Teil des Entwurfes, der Grundrechte und Freiheiten des Menschen enthielt, im Parlament sowie im Verfassungsausschuß konstruktiv und koordiniert behandelt wurde, während die Behandlung der horizontalen und vertikalen Gewaltenteilung zu den heftigsten und konfrontativen Auseinandersetzungen führte. Nach fast dreimonatigen Debatten im Parlament, während derer grundlegenden Prinzipien und zahlreiche Artikel des Entwurfes ausführlich behandelt wurden, hat das Parlament am 24. August 1995 mit großer Mehrheit (154 Abgeordneten stimmten für den Entwurf und nur 8 waren dagegen) eine neue Verfassung Georgiens verabschiedet. Am 5. November 1995 wurden die Parlaments- und Präsidentschaftswahlen

---

verschiedenen politischen Gruppierungen zusammen, die den Militärputsch gegen Gamsachurdia unterstützt hatten bzw. nach dem Putsch auf Distanz zu dem gestürzten Präsidenten gegangen waren. Alle vier Mitglieder des Präsidiums des Staatsrates - der Vorsitzende des Staatsrates, die zwei stellvertretenden Vorsitzenden und der Ministerpräsident – verfügten über das absolute Vetorecht gegen die Entscheidungen des Staatsrates.

[727] Dieses Gesetz sollte bis zur Verabschiedung einer neuen Verfassung gelten, die von den Prinzipien der georgischen Verfassung von 1921 ausgehen sollte. Der Text des Gesetzes findet sich in: *sakartvelos parlamentis uckebebi* (Bulletin des Parlaments Georgiens), 1992, Nr. 1, Pos. 8.

[728] Das Gesetz regelte die Kompetenzen und Arbeitsweise der obersten Staatsorgane, und zwar: des Parlaments, das als oberstes Gesetzgebungsorgan sowie als oberstes Vetretungsorgan der Staatsmacht galt, des Vorsitzenden des Parlaments, dem zugleich die Funktion des Staatsoberhaupts übertragen wurde, des Parlamentssprechers (des Spiekers), dem die Koordinierung der Tätigkeit des Parlaments oblag, des Ministerkabinetts, das als "oberstes Exekutivorgan der Staatsmacht" galt und des Rates für Nationale Sicherheit und Verteidigung, dessen Vorsitzender von Amts wegen das Staatsoberhaupt gewesen war.

[729] Der Vorsitzende des Verfassungsausschusses wurde das Staatsoberhaupt und der Vorsitzende des Parlaments E. Schewardnadze. Im Ausschuss waren Vertreter aller parlamentarischen Fraktionen (mehr als die Hälfte der Gesamtzahl), eine ziemlich große Gruppe Juristen, Politik- und Wirtschaftswissenschaftler vertreten.

[730] Zur Grundlage der Behandlung diente der von E. Schewardnadze vorgelegte Entwurf.

164

durchgeführt. Am Tag der Anerkennung der Befugnisse des neugewählten Präsidenten und des Parlaments (Art. 104 Abs.1 GV) – am 25. November 1995 – trat die Verfassung in Kraft.[731]

**B. Die Staatsordnung Georgiens nach der Verfassung von 1995**

Die Verfassung Georgiens vom 24. August 1995 stellt ein auf dem Grundsatz der Gewaltenteilung beruhendes Staatssytem auf, erkennt die Grundrechte und Freiheiten des Menschen an und bildet ihre Schutzgarantien.

Die Präambel der Verfassung Georgiens[732] (im folgenden GV) verkündet das unerschütterliche Begehren der Staatsangehörigen Georgiens, eine freiheitliche demokratische Gesellschaftsordnung, wirtschaftliche Freiheit und einen Sozial- und Rechtsstaat durchzusetzen. Art. 5 Abs. 1 S. 1 GV lautet: "Die Gewalt geht in Georgien vom Volk aus". Und das ist keine deklarative Norm: Die Verfassung enthält die verfassungsrechtlichen Bestimmungen, die dieser scheinbar allgemeinen Rechtsnorm einen realen Charakter verleihen. So bestimmt Art. 5 Abs. 1 S. 2 GV, dass die Staatsgewalt in den durch die Verfassung bestimmten Schranken ausgeübt wird. Der Staat bekennt sich zu den allgemein anerkannten Rechten und Freiheiten und schützt sie wie die ständigen und höchsten menschlichen Werte (Art. 7 S. 1 GV). In diesem Bekenntnis zu den ständigen, also unverletzlichen und unveräußerlichen Menschenrechten kommt zum Ausdruck, dass die Verfassung von bestimmten überpositiven Menschenrechten ausgeht, die selbst dann Geltung besäßen, wenn sie in die Verfassung nicht ausdrücklich aufgenommen worden wären (z.B. Recht auf Leben (Art.15 Abs.1 GV), freie Meinungsäußerung (Art. 24 Abs.1 GV), Würde des Menschen Art. 17 Abs.1 GV)).[733] Aus Art. 7 S. 2 GV ergibt sich deutlich, dass die Grundrechte nicht bloße Programmsätze, sondern unmittelbar geltendes Recht sind: "Bei der Machtausübung sind das Volk und der Staat an diese Rechte und Freiheiten, wie an unmittelbar geltendes Recht gebunden". Die Verfassung enthält auch andere Grundprinzipien des Rechtstaates: Die Wählbarkeit aller Staatsorgane, den Volksentscheid (Art. 74 GV), die direkte gesetzgebende Volksinitiative (Art. 67 Abs.1 GV), die Unabhängigkeit der Gerichte (Art. 82 Abs.3 GG). Große Aufmerksamkeit galt bei der Verfassunggebung der Bildung der rechtmäßigen, organisatorischen und institutionellen Garantien der Grundrechte und Freiheiten des Menschen. So sind in der Verfassung die für Georgien bislang unbekannten, neuen Institutionen – der Ombudsmann (Art. 43 GV) und das Verfassungsgericht (Art. 88, 89 GV) – entstanden.

"Die politische Grundordnungsform des georgischen Staates" ist "die demokratische Republik" (Art.1 Abs.2 GV). Zum Grundprinzip der Errichtung und Betätigung des Staatssystems ist die Gewaltenteilung anerkannt. Art. 5 Abs.4 GV lautet: "Die Staatsgewalt wird nach dem Grundsatz der Gewaltenteilung ausgeübt".

---

[731] Durch die Verfassung von 1995 wurde das Gesetz über die Staatsgewalt vom 6. November 1992 aufgehoben.

[732] Vgl. den Text der Verfassung in: Die Verfassung von Georgien in der georgischen, russischen, englischen und deutschen Sprache, A. Demetraschvili (Hrsg.), 1996.

[733] Außerdem erklärt Art.16 GV ausdrücklich: "Jeder hat das Recht auf freie Entfaltung seiner Persönlichkeit".

Die Verfassung sieht eine Präsidialregierung vor – der Präsident ist mit weitreichenden Vollmachten ausgestattet. Er ist das Oberhaupt des Staates und der Exekutiven (Art. 69 Abs.1 GV). Die Verfassung legt die allgemeinen, öffentlichen Präsidentschaftswahlen fest – der Präsident wird unmittelbar vom Volk auf fünf Jahre gewählt (Art. 70 GV). Die Regierung als ein mit verfassungsrechtlichen Befugnisse ausgestattetes Organ, und das Amt des Ministerpräsidenten ist abgeschafft. Der Präsident leitet unmittelbar und direkt die Exekutive, die Minister werden von ihm ernannt (Art. 73 Abs.1 b GV), wobei jede Ernennung der nachträglichen Zustimmung des Parlaments bedarf (Art. 77 GV). Die laufende Tätigkeit der Regierung koordiniert der Staatsminister, der die Kanzlei des Präsidenten leitet und mit Vollmacht des Präsidenten dessen einzelne Aufträge ausführt (Art. 81 Abs. 3 GV). Die Minister sind nur dem Präsidenten, nicht aber dem Parlament politisch verantwortlich. Der Präsident hat auch andere eigene, nicht abgeleitete Befugnisse (Art. 73 Abs.1 a-n GV), er kann aber das Parlament nicht auflösen. Allein und einzig der Präsident ist berechtigt, dem Parlament den Haushaltsplan vorzulegen (Art. 93 Abs.1 GV). Ohne Zustimmung des Präsidenten dürfen in den Haushaltsplan keine Änderungen aufgenommen werden. Seinerseits darf der Präsident zusätzliche Ausgaben von dem Parlament nur unter der Voraussetzung fordern, dass er eine Deckungsquelle vorweist (Art. 93 Abs.3 GV).

Die gesetzgebende Gewalt liegt beim Einkammerparlament, von dessen 235 Abgeordneten 150 nach dem System der Verhältniswahl mit landesweiten Listen (Sperrklausel von 5%[734]) und 85 nach dem System der Mehrheitswahl in Einzelwahlkreisen auf vier Jahre zu wählen sind (Art. 49 Abs.2 GV).[735] Art. 48 GV lautet, dass das Parlament das oberste repräsentative Organ des Staates ist, das die Grundlinien der Innen- und Außenpolitik des Landes bestimmt und in den durch die Verfassung bestimmten Schranken die Regierung kontrolliert. Ein Mißtrauensvotum ist allerdings unter den Kontrollformen nicht vorgesehen. Hervorzuheben sind die Zuständigkeiten des Parlaments im Finanzbereich. Nach Art. 94 Abs.1 GV sind Steuern und Gebühren im Betrag und nach dem Verfahren zu zahlen, die durch Gesetz, vom Parlament also, bestimmt sind. Auch die Arten der Steuern und Gebühren, das Verfahren für ihre Einführung, die Fälle der Befreiung von Steuern sowie der Entnahmen aus dem Staatshaushalt werden ausschließlich durch Gesetz bestimmt (Art. 94 Abs. 2 und 3 GV). Dem Parlament ist die Kontrollkammer rechenschaftspflichtig, die Aufsicht über die Verwendung der Staatsmittel und anderer materieller Güter sowie über ihre Verwendung ausübt (Art. 97 Abs.1 GV). Die Kontrollkammer ist auch berechtigt, die Tätigkeit anderer Staatsorgane durch finanziell-wirtschaftlichen Kontrolle zu prüfen und dem Parlament Vorschläge über die Vervollständigung der Steuergesetzgebung vorzulegen.

---

[734] Durch das erste Änderungsgesetz zur Verfassung vom 11. September 1999 wurde die Sperrklausel von 5 auf 7% erhöht.

[735] Bei den Parlamentswahlen vom 5. November 1995 wurden jedoch nur 227 Abgeordneten gewählt, da in den 8 Wahlkreisen Abchasiens überhaupt keine Direktkandidaten gewählt werden konnten. Die Vollmachten der noch vor der Vertreibung der georgischen Streitkräfte und der georgischen Mehrheitsbevölkerung aus Abchasien 1992 gewählten Abgeordneten wurden sich automatisch verlängert.

Die rechtsprechende Gewalt wird durch die Verfassungskontrolle, die Rechtspflege und durch andere gesetzlich bestimmte Formen ausgeübt (Art. 82 Abs.1 GV). Das oberste Organ der Verfassungskontrolle ist das Verfassungsgericht Georgiens (Art. 83 Abs.1 GV).[736] Die Rechtspflege wird von den ordentlichen Gerichten ausgeübt (Art. 83 Abs.2 S.1 GV). Der Oberste Gerichtshof Georgiens übt die Aufsicht in der vom Prozeßrecht bestimmten Form über die Ausübung der Rechtspflege in den ordentlichen Gerichten Georgiens aus und behandelt in erster Instanz die vom Gesetz bestimmten Rechtssachen (Art. 90 Abs.1 GV). Die zentralistisch organisierte Staatsanwaltschaft ist eine Behörde der Judikativen, die neben der Strafverfolgung auch für die Rechtsaufsicht in Strafsachen zuständig ist (Art. 91 Abs. 1 GV).

Allgemein lässt sich sagen, dass die Verfassung Georgiens von 1995 eine feste Rechtsgrundlage für die zivilisierte und demokratische Entwicklung des georgischen Staates bietet. Die Verfassung ist allerdings kaum ein vollständiges, ideales politisch-juristsiches Dokument. Die verfassungsrechtliche, politische, wirtschaftliche und kulturelle Entwicklung Georgiens in den 1990er Jahren und die bestehenden Umstände haben keine Möglichkeit dazu geboten. Die Verfassunggebung vollzog sich in der vielleicht schwierigsten Phase der Geschichte Georgiens. Durch den Militärputsch war die staatliche Autorität völlig untergraben. Nach dem Bürgerkrieg hatten sich die zahlreichen paramilitärischen und kriminellen Gruppierungen großen politischen und wirtschaftlichen Einfluß verschafft. Sie besaßen die Kontrolle über die lukrativen Wirtschaftszweige. Plünderungen, Schießereien, offene Bandenkriege, der Zusammenbruch der öffentlichen Ordnung, die blutigen Konflikte in Abchasien und Südossetien sowie Hunger und Elend wegen der Energie- und Wirtschaftsblockade Russlands und die wirtschaftliche und soziale Verelendung breiter Bevölkerungsschichten bestimmten das Bild in Georgien in der ersten Hälfte der 1990er Jahre. Zwar wurden im Oktober 1992 das Parlament und das Staatsoberhaupt unmittelbar vom Volk gewählt,[737] die faktische Macht übten jedoch die Militärs weiter aus, der Staatsapparat war überwiegend kriminalisiert. Bis in den Sommer 1995, während des ganzen verfassunggebenden Prozesses also, wurde Georgien durch eine Serie von fast einen Dutzend politischen Attentaten erschüttert, bei dem zahlreiche Vertreter aus Regierungs- wie Oppositionskreisen getötet wurden. Im ganzen Land herrschte eine angespannte politische Lage. "Aus dem vermeintlichen Idyll der relativ wohlhabenden Sowjetrepublik unter südlicher Sonne wurde ein Chaos, welches auch in der reichen georgischen Geschichte in solchen Ausmassen selten ist".[738] Kurz

---

[736] Das Verfassungsgericht besteht aus 9 Richtern – den Mitgliedern des Verfassungsgerichtes. Drei Mitglieder des Gerichts werden vom Präsidenten ernannt, drei werden vom Parlament mit der drei Fünfteln Mehrheit der gesetzlichen Mitgliederzahl gewählt, drei werden vom Obersten Gerichtshof ernannt. Die Amtsdauer der Mitglieder des Verfassunsgerichts betägt 10 Jahre.

[737] Das Wahlgesetz wurde 1992 in der Weise geändert, dass die Trennung von Legislative und Exekutive aufgehoben wurde. Das Wahlgesetz sah dementsprechend die Einrichtung eines vom Volk direkt gewählten Parlamentspräsidenten vor, der mit seinen weitreichenden Kompetenzen de facto Staatsoberhaupt war.

[738] J. Kusber, Georgien – aktuelle Konflikte in historischer Perspektive, S. 118.

gesagt – der Staat lag in Trümmern. Die Verfassung von 1995 ist ein Ergebnis dieser politischen und wirtschaftlichen Entwicklung des Staates. Nach den Erfahrungen, die man mit dem Präsidenten Gamsachurdia gemacht hatte, der das Parlament entmachtete und demokratischen Ambitionen eine Abfuhr erteilte, entschied sich der Staatsrat bei den ertsen Wahlen 1992 gegen ein Präsidialsystem. Aber 1995 war für die parlamentarische Mehrheit das Präsidialsystem der einzige Ausweg aus dem innenpolitischen Chaos. Außerdem hatte sich das Parlament von 1992-1995, das stark fraktioniert und in sich zerstritten war,[739] durch seine Reformunfähigkeit "aus seiner Rolle als politische Gestaltungskraft selbst ausmanövriert".[740] Wie im Staatsrat so auch im Parlament von 1992-1995 fehlten der gemeinsame Wille und die parteiübergreifende Verantwortung, das Land zu befrieden und zu konsolidieren. Das alles hat wesentlich dazu beigetragen, dass das Parlament im August 1995 nach heftigen Auseinandersetzungen eine Verfassung verabschiedet hat, die eine Präsidialregierung vorsah, in der der Präsident, wie oben bereits dargestellt wurde, mit weitreichenden Vollmachten ausgestattet ist.

### C. Die staatsrechtlichen Reformen 1995-1997

Allen politischen, sozialen und wirtschaftlichen Probleme zum Trotz wurde in Georgien zum Ende des Jahres 1995 die staatliche Gewalt in dem Umfang wiederhergestellt, dass ein öffentliches Leben wieder möglich würde. Besonders das mißlungene Attentat auf das georgische Staatsoberhaupt am 29. August 1995 hat den Weg für die innenpolitischen Reformen endgültig freigemacht. All jene Probleme, die über mehrere Jahre hinweg die Arbeit von Regierung und Parlament verhindert und eingeschnürt hatten, wurden nun innerhalb von wenigen Wochen einer Entscheidung zugeführt.[741] Die zahlreichen Mitglieder der paramilitärischen Organisationen und ihre Anführer wurden verhaftet und diese Organisationen wurden verboten.[742] Der Staatsapparat wurde erheblich entkriminalisiert, die staatliche Autorität - wiederhergestellt. Die neue Verfassung von 1995 schuf für das im November 1995 gewählten Parlament und den Präsidenten[743] eine feste verfassungsrechtliche Grundlage für weitere Reformschritte.

---

[739] Im Parlament von 1992-1995 waren die Mitglieder von 25 politischen Parteien vertreten.

[740] J. Gerber, Georgien – Nationale Opposition und kommunistische Herrschaft seit 1956, S. 231.

[741] Vgl. J. Gerber, ebd., S. 232.

[742] Außer dieser Massnahmen wurde der stellvertretende Staatssicherheitschef verhaftet und gegen den Chef des Staatssicherheitsdienstes, Igor Giorgadze, wegen Vorbereitung und Beteiligung am Attentat gegen das Staatsoberhaupt, Anklage erhoben. I. Giorgadze entkam der Verhaftung durch seine Flucht nach Russland. Die Regierung Russlands hat der Auslieferung Giorgadzes nach Georgien bis heute die Zusage verweigert.

[743] Mit 74% der Stimmen gewann E. Schewardnadze souverän die Präsidentschaftswahlen. An den Parlamentswahlen beteiligten sich 54 Parteien, von denen nur drei die 5%-Klausel überwinden konnten. Dabei erzielte die auf Initiative Schewardnadzes 1993 geschaffene politische Organisation Bürgerunion Georgiens mit 23,7% die meisten Stimmen und bekam damit 108 Sitze im Parlament. Die National-Demokratische Partei (NDP) kam mit 7,9% auf Platz zwei. Die adscharische Regionalpartei Union für die Wiedergeburt Georgiens kam mit 6,8% der Stimmen auf Platz drei. Über Direktmandate kamen auch einige Splitterparteien ins Parlament (z.B. Sozialistische Partei, Leiboristische Partei, Union der Reformer). Den zerstrittenen radikal-nationalistischen Anhängern

Die Parlaments- und Präsidentschaftswahlen und das Inkrafttreten der Verfassung am 25. November 1995 waren zwar die unabdingbare Voraussetzungen für die Errichtung des neuen georgischen Staates, jedoch nur die ersten Schritte, denen noch zahlreiche folgen mußten, ehe man von einer neuen staatlichen Ordnung in Georgien sprechen konnte. Der Präsident und das Parlament hatten ihre verfassungsrechtlich vorgeschriebene Aufgaben zu erfüllen. Die Verfassung hat in mehreren Artikeln festgestellt, dass die verfassungspolitisch wichtigsten Probleme des Staates durch die vom Parlament mit der Mehrheit der gesetzlichen Mitgliederzahl (Art. 66 Abs. 2 GV) angenommenen "Organgesetze" (die wörtliche Übersetzung lautet "organische Gesetze") geregelt werden sollten.[744] Art. 106 Abs. 3 GV schreibt vor, dass diese Organgesetze das Parlament im Laufe von zwei Jahren nach Inkrafttreten der Verfassung zu erlassen oder "die Rechtmäßigkeit der auf diesem Gebiet vorliegenden normativen Akte zu bestätigen" hatte. Auch die Anpassung der bis zum Inkrafttreten der Verfassung angenommenen normativen Akte an die Verfassung und die Gesetze war zu gewährleisten (Art. 106 Abs. 2 GV). Im Laufe der folgenden zwei Jahre hatten der Präsident und das Parlament alles unternommen diese schwierigen Aufgaben zu erfüllen. Infolge der regen gesetzgeberischen Tätigkeit wurde bis 25. November 1997 die Anpassung der Rechtsordnung an die sich aus der neuen Verfassung ergebenden Erfordernisse gewährleistet, was ein weiterer wichtiger Schritt auf dem Weg der Stärkung einer verfassungsrechtlich normierten und leistungsfähigen staatlichen Ordnung war. Bereits im Februar 1996 wurde das Organgesetz über das Verfassungsgericht verabschiedet, das die Befugnisse und die Struktur des Gerichts näher festgelegt hatte. Ferner wurden auch andere wichtige Organgesetze und Gesetzbücher angenommen, die für die Entwicklung eines modernen demokratischen Rechtsstaates unabdingbar sind.[745] Besondere Bedeutung kam den Organgesetzen über die örtliche Selbstverwaltung und Verwaltung[746] und über die Gerichtsordnung zu. Das Organgesetz über die örtliche Selbstverwaltung bestimmt das Verfahren der Bildung der örtlichen Selbstverwaltungsorgane, führt ihre Befugnisse auf und konkretisiert die rechtlichen Grundlagen ihrer Beziehungen zu den Staatsorganen. Das Organgesetz über die Gerichtsordnung regelt die Organisation und die Befugnisse der ordentlichen Gerichte in Georgien und schafft die Rechtsgrundlage für die Reformen

---

von Gamsachurdia gelang den Einzug ins Parlament ebenso wenig wie den zersplitterten neokommunistischen Kräften.

[744] Die Organgesetze sehen vor: Art. 2 – das Organgesetz über die örtliche Selbstverwaltung, Art. 4 – über die Parlamentswahlen und –Befugnisse, Art. 12 Abs. 3 – über die georgische Staatsangehörigkeit, Art. 26 Abs. 2 –über die politischen Parteien, Art. 74 Abs.1 – über den Volksentscheid, Art. 83 Abs.1 – über das Verfassungsgericht, Art. 91 Abs.3 – über die Staatsanwaltschaft, Art. 95 Abs. 4 – über die Nationalbank Georgiens, Art. 107 Abs. 1 – über die Gerichtsordnung, usw.

[745] Besonders hervorzuheben sind: das Bürgerliche Gesetzbuch (angenommen am 26. Juni 1997), das Steuergesetzbuch (13. Juni 1997), die Strafprozessordnung (25. November 1997), die Zivilprozessordnung (14. November 1997), und die Organgesetze: über den Volksentscheid (15. Mai 1996), über Volksverteidiger (16. Mai 1996), über die politischen Parteien (31. Oktober 1997), über die Staatsanwaltschaft (21. November 1997) u.a..

[746] Mehr über dieses Organgesetz s. unten S. 245ff.

im Bereich der rechtsprechenden Gewalt.[747] Einen der wichtigsten Schritte auf dem Weg der Errichtung des modernen demokratischen Staates stellte schließlich die Verabschiedung des Gesetzes über die Abschaffung der außerordentlichen Strafmaßnahme – der Todesstrafe - dar, das am 11. November 1997 angenommen wurde.[748]

Durch die Verabschiedung der obengenannten Gesetze und Gesetzbücher wurde eine wichtige Rechtsgrundlage für die Stärkung der verfassungsmäßigen Ordnung und die weitere demokratische Entwicklung des Staates festgelegt. Es wurden aber auch andere Reformschritte unternommen, um das Land zu zivilisieren. So sind die Bodenreform, die Einführung einer neuen Währung (*lari* – im Herbst 1995)[749] und der friedliche Verhandlungskurs, den Georgien gegenüber Abchasien und Südossetien einschlug, zu nennen. Mit Hilfe internationaler Organisationen (Internationaler Währungsfond, Weltbank) wurde auch die wirtschaftliche Lage des Landes verbessert. Die Regierung hielt die strikten Auflagen des IWF und der Weltbank ein. Als Ergebnis wurde die Hyperinflation der vergangenen Jahre mit Einführung des Lari überwunden,[750] in den ersten Monaten des Jahres 1996 lag sie lediglich bei rund einem Prozent.[751]

## II. Die ungelöste Frage – der territoriale Staatsaufbau

Während seit 1996 in fast allen wichtigen Bereichen des öffentlichen Lebens Reformprozesse in Gang gesetzt wurden, blieb die Frage der territorialen Neuordnung Georgiens weiterhin unberührt und insofern ungelöst. Klar ist jedoch, dass diese Frage in absehbarer Zukunft zu lösen ist; die richtige Lösung dieses Problems wird die entscheidende Rolle für die demokratische Entwicklung des Landes spielen. Auf der Entwicklungsstufe, die Georgien im Laufe der letzten Jahre mit der Verabschiedung einer neuen Verfassung, der Errichtung zentraler Staats- und örtlicher Selbstverwaltungsorgane, der Bildung einer neuen Gerichtsorganisation und anderer demokratischer Institutionen erreicht hat, ist es erforderlich einen weiteren wichtigen Schritt zu unternehmen und die Grundsätze des territorialen Staatsaufbaus zu bestimmen. Die zukünftige Territorialrodnung Georgiens ist heutzutage die wichtigste

---

[747] Das Organgesetz über die Gerichtsordnung wurde am 13. Mai 1997 angenommen. Der Text des Gesetzes wurde veröffentlicht in: Parlamentis Uckebani (Bulletin des Parlaments), Nr. 33, 13. Juni 1997, S. 73-96.

[748] Nach Art. 15 Abs. 2 GV konnte die Todesstrafe "als ausserordentliche Strafmassnahme bis zu ihrer endgültigen Abschaffung durch ein organisches Gesetz für besonders schwere lebensgefährliche Straftaten vorgesehen werden". Das Parlament und der Präsident haben jedoch von dieser Möglichkeit nicht Gebrauch gemacht und die Todesstrafe in Georgien endgültig abgeschafft.

[749] Mit der Einführung der neuen georgischen Währung wurden sowohl die 1992 eingeführte Übergangswährung kuponi als auch der russische Rubel, der bislang immer noch das Zahlungsmittel in Georgien darstellte, abgelöst. Lari wurde mit einem Kurs von 1,3 Lari pro US-Dollar eingeführt und blieb zunächst stabil.

[750] Die monatliche Inflationsrate lag 1994 bei 70%. Das BIP ging in den neunziger Jahren fortwährend zurück und erreichte 1995 nur noch etwa 15% des Wertes von 1989.

Streitfrage, der sich sowohl die Regierung als auch die Gesellschaft gegenübersieht. Über diese Frage sind die heftigsten Kontroversen noch während des verfassunggebenden Prozesses im Verfassungsausschuß, später im Parlament und heute auch in der Gesellschaft entstanden. Für alle Beteiligten ist allerdings klar, dass die falsche Entscheidung nicht nur ein ernster juristischer Fehler wäre, die die demokratische Entwicklung des Landes behindern und die nationale Sicherheit gefährden würde, sondern sie würde auch einen negativen Einfluß auf den Geisteszustand der Gesellschaft haben und Trennung, Zersplitterung und Widersprüche verursachen, was schreckliche Ergebnisse für die junge demokratische Gesellschaftsordnung Georgiens zur Folge haben könnte.[752] Die Überwindung der Zersplitterung der Auffassungen politischer Parteien und gesellschaftlicher Gruppen angesichts des zukünftigen territorialen Staatsaufbaus des Landes und die endgültige verfassungsrechtliche Bestimmung der Grundlagen der territorialen Gliederung zählen zu den schwierigsten Aufgaben des Reformprozesses und der jeweiligen Regierung.

Nach der Verabschiedung der Verfassung 1995 wurden die zentralen Staatsorgane gebildet. Die Verfassung bestimmt deutlich ihre Befugnisse und verfassungsrechtliche Stellung im politischen System des Staates. Für die demokratische Entwicklung des georgischen Staates ist es allerdings erforderlich, das politische Leben im ganzen Gebiet des Landes, in allen Regionen und nicht nur im Zentrum, wiederherzustellen und die territorialen Einheiten in der Lösung der gemeinsamen nationalen und verfassungspolitischen Angelegenheiten einzuschalten.[753] Die oben dargestellte politische und verfassungsrechtliche Entwicklung in Deutschland und Spanien sind dafür klare Beispiele. In diesen Staaten waren (und sind) die bundesstaatliche Ordnung (in Deutschland) und das System der politischen Dezentralisierung (in Spanien) unerläßliche Voraussetzungen für die demokratische Entwicklung und die Festigung eines modernen Rechtsstaates. Da auch die historische Entwicklung der Territorialordnungen dieser Staaten erhebliche Ähnlichkeiten mit der von Georgien aufweist, können die verfassungsrechtlich festgestellten territorialen Staatsaufbauten in Deutschland und Spanien im wesentlichen als Vorbilder in der Frage der verfassungsrechtlichen Bestimmung einer zukünftigen Territorialordnung Georgiens dienen. Dabei muss man zunächst die gegenwärtige politische Lage, die gesellschaftlichen und wirtschaftlichen Probleme Georgiens analysieren. Denn jeder Staat ist das Produkt seiner eigenen Geschichte, seiner soziokulturellen Bedingungen und politischen Umstände. Darüber hinaus kann man ohne die tiefe Kenntnisse der im Land existierenden miteinander verwobenen politischen und gesellschaftlichen Prozesse nicht bestimmen welches Modell des territorialen Staatsaufbaus für Georgien annehmbar ist. In dieser Hinsicht ist es sehr wichtig zu erörtern, erstens, welche Hindernisse zur Zeit in Georgien auf dem Wege

---

[751] Im Laufe der Jahre 1997-1998 stieg die Inflationsrate jedoch auf 7-8% an.

[752] Vgl. Z. Adeischvili, G. Getsadze, G. Gogiaschvili, K. Kublaschvili, Überlegungen über den territorialen Staatsaufbau Georgiens, in: Bulletin, Das georgische Zentrum der strategischen Forschungen und Entwicklung (Hrsg.), Nr. 4, März, 1998, S. 6.

[753] Dies., ebd., S. 5.

der endgültigen Bestimmung der Grundsätze des territorialen Staatsaufbaus existieren; und zweitens, welche Beziehungen bestehen zwischen dem Zentrum und den Regionen und welche politischen und rechtlichen Schritte in dieser Richtung nach der Verabschiedung der Verfassung 1995 unternommen wurden. Anschließend sollen die politischen und verfassungsrechtlichen Voraussetzungen und die voraussichtlichen Grundsätze der zukünftigen Territorialordnung Georgiens unter der Berücksichtigung der Eigenheiten des georgischen Staates und der verfassungsrechtlichen Ordnungen Deutschlands und Spaniens dargelegt werden.

## A. Die politischen und gesellschaftlichen Probleme

*1. Föderalismus, als diskreditiertes Prinzip des staatsrechtlichen Aufbaus*
Wenn man sich mit den Grundlagen der territorialen Ordnung Georgiens beschäftigt, wird sofort eines ins Auge fallen: Der Gedanke des Föderalismus oder des politisch dezentralisierten Staates ist nachhaltig diskreditiert. Damit ähnelt sich die derzeitige Situation in Georgien der innenpolitischen Lage Spaniens nach den Ereignissen der Jahre 1872-1873, als die Kantonalisierung des Landes im politischen Chaos zu enden drohte und der Versuch der institutionellen Integration Spaniens in einem föderalen Staatsmodell gescheitert war.[754] Sowohl in Spanien nach 1873 als auch in Georgien nach dem schwierigsten Transformationsprozess 1988-1991, dem Bürgerkrieg 1992 und den bewaffneten, blutigen regionalen Konflikten 1990-1993 wurde mit dem Gedanken nicht nur des Föderalismus, sondern des politisch dezentralisierten Staates im allgemeinen nur Unordnung, Chaos und die territoriale Zerstückelung des Landes assoziiert. Diese Auffassung hat in Georgien aber auch tiefgreifende historische Wurzeln. Das "Goldene Zeitalter" des Landes im zwölften Jahrhundert ist für alle Georgier ein fester Identifikationspunkt, auf den immer wieder Bezug genommen wird. Gegenwärtig wird dieser starke und zentralisierte georgische Staat, der gut hundertfünfzig Jahre Bestand hatte, nachdrücklich als Vorbild dargestellt.[755] Auch durch die weitere historische Entwicklung in Georgien, als der zentralisierte georgische Staat infolge der Eroberungszüge der mongolischen, osmanischen und persischen Feldherren in verschiedene Königreiche und Fürstentümer zerfiel, die sich ständig im Einflußbereich von mächtigeren Nachbarreichen befanden, aber die Bevölkerung dieser Einheiten zugleich immer für die Befreiung und Wiedervereinigung des Landes kämpfte, hat den Gedanken eines zentralisierten Staates über Jahrhunderte hinweg gestärkt. In der Psyche der Generationen wurde der Gedanke verwurzelt, dass der Kampf des georgischen Volkes gegen die Eroberer den Kampf für ein wiedervereinigtes aber auch unbedingt zentralisiertes Georgien war. Die Idee eines dezentralisierten Staatsmodells wurde immer wieder verdrängt. Diese Entwicklung hat zugleich dazu beigetragen, dass für

---

[754] Mehr hierzu vgl. Bernecker/Pietschmann, Geschichte Spaniens, S. 242; R.Tamames, S. 131; J.J. Gonzalez Encinar, Ein asymmentrischer Bundesstaat, S. 228.
[755] Vgl. hierzu J. Kusber, Georgien – aktuelle Konflikte in historischer Perspektive, S. 101-102.

Generationen ein nicht nur föderalistischer, sondern auch politisch dezentralisierter georgischer Staat unvorstellbar und ständig mit der Befürchtung und der Angst verbunden ist, dass in einem solchen Staat die politische Einheit des Landes und damit auch der Frieden nicht zu bewahren ist. Auch die 70 Jahre andauernde sowjetisch-russische Herrschaft und die Folgen des sowjetischen Föderalismus haben wesentlich zur gegenwärtigen Auffassung vieler Georgier beigetragen. Aufgrund der aktuellen, blutigen Konflikte wurde der Eindruck erweckt, dass die Einheit Georgiens von nationalen und zentrifugalen Kräften gesprengt wurde und das u.a. und vor allem deshalb, weil die Bolschewiki nach der Eroberung und Sowjetisierung Georgiens im Land drei autonome Gebietseinheiten eigenwillig gebildet und damit die institutionelle Integration Georgiens in einem föderalen Staatsmodell umgewandelt hatten. Im Ergebnis dieser Entwicklung, als Georgien nach dem "Goldenen Zeitalter" viele Jahrhunderte die politische Zersplitterung, einhundertsiebzehn Jahre "Zentralisierung" im russischen Zarenreich, 70 Jahre "sowjetischen Föderalismus" und seine Folgen - politisch und wirtschaftlich zerstörerische Ereignisse der letzten Jahre - erlebte, ist der Gedanke in der Mehrheit der Bevölkerung tief verwurzelt, dass Georgien als Staat in der Gegenwart und für die Zukunft nur zu bewahren sei, wenn es ein stark zentralisierter Staat sein werde.

## 2. Bürokratisierte Gesellschaft und korrumpiertes System
    der Staatsbürokratie

Das schwierigste Problem, das die Überwindung der alten Strukturen erschwert und die demokratische Entwicklung Georgiens verhindert, stellen die bürokratisierte und individualisierte Gesellschaft und das korrumpierte System der Staatsbürokratie dar.

Wie in anderen Länder Osteuropas und der ehemaligen Sowjetunion wurde auch in Georgien davon ausgegangen, dass "die Überwindung des sowjetbürokratischen Systems eine Frage der Entmachtung (und Bestrafung) der Partei- und Staatsbürokraten sei, also nur eine Frage des Personalwechsels auf den obersten Stufen der gesellschaftlichen Hierarchie".[756] Das eigentliche Problem war jedoch viel schwieriger: die schrittweise Überwindung des staatsbürokratischen Alimentationsbedürfnisses der bürokratisierten Bevölkerung selbst. "Die partokratischen Kommandostrukturen funktionieren nur im Rahmen einer gesamtgesellschaftlichen Gehorsamstruktur. Alles gute soll weiterhin von oben kommen, vom Vater Staat oder seiner Inkarnation, ... nicht aus der persönlichen oder gesellschaftlichen Aktivität von unten".[757] Man muss leider konstatieren, dass im Laufe der letzten 8 Jahre in Georgien weder kollektive Versorgungsansprüche der Gesellschaft gegenüber dem Staat überwinden, noch die alte Partei- und Staatsbürokraten entmachtet worden sind (ganz zu schweigen von ihrer Bestrafung). Man kann nur vom teilweisen Personalwechsel auf den obersten Stufen der

---

[756] E. Jahn, Der Umbruch in Osteuropa – ein Ereignis mit weltpolitischen Auswirkungen, in: ÖE 43, 1993, 1, S.21-32, hier S. 23.
[757] Ders., a.a.O.

gesellschaftlichen Hierarchie sprechen. Derzeit treffen wir in Georgien auf eine noch mehr bürokratisierte und individualisierte Gesellschaft als zu Sowjetzeiten. Die Gründe dafür muss man in der sog. kleinbürgerlichen Psychologie der sich während der 70 Jahre andauernden sowjetischen Herrschaft entwickelten traditionellen Gesellschaftsordnung suchen. „Im Werbesystem dieser Gesellschaft spielen die Loyalität zum eigenen Verwandschafts- und Bekanntschaftskreis und das Ansehen (Ehre oder Schande), das man in diesem erlangt, eine entscheidende Rolle. Der Wert einer Person steigt, wenn es gelingt Anerkennung bzw. Ehre in ihrem eigenen Umfeld zu vergrößern. Ein Dienst, den man einer anderen Person erweist oder von ihr empfängt, ist deshalb die geltende Währung innerhalb der politischen und sozialen Beziehungen. Dieses institutionalisierte Währungssystem und die Netzwerke der traditionellen Verwandschafts- und Bekanntschaftsbeziehungen haben auf praktisch allen Ebenen dazu beigetragen, die offizielle staatliche Ökonomie und die legalen Formen politischen Verhaltens zu umgehen"[758] – das sind die Strukturprinzipien der georgischen traditionellen Gesellschaftsordnung, auf denen die obengenannte "kleinbürgerliche Psychologie" der Bevölkerung beruht. Die Schattenökonomie sowie die politische und wirtschaftliche Korruption hatten in Georgien besonders in den 1960er und 1970er Jahren große Ausmasse angenommen. Leider ist diese Entwicklung im unabhängigen georgischen Staat nach 1991 nicht rückgängig gemacht geworden. Die Reformbestrebungen der Regierung und die vom Präsidenten Georgiens 1998 verkündete Antikorruptionskampagne konnten der korrupten Gesellschaftsordnung kaum etwas anhaben.[759] Die in der Sowjetzeit entwickelten Netzwerke der traditionellen Verwandschafts- und Bekanntschaftsbeziehungen blieben auch in der postsowjetischen Zeit bestehen. Die Familien-, Verwandschafts- und Bekanntschaftsbanden haben sehr schnell auf die Veränderungen reagiert und sich wieder auf den obersten Stufen der gesellschaftlichen und politischen Hierarchie etabliert. Da Georgien ein kleiner Staat ist, in dem nur 5 Millionen Menschen leben, sind diese Banden überwiegend zusammengebunden, ihre Mitglieder haben enge Beziehungen miteinander und ihre Interesse sind meistens verflochten. Die überwiegende Mehrheit der Bevölkerung ist auch durch Bekanntschaftsbeziehungen verbunden. So ist das Individuum in der Lage, sich seine Verwandschafts- und Bekanntschaftsbeziehungen zunutze zu machen oder Entscheidungsprozesse mit finanziellen Mitteln zu beeinflussen und innerhalb der Staatsbürokratie seine eigene

---

[758] J. Gerber, Georgien - Nationale Opposition und kommunistische Herrschaft seit 1956,    S. 49.
[759] Die besonders grossen Ausmasse der Korruption im heutigen Georgien verdeutlicht die Situation im Bereich der Energieversorgung. Seit 1991 erlebt das Land immer einen Winter, in dem fast die ganze Bevölkerung ohne Strom, Heizung und teilweise auch ohne Wasser auskommen muss. Von 1993 bis 1997 hat Georgien insgesamt 250 Millionen US-Dollar von den westlichen Staaten und internationalen Organisationen erhalten, um die eigenen Wärme- und Wasserkraftwerke technisch zu modernisieren und die strukturelle Energiekrise zu überwinden. Die Situation blieb jedoch unverändert – die Bevölkerung litt unter der andauernden Stromausfälle und der Energiekrise. Es ist offensichtlich, dass die politischen und wirtschaftlichen Eliten und Banden diese Kredite unter sich verteilt und verbraucht hatten; der Staat konnte aber nichts dagegen tun. 1998 wurde das Kraftwerk von Tbilisi - "Telasi" - privatisiert; die US-amerikanische Korporation AES hat 75% aller Aktien von Telasi eingekauft, die Situation bleibt allerdings noch bis heute fast unverändert.

Lobby für die jeweiligen individuellen oder im weitesten Sinne familiären Interessen herzustellen.[760] Man spricht sogar von einem sogenannten "Telefonrecht", was soviel heißt, dass man gewünschte Ziele nicht aufgrund eigener verfassungsrechtlich begründeten Grundrechte und Freiheiten und entsprechend der gesetzlichen Bestimmungen, sondern mit Hilfe der Telefongespräche mit den Bekannten, Verwandten und *dzmakaci*[761] erreichen kann. Das oben dargestellte korrumpierte System der Staatsbürokratie, die bürokratisierte und individualisierte Gesellschaft sind insofern sehr schwer zu überwinden für den jungen georgischen Staat. "Solange dieses korrumpierte System funktioniert und die Versorgungsbedürfnisse der Bevölkerung zufriedenstellt, stehen die Chancen für die Herausbildung demokratischer Institutionen und gesellschaftlicher Interessensgruppen sichtbar schlecht".[762]

Die staatliche Autorität, die Anfang der 1990er Jahren völlig untergraben wurde, konnte man zwar seit September 1995 allmählich wiederherstellen. Die weitere politische und wirtschaftliche Entwicklung und die Etablierung der oben genannten privilegierten Gruppierungen und verschiedenen Familien- und Verwandschaftsclane, die erschreckenden Ausmasse der Korruption haben jedoch wieder zu einem erheblichen Verlust des Vertrauens der Bevölkerung an der Regierung und der demokratischen Entwicklung des Staates geführt. Verunsicherung und Mißtrauen der Bevölkerung sind die Folge des korrumpierten Systems der Staatsbürokratie und der staatsfeindlichen Tätigkeit der "über das Gesetz" stehenden politischen und wirtschaftlichen Eliten und Clane. Gewinnstreben und Egoismus sind schon längst wichtiger geworden als Verantwortungsbewußtsein und Solidarität. Ein Rechtsstaat aber, dessen verfassungsrechtliche Grundlagen die Verfassung von 1995 festgelegt hat, kann nur vom Vertrauen leben, das die Bürger dem geltenden Recht und den demokratischen Institutionen entgegenbringen. Ohne dieses Vertrauen und ohne eine entsprechende Bewußtseinsbildung ist es unmöglich eine Werteordnung der zivilen Gesellschaft zu bauen. Die allererste und zugleich schwierigste Aufgabe der Regierung ist es deshalb die Korruption im Staatsapparat zu bekämpfen, wodurch sie das Vertrauen der Bevölkerung zurückbekommen kann. Die Überwindung der seit Jahrzehnten gefestigten Strukturen der georgischen Gesellschaftsordnung und ein demokratischer Neuanfang können allerdings "nur in einem Lernprozess individueller und kollektiver Erfahrungen auf der Basis einer zumindest einigermaßen funktionierenden politischen Kultur erworben werden".[763]

### 3. Die Bedeutung der geopolitischen Lage Georgiens

Bei der Erforschung der politischen und wirtschaftlichen Situation und vorhandener Probleme Georgiens muss man unbedingt der geopolitischen Lage des

---

[760] Vgl. J. Gerber, Georgien - Nationale Opposition und kommunistische Herrschaft seit 1956, S. 249.
[761] Innerhalb der georgischen Gesellschaft verwendet man sehr oft der Ausdruck *dzmakacoba* (*dzma* – der Bruder, *kaci* – der Mann, d.h. *dzmakaci* – der Brudermann,der Mann als Bruder), der auch einen Hinweis darauf gibt, dass die patriarchalischen und paternalistischen Strukturen das Rückgrat der sozialen Netzwerke bilden, vgl. J. Gerber, ebd., S. 49.
[762] Ders., a.a.O.
[763] Ders., a.a.O.

Landes Aufmerksamkeit schenken. Georgien liegt im Kaukasus, einem Gebiet, aus dem seit 1988, seit dem Ausbruch des Karabachkonfliktes, eine Vielzahl politischer und ethno-territorialer Konflikte eine der brisantesten Krisenregionen der Welt gemacht hatten. Und diese Krisenregion liegt an einem der geopolitisch sensibelsten Abschnitte der ehemaligen sowjetischen Südgrenze und in einem historischen Konkurrenzfeld zwischen drei regionalen Großmächte: Russland, dem Iran und der Türkei.[764] Dabei muss man vor allem die Rolle Russlands in Betracht ziehen. Bei der Bewertung der politischen Entwicklung in Georgien in den Jahren nach dem Zerfall der Sowjetunion wird im Westen die Rolle Moskaus häufig unterschätzt.[765] Man übersieht, dass die maßgeblichen politischen Kräfte, die in Russland an der Macht sind, kaum die Bereitschaft gezeigt haben, sich mit dem Zerfall des russischen/sowjetischen Imperiums abzufinden. Georgien ist ein anschauliches Beispiel dafür, wie Moskau – schon in der Zarenzeit und später unter der Bolschewikenherrschaft – zur Sicherung seines Einflusses imperiale Methoden („teile und herrsche") angewendet hat.[766] Im Unterschied zu Spanien und Deutschland, die das Glück haben, in Westeuropa mit ihren zivilisierten Nachbarn zusammenzuleben, ist die geopolitische Lage Georgiens in der Krisenregion Kaukasus strategisch zwar wichtig, aber zugleich auch sehr schwer.

Seit Ende der 1980er Jahre glaubten viele Georgier fest daran, dass der Zerfall der Sowjetunion die staatliche Unabhängigkeit mit sich bringt und gleichzeitig auch die endgültige Trennung von Russland bedeutet. Aber die Nationalbewegung, die angetreten war, die staatliche Unabhängigkeit der Republik von 1918-1921 wiederherzustellen, überschätzte einerseits das Potential, das Georgien für eine Nationalstaatsbildung besaß.[767] Es wurde außer Acht gelassen, dass im Gegensatz zum Nationalitäten- oder Vielvölkerstaat die Staatsangehörigen im Nationalstaat alle oder die überwiegende Mehrheit Angehörige ein und derselben Nation sein müssen und dass in Georgien eine völlig andere Situation, die Existenz einer sehr heterogener Bevölkerung zu konstatieren war. Es wurde immer wieder auf die These einer nationalen Staatlichkeit Georgiens, deren Entstehung vor 3000 Jahren und auf das "Goldene Zeitalter" Georgiens im 11.-13. Jh., das für die Georgier ein fester Identifikationspunkt ist, Bezug genommen. Dabei würde übersehen, dass die georgischen Königreiche und Fürstentümer lediglich vom 11.-13. Jh. unter einer gemeinsamen politischen Ordnung zusammengefaßt waren. Außerdem war der georgische Staat im "Goldenen Zeitalter" kein "großer georgischer Nationalstaat", sondern die georgischen Könige herrschten in dieser Blütezeit über armenische und georgische Christen, muslimische Sunniten und Schiiten. Von einer überregionalen Bedeutung der georgischen Herrscher und der multiethnischen und multikonfessionellen Kultur ihres Territoriums kann also nur für das "Goldene

---

[764] Vgl. U. Halbach/A. Kappeler (Hrsg.), Krisenherd Kaukasus, S. 7.
[765] Vgl. H. Bischof, Georgien – Gefahren für die Staatlichkeit, in: Studie zur Aussenpolitik, 68/1995, S. 1-37.
[766] H. Bischof, ebd., S. 1.
[767] Vgl. J. Gerber, Georgien – Nationale Opposition und kommunistische Herrschaft seit 1956, S. 247.

Zeitalter" gesprochen werden. Im 19. Jh. waren es regionale und ständische Unterschiede und in der sowjetischen Zeit sozialer und wirtschaftlicher Wandel, die der Nationwerdung entgegenstanden. Im Ergebnis hinterließ der Sowjetstaat eine modernere, bürokratisierte und nach sozialen Hierarchien stark zergliederte Gesellschaft. "Die sozialen Trennungslinien zwischen politischen Eliten, neuen gebildeten Mittelschichten, unqualifizierten Arbeitern und Angestellten, privatwirtschaftlich Beschäftigten, zwischen den Generationen sowie zwischen urbaner und ländischer Bevölkerung waren durch das Bekenntnis zur Nation und durch die Rückbesinnung auf das national-kulturelle Erbe nicht aufzuheben".[768] Andererseits aber unterschätzte die Nationalbewegung die noch vorhandene politische Stärke Russlands und seinen Einfluß, den es auf die Staaten der ehemaligen Sowjetunion behielt. Der Zusammenbruch der Sowjetunion brachte für Georgien und andere ehemalige Republiken nicht die endgültige Loslösung von Russland; an der Integration in die GUS hat kaum ein Weg vorbeigeführt. Die anderen Nachfolgestaaten der UdSSR haben sich jedoch ungleich besser auf den Transformationsprozess vorbereitet und günstigere Voraussetzungen für ihre weitere National-Staatsbildung geschaffen. In Georgien hat die Nationalbewegung überwiegend versäumt, das Land auf den Transformationsprozess vorzubereiten. Sie vergab die Chance, die wirtschaftliche, gesellschaftliche und politische Zukunft neu zu bestimmen. Die Lostrennung Georgiens von Russland galt als kardinale Voraussetzung für Reformen, darüber hinaus war aber die Nationalbewegung nicht in der Lage, jene Strukturen und Institutionen herauszubilden, die das politische Vakuum hätten ausfüllen können, das mit dem Zerfall der staatlichen Autorität entstand.[769] Alle Konzepte und Entwürfe der Nationalbewegung hörten praktisch dort auf, wo die Unabhängigkeit begann. Einen ähnlichen Fehler hat zunächst auch die neue Staatsführung Georgiens gemacht: wie die Führer der Nationalbewegung, hatte auch sie geglaubt, Georgien könne nach dem Zerfall der Sowjetunion einen eigenständigen Weg außerhalb der GUS beschreiten. Dabei setzte sie bis zum Schluß vor allem auf die Unterstützung des Westens. Der Abchasien-Konflikt zeigte jedoch, dass der Westen Bestrebungen zur Restaurierung des alten Imperiums stillschweigend duldete.[770] Die naive Hoffnung auf die ersehnte Loslösung Georgiens von Russland zerbrach endgültig. Russland hat seinen Streitkräften das Recht eingeräumt, bei Konflikten in Staaten des "nahen Auslands" zu intervenieren und im Ergebnis hat es, vom Baltikum abgesehen, mit dem Schlußlicht Georgien (im September 1993) alle abtrünnigen Republiken in die GUS gezwungen.[771] Es war ganz offensichtlich, dass Georgien während der Konflikte in Südossetien und besonders in Abchasien nicht nur gegen die separatistischen Mächte, sondern (und vor allem) auch gegen Russland, seine Einheiten und Geheimdienste, kämpfte. Die Niederlage Georgiens war also "logisch"; gleichzeitig wurde auch klar, dass zumindest auf absehbare Zeit Georgien

---

[768] J. Gerber, ebd., S. 248.
[769] Ders., ebd., S. 246.
[770] Ders., ebd., S. 238.
[771] Vgl. Ders., a.a.O.

unter dem Einfluß Russlands bleiben werde. Seitdem übte das wiedererstarkte imperiale Russland auf politische, verfassungsrechtliche und sogar personelle Entscheidungen in Georgien massiven Druck aus; Georgien war in diesen Jahren kaum in der Lage, sich innenpolitisch zu stabilisieren. Von vornherein war für die Georgier bekannt, dass Russland nicht der Garant des inneren Friedens in Georgien sein konnte, aber der fragile Zustand des jungen georgischen Staates, der seit Jahren andauernde Druck Russlands und seine starke militärische Präsenz in der Republik haben Georgien keine Alternative gelassen. Russische Armeeeinheiten kontrollierten auch nach dem Zerfall der Sowjetunion die Staatsgrenze Georgiens zu der Türkei (ehemalige Südgrenze der Sowjetunion).[772] Erst nach der Verabschiedung der Verfassung 1995, der Bildung der zentralen Staatsorgane und der Entkriminalisierung des Staatsapparats, womit die heutige politische Führung ihre Kontrolle über die staatliche Gewalt abgesichert hatte, wurden einige Schritte unternommen, um den Druck Russlands und seinen Einfluß zu vermindern. Nach zweijährigen Verhandlungen wurde eine Vereinbarung zwischen den Regierungen Georgiens und Russlands erreicht, aufgrund derer die russischen Truppen, welche die Grenzkontrolle der georgisch-türkischen Grenze durchführten, zum 1. November 1999 das Land zu verlassen hatten und von georgischen Grenzschützeinheiten ersetzt wurden. Es wurde auch vereinbart (am 18. November 1999) dass bis Juli 2001 zwei von vier russischen Militärstützpunkten in Georgien aufgelöst werden. Seit 1996 kann man die schrittweise Änderung der außenpolitischen Orientierung Georgiens beobachten. So hat die georgische Führung die politische, wirtschaftliche, kulturelle und auch militärische Zusammenarbeit mit Azerbaidschan und der Ukraine aktiviert; die Regionalpolitik der georgischen Regierung stellt sich erfolgreich dar: sowohl mit der Türkei als auch mit dem Iran kam es zu engeren Beziehungen. Freundschaftliche Beziehungen bestehen auch mit den westeuropäischen Staaten, der USA und den internationalen Organisationen. Besonders hervorzuheben ist die Bildung des politischen Blockes der ehemaligen Sowjetrepubliken GUUAM (Georgien, Ukraine, Uzbekistan, Azerbaidschan, Moldawien), dessen Mitglieder enge politische und wirtschaftliche Beziehungen miteinander knüpfen. Georgien nimmt seit Jahren im Programm der militärischen Zusammenarbeit der NATO "Partnerschaft für Frieden" teil. Stärkeres internationales Vertrauen in diese Politik und wirtschaftliche Reformen in Georgien signalisierte nicht zuletzt die Entscheidung des internationalen Erdölkonsortiums, eine Trasse der Pipelineroute für den Export des kaspischen Erdöls aus Azerbaidschan über georgisches Territorium zu führen.[773] Zu den größten Erfolg

---

[772] Mit der Unterzeichnung eines Protokolls von den Verteidigungsministern Georgiens und Russlands im Februar 1994 wurde die rechtliche Grundlage der Stationierung der 4 russischen Militärstützpunkte in Georgien geschaffen, womit fast 20 000 russische Soldaten in der Kaukasusrepublik stationiert bleiben können. Diese Militärstützpunkte befinden sich in Abchasien, Adscharien, in der südwestlichen Region Georgiens Samzche-Dschawachetien und in der Nähe von der georgischen Hauptstadt Tbilisi. Zu bemerken ist auch, dass für die Stationierung dieser Stützpunkte Russland keine Gebühren zu zahlen hat.

[773] Die Pipeline von Baku zum georgischen Schwarzmeerhafen Supsa im Rahmen dieses 8 Mrd. US-Dollar Investitionsprojekts ist inzwischen gebaut: Im März 1998 wurde die Eröffnung der Pipeline in Anwesenheit von den georgischen, ukrainischen und azerbaidschanischen Präsidenten gefeiert.

der Politik der georgischen Regierung zählt auch die Aufnahme Georgiens in den Europarat: im April 1999 wurde Georgien 41. Mitglied des Europarates.

Trotz dieser außenpolitischen Schritte und innenpolitischen Reformen wurde der Einfluß Russlands unwesentlich vermindert. Russland schreibt sich selbst immer wieder die Rolle des "alleinigen Friedensstifters und Vermittlers" in den ethno-territorialen Konflikten nicht nur Georgiens, sondern auch des ganzen Kaukasus zu. Es kann den Druck auf Georgien weiter erfolgreich ausüben. Es ist auch nicht sehr schwer die vorhandenen Schwachpunkte des weichen georgischen Staates für die Verstärkung seines Einflusses auszunutzen. Ein klares Beispiel dafür liefert die Situation in der südwestlichen, an Armenien grenzenden Region Georgiens – Samzche-Dschawachetien, wo die Bevölkerung überwiegend armenischer Nationalität (über 80%) ist. In dieser Region (in der einer der vier russischen Militärstützpunkte stationiert ist) proklamieren die nationalistischen armenischen Gruppierungen schon seit Jahren, dass Dschawachetien "historisches armenisches Territorium" ist (was absolut nicht zutreffend ist) und fordern den Anschluß der Region an Armenien. Noch hat die Regierung Georgiens die Situation in der Region unter Kontrolle, was seinen Grund auch in dem jahrhundertelangen friedlichen Zusammenleben der georgischen und armenischen Völker und den freundschaftlichen politischen Beziehungen zwischen den beiden Staaten hat. Diese Situation gibt aber keinen Grund für die Beruhigung.[774] Nach der Erfahrungen, die man mit den Konflikten in Abchasien und Südossetien gemacht hat, zu deren Eskalation u.a. auch Russland wesentlich beigetragen hat, kann man fast sicher sein, dass es "im passenden Zeitpunkt" auch in Samzche-Dschawachetien zu ähnlichen Auseinandersetzungen kommen kann. Die ethno-territorialen Konflikte im Kaukasus waren für Russland immer das geeignete Druckmittel.[775]

Ausgegangen von der oben dargestellten politischen Situation Georgiens kann man feststellen, dass solange Russland sich in die Belange des souveränen Georgiens einmischt (oder solange es die verschiedene Möglichkeiten hat, sich einzumischen), die friedliche politische, wirtschaftliche und gesellschaftliche Erneuerung des georgischen Staates keine guten Perspektiven hat.

## B. Zentrum-Regionen-Beziehungen

In der Verfassung Georgiens von 1995 ist die Form der territorialen Organisation nicht definiert worden. In verschiedenen Bestimmungen der Verfassung sind jedoch einige deutliche Ansätze eines föderalen Staatssystems zu finden.[776] Man kann sogar sagen, dass in der Verfassung eine (zukünftige) föderale Gliederung

---

[774] So haben z.b. Anfang 1999 nationalistische armenische Gruppierungen Dschawachetiens heftig gegen die Dislozierung der georgischen Einheiten in der Region protestiert und sogar die Manöver der georgischen Armee verhindert.

[775] Zu Russlands Einfluß auf die ehemaligen sowjetischen Republiken vgl. A. Kreikemeyer/V. Zagorskij, Russlands Politik in bewaffneten Konflikten in der GUS, 1997.

[776] Mehr dazu s. unten S. 188ff.

Georgiens faktisch festgeschrieben ist. In der Wirklichkeit vertritt allerdings die Zentralregierung diese Auffassung nicht ganz konstant. Lediglich in der Frage der Lösung des Abchasien-Konflikts taucht die Idee des Föderalismus in die Öffentlichkeit und den offiziellen Dokumenten oft auf: Seit dem Beginn des Prozesses der Friedensverhandlungen (1994) erklärt die georgische Staatsführung, dass Georgien die breite politische Autonomie für Abchasien zu gewährleisten bereit ist und dass die politischen Beziehungen zwischen Tbilisi und Suchumi zukünftig auf der Grundlage eines föderalen Staatsmodells zu entwickeln sind. Was aber die Autonome Republik Adscharien, das abtrünnige Autonome Gebiet Südossetien und andere, nicht autonome, aber historische Regionen des Landes betrifft, so wurden hier zu wenige Reformschritte unternommen, um die Zentrum-Regionen-Beziehungen auf der verfassungsrechtlichen Grundlage gestalten zu können.

Besonderer Erwähnung bedarf die Entwicklung der Beziehungen zwischen der Staatsführung Georgiens und der Regierung der Autonomen Republik Adscharien. Die Zentralregierung hat sich bereit erklärt, nach der Beilegung der Konflikte in Abchasien und im südossetischen Gebiet Adscharien Autonomie zu gewährleisten und zwar zumindest in solchem Umfang, in dem Adscharien die Autonomie zur Zeit besitzt.[777] Es wurden aber keine weiteren Schritte unternommen, um die verfassungsrechtliche Stellung der Autonomie Adschariens in das Staatsgebilde Georgiens zumindest provisorisch, bis zur Beilegung der Konflikte auf der Grundlage der neuen Verfassung zu bestimmen und auf diese Weise der adscharischen politischen Führung eigene Gestaltungsmöglichkeiten und Gestaltungsbereiche einzuräumen. Dabei konnte die Staatsführung Georgiens die Verfassung von 1995 für die Lösung der vorhersehbaren politischen und rechtlichen Probleme benutzen, die zwar nicht eine vollendete ist, aber trotzdem einige wichtige Bestimmungen angesichts der zukünftigen territorialen Ordnung enthält.[778] Die Zentralregierung hatte sich aber vielmehr um die Erhaltung des status quo bemüht. Das hat allmählich dazu geführt, dass die Führungseliten Adschariens sich mehr und mehr dagegen gesperrt haben, sich der politischen und wirtschaftlichen Kontrolle durch die Hauptstadt zu unterstellen. Ende 1997 hat sich die politische Führung Adschariens endgültig von dem politischen Kurs der Zentralregierung Georgiens getrennt.[779] Seit dem Beginn dieser Konfrontationsphase, die bis heute dauert,[780] kritisiert die adscharische Führung ständig die Politik der Zentralregierung und beschuldigt sie, die wirtschaftliche Blockade der Autonomen Republik geplant und durchgeführt zu haben. Batumi widersetzte sich auch vielen Entscheidungen der Zentralregierung und verhinderte ihre Durchführung auf dem

---

[777] Die Autonome Republik Adscharien besitzt zur Zeit eine eigene Verfassung, verfügt über ein repräsentatives Organ – de Obersten Sowjet (letzte Wahlen fanden 1996 statt) - und eine Regierung, die dem Obersten Sowjet verantwortlich ist.

[778] Mehr dazu s. unten S. 188ff.

[779] Hauptgrund dafür war die Ablehnung von der parlamentarischen Mehrheit des Gesetzentwurfes über die Errichtung der freien Wirtschaftszone auf dem Gebiet der Autonomen Republik Adscharien.

[780] Seit 1998 nehmen die Mitglieder der Parlamentsfraktion der adscharischen Regionalpartei Union für die Wiedergeburt Georgiens nicht mehr an Plenarsitzungen des georgischen Parlaments teil.

Gebiet der Autonomen Republik. Besonders auffällig und heftig diskutiert war die Entscheidung über die Bildung der örtlichen Selbstverwaltungsorgane auf dem Territorium Adschariens. Art. 2 Abs. 4 GV hat die Befugnis der Bildung dieser und der Bestimmung ihrer Beziehungen zu anderen Organen ausdrücklich den obersten Staatsorganen Georgiens eingeräumt.[781] Entsprechend dieser Bestimmung hat das Parlament Georgiens das Organgesetz über die örtliche Selbstverwaltung und Verwaltung verabschiedet, gemäß dessen Bestimmungen die Bürgermeister der Rajonen und großen Städte des Landes vom Präsident, der Rajonen und Städte der Autonomen Republiken Abchasien und Adscharien jedoch von den obersten repräsentativen Organen dieser Republiken, aber nach dem Übereinkommen mit dem Präsidenten Georgiens, ernannt werden. Die adscharische Führung hat aufgrund der Änderung der Verfassung der Autonomen Republik eine Regelung durchgesetzt, gemäß derer die Bürgermeister der Rajonen und Städte in Adscharien von der Bevölkerung gewählt werden sollten. Die Entscheidung verstößt zwar eindeutig gegen die Bestimmung der georgischen Verfassung (Art. 2 Abs. 4) und gegen die Vorschriften des Organgesetzes, trotzdem hat die adscharische Führung die Wahlen der örtlichen Selbstverwaltungsorgane auf dem Gebiet Adschariens gemäß ihrer Entscheidung durchgeführt und gleichzeitig die Zentralregierung wegen der "diktatorischen" und "antidemokratischen" Politik in diesem Bereich (die Beziehungen mit den örtlichen Selbstverwaltungsorganen) kritisiert.

Viele Georgier beobachten eine solche Entwicklung der Beziehungen zwischen Batumi und Tbilisi mit der Befürchtung, dass der politische Konfrontationskurs auch in Adscharien ähnliche Auseinandersetzungen wie in Abchasien und Südossetien verursachen kann. Die angespannten politischen Verhältnisse sind für die Befürworter des zentralisierten Systems des Staatsaufbaus noch ein Grund zu behaupten, dass die politisch autonomen Regionen die territoriale Einheit des Landes bedrohen. Mehrere Mitglieder der Zentralregierung und der parlamentarischen Mehrheit (und auch weite Teile der Bevölkerung) sind der Meinung, dass diese Prozesse den Kampf der gegenwärtigen adscharischen Führung um die Macht im ganzen Land darstellen. Das "adscharische Problem" habe seine Gründe lediglich in politischen Ambitionen der heutigen Führung der Autonomen Republik (was teilweise jedoch zutreffend ist). Ohne diese Führung gäbe es keine Probleme in den Beziehungen der zentralen und autonomen Regierungen. Es sei nur eine Frage der Zeit, dass die jetzige Führungselite Adschariens die politische Macht auf die eine oder andere Weise verliert und danach die Autonome Republik Adschariens keine Gefahr für die Einheit Georgiens darstellen wird. Sogar die Autonomie könnte dann nicht mehr notwendig erscheinen, da in Adscharien nicht die Bevölkerung der anderen Nationalitäten, sondern ausschließlich Georgier wohnen.[782]

---

[781] Die Tatsache, dass diese Befugnis nicht in Art. 3 Abs. 1 a-s GV, wie alle anderen Bereiche der ausschließlichen Zuständigkeit der obersten Staatsorgane Georgiens, aufgeführt ist, ändert hier nichts.

[782] Diese Auffassung der zahlreichen Mitglieder der georgischen Staatsführung, die jedoch nicht offiziell deklariert wird, wurde im März 1998 im Parlament Georgiens ganz zufällig öffentlich bekanntgemacht, und zwar von einem führenden Politiker der parlamentarischen Mehrheit.

Auch in der Frage der verfassungsrechtlichen Bestimmung des politischen Status des ehemaligen autonomen Gebiets Südossetien (im folgenden Südossetien) wurden noch keine entscheidenden positiven Veränderungen erreicht. Im Unterschied zu Abchasien und Adscharien hat die Zentralregierung ihre Bereitschaftn Südossetien politische Autonomie zu gewährleisten nicht öffentlich verkündet. Vielmehr spricht man betreffend Südossetien über kulturelle Autonomie; in allen offiziellen Dokumenten oder während öffentlicher Auftritte versuchen die Führungspolitiker die eindeutige Bestimmung der Vorschläge der Regierung angesichts des zukünftigen politischen Status Südossetiens zu vermeiden. Diese Position der Zentralregierung hat allerdings ihre Gründe.

Wie oben bereits dargestellt wurde, war (und ist) die Einstellung der Bevölkerung, der georgischen Öffentlichkeit und der meisten politischen Parteien gegenüber dem Autonomen Gebiet Südossetien und dem georgisch-ossetischen Konflikt ganz unterschiedlich gegenüber der Autonomie Abchasiens. Während die Bevölkerung und die politischen Parteien der Bereitschaft der Regierung, Abchasien Autonomie zu gewährleisten, verständnisvoll begegnen, sind sie absolut anderer Auffassung über den zukünftigen Status Südossetiens. Für Georgier ist klar, dass das Territorium, auf dem 1922 das Autonome Gebiet Südossetiens gebildet wurde, ursprünglich ein bedeutender Teil von Innerkartli war (und ist), der seit ältesten Zeiten von Georgiern besiedelt war und der immer zum Bestand des georgischen Staates gehörte. Innerkartli ist das Zentrum, in dem der georgische Staat, die georgische Kultur, die georgische Litertaursprache, das einige georgische Volk entstanden sind.[783] Für Georgier ist das Autonome Gebiet eine Schöpfung der bolschewistischen Nationalitätenpolitik und der imperialen Strategie von "divide et impera". Deshalb wurde die Entscheidung des Parlaments Gamsachurdias 1990, den Autonomen Status Südossetiens aufzuheben von fast allen politischen Parteien und von der absoluten Mehrheit der Bevölkerung als "einzig richtige" Entscheidung eingeschätzt, durch die "die Folgen der bolschewistischen antigeorgischen Politik aufgeräumt und die historische Gerechtigkeit wiederhergestellt wurde". Bis heute gilt diese Entscheidung als einer der wenigen politischen Erfolge Gamsachurdias. Die Wiedererrichtung der Autonomie im südossetischen Gebiet wird insofern auf entschlossene Ablehnung der Bevölkerung stossen, die (wie auch viele politische Parteien) diese Entscheidung als "einen Schritt zurück", "einen staatsfeindlichen Kompromiss mit den Separatistischen Kräften", oder "eine Kapitulationserklärung gegenüber Russland und den

---

Während der Diskussion über einen gewissen Zwischenfall, der allerdings in der Autonomen Republik Adschariens geschah und die Fraktion der adscharischen Regionalpartei diesen Zwischenfall im politischen Kontext auslegen wollte, ergriff dieser Politiker das Wort und sprach über den "staatsfeindlichen und verfassungswidrigen politischen Kurs der adscharischen Führung", der unverzüglich zu verändern sei, sonst müsse man in Tbilisi überlegen, ob es sinnvoll sei, die Autonomie Adschariens weiter zu behalten.

[783] Das Kernland Georgiens, Kartli, ist seit Jahrhunderten in das nördliche *"schida kartli"*, (Innerkartli) und das südliche *"kvemo kartli"* (Niederkartli) geteilt. Innerkartli umfasst das ganze Territorium des nach der Sowjetisierung Georgiens gegründeten südossetischen Gebiets.

Separatisten" einschätzen werden. Die Bevölkerung und die meisten oppositionellen Parteien halten die Idee der Autonomie Südossetiens nicht nur für historisch, politisch und rechtlich unbegründet, sondern auch für destruktiv, die territoriale Integrität Georgiens und seine politische Einheit bedroht. Die besonders kompromisslose Position, die man in der Frage der Gewährleistung einer politischen Autonomie Südossetiens einnimmt, ist also ganz offensichtlich. Klar ist auch, dass falls die Regierung ihre Willen bekanntmacht, bereit zu sein Südossetien politische Autonomie zu gewährleisten, sie zugleich damit rechnen muss, dass Tausende von Bürger negativ reagieren und diese Position der Regierung als "noch einen Landesverrat" (nach Abchasien) einschätzen werden, was natürlich weiterer Verlust des Vertrauens der Bevölkerung und mehrerer tausend Wählerstimmen mit sich bringt. Das ist u.a. ein wesentlicher Grund der vorsichtigen Politik der Zentralregierung Georgiens gegenüber Südossetien. Als bei dem Verhandlungsprozess über den zukünftigen politischen Status Südossetiens seit 1992 ein Waffenstillstand vereinbart wurde, konnte man deshalb zunächst fast keinen Fortschritt beobachten. Die georgische Opposition lehnte 1995 den OSZE-Plan über eine politische Autonomie Südossetiens ab. Die Südosseten weigerten sich, in irgendeiner Form zu Georgien zu gehören. Und wie oben bereits geschildert wurde, war die Großmacht Russland wichtigster Faktor der Konfliktlösung. Erst seit 1997 sind die Bemühungen der georgischen Führung, eine Lösung der „südossetischen Frage" zu finden, verstärkt worden. Auch die südossetische Seite zeigt Interesse für die Verhandlungslösung und den wirtschaftlichen Wiederaufbau des Autonomen Gebiets. Diese Bemühungen deuten zwar darauf hin, dass eine beiderseitig akzeptierte Lösung gefunden werden kann, die endgültige Entscheidung über den politischen Status Südossetiens ist aber noch nicht in Sicht.

### III. Der asymmetrische Föderalismus als Grundprinzip des zukünftigen territorialen Staatsaufbaus Georgiens

Wie bereits oben dargestellt und analysiert wurde, geht die Mehrheit der Bevölkerung und der Politiker Georgiens immer noch davon aus, dass die nationale Selbstbestimmung ausschließlich innerhalb eines eigenen – zentralistischen – Nationalstaates möglich ist. Der Föderalismus als Prinzip des staatsrechtlichen Aufbaus ist durch die historischen und politischen Erfahrungen stark diskreditiert. Der Staat hat akute politische und wirtschaftliche Probleme zu bewältigen. Durch die neue Verfassung wurde in Georgien eine demokratische Staatsordnung geschaffen. Das reicht aber nicht, um einen modernen demokratischen Sozial- und Rechtsstaat zu errichten. Die Reformen in den wirtschaftlichen, sozialen und kulturellen Bereichen müssen unbedingt weitergeführt werden. Nicht zu vergessen ist, dass auch die Zweite Republik in Spanien (1931-1936) politisch modern organisiert war; Parteien, Gewerkschaften und eine demokratische Verfassung funktionierten. Wirtschaftlich, kulturell und sozial hingegen war das Land rückständig. Die Reformgesetze scheiterten zum Teil an jahrhundertealten Strukturen und Mentalitäten. Diese Entwicklung brachte die Zweite Republik endlich zum Scheitern.[784] Zu erwähnen ist auch, dass nach dem Ende von Francos Diktatur der Gedanke der Demokratie sich sehr eng mit der regionalen Autonomie verband. Trotz der jahrhundertealten zentralistischen Tradition wurden in Spanien Dezentralisierung und Demokratisierung des Landes gleichzeitig (und erfolgreich) durchgeführt.[785] Auch in Deutschland stellt die bundesstaatliche Ordnung die Grundlage eines demokratischen Staates dar. Trotz der oben dargestellten politischen, wirtschaftlichen und gesellschaftlichen Probleme ist es auch für den jungen georgischen Staat lebenswichtig, die Demokratisierung des Landes fortzusetzen und zugleich "den Föderalismus als staatsrechtliches Gestaltungsprinzip zu rehabilitieren und mit neuem Leben zu erfüllen".[786] Denn sowohl die historische, geographische, politische und wirtschaftliche Entwicklung als auch die gegenwärtige Situation Georgiens werden in Zukunft föderalistische Strukturen notwendig machen. Die Chancen für ein friedliches Zusammenleben der verschiedenen Ethnien innerhalb Georgiens und d.h. auch für politisches und wirtschaftliches Wohlergehen und eine demokratische Weiterentwicklung des Staates hängen davon ab, inwiefern es gelingt, die Idee des zentralistischen Staates zurückzudrängen, die Prinzipien eines föderalistischen, politisch dezentralisierten Staates in der Bevölkerung zu verbreiten und zu popularisieren und sie als Grundlage der zukünftigen territorialen Ordnung Georgiens festzulegen.[787] Im folgenden soll dargestellt werden, dass, erstens, die Errichtung eines dezentralisierten Staatssystems in Georgien nicht nur lebenswichtig ist, sondern zugleich auch ihre ernsten, nicht nur historischen und politischen, sondern auch verfassungsrechtlichen Voraussetzungen hat, und zweitens, dass sowohl aufgrund der historischen Entwicklung als auch der konkreten politischen, rechtlichen und wirtschaftlichen Situation Georgien den sog. „georgischen Sonderweg" zur Dezentralisierung zu beschreiten hat; Dieser „Sonderweg" bedeutet die Bildung einer Territorialordnung, die auf dem Grundprinzip des asymmetrischen Föderalismus basiert und zugleich auch einige Besonderheiten aufweist.

## 1. Föderalismus als staatsrechtliches Gestaltungsprinzip Georgiens

### A. *Die gegenwärtige Stellung der Regionen*

Sowohl in Deutschland und Spanien als auch in Georgien hat die geographisch bedingte Abgeschiedenheit einzelner Regionen und die historische Entwicklung die Herausbildung der territorialen Einheiten begünstigt. Zwar verfügt Georgien heute

---

[784] Mehr hierzu vgl. oben S. 23.

[785] "Der in der neuen spanischen Verfassung von 1978 umrissene Rahmen für eine Gebietsreform stellte die radikale Umwälzung in der traditionell zentralistischen Organiation des spanischen Staates seit Beginn des konstitutionellen Regimes im Jahre 1812 dar" – so L. López Guerra, Politische Dezentralisierung in Spanien, S. 84.

[786] J. Gerber, Georgien – Nationale Opposition und kommunistische Herrschaft seit 1956, S. 250.

[787] Ders., a.a.O.

über eine kleine Gebietsfläche, das Land stellt aber eine Einheit verschiedener Gebiete dar. Diese Gebiete haben ihre geographischen, wirtschaftlichen und kulturellen Eigenheiten und Traditionen behalten und ihre Bedeutung bis in die Gegenwart nicht verloren. Auch die geographische Umschreibung der einen oder anderen Region des Landes stellt kein Problem dar, die geographischen Grenzen zu anderen Regionen sind allgemein bekannt.[788]

Georgien wird durch das Lichi-Gebirge (Surami-Gebirge) in West- und Ostgeorgien getrennt. Als Kernland Georgiens kann die ostgeorgische Region Kartli (mit der Hauptstadt Georgiens Tbilisi) bezeichnet werden. An Kartli grenzen andere historische Provinzen: Kachetien, Tuschetien, Chevsuretien, Pschavi, Chevi und Mtiuleti. Westgeorgien besteht aus Imeretien, Mingrelien, Gurien, Adscharien, Ratscha, Letschchumi, Svanetien, Abchasien, Samzche und Dschawachetien. Die regionalen Eigenheiten und wirtschaftlichen oder kulturellen Traditionen, die im Laufe der Jahrhunderte gebildet und entwickelt wurden, sind in der Bevölkerung bis heute erhalten geblieben. Im Alltagsleben des Volkes sind die Namen der Regionen tief verwurzelt. Das veranschaulicht z.B. die Verwendung der Provinznamen bei Lokalisierungen und Herkunftsangaben. Die Kachetier, Kartlier, Imeretier, Mingrelier oder Chevsuretier usw. sind natürlich alle Georgier, im Alltagsleben geben sie aber sehr oft an, dass sie Kachetier, Kartlier oder Mengrelier usw. sind (oder "aus Kachetien", "aus Mengrelien" usw. sind).

Mit den ethnographisch-geographischen Spezifika ist auch die Eigenart der Wirtschaft und Natur eng gebunden. Alle historischen Gebiete des Landes sind durch eigene wirtschaftliche Traditionen gekennzeichnet. Wenn man also über die Eigenart der verschiedenen Regionen Georgiens spricht, muss man ethnographische, geographische, wirtschaftliche und kulturelle Komponenten und Eigenheiten darunter verstehen.

Insgesamt gesehen kann man mit Sicherheit sagen, dass gegenwärtig die Regionen und die Nationalitäten Georgiens sowohl ethnolinguistisch und geographisch als auch historisch-administrativ, d.h. ihrer ehemaligen politischen Eingrenzung entsprechend, definiert werden können. Solche Voraussetzungen konnte man auch in Deutschland und Spanien beobachten; danach folgte allerdings die verfassungsrechtliche Bestimmung dieser territorialen Einheiten und ihrer Befugnisse. Als Faktoren der künftigen staatsrechtlichen Entwicklung Georgiens sind also die gegenwärtigen Regionen unbedingt zu berücksichtigen.

### B. *Der georgische „Staatsbeauftragte" und die spanischen „Präautonomien"*

Der Tatsache, dass die Regionen in der gegenwärtigen Realität Georgiens im Hinblick auf die geschichtlichen, ethnographisch-geographischen und wirtschaftlichen Faktoren existieren, hatte auch die Zentralregierung Rechnung zu tragen. Seit 1993

---

[788] Vgl. hierzu besonders klare Darstellung der Regionen Georgiens und ihre geographische Lage und Grenzen bei H. Fähnrich, Die Geschichte Georgiens von den Anfängen bis zur Mongolenherrschaft, S. 9-13.

ernannte das Staatsoberhaupt seine Vertreter in allen historischen Regionen des Landes. Diese Vertreter waren in kurzer Zeit die faktischen Machthaber in den Regionen geworden. Sie hatten vor allem die Politik der Zentralregierung in der jeweiligen Region zu verwirklichen und ihre Kontrolle über die Region abzusichern. Wenn man dazu noch in Betracht zieht, dass die Bürgermeister der Rajonen und Städte des Landes von dem Staatsoberhaupt ernannt worden waren, kann man sich gut vorstellen, wie zentralisiert das Staatssytem Georgiens war (dazu kam noch, dass die Rajonen und Städte bis 1998 keine eigenen repräsentativen, von der Bevölkerung gewählten Selbstverwaltungsorgane hatten).[789] Andererseits ist aber nicht zu übersehen, dass mit der Einführung des Instituts des Staatsvertreters die Bedeutung der Regionen sowohl offiziell, als auch in der Bevölkerung, im Alltagsleben sehr verstärkt und verdeutlicht wurde. In den Rechtsakten der Regierung hieß es seitdem z.B. "der Staatsvertreter im Gebiet Mingrelien" oder "der Staatsvertreter im Gebiet Gurien." Auch die Bevölkerung reagierte auf diese Neuerung (die ihr historisch gesehen gar nicht unbekannt war) und nannte die Staatsvertreter "Gouverneure", wie in Georgien die im 19. Jahrhundert von den russischen Zaren ernannten Machthaber hießen.[790]

Nach der Verabschiedung der Verfassung 1995 wurde ein weiterer Schritt unternommen, um die rechtliche Stellung des Staatsvertreters zu stärken und seine Befugnisse zu vergrößern. Durch das Gesetz über die Tätigkeit und Struktur der exekutiven Gewalt (GTSEG)[791] wurden der Status und die Rechtsstellung des Staatsvertreters zum ersten Mal seit seiner Existenz aufgrund eines formellen Gesetzes festgelegt. Art. 32 Abs.1 GTSEG lautet: "Der Staatsbeuftragte ist der Vertreter des Präsidenten Georgiens in den durch die Gesetzgebung Georgiens bestimmten territorialen Einheiten oder für die Ausführung einzelner Aufträge". In den "territorialen Einheiten" sind allerdings nicht die historischen Gebiete des Landes (da diese "durch die Gesetzgebung Georgiens" noch nicht bestimmt sind), sondern die kleineren Einheiten, wie Rajonen und Städte, gemeint, aus denen eine bestimmte historische Region besteht.[792] Aufgrund dieser Bestimmung konnte die Regierung behaupten, dass das Institut des Staatsbeauftragten nicht die Bestimmung des territorialen Staatsaufbaus des Landes bedeutet (was „vor der Wiederherstellung der

---

[789] Mehr zum System der Kommunlaverwaltung Georgiens s. unten S. 245ff.

[790] Die Befugnisse der Staatsvertreter wurden nicht per Gesetz, sondern durch Rechtsakte der Regierung bestimmt. Man muss allerdingt bemerken, dass die Vertreter der Zentralregierung in den Jahren der allgemeinen Unruhen und des Chaos 1993-1995 durchaus wichtige Rolle bei der Wiederherstellung des staatlichen Autorität und der öffentlichen Ordnung gespielt haben.

[791] Das Gesetz wurde am 15. April 1997 angenommen. Der Text des Gesetzes wurde veröffentlicht in: "parlamentis uzkebani" (Bulletin des Parlaments), 1997, Nr. 17-18, S. 32-43.

[792] Aufgrund dieser Bestimmung kann der Präsident seine Vertreter offiziell nicht z.B. "in der Region Gurien", sondern in den Rajonen Lanschchuti, Ozurgeti und Tschochatauri ernennen, diese drei Rajonen bilden aber die historische Region Gurien; deshalb kann man von Staatsvertretern in der Region Gurien sprechen, und auch die Bevölkerung nennt den Staatsvertreter "den Governeur von Gurien". Eine solche Aufteilung der historischen Region in Rajonen und Städte kann man mit den Provinzen der Autonomen Gemeinschaften in Spanien vergleichen.

Jurisdiktion Georgiens im ganzen Staatsgebiet" verfassungswidrig wäre) und Art. 32 GTSEG nicht gegen Art. 2 Abs. 3 GV verstößt.[793]

Nach Art. 32 Abs. 4 S. 1 GTSEG wird der Staatsbeauftragter vom Präsidenten Georgiens ernannt und entlassen. Er führt die aufgrund der Verfassung und der Gesetze vom Präsidenten Georgiens ihm auferlegten Aufgaben (Art. 32 Abs. 3 GTSEG) und ist ermächtigt, aufgrund der Gesetze oder zur Ausführung der Gesetze und der Rechtsakte des Präsidenten die Verordnungen zu erlassen (Art. 33 Abs.1 GTSEG). Die Befugnisse des Staatsbeauftragten werden durch eine Satzung bestimmt, die der Präsident bestätigt (Art. 32 Abs.4 GTSEG). Zwar gehen die Bestimmungen des Organgesetzes über die örtliche Selbstverwaltung und Verwaltung (OGOSV), das die Befugnisse der örtlichen Organe, ihre Rechtsstellung die Beziehungen zu den Staatsorganen enthält, den Vorschriften der oben genannten Satzung vor, in Wirklichkeit ist jedoch der Staatsbeauftragte die mächtigste und einflußreichste Person in der jeweiligen Region; er koordiniert und, man kann sogar sagen, leitet die Tätigkeit der örtlichen Organe.[794]

Insgesamt lässt sich sagen, dass durch die Bildung des Institutes des Staatsbeauftragten einerseits die Zentralregierung ihre Kontrolle über die Regionen endgültig abgesichert hat, andererseits aber wurde die faktische Einteilung des georgischen Territoriums in Regionen durchgeführt. Man kann versuchen, diese Situation auch mit den präautonomen Regime Spaniens zu vergleichen. Das Institut des Staatsbeauftragten unterscheidet sich allerdings weitgehend von dem präautonomen Regime Spaniens. In Spanien wurde durch Gesetzes-Dekrete (Decretos-Leyes) eine administrative Dezentralisierung des spanischen Territoriums in den "Präautonomias" durchgeführt. Die Präautonomias stellten zwar keine politische, allerdings eine verwaltungsmäßige Aufteilung des Staatsgebietes dar und hatten Verwaltungskompetenzen. Als Organe verfügten sie über einen Präsidenten, der nicht von der Zentralregierung ernannt worden war und einen Exekutivausschuß, der aus den in der betreffenden Region gewählten Abgeordneten der Cortes und aus Mitgliedern der Provinzräte bestand. Die Materien der Verwaltungskompetenzen der Präautonomien wurden von der Zentralregierung festgelegt, wobei auf die Vorarbeit von mehreren Kommissionen zurückgegriffen wurde, die von Vertretern der

---

[793] Da gemäß Art. 2 Abs. 3 GV die verfassungsrechtliche Regelung des territorialen Aufbaus des Landes nach der endgültigen Wiederherstellung der Jurisdiktion des georgischen Staates auf seinem ganzen Territorium bestimmt werden soll, hatten einige oppositionelle Parteien gegen die Beibehaltung des Instituts des Staatsvertreters protestiert. Sie beharrten, die Ernennung der Vertreter in den Regionen bedeute faktisch die Bestimmung des territorialen Staatsaufbaus des Landes und insofern stimme sie nicht mit den oben genannten Verfassungsvorschrift (da die Jurisdiktion Georgiens in abtrünnigen Abchasien und Südossetien noch nicht wiederhergestellt ist) überein.

[794] Durch das Organgesetz über die örtliche Selbstverwaltung und Verwaltung wurde der Staatsbeauftragte noch mit einer weiteren wichtigen Befugnis bevollmächtigt. Gemäss Art. 42 Abs. 6 OGOSV kann er die Entscheidungen des Bürgermeisters oder des obersten exekutiven Organs des Rajons und der Stadt (*gamgeoba, meria*) für einen Monat unterbinden.

betreffenden Präautonomie und der Zentralregierung besetzt waren.[795] Existenz und Ausgestaltung der Präautonomien waren wesentliche Voraussetzungen für den Verlauf der Entstehungs- und Entwicklungsgeschichte der Autonomen Gemeinschaften. Das Institut des Staatsbeauftragten in Georgien dient aber überwiegend der Stärkung der Macht und Kontrolle der Zentralregierung in den Regionen. Trotzdem hat seine Existenz die geographischen und politischen Grenzen der Regionen verdeutlicht und ihre Rolle und Bedeutung im öffentlichen Leben Georgiens verstärkt.

**C. *Die föderale Grundentscheidung der georgischen Verfassung***
Bei der Verfassunggebung 1995 wurde keine endgültige Entscheidung über den territorialen Staatsaufbau getroffen. Oben wurde bereits dargestellt, dass wegen der damaligen politischen Situation und der bestehenden Umstände die Bestimmung der Form der Territorialordnung unmöglich war. Auch die Meinungsverschiedenheiten über die zukünftige Territorialordnung des Landes waren (und sind noch heute) derart gespalten, dass sogar der gesamte Verfassungskonsens hätte zerbrechen können. Deshalb einigte man sich in Art. 2 Abs. 3 GV auf folgenden Wortlaut: "Der territoriale Staatsaufbau Georgiens wird nach der endgültigen Wiederherstellung der Jurisdiktion Georgiens im ganzen Staatsgebiet durch die Verfassung[796] nach dem Grundsatz der Gewaltenteilung bestimmt". Entsprechend dieser Bestimmung hat der Verfassungsgeber auf die Form des territorialen Staatsaufbaus nicht hingewiesen und auch den Gebrauch der Termini "Föderation" oder "Einheitsstaat" vermieden. In Art.1 Abs.1 GV heißt es: "Georgien ist ein selbständiger, einheitlicher und unteilbarer Staat...", und in Art.1 Abs. 2 GV: "Die politische Grundordnungsform des georgischen Staates ist die demokratische Republik." Die Verfassung enthält jedoch einige wichtige Bestimmungen, welche die Konturen der zukünftigen territorialen Ordnung des Staates ganz deutlich umschreiben. Aufgrund der Auslegung dieser Verfassungsvorschriften kann man feststellen, dass eine föderale Gliederung und damit der Abschied vom georgischen Zentralstaat in der Verfassung festgeschrieben ist.

*1. Die Frage der Staatssouveränität*
Bevor man sich mit der Auslegung und Analyse der Verfassungsbestimmungen beschäftigt, ist das Prinzip der Staatssouveränität voranzustellen, das von erheblicher Bedeutung für den territorialen Staatsaufbau Georgiens ist.
Angesichts der sehr heterogenen Bevölkerung Georgiens wurde auf die Verankerung der Begriffe "die georgische Nation" und "das georgische Volk" in der Verfassung verzichtet. Nach der herrschenden Auffassung im Verfassungsausschuß und im Parlament, bedeute die Verankerung einer von diesen beiden Begriffe in der Verfassung eine Diskriminierung der Angehörigen anderer Nationalitäten, die in

---

[795] Vgl. P. Cruz Villalón, Die Neugliederung des Spanischen Staates in Autonomen Gemeinschaften, in: JöR, Bd. 34, 1985, S. 210; Nohlen/Hildenbrand, Regionalismus und politische Dezentralisierung in Spanien, S. 26; K. Wendland, S. 73ff.
[796] Die wörtliche Übrsetzung lautet "durch das Verfassungsgesetz".

Georgien 30% der Gesamtbevölkerung ausmachen. Andererseits wurde aber auch die Bezeichnung Georgiens als eines aus vielen Völkern oder Regionen zusammengesetzten Staates abgelehnt. Statt dessen wurden Begriffe wie "die Staatsangehörigen Georgiens" und "das Volk" bevorzugt. Besonders wichtig ist in dieser Hinsicht zunächst die Präambel, in der der Begriff "die georgische Nation" zum ersten und einzigen Mal in der ganzen Verfassung zum Ausdruck kommt. Nach der Präambel sind es "die Staatsangehörigen Georgiens", die diese Verfassung verkünden, "indem sie sich auf die jahrhundertealten Staatlichkeitstraditionen der georgischen Nation und die Grundsätze der georgischen Verfassung von 1921 stützen". Auch folgende Bestimmungen der Verfassung sind in dieser Hinsicht von Bedeutung: Art. 5 Abs. 1 S. 1 GV lautet: "Die Gewalt in Georgien geht vom Volk aus."; Art. 1 Abs. 2 GV erklärt eindeutig, dass Georgien "ein selbständiger, einheitlicher und unteilbarer Staat" ist, und zwar in dem Sinne, "wie es durch den im ganzen Staatsgebiet, darunter in der Autonomen Sowjetischen Sozialistischen Republik Abchasien und im ehemaligen Südossetischen Autonomen Gebiet durchgeführten Volksentscheid vom 31. März 1991 und durch den Akt über die Wiederherstellung der georgischen Staatlichkeit vom 9. April bestätigt ist."; Art. 2 Abs. 1 GV bekräftigt die Bestimmung des Artikels 1 Abs.1: "Das Staatsgebiet Georgiens ist durch den Stand vom 21. Dezember 1991 bestimmt.[797] Die territoriale Integrität Georgiens und die Unverletzlichkeit der Staatsgrenzen sind durch die Verfassung und die Gesetze Georgiens bestätigt, von der Weltgemeinschaft der Staaten und den internationalen Organisationen anerkannt". In Art. 2 Abs.2 S.1 GV heißt es sodann: "Die Abtretung vom Staatsgebiet Georgiens ist unzulässig". Aufgrund der Auslegung dieser Bestimmungen kann man feststellen, dass die drei Elemente der Staatlichkeit, nämlich Staatsvolk, Staatsgewalt und Staatsgebiet nur Georgien insgesamt zuzuordnen sind, und dass es nur ein Staatsvolk gibt, von dem alle Staatsgewalt ausgeht. Die Staatsangehörigen Georgiens (d.h. die Angehörigen aller Nationalitäten) bilden dieses Staatsvolk – das Volk Georgiens (und nicht das "georgische Volk").[798]

Auch in Spanien gab es bei der Verfassungsgebung 1977-78 das geschichtliche und rechtstheoretische Problem, Spanien als Nation zu definieren. Nach den heftigsten Auseinandersetzungen konnte man sich in Art. 2 SV auf die Formulierung einigen, dass die Verfassung Spaniens sich auf die unauflösliche Einheit der spanischen Nation gründet, und zugleich das Recht auf Autonomie der Nationalitäten und Regionen anerkennt und gewährleistet, aus welchen sich das Land zusammensetzt. Auch das Verfassungsgericht hat in einem seiner ersten Urteile erklärt, dass die Einheit der spanischen Nation der Ausgangspunkt der spanischen Verfassung ist. Trotz der Existenz von verschiedenen Nationalitäten kann man also von der "spanischen Nation"

---

[797] Am nächsten Tag, am 22. Dezember 1991 wurde der sog. "Weihnachtskrieg" begonnen - der Militärputsch gegen den Präsident Gamsachurdia.
[798] Auch in der Unabhängigkeitserklärung vom 26. Mai 1918 ist nicht vom "georgischen Volk", sondern vom "Volk Georgiens" die Rede – "Von nun an ist das *Volk Georgiens* der Träger der souveränen Rechte".

sprechen, von der alle Staatsgewalt ausgeht.[799] Bekanntlich besteht in einem Nationalstaat eine weitgehende Identität von Nation und Staatsvolk. Das Zusammengehörigkeitsbewußtsein der Nation und der politische Wille derselben zu einem eigenen und selbständigen Staat ist die politische Grundlage eines Nationalstaates. In Georgien aber, wie oben bereits gezeigt wurde, sind erstens 30% der Gesamtbevölkerung nichtgeorgischer Nationalität, und zweitens, das Zugehörigkeitsgefühl zu einer bestimmten Nationalität so stark, dass sich die Menschen anderer Nationalität nicht mit dem "georgischen Volk" und schon gar nicht mit der "georgischen Nation" identifizieren können (und wollen). Als Ergebnis einer aufgrund dieser Situation getroffenen Entscheidung kann man heute in der georgischen Verfassung nicht von einem "georgischen Volk" oder von der "georgischen Nation" als "politischer Nation", sondern von einem "Volk Georgiens" sprechen, das aus den "Staatsangehörigen Georgiens" besteht und in verschiedenen Artikeln der Verfassung als ein einziges Staatsvolk zum Ausdruck kommt. Zu bemerken ist auch, dass im Unterschied zu Deutschland und Spanien, wo die Verfassungsgerichte mit ihrer Rechtsprechung die Entwicklung der verfassungsmäßigen Ordnung entscheidend beeinflußt und in ihren Entscheidungen die Bestimmungen des Grundgesetzes bzw. der Verfassung u.a. auch über das Souveränitätsprinzip ausgelegt haben, das Verfassungsgericht Georgiens noch keine Möglichkeit gehabt hat, die Normbestimmungen des Ersten Kapitels der Verfassung auszulegen und durch seine Entscheidungen die Vorschriften der Verfassung über das Souveränitätsprinzip zu schildern. Die überwiegende Mehrheit der Anklagen im Verfassungsgericht wurden von den Bürger eingestellt und betrafen nur die Bestimmungen des Zweiten Kapitels der Verfassung – "Die georgische Staatsangehörigkeit. Die Grundrechte und die Freiheiten des Menschen". So sind die grundlegenden Bestimmungen der Verfassung, die das erste Kapitel enthält,[800] vom Verfassungsgericht noch nicht erörtert und ausgelegt worden.

Die Frage, ob Georgien eine einzige und unteilbare Nation oder ein aus verschiedenen Völkern, historisch gewachsenen Nationalitäten und Regionen gebildetes Ganzes darstellt wird bei der Ausarbeitung der Grundlagen des zukünftigen territorialen Staatsaufbaus eine große und vielleicht entscheidende Rolle spielen. Dabei muss man unbedingt in Betracht ziehen, dass in einem Nationalstaat eine

---

[799] Die Verfassung erkennt "Spanien als eine Nation an und proklamiert ihre unteilbare Einheit, indem sie die Existenz einer einzigen Souveränität versichert, die Souveränität der Nation, die vom spanischen Volk als Ganzes ausgeht" - so L. López Guerra, Politische Dezentralisierung in Spanien, S. 81.

[800] Das Erste Kapitel heisst "Allgemeine Bestimmungen" und enthält die ersten 12 Artikel der Verfassung. Das sind die grundlegenden und wichtigsten Bestimmungen der georgischen Verfassung, z.B. Art. 1 - politische Grundordnungsform des Staates; Art. 2 Abs. 1 - die territoriale Integrität und die Unverletzlichkeit der Staatsgrenzen; Art. 3 - die Bereiche der ausschliesslichen Zuständigkeit des Zentralstaates; Art. 4 - die Bestimmungen über das zukünftige bikamerale Parlament Georgiens, Art. 5 - die Staatssouveränität und der Grundsatz der Gewaltenteilung; Art. 6 - "Die internationalen Verträge und Abkommen Georgiens gehen den innerstaatlichen Normen vor, wenn sie der Verfassung Georgiens nicht widersprechen"; Art. 7 - Bei der Machtausübung sind das

weitgehende Identität von Nation und Staatsvolk bestehen muss; die Staatsangehörigen müssen im Nationalstaat alle oder die überwiegende Mehrheit Angehörige ein und derselben Nation sein.[801] Oben wurde gezeigt, dass man in Georgien eine völlig gegensätzliche Situation beobachten kann und dementsprechend keine Voraussetzungen für die Errichtung eines georgischen Nationalstaats vorhanden sind. Man muss bestrebt sein, die politische Nation über das georgische Ethnos hinaus zu erweitern. Die Anstrengung muss dahin gerichtet sein, zumindest einen Teil der nichtgeorgischen Bevölkerung in die neue politische Nation zu integrieren. Und dies kann nur auf dem Wege der politischen Dezentralisierung Georgiens geschehen. Im Unterschied zu Deutschland, aber in Anknüpfung an die Geschichte Georgiens und aufgrund anderer objektiver Umstände soll der zukünftige georgische dezentralisierte Staat asymmetrisch gestaltet werden. Im folgenden werden aufgrund der Auslegung der Bestimmungen der Verfassung und der Gesetze, der Analyse der Verfassungs- und Staatspraxis Georgiens die verfassungsrechtlichen Grundlagen des zukünftigen territorialen Staatsaufbaus untersucht.

**2. *Die Verfassungsbestimmungen über den territorialen Staatsaufbau***
**a.** Bei der Auslegung der Verfassungsvorschriften, die direkt oder indirekt die Grundprinzipien der zukünftigen Territorialordnung Georgiens betreffen, sollen vor allem die Bestimmungen des Ersten Kapitels der Verfassung untersucht werden. Hierbei bedarf besonderer Erwähnung zunächst Art. 3 GV. In Abs. 1 dieses Artikels sind diejenigen Zuständigkeiten aufgezählt, die der ausschließlichen Zuständigkeit der obersten Staatsorgane Georgiens unterliegen. Gemäß dieser Bestimmung sind dem Staat u.a. die Gesetzgebung über die georgische Staatsangehörigkeit, die Menschenrechte und Freiheiten, die Aus- und Einwanderung, die Ein- und Ausreise, der zeitweilige oder ständige Aufenthalt in Georgien fremder Staatsangehöriger oder Staatenloser (Abs.1 a), der Status, das Regime und der Schutz der Staatsgrenzen (Abs. 1 b), die Staatsverteidigung und –sicherheit, die Streitkräfte, die Militärindustrie und der Waffenhandel (Abs. 1 c), Kriegs- und Friedensangelegenheiten; die Bestimmung und die Verhängung des Rechtsregimes während des Ausnahme- oder Kriegszustandes (Abs. 1 d), die Außenpolitik und internationale Beziehungen (Abs. 1 e), das Zoll- und Tarifregime (Abs. 1 f), Handelsrechtsgesetzgebung, Strafrechtsgesetzgebung, Zivilrechtsgesetzgebung, Verwaltungsrechts- und Arbeitsrechtsgesetzgebung, Strafvollzugsgesetzgebung und Verfahrensgesetzgebung (Abs. 1 q), die Kriminalpolizei und die Untersuchung (Abs. 1 r) vorbehalten.

In Art. 3 Abs. 2 GV heißt es sodann: „Die Angelegenheiten, die der einheitlichen Verwaltung unterstehen, werden einzeln bestimmt". Diese Bestimmung ist besonders bemerkenswert. Hieraus ergibt sich in einem ersten Auslegungsschritt: Ganz offenkundig geht die Verfassung nicht davon aus, dass alle möglichen Kompetenzen des Staates der ausschließlichen Zuständigkeit der obersten Staatsorgane

---

Volk und der Staat an die allgemein anerkannten Rechte und Freiheiten des Menschen, wie an unmittelbar geltendes Recht gebunden.
[801] Vgl. D. Weidinger, Nation-Nationalismus-Nationale Identität, S. 128.

Georgiens unterliegen. Denn dann wäre der Art.3 in dieser Fassung sinnlos und an seine Stelle könnte ein einziger Satz stehen: "Die Gesetzgebung unterliegt der ausschließlichen Zuständigkeit der obersten Staatsorgane Georgiens". Die Textgestalt von Art. 3 GV weist also auf Gesetzgebungsbefugnisse hin, die nicht der ausschließlichen Zuständigkeit der obersten Staatsorgane unterliegen.[802]

Diese Auslegung des Art. 3 wird durch Art. 4 Abs. 3 GV bestätigt. Hiernach besteht der Senat (das sog. "Oberhaus" des zukünftigen georgischen bikammeralen Parlaments) aus den „in Abchasien, Adscharien und in anderen territorialen Einheiten Georgiens" gewählten Mitgliedern und aus den 5 vom Präsidenten Georgiens ernannten Mitgliedern. Wenn an dieser hervorragenden Stelle der "allgemeinen Bestimmungen" (Erstes Kapitel) der Verfassung Georgiens die autonomen Gebiete Abchasien und Adscharien erwähnt werden und dies zusammen mit „anderen territorialen Einheiten", dann bedeutet dies zum einen (und ganz eindeutig), dass Georgien in territoriale Einheiten zu gliedern ist, diese Einheiten also in einem Rechtssinne tatsächlich existieren. Zum anderen ergibt sich aus dem Zusammenhang von Art. 3 Abs. 2 und Art. 4 Abs. 3 GV, dass die territorialen Einheiten auch Gesetzgebungsbefugnisse haben sollen. Denn nur sie können nach der Verfassung für diese Aufgabe in Betracht kommen, wenn es einen Sinn haben soll, dass Art. 3 GV nicht einfach alle Gesetzgebung beim Parlament vereinigt.

**b.** Auch Abs.1 und 2 des Artikels 4 GV sind für die territoriale Ordnung des Staates von Bedeutung. Bereits in seinem Abs. 1 schreibt Art. 4 GV die zukünftige Gliederung Georgiens in territorialen Einheiten vor, legt allerdings auch zwei Voraussetzungen für diese Gliederung fest: "Nach der Entstehung der angemessenen Bedingungen im ganzen Gebiet Georgiens und nach der Aufstellung der örtlichen Selbstverwaltungsorgane werden im georgischen Parlament zwei Kammern gebildet: der Rat der Republik und der Senat". In "angemessenen Bedingungen im ganzen Gebiet Georgiens" ist natürlich "die endgültige Wiederherstellung der Jurisdiktion Georgiens im ganzen Staatsgebiet" gemeint, wie es durch Art. 2 Abs. 3 GV bestimmt worden ist. Was die zweite Voraussetzung betrifft, die Art. 4 Abs.1 GV für die Bildung des Zweikammer-Parlaments vorsieht, so ist sie bereits erfüllt: das Organgesetz über die örtliche Selbstverwaltung und Verwaltung wurde 1997 angenommen; 1998 wurden die Wahlen in den örtlichen Selbstverwaltungsorganen durchgeführt. Bekanntlich existiert das bikammerale parlamentarische System, dessen Einführung Art. 4 GV vorschreibt, in den föderativen Staaten, wie z.B. Bundesrepublik Deutschland und auch in den politisch dezentralisierten Staaten, wie z.B. Königreich Spanien. Das Zweikammersystem hat einerseits die Funktion, die Prinzipien der Gewaltenteilung und der Demokratie durch gewaltenhemmende und freiheitssichernde Funktionen zu stärken. Andererseits soll es eine gereiftere Meinungsbildung fördern und verschiedene territoriale Gruppen im Staat

---

[802] Unbedingt zu berücksichtigen ist hier, dass das dem deutschen Wort "Verwaltung" entsprechende Wort in georgischer Fassung dieser Bestimmung "gamgebloba" heisst, was nicht nur Verwaltungs- sondern auch Gesetzgebungsbefugnisse beinhaltet.

integrieren.[803] Dabei stellt die erste Kammer, das sog. "Unterhaus", eine Vertretung führender politischer Kräften im gesamten Staat dar, und die Zweite Kammer, das sog. "Oberhaus" ist das wichtigste Mitwirkungsinstrument der territorialen Einheiten an der Willensbildung des Zentralstaates, durch die die Vertreter dieser Einheiten an der Aufgabenerfüllung der zentralstaatlichen Legislativen beteiligt werden. Art. 4 GV entspricht diesen allgemeintheoretischen Bestimmungen und gewährleistet die Mitwirkung der territorialen Einheiten am zentralstaatlichen Geschehen: der Rat der Republik, das zukünftige "Unterhaus" des georgischen Parlaments, wird "aus den in Verhältniswahlen gewählten Mitgliedern" (Art.4 Abs. 2 GV) und die zukünftige "Länderkammer" des georgischen Parlaments - der Senat – (wie oben bereits zitiert wurde) "aus den in Abchasien, Adscharien und anderen territorialen Einheiten Georgiens gewählten Mitgliedern und aus den 5 vom Präsidenten Georgiens ernannten Mitgliedern" bestehen.[804]

Insgesamt gesehen ergibt sich also aus den Bestimmungen der Art. 3 und 4 GV eine föderative Intention der Verfassung, die zugleich die Aufgabe der Verteilung der Gesetzgebungsbefugnisse zum Inhalt hat.

Nachdem durch eine Zusammenschau der hier einschlägigen Bestimmungen feststeht, dass die territorialen Einheiten für ihren Bereich Gesetzgebungsbefugnisse haben (sollen), gibt es noch ein zweites Problem zu behandeln, nämlich die Frage: Welche Rechtsgebiete der Rechtssetzung der territorialen Einheiten zugänglich sind. Diese Frage lässt sich durch einen rein logischen Schluß aus den Bestimmungen des Art. 3 GV ziemlich leicht klären: Wenn Art.3 Abs. 1 die Rechtsgebiete aufzählt, über die ausschließlich das Parlament die Gesetzgebungsbefugnis hat, dann ergibt sich im logischen Schluß, dass dies für die Rechtsgebiete von Art. 3 Abs. 2 („die Angelegenheiten der einheitlichen Verwaltung") nicht zutrifft, weil insoweit eine gesamtstaatliche Rechtssetzung lediglich vorbehalten ist. Bis eine solche erfolgt, haben also die einzelnen Territorien selbständig Gesetzgebungsbefugnisse. Der Begriff "einheitliche Verwaltung" ist damit mit der "konkurrierenden Gesetzgebung" im Sinne des deutschen Grundgesetzes zu vergleichen.

Für eine weitere Schlußfolgerung bedarf es weiterführender Überlegungen: Es geht um die Frage, ob der Gesamtstaat berechtigt ist, alles zu regeln und damit die Gesetzgebungsbefugnisse im Bereich der konkurrierenden Gesetzgebung vollständig auszuhöhlen.

Die Antwort auf diese Frage muss den Ausgangspunkt an der föderativen Grundentscheidung der georgischen Verfassung nehmen. Wenn die föderative Grundstruktur hinsichtlich der legislativen Befugnisse etwas besagen soll – und das hat sich aus den obigen Darlegungen ergeben – dann ist es ausgeschlossen Art. 3 Abs. 2 GV so auszulegen, dass das Parlament Georgiens das Recht hat, sich jeder Materie zu bemächtigen, die einer gesetzlichen Regelung zugänglich ist, und den territorialen Einheiten nichts oder nichts wesentliches übrig lässt. Vielmehr soll die Vorschrift des

---

[803] Vgl. K. Wendland, S. 35.
[804] Nach Abs. 4 des Artikels 4 GV werden die Besetzung der Kammern, ihre Befugnisse und das Wahlverfahren durch ein Organgesetz bestimmt.

Art. 3 Abs. 2 GV bei der Bestimmung der Grundsätze des zukünftigen territorialen Staatsaufbaus Georgiens in der Art und Weise ergänzt werden, dass „die Republik im Bereich der konkurrierenden Gesetzgebung (einheitliche Verwaltung) das Gesetzgebungsrecht hat, wenn und soweit die Herstellung gleichwertiger Lebensverhältnisse im Gebiet Georgiens oder die Wahrung der Rechts- oder Wirtschaftseinheit im gesamtstaatlichen Interesse eine zentrale Regelung erforderlich macht". So etwa hat Art. 72 Abs. 2 GG das Recht des Bundes zur konkurrierenden Gesetzgebung geschnitten. Die Handlungsmöglichkeiten des Zentralstaates in der konkurrierenden Gesetzgebung konnten allerdings nicht nur durch diese Bedürfnisklausel eingeschränkt werden, sondern auch durch die sog. Rückhol- oder Durchbrechungsklausel: Durch Gesetz kann bestimmt werden, dass eine zentralstaatliche Regelung, für die eine Erforderlichkeit im Sinne der vorigen Bestimmung nicht mehr besteht, durch das Recht der territorialen Einheiten ersetzt werden kann (ähnliche Bestimmung enthält Art. 72 Abs. 3 GG).

**c.** Art. 3 Abs. 2 GV ist auch im anderen Sinne sehr interessant. Man muss nämlich der Bestimmung "die Angelegenheiten ... werden einzeln bestimmt" besondere Aufmerksamkeit schenken. Man hat hier nicht konkretisiert durch welche Rechtsakte die Angelegenheiten der einheitlichen Verwaltung zu bestimmen sind und den ungenauen Begriff - "einzeln bestimmt" – bevorzugt. Wenn man davon ausgeht, dass Art. 2 Abs. 3 GV die Bestimmung des territorialen Staatsaufbaus Georgiens durch das Verfassungsgesetz vorsieht, kann man behaupten, dass entsprechend dieser Vorschrift auch "die Angelegenheiten der einheitlichen Verwaltung" durch das Verfassungsgesetz bestimmt werden können (und sollen). Das Verfassungsgesetz kann aber erst "nach der endgültigen Wiederherstellung der Jurisdiktion Georgiens im ganzen Staatsgebiet" angenommen werden. Die Bedeutung und gleichzeitig auch der Vorteil der Vorschrift des Art. 3 Abs.2 GV "werden einzeln bestimmt" besteht darin, dass das Parlament praktisch freie Hand im Hinblick auf die Bestimmung der "Angelegenheiten der einheitlichen Verwaltung" bekommen hat. Aufgrund der Vorschrift von Art. 3 Abs. 2 GV konnte das Parlament vor der Wiederherstellung der Jurisdiktion Georgiens im ganzen Staatsgebiet durch ein einfaches Gesetz die Angelegenheiten aufzählen, die der einheitlichen Verwaltung unterstehen und damit einige Befugnisse faktisch den territorialen Einheiten überlassen. Vor allem ist hier natürlich die Autonome Republik Adscharien zu nennen. Denn aufgrund der Bestimmung, dass die Angelegenheiten der einheitlichen Verwaltung *"einzeln bestimmt werden"* können, hatte die Zentralregierung eine Möglichkeit diese Angelegenheiten nicht "allgemein", sondern für die Beziehungen mit der konkreten, staatsrechtlich existierenden Region, d.h. mit der Autonomen Republik Adscharien, zu bestimmen. Damit hätte man viele umstrittene und ungeklärte Fragen, die später die (oben dargestellten) Mißverständnisse und Anspannung in den Beziehungen zwischen Batumi und Tbilisi verursacht hatten, aufgrund der verfassungsrechtlichen Vorschrift und der Zusammenarbeit mit der adscharischen Führung näher und konkreter bestimmen und darlegen können. Von großer Bedeutung wäre auch die Tatsache gewesen, dass mit einer solchen Entscheidung die verfassungsrechtliche Grundlage der Beziehungen zwischen Autonomer Republik und der obersten Staatsorganen Georgiens hätte geschaffen werden können. Dieser Schritt konnte auch zu Friedensverhandlungen mit Abchasien und Südossetien beitragen und eine rechtliche Grundlage für die Annahme des im Art. 2 Abs. 3 GV vorgesehenen Verfassungsgesetzes vorbereiten. Die Zentralregierung hat die Vorschrift des Art. 3 Abs. 2 GV[805] leider nicht berücksichtigt und diese hervorragende Möglichkeit der verfasunsrechtlichen Lösung der meisten Uneinigkeiten und Differenzen versäumt. Die georgische Staatsführung war zu sehr mit der Behaltung des status quo beschäftigt, wie sich aber im Laufe der Jahre nach der Verabschiedung der Verfassung erwies, hat diese Politik nur zu weiteren Meinungsverschiedenheiten und besonderen Anspannungen in der Beziehung zwischen Zentrum und Region geführt.[806] Die Möglichkeit der Verwendung der Bestimmung von Art. 3 Abs. 2 GV besteht zwar immer noch, die Beziehungen sind inzwischen aber so angespannt und Meinungsverschiedenheiten derart gespalten, dass ein solcher Schritt der Zentralregierung wenig zur Normalisierung der Situation beitragen kann.

**d.** Bemerkenswert ist die Tatsache, dass die Verfassung Georgiens in keinem von seinen Artikeln die Angelegenheiten der ausschließlichen Zuständigkeit der territorialen Einheiten erwähnt. Wenn man von der engen, wörtlichen Auslegung der Verfassung ausgeht, dann kann man auf den Gedanken kommen, dass die georgische Verfassung die Existenz der ausschließlichen Zuständigkeiten territorialer Einheiten ausschließt. Dies wäre jedoch eine falsche Schlußfolgerung.

Die richtige Antwort auf diese Frage muss den Ausgangspunkt an der föderativen Grundentscheidung der georgischen Verfassung nehmen. Wie sich aus den obigen Darlegungen ergeben hat, enthält die Verfassung einige Strukturmerkmale des föderativen Staatssystems. Nämlich: Art. 3 Abs. 1 zählt die ausschließlichen Zuständigkeiten der obersten Staatsorgane auf, Art. 3 Abs. 2 sieht vor, dass die Angelegenheiten, die der einheitlichen Verwaltung unterstehen (konkurrierende Zuständigkeiten) einzeln bestimmt werden (können), Art. 4 Abs. 2 schreibt die Bildung des bikammeralen Parlaments vor und gewährleistet damit die Mitwirkung der territorialen Einheiten bei der Willensbildung des Zentralstaates. Von besonderer Bedeutung ist allerdings die oben dargestellte Schlußfolgerung (Auslegung der Bestimmung des Art. 3 Abs. 2 GV), dass die von der Verfassung vorgesehenen territorialen Einheiten nicht nur Verwaltungs-, sondern auch die Gesetzgebungsbefugnisse haben sollen. Hier sind sowohl Abchasien und Adscharien als auch andere territoriale Einheiten gemeint. Denn in verschiedenen Artikeln der Verfassung ist zwar die Stellung von Abchasien und Adscharien deutlich

---

[805] Mehr zur Bedeutung der Regelung des Art. 3 Abs. 2 s. unten S. 232ff.

[806] Unbedingt zu erwähnen sind hier allerdings die Position der adscharischen Führung und der diktatorische Regierungsstil von Aslan Abaschidze, dem Vorsitzenden des Obersten Sowjets der Autonomen Republik. Der absolut kompromisslose Kurs und mehrere verfassungswidrige Entscheidungen der adscharischen Regierung haben massgeblich zur Anspannung der Beziehungen zwischen Tbilisi und Batumi beigetragen.

hervorgehoben, nach Art. 4 Abs. 3 GV gehören sie jedoch zu den "territorialen Einheiten Georgiens" (Argument aus "in *anderen* territorialen Einheiten Georgiens"). Dementsprechend müssen nicht nur Abchasein und Adscharien, sondern allen territorialen Einheiten legislatorische Befugnisse zukommen.

Ferner ist auch Art. 89 Abs. 1 a) GV zu würdigen: Diese Bestimmung gibt dem Verfassungsgericht Georgiens eine Kompetenz, über die Vereinbarkeit von georgischen Gesetzen und normativen Akten des Präsidenten sowie der obersten Organe von Abchasien und Adscharien zu entscheiden. Aus dieser Bestimmung könnte gefolgert werden, dass nur diese beiden autonomen Republiken das Recht zur Setzung von Gesetzen und normativen Akten für ihr Gebiet haben.[807] Dabei würde übersehen werden, dass diese Bestimmung ein Detail – wenn auch ein gewichtiges – des georgischen Verfassungsgebäudes regelt, während sich die grundlegenden Normen (wie z. B. Art. 4) im Ersten Kapitel der georgischen Verfassung finden. Die hier behandelte Bestimmung gibt den status quo bei der Beratung der Verfassung wider, in dem nur zwei territoriale Einheiten, Abchasien und Adscharien existiert haben, während das übrige Staatsgebiet territorial noch nicht gegliedert war und bis heute nicht ist.

Aufgrund der oben durchgeführten Auslegung kann man behaupten, dass die (zukünftigen) territorialen Einheiten nicht die bloße administrative Autonomie der lokalen Gebietskörperschaften, sondern eine qualitativ weit höhere Autonomie genießen werden. Dementsprechend sollen sie nicht nur im Bereich der konkurrierenden Zuständigkeiten tätig werden können, sondern vielmehr sollen ihnen die ausschließlichen Zuständigkeiten in bestimmten Bereichen zugestanden werden. Da die georgische Verfassung nur die ausschließlichen Zuständigkeiten der obersten Staatsorgane aufgezählt (Art. 3 Abs.1 GV) und auf die Möglichkeit der Aufzählung der konkurrierenden Zuständigkeiten deutlich hingewiesen hat (Art. 3 Abs. 2 GV), kann man die Schlußfolgerung ziehen, dass die ausschließlichen Zuständigkeiten der territorialen Einheiten den in der Rechtswissenschaft anerkannten Residualkompetenzen gleichen. Als ausschließliche Kompetenzen der territorialen Einheiten sind also alle (Residual)Kompetenzen aufzufassen, die nicht ausdrücklich durch die Verfassung dem obersten Staatsorgane zugewiesen sind und nicht im Bereich der konkurrierenden Kompetenzen fallen (werden).

## 2. Der „georgische Sonderweg" zum asymmetrischen Föderalismus

Aufgrund der oben dargestellten Auslegung der Verfassungsbestimmungen kann man feststellen, dass die Verfassung Georgiens von 1995 eine

---

[807] Das Wort "Gesetze" in Art. 89 Abs. 1 a) bezieht sich zwar nur auf die Gesetze Georgiens und nicht auf die Gesetze der Autonomen Republiken, durch das Gesetz über die normative Akte vom 29. Oktober 1996 wurde allerdings festgelegt, dass "die normative Akte der Autonomen Republiken Abchasien und Adscharien" vor allem ihre Verfassungen und ihre Gesetze sind, mehr dazu vgl. unten S. 266-269.

Grundentscheidung zugunsten der föderalen Gliederung, genauer gesagt zugunsten der Dezentralisierung getroffen hat. Welches Maß an Dezentralisierung angestrebt werden soll, bleibt allerdings umstritten. Wenn man der oben durchgeführten Auslegung der Verfassungsbestimmungen folgt, dann ist es ganz offensichtlich, dass alle territoriale Einheiten Georgiens politische Verfassungsautonomie genießen sollen; alle zukünftigen Institutionen, in denen die politische Dezentralisierung Georgiens Gestalt annehmen wird, sind dementsprechend von föderalen Staaten und deren Organisationsverfahren zu übernehmen. Dabei muss man unbedingt in Betracht ziehen, dass es kein einheitliches Modell "des föderalen Staates" gibt und dass das Adjektiv "föderal" auch nicht überall dasselbe beinhalten muss. Der föderale Staat lässt sich also nicht als ein einheitliches Konzept definieren, sondern allenfalls beschreiben, indem man eine Reihe struktureller Elemente aufzeigt, die sich in den verschiedenen föderal organisierten Staaten der westlichen Welt wiederfinden.[808] Auch in Georgien muss man folgende Bedingungen als "institutionelle Mindestanforderungen" oder "Grundstrukturen" eines föderalen Staates festhalten:

1. ein Staat, der sich aus verschiedenen Gebietseinheiten zusammensetzt, die nicht nur über rein administrative, sondern auch über legislative, politische und Führungskompetenzen verfügen,

2. Ausstattung der einzelnen Einheiten mit finanziellen Mitteln und Möglichkeiten, die der Verteilung der Staatsfunktionen entsprechen,

3. Beteiligung der politisch autonomen Einheiten an der zentralen Organisation über eine zweite Kammer sowie Beteiligung an der Exekutiven der zentralen Organisation,

4. Garantie, dass die obengenannten Zuständigkeiten nicht durch ein gewöhnliches Gesetz verändert werden können,

5. ein Mechanismus der gerichtlichen Streitbeilegung zur Lösung von Konflikten, die sich aus der besonderen Struktur des Staates ergeben.[809]

Hier sind noch einige allgemeine Prinzipien zu nennen, die bei all den unterschiedlichen Arten der Entstehung von Föderalismus entstanden sind. Sie bilden in ihrer Gesamtheit jenen obligatorischen Komplex - condito sine qua non - ohne den das nicht existiert, was man gewöhnlich als föderale Staatsordnung bezeichnet.[810] So sind in jedem föderal verfaßten Staat die Gleichberechtigung der autonomen Subjekte der Föderation, vor allem gegenüber der zentralen Macht, und die Gültigkeit des zentralstaatlichen Rechts (ohne die das wirtschaftliche und politische System des Landes insgesamt nicht funktionieren kann) unbedingt zu gewährleisten. Genauso wichtig ist auch die Gewährleistung derselben Rechte und Besonderheiten für jeden Bürger der Föderation auf dem Territorium jeder autonomen Region.[811]

Nicht zu vergessen ist jedoch, dass trotz der oben dargestellten Grundstrukturen in jedem konkreten Bundesstaat die Autonomie der einzelnen Einheiten, das System

---

[808] Vgl. J.J. Gonzalez Encinar, Ein asymmetrischer Bundesstaat, S. 227.

[809] Ders., ebd., S. 228.

[810] W. Tumanow, Ist eine asymmetrische Föderation möglich? S. 311.

[811] Vgl. W. Tumanow, Ist eine asymmetrische Föderation möglich? S. 311.

der Finanzierung, die Zusammensetzung und Funktion der Zweiten Kammer, die jeweilige Institution, der Residualkompetenzen zugewiesen werden oder das Beziehungsgeflecht der einzelnen Verordnungen (mit oder ohne Vorrangsklausel) sich durchaus unterschiedlich gestalten mag. Aufgrund dieser These kann man bei der Ausarbeitung des zukünftigen Modells der Territorialordnung sowohl die oben dargestellten Auslegungen als auch die jetzigen Verfassungsvorschriften, die direkt oder indirekt den territorialen Staatsaufbau betreffen, nicht berücksichtigen und durch das Verfassungsgesetz (Art. 2 Abs. 3 GV) den territorialen Einheiten Georgiens (bis auf Abchasien, Adscharien und Südossetien) eine administrative (und nicht politische) Verfassungsautonomie gewährleisten. Denn in den Regionen Georgiens hat man keine Erfahrung mit dem demokratischen Zusammenleben und den demokratischen Verwaltungsorganen, auch die institutionelle Basis ist nicht vorhanden, die Bevölkerung ist politisch sehr passiv. Das Niveau der politischen Kultur ist nach der jahrzehntelangen kommunistischen Herrschaft auch im Zentrum Georgiens nicht gerade hoch. Das kann während der Ausarbeitung der Statute territorialer Einheiten (wenn sie durch das Verfassungsgesetz als politische Gebietskörperschaften im Sinne der spanischen Autonomen Gemeinschaften konstruiert werden) zu politischen Komplikationen und Krisen führen. Eines ist jedoch in beiden Fällen klar: Das Staatsgebiet Georgiens soll auf der verfassungsrechlichen Grundlage dezentralisiert werden; die politische und rechtliche Stellung der Regionen wird durch die Verfassung bestimmt. Da die verfassungsrechtliche Ausgestaltung jedes Staates eng mit der Geschichte, mit der politischen, wirtschaftlichen und rechtlichen Entwicklung verbunden ist, kann man noch eine Schlußfolgerung ziehen und feststellen, dass Georgien den „georgischen Sonderweg" zu beschreiten und dem Prinzip des asymmetrischen Föderalismus einen Vorzug zu geben hat. Dieses Prinzip scheint am besten geeignet zu sein, den sprachlich-kulturellen, politisch-historischen und geographischen Besonderheiten der Regionen und der gegenwärtigen Realität Georgiens Rechnung zu tragen. Denn die historische, wie gegenwärtige politische und rechtliche Vorrangstellung Abchasiens und Adschariens, ihr höheres politisches und wirtschaftliches Gewicht im Verhältnis zu den anderen Regionen muss sich in irgendeiner Form niederschlagen.

Auch in Deutschland und Spanien hat die historische Entwicklung zu der verfassungsrechtlichen Ausgestaltung dieser Staaten geführt. In Spanien verfügten Baskenland und Katalonien seit Jahrhunderten über eine vorrangige politische wie rechtliche Stellung als andere Regionen. Über Jahrhunderte kam in die Vertretungen der katalanischen und baskischen Stände und den katalanischen und baskischen Regierungen, ebenso wie in den verbrieften Sonderrechten (fueros) eine Sonderstellung im spanischen Königreich zum Ausdruck.[812] Auch während der kürzen Lebenszeit der Zweiten Republik erreichte zunächst Katalonien 1932 und später auch

---

[812] "Katalonien ist eine Nation, und zwar mit allem, was dieser Begriff beinhaltet: historische Vorläufer, geographische Grenzen, Sprache, eigenes Recht, eigene Lebensweise, Tradition und Zukunftspläne" - so Jordi Pujol, Präsident der Autonomen Regierung Kataloniens. Man kann auch von Baskenland gleiches behaupten, vgl. T. Wiedmann, S. 168.

das Baskenland 1936 den Status einer autonomen Region. Dementsprechend wurden diese Gebiete sowohl im Moment der Verfassungsgebung 1978 als auch im Verlauf der späteren Verfassungsentwicklung gesondert behandelt. Die Bildung der Autonomen Gemeinschaft der qualifizierten Entstehungsform wurde Katalonien und Baskenland wesentlich leichter gemacht, als anderen Gebieten, die sich möglicherweise auf diesem Weg zu einer Autonomen Gemeinschaft konstituieren wollten. Von Anfang an war für die historischen Nationalitäten die politische Autonomie und das höhere Kompetenzniveau vorgesehen. Gemäß der Zweiten Übergangsbestimmung der Verfassung mußten sie ihren in der Zweiten Republik bereits manifestierten Autonomiewillen nicht mehr erneut zum Ausdruck bringen.[813] So ist heute der asymmetrische Föderalismus in Spanien verfassungsreale Ausprägung der spezifisch iberischen und historischen Verschiedenheit der Regionen und Nationalitäten.[814]

In Deutschland hingegen besaßen über Jahrhunderte alle Länder (trotz des höheren politischen Gewichts Preußens) die gleiche verfassungsrechtliche Stellung. Noch vor 1871, als der Föderalismus in Deutschland zum ersten Mal (sieht man von dem gescheiterten Versuch von 1848 und von der Übergangslösung von 1866 ab) staatlich organisiert wurde, trat Deutschland als Zusammenschluß der sog. "Verbündeten Regierungen" in Erscheinung, als dezentralisierter Staat, der sich aus gleichberechtigten, politisch autonomen Staatskörperschaften zusammensetzte. Das Kaiserreich 1871-1918 lässt sich als ein föderativer Staat bezeichnen, verstanden als freiwilliger Zusammenschluß einer Vielzahl gleichberechtigter Einzelstaaten unter Beibehaltung ihrer staatlichen Individualität. In der Weimarer Republik und auch im Parlamentarischen Rat folgte man der deutschen Föderalismustradition. Durch das Grundgesetz wurde 1949 eine bundesstaatliche Ordnung mit den gleichberechtigten Bundesländern geschaffen.

Wie oben bereits dargestellt wurde besaßen in Georgien die Autonomen Republiken Abchasien und Adscharien seit Jahrhunderten eine Sonderstellung und seit den letzten 80 Jahren den Status einer Autonomen Republik. Im folgenden soll dargelegt werden, dass Abchasien und Adscharien weiterhin besonderes politisches wie rechtliches Gewicht besitzen und insofern als Hauptfiguren der künftigen Entwicklung zu berücksichtigen sind. Abschließend wird festgestellt, dass in Georgien die historische Entwicklung und die gegenwärtige politische und rechtliche Situation unausweichlich zum asymmetrischen Föderalismus führt, genauso wie die historische Entwicklung in Spanien zum „spanischen Sonderweg" der Autonomen Gemeinschaften und in Deutschland zur bundesstaatlichen Ordnung des Grundgesetzes geführt hat.

---

[813] Die Einbeziehung Galiciens in der Gruppe der Nationalitäten (neben Katalonien und dem Baskenland) ist lediglich darauf zurückzuführen, dass man einfach keinen besseren Weg fand, die Privilegien Kataloniens und des Baskenlandes zu legitimieren, bzw. zu vertuschen, als durch den Verweis auf die Legitimität der republikanischen Verfassung, vgl. J. J. Gonzalez Encinar, Ein asymmetrischer Bundesstaat, S. 220.

[814] L. López Guerra bezeichnet das spanische System der Gebietsautonomie als "asymmetrische Regionalismus", vgl. L. López Guerra, Politische Dezentralisierung in Spanien, S. 79-80.

**A.** Die Vorrangstellung der Autonomen Republiken Abchasien
und Adscharien

Die Verfassung weist nur auf "die territorialen Einheiten" Georgiens hin und
nennt sie nicht mit Namen (Art. 4 Abs. 3 GV). Die größere Bedeutung von Abchasien
und Adscharien im Vergleich mit anderen territorialen Einheiten kommt jedoch in
zahlreichen Artikeln zum Ausdruck. Und dies nicht nur wegen ihrer Namensnennung
in der Verfassung. Im Widerspruch dieser Auffassung kann man bemerken, dass bei
der Verfassungsgebung in Georgien nur diese zwei territoriale Einheiten existiert
haben, das übrige Staatsgebiet territorial nicht gegliedert war und der
Verfassungsgeber andere territoriale Einheiten deshalb nicht aufzählen konnte.
Dennoch bieten verschiedene Artikel der Verfassung eine feste Grundlage für die
Behauptung, dass die Bestimmungen über Abchasien und Adscharien in der
Verfassung nicht nur wegen der damaligen faktischen Situation, sondern vielmehr
wegen ihrer besonderen historischen, politischen und rechtlichen Bedeutung, aufgrund
der seit Jahrzehnten existierenden Autonomien in diesen Regionen und ihrer
zukünftigen Vorrangstellung aufgenommen wurden.

In Art. 1 Abs. 1 GV wird Abchasien als "Autonome Sowjetische Sozialistische
Republik" erwähnt. Solche Erwähnung betont nur, dass auch in Abchasien am 31.
März 1991 ein Volksentscheid durchgeführt wurde und unterstreicht die Tatsache,
dass Abchasien zu dieser Zeit noch "Autonome Sowjetische Sozialistische Republik"
war.[815] Danach hat die Autonome Republik Abchasien ihren Charakter einer
"sowjetischen und sozialistischen" verloren, welches aber nicht für den
Autonomiestatus gilt; er kommt in der Verfassung nicht ausdrücklich vor,[816] ist aber
als solcher sowohl im Hinblick auf Abchasien wie in bezug auf Adscharien durch die
verschiedenen Bestimmungen der Verfassung, durch die Verfassungs- und
Staatspraxis Georgiens bestätigt und respektiert worden. So wird zunächst in Art. 4
Abs.3 GV festgestellt, dass der Senat "aus den in Abchasien, Adscharien und in
anderen territorialen Einheiten Georgiens gewählten Mitgliedern...." besteht; Art. 8
GV erklärt die abchasische Sprache für Amtssprache (neben der georgischen Sprache)
in Abchasien; Nach Art. 67 Abs. 1 GV haben neben dem Präsidenten Georgiens, dem
Mitglied des Parlaments, der Parlamentsfraktion und dem Komitee des Parlaments
auch "die obersten repräsentativen Organe Abchasiens und Adschariens" das Recht
der Gesetzgebungsinitiative;[817] Nach Art. 89 Abs. 1 GV sind die obersten
repräsentativen Organe Abchasiens und Adschariens berechtigt, einen Antrag beim
Verfassungsgericht Georgiens zu stellen oder Beschwerde einzulegen. Das

---

[815] Art. 1 Abs. 1 GV besagt: "Georgien ist ein selbständiger, einheitlicher und unteilbarer Staat, wie es
durch den im ganzen Staatsgebiet, darunter im Autonomen Sowjetischen Sozialistischen Republik
Abchasien und im ehemaligen Südossetischen Autonomen Gebiet durchgeführten Volksentscheid
vom 31. März 1991 und durch den Akt über die Wiederherstellung der georgischen Staatlichkeit
vom 9. April bestätigt ist".

[816] Die Verfassung Georgiens nennt diese territorialen Einheiten nicht "Autonomen Republiken
Abchasien und Adscharien", sondern nur "Abchasien und Adscharien" (Art. 4 Abs. 3; Art. 67 Abs.
1; Art. 89 Abs. 1 GV).

[817] Dieses Recht besitzt nach Art. 67 Abs. 1 GV auch eine Gruppe von mindestens 30 000 Wählern.

Verfassungsgericht hat seinerseits die Befugnis u.a. über die Vereinbarkeit der normativen Akte "der obersten Gewaltsorgane von Abchasien und Adscharien" mit der Verfassung zu entscheiden.

Außer diesen Bestimmungen der Verfassung wurde auch in fast allen aktuellen Organ- und einfachen Gesetzen Georgiens dem autonomen Status Abchasiens und Adschariens Rechnung getragen. Hervorzuheben ist zunächst das Gesetz über die normativen Akte (GUNA) vom 29 Oktober 1996.[818] Dieses Gesetz bietet wichtige Grundlagen für die deutlichere Bestimmung der Rechtsstellung Abchasiens und Adschariens und für ihre Anerkennung nicht als politische Gebietskörperschaften, sondern als Gliedstaaten im Sinne der deutschen Bundesländer. Durch dieses Gesetz wurden u.a. die Arten und Hierarchie der normativen Akte Georgiens und die Arten der normativen Akte Abchasiens und Adschariens bestimmt und zugleich ein Versuch unternommen, die Frage nach dem Rangverhältnis zwischen normativen Akten der obersten Staatsorgane Georgiens und normativen Akten von Abchasien und Adscharien (die in die Verfassung keinen Eingang fand) näher zu gestalten.[819]

Durch Art. 2 Abs.3 GUNA wurde bestimmt, dass der normative Akt ein von dem bevollmächtigten staatlichen oder örtlichen Selbstverwaltungsorgan (oder von einer Amtsperson) aufgrund des bestimmten Verfahrens erlassener (angenommener) Akt ist, der „die allgemeinen Regeln ihrer ständigen (oder provisorischen) und wiederholten Verwendung" enthält. Art. 4 Abs. 2 GUNA zählt die normativen Akte von Abchasien und Adscharien auf und der autonome Status dieser Regionen kommt hier ganz klar und deutlich zum Ausdruck: "Die normativen Akten von Abchasien und Adscharien sind: eine Verfassung der autonomen Republik, ein Gesetz der autonomen Republik, eine Verordnung des Obersten Sowjets der autonomen Republik, eine Verordnung des Ministerrates der autonomen Republik, eine Verordnung des Ministers oder des Leiters einer anderen staatlichen Behörde der exekutiven Gewalt". Hieraus ergibt sich zunächst, dass die Zentralregierung Georgiens Abchasien und Adscharien als "Autonome Republiken" anerkennt. Zum anderen ergibt sich aus dem Zusammenhang von Art. 2 Abs. 3 und Art. 4 Abs. 2 GUNA, dass die Autonomen Republiken Abchasien und Adscharien als territoriale Einheiten Georgiens nicht die politischen Gebietskörperschaften, die die einzige staatliche Gewalt ausüben, sondern die Gliedstaaten des georgischen Staates (wie die Länder in der Bundesrepublik) sind und eigene, nicht vom Zentralstaat abgeleitete, sondern von ihm anerkannte staatliche Hoheitsmacht besitzen. Diese Schlußfolgerung ergibt sich aus dem Begriff "die bevollmächtigten staatliche Organ" (Art. 2 Abs. 3 GUNA), denn es ist klar, dass hier nicht nur die Organe des Staates, nicht *nur* die obersten Staatsorgane Georgiens also, sondern *auch* die Organe der autonomen Republiken gemeint sind (denn „die örtlichen Selbstverwaltungsorgane" (Art. 2 Abs. 3 GUNA) sind im Organgesetz über die örtliche Selbstverwaltung und Verwaltung bestimmt); damit erkennt der Gesetzgeber den Staatlichkeitscharakter der autonomen Republiken an. Dementsprechend bestimmt

---

[818] Der Text des Gesetzes über die normativen Akte wurde veröffentlicht in: *parlamentis uzkebani* (Bulletin des Parlaments), 19. November 1996, S. 1-12.

[819] Mehr hierzu s. unten S. 226ff.

er weiter in Art. 4 Abs. 2 GUNA, dass die autonomen Republiken ihre obersten repräsentativen (der Oberste Sowjet) und exekutiven (der Ministerrat) Organe und andere '"staatliche Behörden" haben, die Verfassung, Gesetze und andere Rechtsakte (Verordnungen) erlassen (annehmen) können.[820]

Die besondere Stellung der Autonomen Republiken Abchasiens und Adschariens in dem Staatsgebilde Georgiens wurde auch im Organgesetz über die Gerichtsorganisation vom 13. Juni 1997 (OGG) unterstrichen. Durch dieses Gesetz wurden nicht nur das System der ordentlichen Gerichte und der rechtliche Status der Richter neu bestimmt, sondern auch die Grundlage für die Reform der Gerichtsordnung festgelegt. Durch Art. 2 Abs. 2 OGG wurde eindeutig festgeschrieben, dass das Gerichtssystem Georgiens einheitlich ist. Gemäß dieser und anderer Regelungen des OGG, wurde eine Gerichtsordnung geschaffen, in der der Oberste Gerichtshof Georgiens die letztinstanzlichen Entscheidungen fällt. Zu bemerken ist jedoch, dass es, erstens, eine eigenständige gliedstaatliche Judikative nicht in allen Bundes- oder politisch dezentralisierten Staaten gibt, und zweitens, der georgische Gesetzgeber der Rechtsstellung der autonomen Republiken auch im judikativen Bereich Rechnung getragen hat. So wurde durch Art. 28 OGG bestimmt, dass "in den Autonomen Republiken Abchasien und Adscharien" "die obersten Gerichte der Autonomen Republiken Abchasien und Adscharien" gebildet werden. Die obersten Gerichte der Autonomen Republiken üben die Aufsicht im OGG und in dem vom Prozessrecht Georgiens bestimmten Verfahren über die Ausübung der Rechtspflege in den auf den Territorien der Autonomen Republiken funktionierenden Gerichten der Rajonen und der Städte (Rajon- und Stadtgerichte)[821] aus und behandeln in erster Instanz verschiedene Sachen (Art. 29 OGG). Die Kammern der obersten Gerichte der Autonomen Republiken sind als Berufungsinstanz anrufbar (Art.32 Abs.1 OGG).

Nicht nur in den oben genannten, sondern in allen anderen Gesetzen und Rechtsakten Georgiens, die nach der Verabschiedung der Verfassung 1995 angenommen oder erlassen worden sind, ist der autonome Status Abchasiens und Adschariens bestätigt und respektiert worden. Aufgrund der oben dargestellten Auslegungen kann man feststellen, dass die gegenwärtige Existenz der Autonomen Republiken Abchasiens und Adschariens und ihre besondere politische wie rechtliche und wirtschaftliche Bedeutung nicht zu leugnen sind. Ganz offensichtlich ist auch, dass diese Autonomien zukünftig gesondert behandelt werden sollen. Dabei ist es gar nicht so wichtig, welche Form der Autonomie die anderen territorialen Einheiten Georgiens zukünftig genießen werden. Fest steht, dass Abchasien und Adscharien eine

---

[820] Zu bemerken ist auch, dass nach Art. 7 Abs. 2 GUNA ein normativer Akt der autonomen Republik auf dem gesamten Territorium der autonomen Republik gültig (wenn selbst dieser normative Akt nicht etwas anderes bestimmt) und obligatorisch ist; der normative Akt der Autonomen Republik Abchasien wird neben der georgischen auch in der abchasischen Sprache angenommen (erlassen) und veröffentlicht (Art. 40 GUNA).

[821] Die Rajon- und Stadtgerichte in Georgien kann man mit den Amtsgerichte in Deutschland gleichstellen. Sie sind die Gerichte der ersten Instanz, in denen alle Sachen von einem Richter aufgrund der vom Gesetz bestimmten Ordnung behandelt werden (Art. 15 OGG).

durch die Tradition, die politische und verfassungsrechtliche Entwicklung bedingte Vorzugsstellung haben. Deswegen sollen sie bei der Bestimmung des territorialen Staatsaufbaus Georgiens ihren Autonomen Status behalten und zugleich eine vorrangige verfassungsrechtliche Stellung als andere territoriale Einheiten genießen.

## B. Der "georgische Sonderweg"

Nachdem die grundlegende Entscheidung über die verfassungsrechtliche Vorrangstellung der Autonomien Abchasiens und Adschariens, also über die asymmetrische Struktur der Territorialordnung getroffen worden ist, steht man vor einer Situation, in der sich das Staatsgebiet Georgiens aus einer Anzahl autonomer und einer noch größeren Zahl nicht autonomer Regionen zusammensetzt. Diese Situation ist allerdings unbedingt zu verändern und zwar in dem Sinne, dass auch nicht autonome Regionen eine Verfassungsautonomie genießen werden. Gegen die Einführung von Autonomiestatuten nur in einzelnen Teilen des Staatsgebietes sprechen nicht nur technische Erwägungen, sondern auch die Erfahrung Spaniens. 1981 wurde in Spanien das Gutachten der Expertenkommission über den Autonomieprozess veröffentlicht, in dem vorgeschlagen wurde, das Autonomieprinzip auf das gesamte Staatsgebiet zu erstrecken, da ein Staat es sich nicht leisten könne, eine dualistische Struktur auf der Grundlage zweier verschiedener Prinzipien zu besitzen.[822] Die Rechtsexperten stellten die Unmöglichkeit fest, einen solchen Staat zu regieren. Das Auftreten von "Inseln des Zentralismus" innerhalb eines dezentralisierten Staates sollte verhindert werden.[823] Aufgrund dieses Gutachtens, das eine eindeutige politische Gesamtentscheidung über die Dezentralisierung des spanischen Staates enthielt, wurden die Autonomie-Vereinbarungen von 1981 unterzeichnet und später das ganze Staatsgebiet dezentralisiert. Auch in Georgien ist die "teilweise Dezentralisierung" zu vermeiden. Oben wurde bereits erwähnt, dass die Verfassung Georgiens in Art. 4 neben Abchasien und Adscharien auch die Existenz der "anderen territorialen Einheiten" (Art. 4 Abs. 3 GV) "nach der Entstehung angemessener Bedingungen im ganzen Gebiet Georgiens" (Art. 4 Abs.1 GV) vorgeschrieben hat. Diese territorialen Einheiten sind zwar verfassunsgrechtlich (noch) nicht bestimmt. Historisch, geographisch, kulturell, teilweise auch ethnisch und politisch können sie jedoch definiert werden. Entsprechend der Grundentscheidung der Verfassung Georgiens zugunsten des Föderalismus sollen diese Regionen einen autonomen Status erhalten. Welches Niveau der Autonomie zweckmäßig ist, bleibt zunächst allerdings umstritten.

So kann man ein Modell der Territorialordnung konzipieren, in dem Abchasien und Adscharien eine durch die Tradition, die politische und verfassungsrechtliche Entwicklung bedingte Vorzugsstellung gegenüber anderen gleichberechtigten

---

[822] Vgl. die Grundsätze des Gutachtens vom 19. Mai 1981 bei P. Cruz Villalón, Die Neugliederung des Spanischen Staates, in: JöR, Bd. 34, 1985, S. 22; vgl. auch K. Wendland, S. 85-87. Eine andere Expertenkommission erstellte ein Gutachten über die Finanzierung der Autonomen Gemeinschaften, das im Juli 1981 veröffentlicht wurde.

[823] P. Cruz Villalón, Die Neugliederung des Spanischen Staates, in: JöR, Bd. 34, 1985, S. 22; vgl. auch L. López Guerra, Politische Dezentralisierung in Spanien, S. 85.

(politischen oder auch administrativen) Gebietskörperschaften genießen werden. Dabei werden die Autonomien Abchasiens und Adschariens im Sinne der Länder der Bundesrepublik Deutschland konstruiert. Dieses Model des staatsrechtlichen Aufbaus, das auf dem Prinzip des asymmetrischen Föderalismus basiert und zugleich einige spezifische Eigenheiten aufweist, kann als "georgischer Sonderweg" bezeichnet werden. Die historische Entwicklung des georgischen Staates, gegenwärtige politische wie rechtliche Situation führt zu diesem Sonderweg, genauso wie die historische Entwicklung Spaniens zum „spanischen Sonderweg" der Autonomen Gemeinschaften geführt hat. Den "georgischen Sonderweg" kann man folgendermassen charakterisieren:

1. Der Zentralstaat wird den territorialen Einheiten nicht nur mit unterschiedlichen Kompetenzen, sondern auch mit unterschiedlichem Status gegenüberstehen. Alle territorialen Einheiten werden Verfassungsautonomie genießen. Die meisten von ihnen werden gleichberechtigt sein, einen gleichmäßigen Status und gleiche Befugnisse haben (ausnahmsweise kann der Zentralstaat durch Gesetz bestimmte Vorzugsrechte für die Gewährleistung der sozial-wirtschaftlichen Fortentwicklung der Hochlandsgebiete sichern).[824]

2. Die Autonomen Republiken Abchasien und Adscharien werden ihre derzeitige Vorrangstellung und ihren Status behalten, d.h., sie müssen verfassungsrechtlich höhere Autonomie genießen. Sie werden also nicht politische Gebietskörperschaften, sondern echte Gliedstaaten des georgischen Staates (wie die Länder der Bundesrepublik Deutschland). Dementsprechend werden sie eine eigene, vom Zentralstaat anerkannte und nicht von ihm abgeleitete, staatliche Hoheitsmacht besitzen. Sie werden die Möglichkeit haben, eigenständig in Rechtsnormen gesetzte Grundsätze über den organisatorischen Aufbau, die Gestaltung des rechtlichen, sozialen, wirtschaftlichen und kulturellen Lebens und die Ausübung der politischen Macht zu schaffen. Das Staatsvolk der Gliedstaaten wird dann durch eine gewählte verfassunggebende Versammlung seine staatliche Ordnung in rechtliche Formen bringen, ihr Ziele und Grenzen setzen. Weil die Gliedstaatsverfassung sich auf das jeweilige Staatsvolk als Verfassungsgeber rückzubeziehen hat, wird dem Zentralstaat eine Mitwirkung am Zustandekommen der Gliedstaatsverfassungen verwehrt. Die Verfassungen dieser Autonomien werden, ähnlich wie die Verfassungen der deutschen Länder, unabhängig und selbständig neben der Verfassung Georgiens gelten und die Grundlage für die Staatsorgane der Autonomien im Legislativ-, Exekutiv- und Judikativbereich darstellen.

Besonderer Erwähnung bedarf hier der zukünftige verfassungsrechtliche Status Südossetiens. Soll auch Südossetien die gleiche Rechtsstellung und den gleichen

---

[824] Art. 31 GV in der gegenwärtigen Fassung lautet: "Der Staat sorgt für die gleichmäßige sozial-wirtschaftliche Entwicklung des ganzen Staatsgebietes. Das Gesetz sichert die Vorzugsrechte für die Gewährleistung der sozial-wirtschaftlichen Fortentwicklung der Hochlandgebiete". Ein solches Gesetz ist allerdings noch nicht angenommen worden.

Status wie Abchasien und Adscharien genießen? Einerseits ist die Behauptung der Georgier zutreffend, dass diese autonome Gebietskörperschaft von der Bolschewiki nach der Sowjetisierung Georgiens absolut eigenwillig gebildet wurde, ohne die damalige demographische Situation und historische Vergangenheit dieses Gebietes Georgiens zu berücksichtigen. Andererseits ist es nicht zu übersehen, dass in 1980er und 1990er Jahren die Osseten in dem Gebiet zwei Drittel der Bevölkerung stellten. Seit Jahrzehnten genoß das Autonome Gebiet im Verhältnis zu den übrigen Regionen Georgiens (mit Ausnahme von Abchasien und Adscharien) höheres politisches Gewicht. Bei den Friedensverhandlungen zwischen der georgischen Regierung und den südossetischen Politikern wird die Frage des zukünftigen politischen Status Südossetiens eine entscheidende Rolle spielen. Die Gewährleistung der sprachlich-kulturellen und politischen Rechte der nationalen Minderheit – der Osseten, die jahrzehntelange Tradition der Autonomie in der Region und das damit verbundene höhere politische Gewicht Südossetiens sollte eigentlich für die Konfliktsparteien nicht nur Grund, sondern auch Chance sein, den zukünftigen, im Verhältnis zu den übrigen territorialen Einheiten Georgiens höheren, dem Status Abchasiens und Adschariens gleichen politischen Status des Gebietes verfassungsrechtlich zu bestimmen. Nicht zu vergessen ist allerdings, dass in Georgien immer Loyalität gegenüber den Autonomien Abchasiens und Adschariens vorhanden war, die Idee der Autonomie Südossetiens hielt dagegen die überwiegende Mehrheit der Bevölkerung für historisch, politisch und rechtlich absolut unbegründet. Außerdem kann die Gewährleistung des höheren verfassungsrechtlichen Status Südossetiens ein Anlaß für die anderen territorialen Einheiten Georgiens sein, einen mit Südossetien vergleichbaren Status zu fordern. Historisch gesehen haben solche Regionen Georgiens wie Imeretien und Kachetien größere Bedeutung als das 1921 geschaffene Gebiet Südossetien. Auch in wirtschaftlicher Hinsicht haben diese Regionen größeres Gewicht. Diese Forderungen können zu den politischen Krisen während der Behandlung der endgültigen Struktur der Territorialordnung führen. Deshalb muss die Frage der Bestimmung des zukünftigen Status Südossetiens mit besonderer Aufmerksamkeit und politischem Fingerspitzengefühl behandelt werden.

3. Die oben dargestellte zukünftige Struktur des georgischen Staates entspricht nicht in allen Punkten den allgemeinen Prinzipien des Föderalismus. Das ist allerdings nicht verwunderlich, da dieses Modell auf der ganz spezifischen historischen Entwicklung Georgiens und seiner Regionen basiert. Aufgrund dieser Spezifika kann Georgien nicht eine Föderation im gewöhnlichen Sinne dieses Begriffes, d.h. ein Zusammenschluß selbständiger, gleichberechtigter politischer Gebilde, sein. Vielmehr ist Georgien als ein Staat zu charakterisieren, der aus historischen Regionen besteht, die Verfassungsautonomie des unterschiedlichen Grades genießen. Trotz der Existenz eines solchen georgischen Staates der (zumindest) zwei Autonomen Republiken und anderen verfassungsrechtlich bestimmten (politischen oder administrativen) Gebietskörperschaften kann man nicht sagen, dass dieser Staat einen Zusammenschluß der selbständigen politischen Gebilde, wie Abchasien, Adscharien, Südossetien und

Georgien darstellt, wobei auf dem Territorium Georgiens auch einige autonome Einheiten existieren. Dieses Modell kann man mit dem staatsrechtlichen Aufbau Jugoslawiens vergleichen, der aus 6 Republiken bestand; in einer von diesen Republiken, in Serbien verfügten die Provinzen Kosovo und Wojwodina (bis 1989/90) über den Status der nationalen Autonomie.[825] Es ist allgemein bekannt, zu welchen politischen Krisen und bewaffneten Konflikten es in Jugoslawien im Laufe der letzten Jahre kam. Man behauptet, dass einer der Gründe dafür die Struktur des staatsrechtlichen Aufbaus Jugoslawiens war. Dementsprechend kann man auf den Gedanken kommen, dass die Errichtung eines ähnlichen Modells in Georgien einige Schwierigkeiten erzeugen wird. Diese Behauptung ist jedoch nicht richtig. Denn Jugoslawien hat eine ganz andere historische und politische Vergangenheit als Georgien.

Jugoslawien entstand erst nach dem Ersten Weltkrieg durch den künstlichen Zusammenschluß der benachbarten Gebiete, die bis 1918 zu Österreich-Ungarn, zum Osmanischen Reich und zum Königreich Serbien gehörten.[826] Nur in sehr kurzen Perioden waren diese Nachbarländer im Mittelalter unter einem Dach vereint, sie konnten daher nicht auf eine Geschichte des gemeinsamen Zusammenlebens zurückblicken; auch Serbien war immer eine der Teilrepubliken und existierte im Mittelalter fast ausschließlich als Fürstentum oder Königreich Serbien. In der 1946 gegründeten Föderativen Volksrepublik Jugoslawien wurde ein dem sowjetischen Föderalismus gemäßer Typ der Föderation hergestellt.[827] Die Sowjetunion und die Sozialistische Föderative Republik Jugoslawien stellten künstlich, durch die Gewalt und den Terror auf die Prinzipien des sowjetischen Föderalismus gebildete Staaten dar. Die Auflösung dieser Staaten war die logische Folge ihrer Bildung und ihrer politischen Entwicklung. Die Entstehung, die lediglich 70jährige Existenz und daher auch der Zerfall Jugoslawiens sind mit der Geschichte und Entwicklung Georgiens nicht zu vergleichen. Denn der vereinte georgische Staat des 10.-12. Jahrhunderts entstand infolge des historischen Prozesses des Zusammenschlusses verschiedener georgischer Königreiche und Fürstentümer. Dieser vereinte Staat zerfiel zwar im 12. Jahrhundert und seitdem existierten wieder georgische Königreiche und Fürstentümer, trotzdem war das Zusammenangehörigkeitsgefühl der Bevölkerung dieser Regionen in einem georgischen Staat sehr stark. Man begriff diese Regionen immer nur als Gebiete des georgischen Staates, anders gesagt, Georgien war in diese Regionen gegliedert. Außerdem hatte Serbien als eine der Republiken des föderativen Jugoslawiens ein eigenes Parlament und eine eigene Regierung. Das ist ein weiterer wichtiger Unterschied im Vergleich zum zukünftigen Modell des territorialen Staatsaufbaus Georgiens. Entsprechend diesem Modell wird der zukünftige Staat nicht aus den

---

[825] Bis 1991/1992 umfasste Jugoslawien die Teilrepubliken Serbien, Montenegro, Kroatien, Slowenien, Bosnien und Herzegowina und Makedonien. Das 1918 entstandene "Königreich der Serben, Kroaten und Slowenen" wurde 1929 in Königreich Jugoslawien umbenannt. Nach dem Zweiten Weltkrieg wurde Föderative Volksrepublik Jugoslawien gegründet (1946). Mit der Verfassung von 1963 wurde die Sozialistische Föderative Republik Jugoslawien konstituiert.

[826] Brockhaus, Die Enzyklopedie, Bd. 9, S. 284.

[827] Vgl. I. Kristan, Zerfall der jugoslawischen Föderation, S. 75.

Republiken Abchasien, Adscharien, Südossetien und Georgien gebildet, die über eigene Parlamente und Regierungen verfügen und zudem auf dem Territorium der georgischen Autonomen Republik die autonomen Einheiten errichtet werden, sondern Georgien wird ein aufgrund der asymmetrischen Struktur der Territorialordnung gegründeter Staat, der aus drei (oder nur zwei - Abchasien und Adscharien) Autonomen Republiken und anderen gleichberechtigten Autonomen Regionen, als historischen Regionen Georgiens besteht.

Theoretisch gesehen bereitet ein solches Modell Schwierigkeiten in der Frage der Staatssouveränität und der Staatsgewalt. In Spanien und Deutschland ist diese Frage durch die Verfassungsbestimmungen und besonders durch die Entscheidungen der Verfassungsgerichte klar und deutlich definiert. In Spanien hat das Verfassungsgericht in einem seiner ersten Urteile erklärt, dass die Einheit der spanischen Nation der Ausgangspunkt der spanischen Verfassung ist; die Staatsgewalt geht vom spanischen Volk als Träger der nationalen Souveränität aus. Die Autonomen Gemeinschaften sind öffentlich-rechtliche und politische Gebietskörperschaften ohne Staatscharakter auf territorialer Basis; sie üben in jedem Fall abgeleitete Staatsgewalt aus, weil Autonomie nicht Souveränität bedeutet.[828] In der Bundesrepublik Deutschland sind hingegen die Länder als Glieder des Bundes nicht bloße Selbstverwaltungskörperschaften, sondern echte Staaten mit eigener - wenn auch gegenständlich beschränkter-, nicht vom Bund abgeleiteter, sondern von ihm anerkannter staatlicher Hoheitsmacht.[829] Im Bundesstaat ist die Staatsgewalt zwischen den Gliedstaaten und dem Gesamtstaat so verteilt, dass keiner sie insgesamt innehat, sondern zwischen ihnen wenigstens annähernd ein Gleichgewicht hergestellt wird. In Georgien aber wird der Staat aus den Regionen mit unterschiedlichem verfassungsrechtlichem Status bestehen, wobei die Autonomen Republiken über den gleichen Status wie die deutschen Länder verfügen werden. Dementsprechend schwer wird die Gestaltung der zukünftigen Verfassungsvorschriften über die Staatsgewalt und Staatssouveränität, die auf den Gesamtstaat und auf die Autonomien mit unterschiedlichem Status auf irgendeine Weise verteilt werden müssen.

Trotz dieses theoretischen Problems ist nach wie vor offensichtlich, dass die historische Entwicklung des georgischen Staates und seiner Regionen, ihr gegenwärtiges politisches, rechtliches und sozio-kulturelles Entwicklungsniveau zu diesem spezifischen Modell des territorialen Staatsaufbaus führt. Denn die Autonomien zumindest Abchasiens und Adschariens (und vielleicht auch Südossetiens) sollen zweifellos den Status echter Gliedstaaten des georgischen Staates, andere Regionen zumindest den Status der politischen oder administrativen Autonomie (aber auf keinen Fall der Status der Gliedstaaten) genießen. Besonders wichtig ist dabei, dass die Dezentralisierung des georgischen Staatsgebietes und die Bildung eines auf dem Grundsatz des asymmetrischen Föderalismus gegründeten Staates nicht durch ethnische Faktoren, d.h. durch besondere Rechte der sogenannten Titularnationen auf dem Territorium der jeweiligen autonomen Region begründet

---

[828] Vgl. STC 4/1981; 25/1981.
[829] Vgl. BVerfGE 1, 34.

wird. Denn das führt zwangsläufig in diesem oder jenem Masse zur Gegenüberstellung dieser Titularnationen zu den anderen Teilen der Bevölkerung dieser Region.[830] Sie stellt zahlreiche Vertreter der Titularnation, die in anderen Regionen des Landes leben, vor Probleme. Die historische Erfahrung zeigt die Gefährlichkeit und Unvollkommenheit einer Föderation, die sich vorwiegend auf den nationalen Faktor stützt.[831] In Georgien aber ist eine konkret-historische Situation vorhanden, wo einige Regionen aufgrund entsprechender historischer Entwicklungen sich in einer besonderen politischen, rechtlichen und wirtschaftlichen Lage befinden und nicht nur zusätzliche Kompetenzen, sondern auch eine höherrangige Autonomie brauchen.[832] Zu berücksichtigen ist dabei, dass die Gewährleistung eines höheren politischen Status einigen Regionen Georgiens im Sinne der Idee des asymmetrischen Föderalismus früher oder später eine Reaktion anderer Regionen hervorrufen wird. Die Frage nach der Gleichberechtigung der Regionen ist eine der wichtigsten im politischen Leben jedes Staates. Deshalb muss die Verfassung die Gleichberechtigung aller Autonomien Georgiens hervorheben, unabhängig davon, ob die Region eine Autonome Republik oder eine autonome Gebietskörperschaft ist. Dementsprechend muss in der Verfassung die Möglichkeit gewährleistet werden, dass nach einigen Jahren auch die anderen territorialen Einheiten ihre Kompetenzen erweitern und den maximalen Grad erreichen können. Damit werden alle autonomen Regionen Georgiens in bezug auf die Kompetenzen gleichberechtigt sein.

Das Problem der Bildung eines asymmetrisch dezentralisierten Staates ist sehr kompliziert. Die Durchsetzung des asymmetrischen Systems der Territorialordnung in Georgien muss nicht das Ergebnis der Beilegung der im Lande existierenden politischen Konflikte und einer einseitigen Willensäußerung des Zentralstaates oder der territorialen Einheiten sein. Der neue territoriale Staatsaufbau muss wichtigste Voraussetzung für die Lösung der vorhandenen politischen Probleme darstellen; dafür ist die Teilnahme aller Regionen und politischen Kräfte am Prozeß der Verfassunggebung, die Berücksichtigung ihrer Interessen und eine Entscheidung des Gesamtstaates als solchem in Gestalt seiner Organe notwendig.

## C. *Der Status der "anderen territorialen Einheiten" Georgiens*

### 1. *Die territorialen Einheiten als politische Gebietskörperschaften*

Wie oben bereits festgestellt wurde, sollen in Zukunft nicht nur Abchasien und Adscharien, sondern auch alle anderen historischen Regionen Georgiens, die in Art. 4 Abs. 3 GV als "andere territoriale Einheiten" neben Abchasien und Adscharien dargestellt sind, verfassungsrechtlich bestimmte Autonomie genießen. Ob sie die

---

[830] W. Tumanow, Ist eine asymmetrische Föderation möglich? S. 311.
[831] Ders., ebd., S. 312.
[832] "Es gibt keine eindeutige Lösung der Rechtslage der Subjekte einer Föderation. Die Wahrheit ist immer aus der konkreten Situationzu erkennen, alles hängt von den Bedingungen des Ortes, der Zeit, der nationalen, historischen und anderen Faktoren ab" – so B.Tschirkin, Das Subjekt der Föderation, S. 126.

politischen Gebietskörperschaften oder lediglich administrative Verwaltungseinheiten sein sollen ist allerdings umstritten. Wenn man bei der Bestimmung der verfassungsrechtlichen Grundsätze der Territorialordnung den oben durchgeführten Auslegungen der Verfassungsbestimmungen folgen wird, dann kann man feststellen, dass die zukünftigen territorialen Einheiten Georgiens Gesetzgebungskompetenzen haben sollen; die verfassungsrechtlichen Bestimmungen über territoriale Einheiten sind also im Sinne der politischen Selbstbestimmung mit legislativer und exekutiver Gewalt auszulegen. Das Verhältnis zwischen Zentralstaat und diesen politischen Autonomien soll daher entsprechend dem spanischen System der Territorialordnung aufgebaut werden. Die territorialen Einheiten Georgiens werden Autonomie im Sinne der Autonomen Gemeinschaften Spaniens genießen; sie werden politische Gebietskörperschaften mit entsprechender Organstruktur (Parlament und Regierung) und entsprechenden Funktionen (Gesetzgebung und Verwaltung) sein, die die staatliche Gewalt, und zwar in jedem Fall nur abgeleitete Staatsgewalt ausüben. Ihre Autonomie wird sich nur auf eine eingeschränkte Gewalt erstrecken, weil Autonomie nicht mit Souveränität gleichzusetzen ist. Insgesamt gesehen werden sie also keine Staatsqualität besitzen.

Hierbei ist unbedingt zu bemerken, dass bei der Bestimmung des zukünftigen Status der territorialen Einheiten Georgiens das kenzeichnende Merkmal des spanischen Modells des territorialen Staatsaufbaus - die Ungenauigkeitheit der Verfassungsvorschriften über die Dezentralisierung - vermieden werden soll. Zunächst ist hier das dispositive Prinzip zu nennen, nach dem die in der Verfassung Spaniens vorgesehene Dezentralisierung des Staates vom aktiven Willen der Territorien abhängt, sich autonom innerhalb eines einzigen Staates zu organisieren. Darüber hinaus sind auch die Vorschriften über die Autonomen Gemeinschaften des gewöhnlichen Typs (Art. 143 SV) so abgefaßt, dass auf ihrer Grundlage sowohl administrativ als auch politisch dezentralisierte Gebietseinheiten gebildet werden könnten. Die Bestimmungen der spanischen Verfassung boten damit die Basis für eine administrative wie auch politische Dezentralisierung des Staates.[833] Die Unbestimmtheit in einem so wesentlichen Punkt kann in Georgien zu schweren politischen oder rechtlichen Krisen führen, da nach der 70jährigen kommunistischen Diktatur das Niveau der politischen Kultur und politischen Verhandlungen noch zu niedrig ist. Selbst in Spanien schritt der Prozeß der Dezentralisierung wegen der oben genannten Unbestimmtheiten sehr schwer voran; es kam auch zu verschiedenen Krisen und heftigen Auseinandersetzungen zwischen Zentrum und Regionen wie auch zwischen den politischen Parteien. Es ist also klar, dass in den Verfassungsvorschriften Georgiens absolut deutlich und detailliert der Status der territorialen Einheiten und der Verfahrensablauf der Dezentralisierung bestimmt werden sollen. Auch das dispositive Prinzip braucht man in Georgien nicht zu übernehmen, da die Regionen historisch, geographisch, kulturell und auch politisch klar definiert werden können. Außerdem kann das dispositive Prinzip

---

[833] Vgl. oben S.29ff; vgl. auch P. Cruz Villalón, Die Neugliederung des Spanischen Staates, in: JöR, Bd. 34, 1985, S. 202.

höchstwahrscheinlich (weil die politische Kultur in den Regionen Georgiens faktisch nicht funktioniert) unzählige Streitigkeiten zwischen den Rajonen verursachen, bei denen die Initiative für die Bildung einer autonomen Region liegen wird. Das könnte zu politischen Krisen und Auseinandersetzungen und der Verzögerung des Dezentralisierungsprozesses führen. Deshalb wäre es zweckmäßiger, wenn die territorialen Einheiten in der Verfassung Georgiens aufgezählt werden und auch ihr Status der politischen Gebietskörperschaften eindeutig bestimmt wird.

Im übrigen kann das verfassungsrechtliche Verhältnis zwischen dem Zentralstaat und den territorialen Einheiten Georgiens dem spanischen Modell des territorialen Aufbaus ähnlich gestaltet werden. Daraus folgt, dass z.B. die offizielle Bezeichnung der territorialen Einheiten, die Bezeichnung, die Organisation und den Sitz regionaler Institutionen und die Kompetenzen ihre Statute enthalten werden. Jeder statutgebende und –ändernde Vorgang soll allerdings (wie in Spanien) durch staatliches Organgesetz beschlossen werden.[834] Dieses Zustimmungerfordernis des Staates bedeutet zugleich eine inhaltliche Mitwirkungsbefugnis, ein Teilhaberecht an der politischen Diskussion. Andererseits muss aber gewährleistet werden, dass das Zentralparlament keine rechtliche Möglichkeit hat, einseitig und eigenmächtig – also im Zweifelsfall gegen die territoriale Einheit – Statuten abzuändern. Es muss also stets zwei Willensbildungsprozesse geben, die zusammen zu einem Konsens führen. Nicht auszuschließen ist natürlich, dass im Laufe der Jahre der höhere verfassungsrechtliche Status der Autonomen Republiken in den territorialen Einheiten die Forderungen nach Angleichung des Kompetenzniveaus hervorrufen wird. Deshalb wäre es vernünftig, in der Verfassung zu bestimmten, dass nach Ablauf von einigen Jahren die Kompetenzen der territorialen Einheiten durch Statutänderung erweitert werden können, bis sie denjenigen der Autonomen Republiken gleichgestellt werden. Eine solche Regelung könnte die Ansprüche der territorialen Einheiten auf die Erweiterung der Kompetenzen, die mit höher Wahrscheinlichkeit im Laufe der Zeit entstehen werden, berücksichtigen und die politischen Kräfte dieser Einheiten zufriedenstellen.

**2.** *Die territorialen Einheiten mit beschränktem Autonomiestatus*

Die oben dargestellte Struktur der territorialen Einheiten Georgiens als politischen Gebietskörperschaften im Sinne der spanischen Autonomen Gemeinschaften scheint einerseits geeignet für die verfassunsgrechtliche Ausgestaltung der Territorialordnung zu sein. Andererseits kann dieses Modell doch als zweifelhaft erscheinen. Nicht zu vergessen ist, dass man selbst in Spanien während

---

[834] Die Statute der Autonomen Gemeinschaften in Spanien enthalten: die Abgrenzung des Territoriums, insbesondere die sie zusammensetzenden Provinzen, Name und Festlegung der Hauptstadt; Symbole der Autonomen Gemeinschaften wie z.B. Flaggen; die Amtssprachen neben Spanisch, soweit vorhanden; die Voraussetzungen für die Angehörigkeit zu der Autonomen Gemeinschaft ("ciudadania"); die übernommenen Kompetenzen, hierunter auch die historischen oder lokalen Sonder- und Foralrechte; die Verfahrensvoraussetzungen für die Statutreform; den inneren Aufbau der Autonomen Gemeinschaft; Benennung, Sitz, Struktur, Aufgaben und Funktionsweise der Institutionen; Gerichtsorganisation; Bestimmungen zur inneren Wirtschaftsordnung und Finanzverfassung.

der Dezentralisierung des Staatsgebietes aufgrund dieses Modells große Probleme gehabt hat. Der Autonomieprozess blieb eine Zeit lang blockiert. Erst nach der Vorlage des Gutachtens einer Expertenkommission über den Autonomieprozess hatten die politischen Kräfte die Verhandlungen geführt. Sie übernahmen die Vorschläge der Expertenkommission in den Autonomie-Vereinbarungen von 1981 und führten auf ihrer Grundlage die Dezentralisierung des Staatsgebietes weiter. Außer der ähnlichen Schwierigkeiten, die höchstwahrscheinlich auch in Georgien auftreten werden, kann im Fall von Georgien auch noch gezweifelt werden, ob es doch nicht zu früh ist den Regionen des Landes, die keine Erfahrungen mit der Selbstverwaltung haben und seit Jahrhunderten über keine demokratische Traditionen und keine institutionelle Basis verfügen, einen Status der politischen Autonomie zu gewährleisten. Vielleicht wäre es zweckmäßiger, diese territorialen Einheiten zumindest für absehbare Zukunft als autonome Gebietskörperschaften mit relativ niedrigem Niveau an Selbstverwaltung zu konstruieren. Das könnte der erste Schritt auf dem Wege der Dezentralisierung und Demokratisierung sein; die Bevölkerung der territorialen Einheiten wird die Erfahrungen mit dem Leben in den demokratisch organisierten Gebietskörperschaft sammeln, auch das politische Leben in den Regionen wird damit aktiviert. Das alles könnte später auch den Übergang zu einem höheren Niveau der Selbstverwaltung - zur politischen Autonomie - wesentlich erleichtern. Durch die rechtliche und politische Stärkung des Instituts des Staatsbeauftragten nehmen zwar die Regionen stärker am politischen Leben Georgiens teil. Trotzdem bedeutet das nicht die Dezentralisierung des Staatsgebietes in einem solchen Masse wie es durch die Bildung der Präautonomien in Spanien durchgeführt wurde. Durch die Errichtung der präautonomen Regime unterschied sich die Lage ganz entscheidend von der Situation des Jahres 1931. Während beim Inkrafttreten der Verfassung der Zweiten Republik nur eine Region, nämlich Katalonien, ihre Selbstregierung vorläufig wiederhergestellt hatte,[835] war zum Zeitpunkt des Inkrafttretens der heute geltenden Verfassung praktisch das ganze Staatsgebiet bereits auf der Grundlage territorialer Verwaltungseinheiten gegliedert.[836] Eine solche Situation liegt in Georgien zur Zeit nicht vor. Außerdem ist der Staatsbeauftragte der jeweiligen Region ein von der Zentralregierung (vom Präsidenten Georgiens) ernannter Staatsbeamte, die Bildung des Instituts des Staatsbauftragten hat also nichts mit dem politischen Willen der Bevölkerung der Regionen zu tun; auch von den demokratischen Institutionen wie einer gewählten Versammlung und eine Exekutive kann nicht die Rede sein.

Als Vorbild für eine Gebietskörperschaft mit einem niedrigen Niveau der Autonomie im Vergleich zur spanischen Autonomen Gemeinschaft können die Regionen Italiens dienen. Die erste Ebene des italienischen Systems der

---

[835] Vgl. W.Boucsein, Spanischer Regionalismus und der katalanische Nationalismus, in: JöR, Bd.27, 1978, S. 61.

[836] Vgl. P. Cruz Villalón, Die Neugliederung des Spanischen Staates, in: JöR, Bd. 34, 1985, S. 209. Damit "begann der Prozeß der Machtübertragung schon vor der Ratifikation der Verfassung" – L. López Guerra, Politische Dezentralisierung in Spanien, S. 85.

Gebietsautonomie besteht aus den "ordentlichen" und "besonderen" Regionen.[837] Diesen beiden Kategorien gemeinsam ist ihre allgemeine Struktur sowie die Art der Zuständigkeiten, die sie ausüben. Die Struktur der Regionen umfaßt eine gewählte Versammlung und eine Exekutive, deren Oberhaupt Aufgaben besorgt, die sowohl jenen des Ministerpräsidenten als auch jenen des Staatsoberhauptes entsprechen. Die Funktionen der Regionen unterscheiden sich in normative und Exekutive; die normativen Funktionen konkurrieren mit jenen des Staates, von denen sie sich aufgrund eines komplizierten Systems der Kompetenzverteilung unterscheiden. Die Verwaltungsfunktionen konkurrieren außer mit den entsprechenden staatlichen Funktionen auch mit denen der kleinen örtlichen Körperschaften. Die Regionen verfügen nicht über gerichtliche Zuständigkeiten, weswegen die gerichtlichen Organe ausschließlich staatlich sind, so wie die entsprechenden Funktionen.[838] Die hauptsächlichen Unterschiede zwischen den fünf besonderen Regionen und den fünfzehn ordentlichen Regionen bestehen in der Art der Bildung ihrer Statute[839] sowie aus der Tatsache, dass den einzelnen besonderen Regionen gesetzgeberische Zuständigkeiten zuerkannt werden, die in den jeweiligen Statuten spezifisch beschrieben sind, während für die ordentlichen Regionen die im Art. 117 ital. Verf. Enthaltene allgemeine Aufzählung gilt.[840]

Die Versammlung der Region, der Regionalrat, ist ein Kollegialorgan, dessen Regelung größtenteils jener für die parlamentarischen Versammlungen nachempfunden ist. Der Regionalrat übt die Gesetzgebungs- und Verordnungsgewalt der Region aus (ohne diese dem Ausschuß (dem exekutiven Organ der Region) delegieren zu können und ohne dass der Ausschuß sich im Dringlichkeitsfalle an die Stelle des Regionalrats setzen kann) und eventuell andere Verwaltungsfunktionen, die ihm von der Verfassung oder vom Gesetz übertragen sind. Der Regionalausschuß und dessen Präsident ("das Oberhaupt der Region") werden vom Regionalrat aus seiner Mitte gewählt und unterhalten zum Regionalrat ähnliche Beziehungen, wie sie gemäß den Grundsätzen des parlamentarischen Systems zwischen Parlament und staatlicher Regierung bestehen, wenngleich auch eine Reihe von Unterschieden verfahrensrechtlicher Art gegeben sind.[841] Dem Regionalausschuß ist die Regionalverwaltung unterstellt, die der Region zugewiesene Verwaltungsfunktionen sowie jene, die ihr vom Staat delegiert sind, ausübt.

Die Regionalgesetze sind der präventiven Kontrolle der Zentralregierung unterworfen. Falls der Regionalrat das Gesetz ohne den von der Zentralregierung

---

[837] Die Sonderstatut besitzen Sizilien, Sardinien, Aostatal, Trient-Südtirol und Friaul-Julisch Venetien (seit 1963). "Der Unterschied beider Regionstypen ist, sieht man vom Schutz ethnisch-linguistischer Minderheiten ab, eher quantitativer als solcher auch nur bescheidener Natur", so W. Merkel, Italien. Regionalismus, Regionen mit Normal und Sonderstatut, S. 99.

[838] Vgl. A. Pizzorusso, Das italienische System der Gebietsautonomie, S. 47.

[839] Die Statute der besonderen Regionen werden vom staatlichen Parlament auf der Grundlage von Beratungen mit den Regionen selbst mit dem Verfassungsgesetz erlassen, während die Statute der ordentlichen Regionen von den jeweiligen Regionalräten beschlossen und vom staatlichen Parlament mit einfachem Gesetz nur mehr genehmigt werden.

[840] Vgl. A. Pizzorusso, Das italienische System der Gebietsautonomie, S. 48.

[841] Ders., ebd., S. 51.

verlangten Änderungen beschließt, kann die Regierung aus Gründen der Rechtmäßigkeit vor dem Verfassungsgerichtshof oder aus Gründen der Zweckmäßigkeit vor das Parlament gehen.[842] Die Verwaltungsakte der ordentlichen Regionen sind der präventiven Kontrolle der dafür vorgesehenen Kommissionen unterworfen, während jene der besonderen Regionen, so wie die staatlichen Akte, der Kontrolle des Rechnungshofes unterworfen sind.[843]

Im Allgemeinen ist offensichtlich, dass die Regionen Italiens eine von der Verfassung vorgesehene Autonomie genießen, die jedoch ein wesentlich niedrigeres Niveau der Selbstverwaltung aufweist (besonders im Hinblick auf Organstruktur und Kompetenzen) als die Verfassungsautonomie der spanischen politischen Gemeinschaften. Die Regionen Italiens sind keine politischen Gebietskörperschaften, wie die Autonomen Gemeinschaften in Spanien, obwohl ihre Struktur ähnlich aussieht wie die der politischen Autonomien. Sie besitzen begrenzte Befugnisse, der Zentralstaat verfügt hingegen über verschiedene wirksame Kontrollinstrumente gegenüber den Regionen. Zwar regelt Art.117 der italienischen Verfassung die Kompetenzbereiche der regionalen Gesetzgebung, doch die restriktive Tendenz dieses Kompetenztransfers ist unübersehbar. Die autonomen Gesetzgebungsbefugnisse für Organisation und Personal der Regionalverwaltung, Feuerwehr, Ordnung des Krankenhauswesens, der Handelskammer und Genossenschaften sowie Enteignung für Regionalvorhaben lassen sich kaum als Gewährung bedeutsamer Autonomierechte interpretieren.[844] Die spanischen Autonomen Gemeinschaften können, was die hierarchische Gleichordnung, Selbständigkeit und organisatorische, materielle und funktionelle Unabhängigkeit in den entscheidenden Bereichen legislativer und exekutiver Gewalt im Verhältnis zum Zentralstaat angeht, mit Gliedstaaten eines Bundesstaates weitgehend gleichgesetzt werden. Italien stellt hingegen einen Staat dar, dessen Regionen keine örtlichen Selbstverwaltungskörperschaften und auch keine Gliedstaaten sind, sondern vielmehr zwischen diesen beiden fungieren.[845] Das italienische System der Gebietsautonomien kann man als Regionalismus bezeichnen, der die mittlere Ebene der Dezentralisierung zwischen der kommunalen Selbstverwaltung (die erste, unterste Ebene) und dem Föderalismus (die dritte Ebene)

---

[842] W. Merkel, Italien. Regionalismus, Regionen mit Normal- und Sonderstatut, S. 105.

[843] Mit Ausnahme des Aostatales, in dem diese Funktion von einer eigens dafür vorgesehenen "Koordinierungskommission" wahrgenommen wird.

[844] W. Merkel, Italien., Regionalismus, Regionen mit Normal- und Sonderstatut, S. 101. Die enge Eingrenzung der Sachgebiete, für die das Prinzip der konkurrierenden Gesetzgebung gilt, bzw. das Fehlen wirklich relevanter Kompetenzbereiche erlauben den Regionen keine wirkungsvolle Steuerung der sozialen und kulturellen Entwicklung der Region. Aus der regionalen Wirtschaftsplanung und Strukturpolitik bleiben die Regionen nach wie vor weitgehend ausgeschlossen.

[845] Die Begrenztheit des Aufgabenkatalogs und der Kompetenzen für die Regionen sowie die weitgehenden Kontrollbefugnisse des Zentralstaates erlauben es nicht, Italien als föderalistischen Bundesstaat zu bezeichnen. Vielen Wissenschaftler erscheint der Terminus "dezentralisierter Einheitsstaat" die Realität Italiens am zutreffendsten wiederzugeben, vgl. W. Merkel, Italien., Regionalismus, Regionen mit Normal- und Sonderstatut, S. 99.

darstellt.[846] Ein solches System scheint durchaus geeignet für die verfassungsrechtliche Ausgestaltung der Autonomie der territorialen Einheiten Georgiens. Entsprechend der Prinzipien des italienischen Systems der Territorialordnung werden die Regionen Georgiens ähnlichen autonomen Status und ähnliche Kompetenzen genießen wie die Regionen Italiens. D.h. sie werden über die Selbstverwaltungsorgane wie den Regionalrat und den Regionalausschuß verfügen, die in der jeweiligen Region die Gesetzgebungs- und die sog. Verordnungsgewalt[847] wie auch den Regionen von der Verfassung zugewiesene oder vom Staat delegierte Verwaltungsfunktionen ausüben. Die Regionen können zwar Statute besitzen, die vom staatlichen Parlament per Gesetz genehmigt werden, grundlegende Bestimmungen über ihre Organisation und ihre Kompetenzen wird jedoch die georgische Verfassung enthalten. Insgesamt gesehen werden die georgischen Regionen eine verfassungsrechtlich gewährleistete Autonomie genießen, allerdings mit beschränkten Gesetzgebungs- und Verwaltungskompetenzen und mit weitgehenden Kontrollbefugnissen des Zentralstaates. So können z.B. die Regionalgesetze der präventiven Kontrolle der Zentralregierung unterworfen werden. Die Zentralregierung wird dementsprechend das Recht haben, mittels Aufforderung, die allerdings eine Begründung zu enthalten hat, Überprüfung zu verlangen und somit die Versammlungsorgane der Region zu zwingen, eine neue Phase des Gesetzgebungsverfahrens einzuleiten (vgl. Art. 127 ital. Verf.). Auch das Finanzierungssystem kann dem italienischen ähnlich ausgestaltet werden. In Italien erweist sich die spezifische Art der regionalen Finanzierungsstruktur als wirksames zentralstaatliches Kontrollinstrument gegenüber den Regionen.[848] Die autonomen regionalen Einnahmequellen sind gering. Bestimmte Regionalsteuern, regionale Konzessionen, Bodensteuern und Einkünfte aus eigenen Domänen decken nicht einmal 10% der regionalen Einkünfte. Der "Rest" besteht aus zentralstaatlichen Zuweisungen.[849] Eine wirksame Finanzautonomie besitzen die Regionen nicht. Durch ein ähnliches System der Finanzierung kann man auch in Georgien die weitgehende Kontrolle des Zentralstaates gegenüber den territorialen Einheiten mit begrenzter Autonomie gewährleisten. Den Hochlandsgebieten Georgiens können jedoch einige Vorzugsrechte für die Gewährleistung der sozial-wirtschaftlichen Fortentwicklung

---

[846] Vgl. A. v. Brünneck, Thesen zum Stand des Föderalismus-Problems - Ein Diskussionsbeitrag, S. 291.

[847] Vgl. A. Pizzorusso, Das italienische System der Gebietsautonomie, S. 51.

[848] W. Merkel, Italien., Regionalismus, Regionen mit Normal- und Sonderstatut, S. 105.

[849] Ein Teil der zentralstaatlichen Zuweisungen wird aus Anteilen nationaler Verbrauchssteuern (Tabak, Flüssiggas, Alkohol, Zucker) finanziert, die in einen gemeinsamen Fond eingezählt werden. Nach einem Schlüssel, der die Fläche der Regionen (10%), die Einwohnerzahl (60%) und den Grad der Abwanderung und Arbeitslosigkeit (30%) berücksichtigt, fliesst dann das Geld an die Regionen. Der grösste Teil wird jedoch aus dem Staatshaushalt festgelegt werden. Dabei werden die regionalen Instanzen faktisch von einer Mitsprache bei der zentralen Anweisung der Finanzmittel an die Regionen ausgeschlossen. Ausserdem liegen auch die Ausgaben der Regionen zu einem wesentlichen Teil fest, vgl. W. Merkel, Italien, Regionalismus, Regionen mit Normal- und Sonderstatut, S. 105.

durch die Verfassung oder durch die Verankerung in ihren Statuten gesichert werden.[850]

Welches von den Modellen der Gebietsautonomie bei der Ausarbeitung des Verfassungsgesetzes über den territorialen Staatsaufbau (Art. 2 Abs. 3 GV) bevorzugt wird, ist schwer zu sagen. Wenn man allerdings bedenkt, dass die Regionen Georgiens seit Jahrhunderten keine autonomen Organe und demokratische Traditionen der Selbstregierung ausgeübt haben, keine institutionelle Basis für die Errichtung einer autonomen Gebietskörperschaft besitzen, kann vernünftiger erscheinen, den Regionen zunächst eine Autonomie mit beschränkten Gesetzgebungs- und Verwaltungskompetenzen zu gewährleisten. In diesem Fall wäre aber der Unterschied zwischen Autonomen Republiken und anderen territorialen Einheiten mit niedrigem Status zu groß. Außer von naturgegebenen und historischen Voraussetzungen hängt jedoch eine dauerhafte und echte, d.h. von der Bevölkerung getragene, föderalistische Struktur von der Ausgewogenheit der den Gesamtstaat bildenden Glieder ab. Deshalb kann man auf den Gedanken kommen, den territorialen Einheiten von Anfang an eine höhere politische Autonomie im Sinne der Autonomen Gemeinschaften Spaniens zu verleihen. Bei der Ausarbeitung des Verfassungsgesetzes müssen all diese und viele andere Faktoren abgewogen werden.

### 3. Verfassungsrechtliche Ausgestaltung des asymmetrisch dezentralisierten georgischen Staates

Aufgrund der Entscheidung, durch die der asymmetrische Föderalismus als grundlegendes Prinzip des zukünftigen Staatsaufbaus Georgiens bestimmt wird, sind auch andere Regelungen der Verfassung dementsprechend zu verändern und zu ergänzen. Dabei ist vor allem zu berücksichtigen, dass die Unklarheit der verfassungsrechtlichen Regelungen unbedingt vermieden werden soll. Die Unbestimmtheit und Ungenauigkeit der verfassungsrechtlichen oder gesetzlichen Regelungen stellen natürlich in jedem Staat ein Problem dar. In Georgien aber haben solche Regelungen besonders schwerwiegende Folgen: sie lösen unzählige und endlose Streitigkeiten aus, erschweren den politischen Kompromiß und geben den Beamten der korrupten Staatsbürokratie freie Hand, diese Regelungen für das eigene Wohlergehen auszulegen und zu interpretieren. Da die Koexistenz und Kooperation in jedem föderalen oder politisch dezentralisierten Staat Situationen der Konfrontation und des Konflikts produzieren, werden die Vollständigkeit, Bestimmtheit und Klarheit der verfassungsrechtlichen Bestimmungen von entscheidender Bedeutung für die zivilisierte Entwicklung des georgischen Staates.

Die Vollständigkeit und Klarheit der verfassungsrechtlichen Regelungen muss vor allem in einem so wesentlichen Punkt wie dem territorialen Staatsaufbau gewährleistet werden. Das bedeutet, dass der vom spanischen Verfassungsgeber 1978

---

[850] Vgl. dazu Fn. 430.

bei der Bestimmung der territorialen Gliederung des Staates begangene Fehler in Georgien nicht wiederholt werden darf. Oben wurde bereits dargestellt, dass in der Verfassung Spaniens 1978 keine bestimmte und genau definierte Staatsform verbindlich festgelegt wurde. Die Verfassung bekannte sich begrifflich weder zum unitarischen noch zum regionalisierten oder föderalen Staat. Dementsprechend war die Dezentralisierung in Spanien durch eine grundlegende Unbestimmtheit gekennzeichnet.[851] Die späteren Schwierigkeiten im Vollzug der Verfassung beschäftigte in einer nachgerade ausufernden Weise das Verfassungsgericht, dessen umfangreiche Rechtsprechung die Rechtsentwicklung nachhaltig beeinflußte. Die Kompetenzfrage, die auch vorläufig unbefriedigend gelöst wurde, zog vielfach eine Verdoppelung der Bürokratie (und deren Kosten!) nach sich, weil Staat und Autonome Gemeinschaften sich ihre Funktionen und Zuständigkeiten gegenseitig streitig machten.[852] Nach dieser "spanischen Erfahrung" ist offensichtlich, dass ungenau definierte Verfassungsbestimmungen in Georgien höchstwahrscheinlich viele Streitigkeiten, Konflikte und politische Krisen verursachen werden. Das allerdings wird für die junge Demokratie Georgiens schwerwiegende Folgen haben. Deshalb sind die Klarheit und Vollständigkeit des Systems des territorialen Staatsaufbaus unbedingt nötig.

In der Verfassung muss vor allem klargestellt werden, dass Georgien ein auf der Grundlage des asymmetrischen Föderalismus gebildeter Staat ist, in dem autonome territoriale Einheiten existieren. Die Besonderheit des georgischen Systems der Territorialordnung wird darin bestehen, dass das Staatsgebiet Georgiens in autonome Gebietseinheiten gegliedert wird, die nicht nur unterschiedliche Kompetenzen, sondern auch einen unterschiedlichen Status genießen werden. Die Autonomen Republiken werden die Gliedstaaten des georgischen Staates darstellen, andere Gebietseinheiten werden dagegen den Status der politischen Gebietskörperschaften (im Sinne der spanischen Autonomen Gemeinschaften) oder der autonomen Regionen (im Sinne der italienischen Regionen) haben. Die begrifflich-theoretische Erfassung des neuen Staates bereitet zwar Schwierigkeiten, im allgemeinen kann man aber sagen, dass dieser Staat verfassungstheoretisch zwischen dem politisch dezentralisierten Staat und dem Bundesstaat einzuordnen ist. Ob dieses System sich zur bundesstaatlichen Ordnung entwickeln wird ist sehr schwer zu sagen, denn "Bundesstaat" ist immer ein Prozeß und zwar auch für die Länder, in denen ein föderatives System bereits existiert.[853] Klar ist jedoch, dass der neue Staat die folgenden bundesstaatlichen Strukturmerkmale aufweisen wird: ein aus gesetzlich und politisch eigenverantwortlichen Gebietskörperschaften zusammengesetzter Staat; Verteilung finanzieller Mittel und Aufgaben, die der Verteilung von Staatsfunktionen entspricht;

---

[851] P. Cruz Villalón, Die Neugliederung des Spanischen Staates, in: JöR, Bd. 34, 1985, S. 202.

[852] T. Wiedmann, S. 181. Die Ungenauigkeit und Unbestimmtheit des spanischen Systems der Verteilung der Kompetenzen hat nicht nur in der Praxis, sondern bereits bei der Verfassung der Statuten der Autonomen Gemeinschaften zahlreiche Konflikte geschaffen, vgl. U. Liebert, Spanien. Das Experiment einer spanischen Nation der Nationalitäten und Regionen, S. 149.

[853] Vgl. H.-P. Schneider, in: Deutsch-Spanisches Verfassungsrechts-Kolloquium, A.Randelzhofer (Hrsg.), S.176.

Teilnahme der Gebietskörperschaften an der zentralstaatlichen Organisation und Gesetzgebung durch eine zweite Kammer; der bundesverfassungsrechtliche Schütz dieser Institute und ein gerichtlicher Konfliktlösungsmechanismus für die aus dieser Struktur entstehenden Konflikte.[854] Dabei wird die Souveränität des Volkes in den Autonomen Republiken Georgiens insoweit beschränkt, als die in der Verfassung normierten Verfassungsprinzipien des asymmetrisch dezentralisierten georgischen Staates und der Demokratie miteinander konkurrieren und das Prinzip der asymmetrischen Dezentralisierung das Prinzip der Demokratie überlagert. Trotz des Demokratieprinzips wäre es also nicht zulässig, dass sich das Volk in einer Autonomen Republik mehrheitlich gegen die Staatseinheit entscheidet und für die Loslösung des Gliedstaates von dem Zentralstaat und damit für die politische Selbständigkeit oder den Anschluß an einen anderen Staat votiert. Die staatliche Einheit, die im grundlegenden Prinzip der asymmetrischen Dezentralisierung des Staatsgebietes zum Ausdruck kommt, soll in Georgien (wie die bundesstaatliche Einheit in der Bundesrepublik Deutschland) als höheres politisches Gut, als eine entsprechende Entscheidung des Volkes gelten.

Das Verfassungsgesetz, durch das der territoriale Staatsaufbau Georgiens bestimmt werden soll (Art. 2 Abs. 3 GV), muss eine feste Grundlage für die politische und rechtliche Beilegung der Interessensgegensätze zwischen Zentralstaat und territorialen Einheiten enthalten. Es hat vor allem die kooperativen Handlungsformen zwischen Zentralstaat und territorialen Einheiten, die auf Zusammenarbeit abzielen und das Verfassungsleben des Gesamtstaates mit ihren gegenseitigen Mitwirkungsrechten und –pflichten prägen, zu bestimmen. Im Verfassungsgesetz soll konkret verankert werden, wie die territorialen Einheiten an der Willensbildung des Zentralstaates teilnehmen und welche Einwirkungsbefugnisse dem Zentralstaat gegenüber den territorialen Einheiten zustehen. Die Kompetenzverteilung in der Verfassung soll den territorialen Einheiten die Wahrnehmung ihrer Gesetzgebungs- und Verwaltungskompetenzen ermöglichen. Darüber hinaus soll die Verfassung die Konfliktvermeidungsmechanismen wie übergreifende Verfassungsprinzipien, verwaltungsmäßige Eingriffsbefugnisse des Zentralstaates und eine zentralstaatliche Verfassungsgerichtsbarkeit, enthalten. Für alle Auseinandersetzungen zwischen Zentralstaat und territorialen Einheiten soll gelten: die Verfassung Georgiens enthält den Maßstab für die Lösung der Streitigkeiten; aus der Auslegung ihrer Normen ergibt sich der Ausweg aus dem Konflikt.[855] Im folgenden wird die verfassungsrechtliche Konstruktion des "georgischen Sonderwegs" unter Berücksichtigung der spanischen und deutschen Modelle der Territorialordnung detailliert dargelegt.

---

[854] Vgl. J.J. Gonzalez Encinar, El Estado Unitario-Federal, S. 30f., der betont, der Bundesstaatsbegriff könne zwar für eine allgemeine Theorie, nicht jedoch für die Analyse der konkreten Staatsform von Nutzen sein; vgl. auch B.Tschirkin, Das Subjekt der Föderation, S. 126.
[855] Vgl. K. Wendland, S. 39.

## A. Konfliktvermeidungs- und Konfliktlösungsintrumente

### 1. Homogenitätsprinzip

Ein wichtiges konfliktvermeidendes Instrument ist das Homogenitätsprizip. Bekanntlich werden durch dieses Prinzip die politischen und staatsorganisatorischen Prinzipien festgelegt, nach denen die Binnengliederung der territorialen Einheiten zu gestalten ist. Dabei sind diese Prinzipien in aller Regel für alle Gliedstaaten bzw. autonomen Gebietskörperschaften des jeweiligen Bundesstaates bzw. politisch dezentralisierten Staates identisch. Dementsprechend legt auch Art. 28 Abs. 1 GG fest, dass die verfassungsmäßige Ordnung der Länder den Grundsätzen des republikanischen, demokratischen und sozialen Rechtsstaates entsprechen muss. In den Ländern muss das Volk eine Vertretung haben, die aus allgemeinen, unmittelbaren, freien, gleichen und geheimen Wahlen hervorgegangen ist.[856] Der Bund ist nach Art. 28 Abs. 3 GG verpflichtet ggf. in die Verfassungsordnung der Länder einzugreifen, um die dem Art. 28 Abs. 1 GG widersprechenden landesinternen Regelungen zu beseitigen oder beseitigen zu lassen und für die Wiederherstellung der freiheitlichen demokratischen Grundordnung in dem betreffenden Land zu sorgen.[857] Auch die spanische Verfassung enthält das Homogenitätsprinzip: nach Art. 152 Abs. 1 "gründet sich die institutionale autonome Organisation auf: eine gesetzgebende Versammlung, die in allgemeiner Wahl gemäß einem System proportionaler Vertretung gewählt wird, welches außerdem die Vertretung der verschiedenen Zonen des Territoriums sichert, einen Regierungsrat mit exekutiven und Verwaltungsfunktionen, und einen von der Versammlung unter ihren Mitgliedern gewählten und vom König ernannten Präsidenten, dem die Leitung des Regierungsrates obliegt, der höchsten Vertretung der betreffenden Gemeinschaft und ordentlicher Vertretung des Staates in dieser." Durch diese Regelungen des deutschen Grundgesetzes und der spanischen Verfassung soll die Gefahr von verselbständigenden Tendenzen und der Entwicklung von zentrifugalen Kräften, die das Phänomen einer Mehrzahl selbständiger Kompetenzräume in sich trägt, entgegengewirkt werden.[858]

Auch die georgische Verfassung soll eine ähnliche Regelung enthalten, wodurch die Ausgewogenheit der territorialen Einheiten gewährleistet wird. Die Besonderheit des georgischen Systems der Territorialordnung kann allerdings in der Regelung zum Ausdruck kommen, wonach die politischen und organisatorischen Prinzipien der territorialen Einheiten sich von denen des Zentralstaates unterscheiden

---

[856] Damit werden die in Art. 38 Abs. 1 GG an eine Bundestagswahl festellten Anforderungen auch für die Länder und Selbstverwaltungskörperschaften verfassungsrechtlich festgelegt.

[857] Vgl. H.-J. Blanke, S. 47.

[858] Zu bemerken ist hier, dass "Homogenität" nicht "Uniformität" bedeutet. Nach der Auffassung des spanischen Verfassungsgerichts sei für die neue spanische Autonomieordnung vielmehr ein "Gleichgewicht zwischen Homogenität und Diversität" der Ordnungen der Autonomen Gemeinschaften erforderlich: ohne erstere gebe es weder Einheit noch Integration der staatlichen Gesamtheit, ohne letztere existiere keine wirkliche Pluralität noch authentische Selbstregierung, vgl. LOAPA-Entscheidung, STC 76/1983; vgl. auch U. Liebert, Spanien. Das Experiment einer spanischen Nation der Nationalitäten und Regionen, S. 152.

werden. Durch das Verfassungsgesetz wird vorgeschrieben, dass die verfassungsmäßige Ordnung der territorialen Einheiten den Grundsätzen der parlamentarischen Republik entsprechen muss. Sie werden also eine gesetzgebende Versammlung haben, die aus allgemeinen, unmittelbaren, freien, gleichen und geheimen Wahlen hervorgeht und über eine Regierung verfügen, deren Präsident und die Regierung selbst der gesetzgebenden Versammlung politisch verantwortlich sind. Die Präsidialregierung im georgischen Zentralstaat soll bestehen bleiben. Dabei kann den Präsidenten Georgiens die Befugnis eingeräumt werden, einen von der Versammlung der territorialen Einheit unter ihren Mitgliedern gewählten Regierungschef zu ernennen. Diese Befugnis des Präsidenten soll selbstverständlich nur für die territorialen Einheiten mit dem niedrigen Status und nicht für die Autonomen Republiken gelten.

### 2. Der Grundsatz der Bundestreue oder der Solidarität

Auch das übergreifende Verfassungsprinzip – der Grundsatz der Bundestreue oder der Solidarität soll in der georgischen Verfassung klar und deutlich festgelegt werden. Im Gegensatz zu dem präventiv wirkenden Homogenitätsprinzip greift dieser Grundsatz im konkreten Konfliktfall dort ergänzend ein, wo die Verfassung aufgrund ihrer abstrakten Natur keine eindeutige Abgrenzung vorsehen kann.[859] Seinem normativen Gehalt nach ist er einer Art Verhältnismäßigkeitskontrolle, an der zentralstaatliche oder gliedstaatliche Akte zu messen sind und der auch den politischen Stil des Miteinander im Bundes- bzw. dezentralisierten Staat prägen sollte. Der Grundsatz der Bundestreue oder Solidarität wird allerdings in den Verfassungen in der Regel nicht umfassend normiert, sondern stellt nur einen allgemeinen verfassungsrechtlichen Grundsatz dar.[860] Auch im Grundgesetz ist dieser Grundsatz nicht konkret verankert; nach der Rechtsprechung des Bundesverfassungsgerichts ist er ein zentraler *ungeschriebener* Verfassungssatz,[861] der die Beziehungen zwischen den bundesstaatlichen Wirkungseinheiten bestimmt. Der Grundsatz des bundesfreundlichen Verhaltens ist in der bundesstaatlichen Ordnung des Grundgesetzes eine "immanente Verfassungsnorm", die sich daraus ergibt, dass diese Ordnung auf Zusammenwirken und gegenseitige Ergänzung von Bund und Ländern angelegt ist. Dieser ungeschriebene verfassungsimmanente Grundsatz wechselseitiger Pflichten beherrscht das gesamte verfassungsrechtliche Verhältnis der Gliedstaaten untereinander.[862] Außerdem ergeben sich aus dem Grundsatz der Bundestreue (aus dem Gebot des bundesfreundlichen Verhaltens) u.a. konkrete bundesstaatsfreundliche Rechtspflichten, wie z.B. Beschränkung der Hoheitsgewalt und der Kompetenzausübung von Bund und Ländern (der Landesgesetzgeber ist zur Rücksichtnahme auf die Interessen des Bundes und der übrigen Länder verpflichtet, falls die Auswirkungen eines seiner Gesetze nicht auf den Raum seines Landes

---

[859] K. Weber, Kriterien des Bundesstaates, S. 52f.
[860] K. Wendland, S. 41.
[861] BVerfGE 12, 205, 254; 43, 291, 348.
[862] BVerfGE 1, 299, 315; 12, 255.

begrenzt bleiben)[863], Verpflichtung zu gegenseitigen Hilfeleistungen (so haben z.b. die finanzstärkeren Länder den schwächeren Ländern einen horizontalen Finanzausgleich zu gewähren)[864] usw.

Im Unterschied zum Grundgesetz ist das Prinzip der Solidarität in der Verfassung Spaniens konkret verankert worden. Außer in Art. 2 SV ("Die Verfassung stützt sich ... auf die Solidarität zwischen" den Nationalitäten und Regionen) findet es sich an verschiedenen Stellen des Verfassunsgtextes, überall dort, wo die Wirtschafts-, Sozial- und Haushaltspolitik thematisiert sind (Art. 45 Abs. 2, 138 Abs. 1, 156 Abs.1, 158 SV). Gemäß Art. 138 Abs. 1 SV gewährleistet der Staat die Verwirklichung des Solidaritätsprinzips, "indem er über die Herbeiführung eines angemessenen und gerechten wirtschaftlichen Gleichgewichts zwischen den verschiedenen Teilen des spanischen Territoriums wacht und sich besonders der Gegebenheiten der Inseln annimmt". Nach der Rechtsprechung des Verfassungsgerichts Spaniens stellt das Subsidiaritätsprinzip als allgemeines kompetenzbeschränkendes Kriterium eine Schranke für das Autonomieprinzip dar, indem er als Garant der Einheit der Nation und des guten Funktionierens des Wirtschaftssystems (Art. 2, 40, 128 etc. SV) dient.[865] Das Solidaritätsprinzip begründet auch den erforderlichen Ausgleich aller Staatsgebiete untereinander durch den Interterritorialen Ausgleichsfonds (Art.158 Abs.2 SV). Darüber hinaus bildet es eine der Maßgaben für die finanzielle Autonomie der AG: Art. 156 Abs.1 SV weist darauf hin, dass jene bei der Ausübung von Finanzkompetenzen unter anderem den Grundsatz der Solidarität zu beachten haben.[866] Allgemein wird dem Prinzip daher eine ökonomische Ausgleichsfunktion beigemessen.[867] Das Prinzip der Solidarität hat noch eine Auswirkung, die über die Bindung an wirtschaftliche Fragen hinausgeht. Das Verfassungsgericht leitete eine konkrete Verpflichtung zur Zusammenarbeit zwischen Staat und Autonomen Gemeinschaften aus der in diesem Verhältnis bestehenden Pflicht zur "Treue gegenüber der Verfassung" (*fidelidad a la constitución*) ab.[868] In der Lehre wird auf die vergleichbare Bedeutung der "Bundestreue" in der föderalen Ordnung der Bundesrepublik hingewiesen.[869] Das Solidaritätsprinzip zwingt die Autonomen Gemeinschaften dazu, sich gegenüber den Interessen des Gesamtstaates nicht ablehnend zu verhalten, aber es gebietet auch allen öffentlichen Gewalten, sich loyal oder "treu" zu verhalten, die Regeln des Systems zu beachten und sich um ihre Erhaltung zu bemühen.[870] Es ist damit auch ein Prinzip der Verfassunsgtreue.

---

[863] Freilich kann ein Landesgesetz wegen Verletzung dieser Schranken nur dann verfassungswidrig verworfen werden, wenn der Landesgesetzgeber seine Ermessensfriheit offensichtlich mißbraucht hat. BVerfGE 4, 140f.; 12, 205, 239; 14, 197, 215; 43, 291, 348.

[864] BVerfGE 1, 117, 131.

[865] Vgl. K. Wendland, S. 97.

[866] Vgl. L. López Guerra, Politische Dezentralisierung in Spanien, S. 83-84.

[867] Vgl. T. Wiedmann, S. 197.

[868] STC 11/1986.

[869] Vgl. E. Alberti, Kooperation und Konflikt, S.138; M. J. Montoro Chiner, Spanien als Staat der Autonomen Gemeinschaften, in: DöV, 3/1987, S. 88.

[870] Vgl. K. Wendland, S. 97; M. J. Montoro Chiner, Spanien als Staat der Autonomen Gemeinschaften, in: DöV, 3/1987, S. 88.

Auch in der georgischen Verfassung soll der Grundsatz der Bundestreue oder der Solidarität genauso umfassend normiert werden wie es in der spanischen Verfassung der Fall ist. Er soll als eines der grundlegenden Verfassungsprinzipien anerkannt werden, aus dem konkrete gegenseitige Verpflichtungen ergeben. Wie in Spanien und Deutschland wird der Grundsatz der Solidarität auch in Georgien vor allem als Schranke der Kompetenzausübung dienen, die Verpflichtung zu gegenseitigen Hilfeleistungen z.b. beim Finanzausgleich begründen und insbesondere eine allgemeine Pflicht zur gegenseitigen Koopertaion, Koordination und ggf. auch Einigung begründen. Um die gegenseitige Hilfe unter den Regionen zu gewährleisten, kann in Georgien z.b. die spanische Erfahrung der Verwirklichung des Solidaritätsprinzips verwendet werden: In Spanien gewährte zwar die Verfassung den Autonomen Gemeinschaften einen hohen Grad an Finanzautonomie, sah aber ein Steuersystem vor, in dem nicht nur die von allen Spaniern zu zahlenden nationalen Steuern durch zentralstaatliches Gesetz zu regeln waren, sondern auch die allgemeinen Richtlinien zur Errichtung von Regionalsteuern. Folglich werden (außer im Baskenland und Navarra) die wichtigsten Steuern, Einkommensteuer eingeschlossen, von der Zentralregierung festgelegt und beigesteuern. Das Parlament legt im jährlichen Haushaltsgesetz die Summe der Mittel fest, die dann jeder Autonomen Gemeinschaft übertragen werden. Demzufolge können die Autonomen Gemeinschaften gegenwärtig frei bestimmen, wie diese Gelder verwendet werden, aber die aktuelle Summe ihres Einkommens nicht festlegen.[871] Die Einführung eines solchen Systems wird es der Zentralregierung gestattet, öffentliche Mittel unter den Regionen so aufzuteilen, dass die weniger entwickelten Autonomien bevorzugt werden.

### 3. Staatsaufsicht und Staaszwang

Das Grundgesetz und die spanische Verfassung sehen verwaltungsmäßige Maßnahmen vor, die im Einzelfall dem Zentralstaat einen Durchgriff auf die Gewalt der Länder bzw. der Autonomen Gemeinschaften ermöglichen und ihnen insofern eine einseitige Handhabe bieten, Konflikte repressiv zu lösen. So normiert das Grundgesetz in Art. 84 und 85 eine unselbständige *Bundesaufsicht*, d.h. eine Aufsicht des Bundes über die Länder insoweit, als diese Bundesgesetze ausführen. Nach Art. 84 Abs. 3 S. 1 GG übt die Bundesregierung die Aufsicht darüber aus, dass die Länder die Bundesgesetze dem geltenden Rechte gemäß ausführen. Wenn es um die Ausführung durch die Länder im Auftrage des Bundes geht (Bundesauftragsverwaltung), dann erstreckt sich die Bundesaufsicht auf Gesetzmäßigkeit und Zweckmäßigkeit der Ausführung (Art. 85 Abs. 4 S. 1 GG).[872]

Nach Art. 37 Abs.1 GG steht dem Bund das äußerste Mittel des *Bundeszwangs* zur Verfügung. Wenn ein Land die ihm nach dem Grundgesetz obliegenden Bundespflichten nicht erfüllt, kann die Bundesregierung mit Zustimmung des Bundesrates die notwendigen Maßnahmen treffen, um das Land zur Erfüllung seiner

---

[871] Vgl. hierzu L. López Guerra, Politische Dezentralisierung in Spanien, S. 83-84. Mehr zur spanischen Finanzverfassung s. oben S. 150ff.
[872] Mehr dazu vgl. oben S. 239.

Pflichten anzuhalten. Art.37 GG will jedoch nicht nur den Bundeswillen durchsetzen, sondern ist auch ein Institut des Verfassungsschutzes im Bundesstaat.[873] Zur Durchführung des Bundeszwanges hat die Bundesregierung oder ihr Beauftragter das Weisungsrecht gegenüber allen Ländern und ihren Behörden (Art. 37 Abs. 2 GG).[874] Die spanische Verfassung zählt in Art. 153 die möglichen Kontrollmechanismen seitens des Staates über die Autonomen Gemeinschaften auf. Gemäß diesem Artikel wird die Kontrolle über die Aktivität der Organe der Autonomen Gemeinschaften ausgeübt: a) Durch das Verfassungsgericht die Kontrolle der Verfassungsmässigkeit ihrer normativen Verfügungen mit Gesetzeskraft; b) Durch die Regierung, nach vorheriger Anweisung durch den Staatsrat, die Kontrolle der Ausübung der delegierten Funktionen, auf die sich Art. 150 Absatz 2 bezieht; c) Durch die Verwaltungsgerichtsbarkeit die Kontrolle der autonomen Verwaltung und ihrer Satzungen; d) Durch den Rechnungshof die Wirtschafts- und Haushaltskontrolle. Außerdem hat das Verfassungsgericht die Existenz einer staatlichen Aufsicht (*supervision estatal*) über die Ausführung von staatlichen Gesetzen durch die Autonomen Gemeinschaften legitimiert,[875] damit gewährleistet werden kann, dass alle Spanier gegenüber der Ausübung der staatlichen Gesetze durch die Autonomen Gemeinschaften gleich sind.[876] Art.150 Abs. 2 SV regelt die staatlichen Kontrollen im Fall delegierter Zuständigkeiten.[877]

Wie das Grundgesetz sieht auch die spanische Verfassung das äußerste Mittel der staatlichen Kontrolle und der Einwirkung auf den autonomen Hoheitsbereich - den Staatszwang (*coacción estatal*) vor. Nach Art. 155 Abs. 1 SV kann die Staatsregierung gegen die Autonome Gemeinschaft, die ihre verfassungsrechtlichen oder sich aus anderen Gesetzen ergebenden Pflichten nicht erfüllt, oder in einer Form handelt, die das Interesse Spaniens in gravierender Form verletzt, vorgehen. Zunächst hat die Staatsregierung den Präsidenten der Gemeinschaft zu pflichtgemäßem Verhalten aufzufordern, und kann, soweit hierbei erfolglos, mit Zustimmung der absoluten Mehrheit des Senats die "erforderlichen Maßnahmen" ergreifen, um das pflichtgemäße Verhalten der Autonomen Gemeinschaft bzw. den Schutz des allgemeinen Interesses zu erzwingen. Nach Art. 155 Abs. 2 SV kann die Regierung für die Durchsetzung der

---

[873] K. Stern, Staatsrecht I, § 19 III 6, S. 714; H.-J. Blanke, S. 48

[874] Der Einsatz der Bundeswehr während der Anwendung des Bundeszwanges scheidet aus. Zur Mittel des Bundeszwanges s. oben S. 102. Zu bemerken ist auch, dass während der Anwendung des Bundeszwanges das BVerfG sowohl von dem betroffenen Land als auch von der Bundesregierung angerufen werden kann (Art.93 Abs. 1 Nr. 3 GG).

[875] Mehr dazu vgl. oben S. 154-155.

[876] Vgl. K. Wendland, S. 173.

[877] Bei der sog. "hohen Aufsicht" (*Alta inspeccion*) handelt es sich um Aufsichtsrechte des Staates, die einige Autonomiestatuten diesem in ganz spezifischen Sachbereichen wie insbesondere Gesundheits- und Erziehungswesen, Sozialgesetzgebung und Arbeitsgesetzgebung gewähren. In der Regel sind dies Sachmaterien, in denen die Autonomen Gemeinschaften staatliche Gesetze ausführen.

in Absatz 1 vorgesehenen Zwangsmittel allen Behörden der Autonomen Gemeinschaften Weisungen erteilen.[878]

Art. 155 SV stellt keine bloße Übernahme des Instituts des "Bundeszwanges" und der "Bundesexekution" dar. Ein maßgeblicher Unterschied besteht darin, dass die Zwangsmittel nach Art. 155 SV erst dann angewendet werden können, wenn die vorherige Aufforderung an den Präsidenten der Autonomen Gemeinschaft ergebnislos geblieben ist. Andererseits betrifft im Gegensatz zu Art. 37 GG der Einsatz des spanischen "Bundeszwangs" nicht nur die Nichterfüllung einer von Verfassungs oder Gesetzes wegen der Autonome Gemeinschaft obliegenden Verpflichtung, sondern umfaßt auch auf Fall "eines schweren Verstoßes gegen die allgemeinen Interessen Spaniens".[879] Die bevorzugte Auslegung dieser Voraussetzung nähert sich Art. 37 GG an: Die Frage der Verletzung der Interessen ist danach zu beantworten, ob die Autonome Gemeinschaft die in der Verfassung oder in anderen staatlichen Gesetzen niedergelegten Rechtsnormen verletzt hat; eine andere Auslegung würde Willkürentscheidungen freien Raum lassen.[880]

Zur Anwendung von Staatszwang bzw. Bundeszwang ist es allerdings seit der Gründung des spanischen Staates der Autonomen Gemeinschaften bzw. der Bundesrepublik Deutschland noch nicht gekommen. Dieses äußerste Kontrollmittel ist sowohl in Spanien als auch in Deutschland als ultima ratio anerkannt.[881]

Die georgische Verfassung enthält einen Ansatz des Staatszwanges: nach Art. 73 i) GV ist der Präsident Georgiens bevollmächtigt "mit Zustimmung des Parlaments die Tätigkeit der Selbstverwaltungsorgane oder anderer Vertretungsorgane der territorialen Einheiten zu unterbinden, oder sie zu entlassen, wenn sie die Souveränität, die Integrität des Staates oder die Ausübung der verfassungsmäßigen Befugnisse der Staatsorgane gefährden." Diese Regelung muss allerdings während der verfassungsrechtlichen Bestimmung des territorialen Staatsaufbaus Georgiens ergänzt bzw. verändert werden. Vor allem müssen die Pflichten, gegen die die territoriale Einheit verstoßen haben muss, in der Verfassung oder zumindest im formellen Gesetz statuiert werden bzw. sich aus diesen ergeben. Zu diesen Pflichten muss vor allem die verfassungs- und gesetzmäßige Ausführung der zentralstaatlichen Gesetze gehören (So stellt z.B. in Deutschland eine Nichtbeachtung bindender Urteile des Bundesverfassungsgerichts einen Verstoß gegen Bundesgesetze dar (§31 BVerfGG)). Als notwendige Maßnahmen, die im Rahmen des Staatszwangs ergriffen werden können, müssen auch in Georgien "alle tatsächlich und rechtlich zur Verfügung

---

[878] Bevor die in Art.155 SV vorgesehenen Verfahren der "Aufforderung" und der Einleitung der erforderlichen Maßnahmen zur zwangsweisen Erfüllung der Verpflichtungen zur Anwendung gelangen, können die staatlichen Organe nach der Rechtsprechung des Verfassungsgerichts gleichsam in einem Vorverfahren außerhalb der Modalitäten des Art. 155 SV eine formlose Aufforderung an die Autonome Gemeinschaft richten, die unrichtige Vorgehensweise bei der Durchführung zu korrigieren.

[879] Vgl. H.-J. Blanke, S. 113.

[880] Vgl. K. Wendland, S. 213.

[881] Vgl. I.v. Münch, Bross, Grundgesetz-Kommentar, Art. 85 Rn. 15; vgl. auch F. Ossenbühl, Landesbericht Bundesrepublik Deutschland, S. 139

stehenden Machtmittel",[882] die zur Durchsetzung der Pflichterfüllung geeignet und erforderlich sind, angesehen werden.[883] Diese können sein: Ersatzvornahme, Einbehaltung von Leistungen, Einsatz von Polizeikräften, Übernahme von Regierungs- oder Verwaltungsfunktionen.[884] Die Entscheidung über die Anwendung des Staatszwanges muss natürlich mit der Zustimmung des Senats - der Kammer der territorialen Einheiten - getroffen werden.

Auch andere Kontrollmechanismen wie z.b. Staatsaufsicht über die territorialen Einheiten insoweit, als diese staatliche Gesetze ausführen, oder Staatsaufsicht im Fall deligierter Zuständigkeiten sollen in der georgischen Verfassung festgelegt werden. Die staatliche Kontrolle muss sich allerdings innerhalb der verfassungsmäßigen Grenzen bewegen, damit die territorialen Einheiten nicht über die Staatsaufsicht in eine von der Staatshierarchie abhängige Lage geraten. Den territorialen Einheiten muss die Möglichkeit gewährleistet werden sich gegen die staatlichen Eingriffe vor dem Verfassungsgericht zu wehren. Als noch ein Kontrollinstrument des Zentralstaates kann in der Verfassung auch die Anfechtung autonomer Normativbestimmungen durch die Zentralregierung vorgesehen werden. Ein solches Verfahren ist in Art. 161 Abs. 2 SV festgelegt worden. Gemäß dieser Regelung kann die Regierung innerhalb von zwei Monate nach Veröffentlichung oder Kenntnisnahme alle Normativbestimmungen ohne Gesetzeskraft oder Beschlüsse jedweden Organs der Autonomen Gemeinschaft vor dem Verfassungsgericht anfechten.[885] Die verfassungsgerichtliche Anfechtung hat hierbei die wichtige Besonderheit, dass sie für die angegriffene Bestimmung oder den Beschluß unmittelbar aufschiebende Wirkung entfaltet. Das Verfassungsgericht muss jedoch die angefochtene Bestimmung gegebenenfalls "binnen einer Frist von 5 Monaten ratifizieren oder endgültig aufheben" (Art.161 Abs.2 SV).[886] Diese Vorschrift wird auch in Georgien der Zentralregierung eine Kontrollmöglichkeit gegenüber der territorialen Einheiten und eine Handhabe gegen die Inkraftsetzung von autonomen Beschlüssen geben. Die autonomen Regierungen werden hingegen (wie in Spanien) keine derartige Möglichkeit gegenüber den zentralstaatlichen Normativbestimmungen haben. In der Verfassung Georgiens muss allerdings festgeschrieben werden, dass die Zentralregierung das Anfechtungsrecht nur gegen die Bestimmungen der territorialen

---

[882] Maunz, in: Maunz/Dürig/Herzog/Scholz, Art. 37, Rn. 47.

[883] H.-J. Blanke, S. 48; Selbst eine Ersatzvornahme einschließlich des Erlasses von Gesetzen wird als ein zulässiges Instrumentarium erachtet, vgl. K. Stern, Staatsrecht I, § 19 III 6, S. 716f.

[884] Die spanische Verfassung schweigt zwar im einzelnen über die "erforderlichen Zwangsmittel", aber diese dürften – dies ergibt sich aus Absatz 2 des Art. 155 SV – die Auflösung autonomer Organe und deren Ersetzung durch staatliche umfassen, soweit die Rechts- oder Interessensverletzung der Autonomen Gemeinschaft insgesamt und nicht nur einem Ihrer Organe zuzurechnen ist.

[885] Aufgrund der Verweisung kann der Staat im Rahmen dieses Anfechtungsrechts zunächst die handelnde Behörde selbst im Wege des aussergerichtlichen Verfahrens um Anfebung der Bestimmung ersuchen.

[886] Hier ist allerdings zu bemerken, dass in Spanien in der Praxis von diesem Anfechtungsrecht kaum Gebrauch gemacht worden ist, vgl. F. Rubio Llorente, die Verfassungsgerichtsbarkeit in Spanien, in: Starck/Weber (Hrsg.), Verfassungsgerichtsbarkeit in Westeuropa, Bd. 1, S. 267.

Einheiten mit niedrigem Status und nicht gegen die der Autonomen Republiken anwenden kann.

## 4. Die Verfassungsgerichtsbarkeit

Weder der Homogenitätsgrundsatz noch der Grundsatz der Bundestreue oder der Solidarität vermögen Interessensgegensätze, die zu Reibungen oder Streitigkeiten zwischen Zentralstaat und territorialen Einheiten führen können, zu verhindern. Deshalb sind die verfassungsrechtlichen Mittel zu nennen, die sowohl den territorialen Einheiten als auch dem Zentralstaat die Möglichkeit geben, im Einzelfall den Streit von einer unabhängigen Instanz verobjektiviert lösen zu lassen.[887] Die Verfassungsgerichtsbarkeit dient dem „gerichtlichen Schutz des Verfassungsrechts zur Gewährleistung des verfassungsmäßigen Funktionierens des Staates." Sie ist sowohl in Spanien als auch in Deutschland wesentlicher Hüter der verfassungsrechtlichen Ordnung. (Besonders in Spanien war der Prozess der Machtübertragung oft durch Konflikte charakterisiert. Diese Konflikte fanden ihren Ausdruck oft in juristischen Kategorien, woraus eine beträchtliche Intervention von seiten des spanischen Verfassungsgerichts resultierte.[888]) Sowohl in Deutschland als auch in Staaten gehört die Garantie der verfassungsmäßigen Komptenzverteilung zu den wesentlichen Aufgaben der Verfassungsgerichtsbarkeit; so sind die Entscheidungen über Kompetenzstreitigkeiten ein konstitutives Merkmal eines Verfassungsgerichts föderativer Systeme. Hier sind die vertikalen Kompetenzkonflikte (zwischen Zentralstaat und territorialen Einheiten) von den horizontalen (unter territorialen Einheiten) zu unterscheiden (Art. 93 Abs. 1 Nr. 4 GG sowie Art. 161 Abs. 1 c) SV). Ebenfalls zum Kernbereich der Verfassungsjurisdiktion in den politisch dezentralisierten wie Bundesstaaten gehört die Kontrolle zentral- und/oder gliedstaatlicher Normen als föderative Streitigkeiten im weiteren Sinne (Art. 93 Abs. 1 Nr. 2 GG sowie Art. 161 Abs. 1 a) SV).

Das Verfassungsgericht Georgiens wurde 1996 errichtet; gemäß Art. 89 Abs. 1 GV entscheidet es u.a. "über die Vereinbarkeit der Gesetze und normativen Akte des Präsidenten, der obersten Gewaltorgane[889] von Abchasien und Adscharien mit der Verfassung". Nach dem die territoriale Ordnung Georgiens verfassungsrechtlich bestimmt wird, sollen dementsprechend auch die derzeitigen Regelungen der Verfassung über das Verfassungsgericht geändert bzw. ergänzt werden. Das Verfassungsgericht soll zukünftig die immanenten Reibungen und Streitigkeiten

---

[887] K.Wendland, S. 42.

[888] Die überwiegende Mehrheit der Kontroversen, die während des Konstruktionsprozesses spanischer Territorialordnung entstanden, wurde vom Verfassungsgericht gelöst, was auf verschiedene Gründe zurückzuführen ist. Erstens verlangte die offene, oft unpräzise Natur des Verfassungstextes eine Auslegung. Zweitens erforderte das komplexe System der Kompetenzverteilung (die Kompetenzen betrafen oft sowohl legislative als auch exekutive Befugnisse und in vielen Fällen schienen sowohl der Zentralregierung als auch den Autonomen Gemeinschaften zuzukommen) ein Einschreiten des Verfassungsgerichts, um eine endgültige Entscheidung zu treffen.

[889] "Gewaltorgane" ist die wörtliche Übersetzung des georgischen Begriffes "*chelisuflebis organoebi*" (*chelisufleba* - Gewalt, *organoebi* - Organe). Mit diesem Begriff sind sowohl gesetzgebende als auch exekutive Organe gemeint.

zwischen Zentralstaat und territorialen Einheiten über Kompetenzen und Mitwirkungsbefugnisse entscheiden. Es soll die letzte Entscheidung treffen, indem es die angegriffene Handlung auf ihre Übereinstimmung mit der georgischen Verfassung überprüfen wird. Das Verfassungsgericht Georgiens muss auch die Aufgabe der Konkretisierung und Fortbildung des georgischen Verfassungsrechts sowie den Spielraum schöpferischer Gestaltung so erfolgreich wie die Verfassungsgerichte der Bundesrepublik Deutschland und Spaniens nutzen. Dabei wird es unbedingt tief in die politischen Zusammenhänge eindringen müssen, denn das Verfassungsgericht ist diejenige Institution, die berufen ist, die Einhaltung der Verfassungsbestimmungen zu überwachen und sie autoritativ auszulegen; dies führt unweigerlich in den Bereich des Politischen. Das Verfassungsgericht Georgiens wird zukünftig zwar nicht mit politischen Streitigkeiten, aber doch überwiegend mit politischen Rechtsstreitigkeiten zu tun haben. Es muss in seiner Rechtsprechung die allgemeinen Normen der georgischen Verfassung zu einem lebendigen Bestandteil der politischen Wirklichkeit werden lassen. Nur so kann das Verfassungsgericht seine Aufgaben erfüllen und die Buchstaben der Verfassung in eine freiheitliche Ordnung von Staat und Gesellschaft umzusetzen.

In Spanien gibt es eine eigenständige Verfassungsgerichtsbarkeit der Autonomen Gemeinschaften mangels einer autonomen Verfassungsgewalt nicht, so dass die gesamte Verfassungsrechtsprechung des Staates, einschließlich der inneren Verfassungsgerichtsbarkeit der Autonomen Gemeinschaften, bei einem einzigen Verfassungsgericht konzentriert ist.[890] Die deutschen Länder verfügen hingegen über eigene Landesverfassungsgerichte, da sie eigene Verfassungsgewalt haben. Auch die Autonomen Republiken Georgiens, entsprechend ihren eigenen Verfassungen, werden Verfassungsgerichte errichten können, den anderen territorialen Einheiten wird dieses Recht allerdings verwehrt bleiben, denn sie werden nicht über die Verfassungen, sondern lediglich über die vom zentralstaatlichen Parlament durch das Organgesetz bestätigten Statute verfügen.

### 5. Das Rangverhältniss zwischen staatlichen und autonomen Normen

In einem Staat, in dem die zentralen und dezentralen Ebenen der Gewalt existieren, ist die Frage nach dem Rangverhältnis zwischen den staatlichen und autonomen Gesetzen sehr wichtig. Einige Bundesverfassungen sehen Prävalenz- oder Vorrangigkeitsklauseln vor, die sich in Normen wie „Bundesrecht bricht Landesrecht" (Art. 31 GG) ausdrücken.[891] Auch sie sind Regeln mit konfliktverhütender Zielsetzung, die als "negative Homogenitätsprinzipien" angesehen werden können.[892] Die Bundesverfassung kann in diesen Fällen eventueller gliedstaatlicher Verfassungsgestaltung unmittelbar eine Schranke setzen.[893] Aufgrund Art.31 GG[894]

---

[890] H.-J. Blanke, S. 74-75.

[891] K. Wendland, S. 41.

[892] K. Weber, Kriterien des Bundesstaates, S. 48.

[893] Ders., ebd., S. 50.

[894] Im mittelalterlichen Reich ging Ortsrecht regionalem Recht und dieses überregionalem Recht (Reichsrecht) vor. Das Reichsrecht hatte nur subsidiäre Bedeutung. Dieser für die rechtliche und

geht das Bundesrecht dem Landesrecht, das die gleiche Materie behandelt, vor, aber nur dann, falls der Bund sie Regeln darf. Denn das Grundgesetz enthält eine genaue Verteilung der Gesetzgebungszuständigkeiten zwischen Bund und Ländern. Aus dem Grundgesetz, insbesondere aus Art.70ff. ergibt sich eindeutig welches Recht der Bund setzen kann. Ist eine bestimmte Materie im Grundgesetz nicht dem Bund übertragen worden, bleiben die Länder zu ihrer Regelung zuständig (Art. 30 GG). Art. 31 GG hat daher nur Bedeutung für die Fälle, in denen Bund und Länder nebeneinander Gesetzgebungskompetenz besitzen (das ist aber höchst selten[895]). Man kann also sagen, dass die gegenwärtige Bedeutung von Art. 31 GG überschätzt wird.

Auch im neuen spanischen Autonomiestaat erfuhr das klassische Prinzip der Normenhierarchie eine Differenzierung durch das sog. Kompetenzprinzip. In der spanischen Rechtslehre wurde das Hierarchieprinzip (Art. 9 Abs. 3 SV)[896] als Maßstab für die Frage des Rangverhältnisses herangezogen und festgestellt, dass ein hierarchisches Verhältnis zwischen staatlichen und autonomen Normen grundsätzlich nicht besteht. Die gegenwärtige Normenhierarchie stellt vielmehr eine Kombination des Kompetenz- und Hierarchieprinzips dar: aus dem Kompetenzprinzips ergibt sich zunächst, wer die Regelung treffen darf; in zweiter Linie kann das Hierarchieprinzip dazu dienen, dennoch auftretende Konflikte zu lösen. Vor allem ist es also das Kompetenzprinzip, welches das Verhältnis zwischen beiden Normen bestimmt.[897] Im Bereich der ausschließlichen Gesetzgebung ist sowieso klar wer welche Materie regeln darf. Im Bereich der geteilten Kompetenzen ist eine Norm der Autonomen Gemeinschaft, die den in dem staatlichen Gesetz niedergelegten Grundlagen widerspricht, nicht deshalb nichtig, weil die staatliche Rechtsnorm niederrangig ist, sondern weil es nicht mehr im Kompetenzbereich der Autonomen Gemeinschaft gelegen hat, Regelungen zu schaffen, die den Inhalt der Grundsatznormen abändern. Wenn die Normen sich bei den konkurrierenden Zuständigkeiten inhaltlich widersprechen, muss das Kompetenzprinzip durch die Anwendung der Vorrangklausel (Art. 149 Abs.3 S.2 SV) ergänzt werden.[898] Die autonomen Rechtsnormen müssen also allenfalls auf Grund kompetenzieller Sonderregeln, nicht jedoch auf Grund einer prinzipiellen Niederrangigkeit zurückstehen.

In Georgien werden neue Normqualitäten zur Organisation des neuen Staates notwendig. Dabei kann man auf die ausdrückliche Festlegung der Vorrangigkeit des

---

politische Einheit Deutschlands hinderliche Satz wurde schon in der Paulskirche und sodann in Art.13 WV umgekehrt in "Reichsrecht bricht Landesrecht".

[895] Das ist höchst selten z. B. aber Verfassungsrecht und das Recht des Bundes und der Länder, Grundrechte zu formulieren.

[896] Art. 9 Abs. 3 SV besagt: "Die Verfassung garantiert das Prinzip der Legalität, die Normenhierarchie, die Öffentlichkeit der Normen, die Nichtrükwirkung von Sanktionsnormen, die sich ungünstig oder restriktiv auf die Rechte des einzelnen auswirken, die Rechtssicherheit, die Verantwortlichkeit und das Verbot der Willkür der Staatsgewalt".

[897] K. Wendland, S. 147; T. Wiedmann, S. 192.

[898] Art. 149 Abs. 3 S. 2 SV besagt: "Die Kompetenz in Bereichen, die von den Autonomiestatuten nicht übernommen werden, liegt beim Staat, dessen Normen im Konfliktfall Vorrang haben vor denen der Autonomen Gemeinschaften in allem, was nicht dem ausschliesslicher Kompetenz übertragen ist".

zentralstaatlichen Rechts (wie das in Art. 31 GG der Fall ist) verzichten. Denn die georgische Verfassung wird (wie das deutsche Grundgesetz) eine genaue Verteilung der Gesetzgebungskompetenzen zwischen Zentralstaat und territorialen Einheiten enthalten, aus der eindeutig bestimmt werden kann wer in welchem Bereich das Recht zu setzen hat. Dieses Kompetenzprinzip kann notfalls (wie in Spanien) durch die Anwendung der Vorrangklausel ergänzt werden, die besagt, dass die zentralstaatlichen Normen im Konfliktfall Vorrang vor denen der territorialen Einheiten in allem haben, was nicht deren ausschließlicher Kompetenz übertragen ist.[899] Zur Zeit enthalten weder die Verfassung Georgiens noch die Gesetze die Regelungen über das Rangverhältnis zwischen den zentralstaatlichen und autonomen Normen. Die einzige Bestimmung in diesem Bereich stellt die Vorschrift des Art. 23 Abs.1 des Gesetzes über die normativen Akte (GUNA) dar. Hiernach genießen die normativen Akte Georgiens eine vorrangige Stellung (sie "haben vorrangige Rechtskraft") gegenüber den normativen Akten der Autonomen Republiken, allerdings "unter Berücksichtigung des Prinzips der Zuständigkeitsverteilung.[900] Der Gesetzgeber hat damit versucht, absolute Unbestimmtheit in einer so wesentlichen Frage einigermaßen zu klären. Aufgrund dieser Vorschrift kann man das Hierarchieprinzip, wie es in Spanien existiert, heranziehen und behaupten, dass in Georgien ein hierarchisches Verhältnis zwischen staatlichen und autonomen Normen grundsätzlich nicht besteht. Die Über-Unterordnungsverhältnisse zwischen den staatlichen und autonomen Normen sind die Folge der Kombination von Kompetenz- und Hierarchieprinzip: aus dem Kompetenzprinzip ergibt sich zunächst, wer die Regelung treffen darf, in zweiter Linie kann das Hierarchieprinzip dazu dienen, dennoch auftretende Konflikte zu lösen. Vor allem ist es also das Kompetenzprinzip, welches das Verhältnis zwischen beiden Normen bestimmt.[901] Zweckmässiger wäre jedoch, wenn diese Regelung des einfachen Gesetzes während der Festlegung der verfassungsrechtlichen Grundlagen der Territorialordnung im Verfassungsgesetz (Art. 2 Abs. 3 GV) aufgenommen wird.

Zu berücksichtigen ist auch, dass nach Art. 89 Abs. 1 a) GV das Verfassungsgericht Georgiens u.a über die Vereinbarkeit der normativen Akte von Abchasien und Adscharien mit der Verfassung entscheidet. Diese Regelung muss allerdings ergänzt werden und zwar in der Weise, dass das Verfassungsgericht Georgiens über die Vereinbarkeit der Normen von allen territorialen Einheiten (und nicht nur von Abchasien und Adscharien) mit dem zentralstaatlichen Recht entscheidet. Ähnliche Regelung sieht auch das Grundgesetz vor.[902]

---

[899] Mehr dazu s. oben S. 138ff.

[900] Art. 23 Abs. 1 GUNA lautet: "Unter Berücksichtigung des Prinzips der Zuständigkeitsverteilung haben die normativen Akte Georgiens vorrangige Rechtskraft gegenüber der normative Akte der autonomen Republiken".

[901] Nach Abs. 2 des Artikels 23 GUNA hat allerdings der normative Akt des Präsidenten Georgiens die "vorrangige Rechtskraft" gegenüber den normativen Akte der Organen (Amtspersonen) der exekutiven Gewalt der Autonomen Republiken Abchasien und Adscharien.

[902] Bei Meinungsverschiedenheiten oder Zweifeln über die Vereinbarkeit von Landesrecht mit Bundesrecht entscheidet hierüber auf Antrag der Bundesregierung, einer Landesregierung oder eines Drittels der Mitglieder des Bundestags das BVerfG (Art. 93 Abs. 1 Nr. 2 GG).

**B.** *Mitwirkung der territorialen Einheiten*
*am zentralstaatlichen Geschehen*

Die Mitwirkung der territorialen Einheiten an der Willensbildung und Zusammensetzung des Zentralstaates ist wesentliches Element aller Definitionen des Bundesstaates. Wichtigstes Mitwirkungsinstrument der territorialen Einheiten am zentralstaatlichen Geschehen ist die Länderkammer, das sog. "Oberhaus" des Parlaments, durch die Vertreter der territorialen Einheiten an der Aufgabenerfüllung der zentralstaatlichen Legislative beteiligt werden. Die Institution, die in der Bundesrepublik Deutschland die Beteiligung der Länder bei der Bundeswillensbildung garantiert und in der sich diese Beteiligung verwirklicht, ist der Bundesrat.[903] Unbedingt hervorzuheben ist dazu, dass die grundsätzliche Mitwirkung der Länder bei der Gesetzgebung der Unantastbarkeitsgarantie des Art. 79 Abs. 3 GG unterliegt, womit das Mitbestimmungsrecht der Länder an der Willensbildung des Bundes zu einem Hauptcharakteristikum des bundesstaatlichen Prinzips erklärt worden ist.[904] Auch in Spanien ist die Mitwirkung der Autonomen Gemeinschaften an der staatlichen Willensbildung vor allem durch deren Vertretung im Senat vorgesehen: Art. 69 Abs. 1 SV verankert den Senat als Kammer der "territorialen Vertretung". Der Senat nimmt aber im Gesamtbild der Aufgabenverteilung zwischen beiden Kammern des Parlaments eine deutlich untergeordnete Position ein. Er hat keinerlei Mittel, seine Änderungsvorschläge zu den Gesetzen durchzusetzen, selbst dann nicht, wenn es sich um staatliche Gesetze handelt, die, wie die Grundlagengesetze, die Interessen der Autonomen Gemeinschaften besonders berühren. Nach Art. 90 Abs. 2 SV besitzt der Senat bei einfachen Gesetzen sowie bei Organgesetzen lediglich ein Einspruchs-, aber kein Zustimmungsrecht. Für viele Entscheidungen ist das sog. "Unterhaus" - das Abgeordnetenhaus - allein[905] und nur für einige sind beide Kammern zuständig.[906] Der spanische Senat ist weit davon entfernt, eine "Zweite Kammer" im Stil des deutschen Bundesrates zu sein, durch den die Länder bei der Gesetzgebung und Verwaltung des Bundes mitwirken. Er ist in der Regel bloße Zweitlesungskammer mit Vetorecht, das vom Kongreß mit Mehrheitsentscheidungen übergangen werden kann.[907] Die in Art.

---

[903] Vgl. Art. 50-53 GG; aus der Literatur: Der Bundesrat als Verfassungsorgan und politische Kraft, 1974.

[904] Vgl. Stern, Staatsrecht I, §19 III 8, S. 728; H.-J. Blanke, S. 51.

[905] Z. B. die Amtseinsetzung des staatlichen Ministerpräsidenten (Art. 99 Abs. 3 SV), die Beteiligung an der Verhängung der verschiedenen Ausnahmezustände (Art. 116 SV). Auch nur das Abgeordnetenhaus kann dem Ministerpräsidenten die Vertrauensfrage stellen und das Misstrauensvotum abgeben (Art. 112, 113 SV).

[906] Die Cortes Generales – und als ihr Bestandteil der Senat – sind im Falle der Rahmengesetzgebungskompetenz gemäß Art. 150 Abs. 1 SV für die Ermächtigung der Autonomen Gemeinschaften zuständig, in dem von einem staatlichen Gesetz gesetzten Rahmen gesetzgeberisch tätig zu werden. Im Falle der Harmonisierungsgesetzgebung gemäß Art. 150 Abs. 3 SV obliegt es beiden Kammern, mit absoluter Mehrheit dessen Erforderlichkeit festzustellen. Die Anwendung des Staatszwanges gegen die Autonomen Gemeinschaften gemäß Art. 155 SV muss vom Senat mit absoluter Mehrheit gebilligt werden.

[907] Ist ein Gesetzesvorschlag von der Plenarmehrheit des Abgeordnetenhauses angenommen worden, so kann der Senat mit absoluter Mehrheit ein Veto einlegen oder Änderungsvorschläge machen.

69 SV geregelte Zusammensetzung des Senats führt außerdem dazu, dass nur etwa ein Fünftel (nämlich 47) aller Senatoren von den Autonomen Gemeinschaften ernannt werden. Gemäß Art. 69 Abs. 5 SV stellen die Autonomen Gemeinschaften jeweils nur einen Senator und einen weiteren für jede Million Einwohner. Daneben werden nach Art. 69 Abs. 2 SV in jeder Provinz von den Stimmberechtigten auf Grund allgemeiner, freier, gleicher, unmittelbarer und geheimer Wahlen vier Senatoren gewählt. Nur die von den Autonomen Gemeinschaften ernannten, nicht unbedingt die in den Provinzen gewählten Senatoren sind jedoch echte Repräsentanten der Autonomie.[908]

In der spanischen Lehre besteht Übereinstimmung, dass das Orientierungsmodell bei der Reform des Senats der deutsche Bundesrat ist.[909] Durch den Bundesrat wirken die Länder bei der Gesetzgebung und Verwaltung des Bundes und in Angelegenheiten der Europäischen Union mit (Art. 50 GG). Der Bundesrat besteht aus weisungsgebundenen Mitgliedern der Regierungen der Gliedstaaten (Art. 51), er ist aber Bundesorgan und nicht "Ländervertretung" oder "Länderorgan".[910] Der Bundesrat ist am Zustandekommen aller Gesetze beteiligt, die in die Gesetzgebungskompetenz des Bundes fallen – unabhängig davon, ob der Bund das Gesetz aufgrund seiner ausschließlichen, seiner konkurrierenden oder seiner Zuständigkeit für die Rahmengesetzgebung erläßt.[911] In zahlreichen Fällen der Bundesgesetzgebung bei dem das administrative oder fiskalische Interesse der Länder berührt ist, ist aufgrund entsprechender enumerativer Regelungen des Grundgesetzes die Zustimmung des Bundesrates erforderlich.[912] Ein Zustimmungserfordernis ergibt sich auch in zahlreichen Fällen von Verordnungen der Bundesregierung[913] und bei den verfassungsändernden Gesetzen: Wenn die verfassungsändernden Gesetze, die der Bundestag mit Zweidrittelmehrheit beschlossen hat, nicht ebenfalls die Zustimmung einer Zweidrittelmehrheit im Bundesrat erlangen, ist keine Verfassungsänderung möglich (Art. 79 Abs. 2 GG – ein absolutes Vetorecht). Nicht nur diese Regelungen,

---

Nach Art. 90 Abs. 2 S. 3 SV kann jedoch das Abgeordnetenhaus, bevor es dem König den Gesetzesvorschlag zur Ratifizierung vorlegt, das Veto des Senats mit einem Beschluss der absoluten Mehrheit aufheben. Wird die absolute Mehrehit im Abgeordnetenhaus nicht erreicht, genügt für die Aufhebung des Vetos nach Ablauf von zwei Monaten sogar die einfache Mehrheit.

[908] Vgl. M. J. Montoro Chiner, Landesbericht Spanien, S. 190. "Der Senat repräsentiert Spanien als ganzes" – so L. López Guerra, Politische Dezentralisierung in Spanien, S. 86.

[909] Ein bescheidener Vorschlag würde es sein, die gegenwärtige Zusammensetzung des Senats beizubehalten, aber einer Großen Kommission des Senats besondere Befugnisse zu verleihen, die aus denjenigen Senatoren bestünde, die als Vertreter der Autonomen Gemeinschaften gewählt sind, vgl. L. López Guerra, Politische Dezentralisierung in Spanien, S. 90.

[910] Vgl. Kilper/Lhotta, S. 115.

[911] Der Bundesrat besitzt das Einspruchsrecht bei sog. Einspruchsgesetzen (Art. 77 Abs. 3 S. 1 GG) und das Zustimmungsrecht bei Zustimmungsgesetzen (Art. 77 Abs. 1, 2a, GG).

[912] Z. B. Art.29 Abs. 7; 74a; 79 Abs.2; 84 Abs. 1 und 5; 85 Abs.1; 87 Abs.3; 87b Abs.1 und 2; 87c; 87d Abs.2; 87e; 91a Abs.2; 104a Abs.3-5; 105 Abs.3; 106 Abs.3-6; 106a; 107 Abs.1; 108 Abs.2, 4 und 5 usw.

[913] Vgl. Art. 80 Abs. 2 S. 1, 119 S. 1 und 129 Abs. 1 GG.

230

sondern auch die Rechtsprechung des Bundesverfassungsgerichts[914] geben dem Bundesrat ein erhebliches gesetzespolitisches Gewicht.[915]

Wie in Spanien und Deutschland aber auch in allen anderen Staaten mit dem bikammeralen Parlament, wird auch in Georgien die Kammer der Vertreter der territorialen Einheiten das wichtigste Mitwirkungsinstrument dieser Einheiten am zentralstaatlichen Geschehen darstellen. Art. 4 Abs. 3 GV sieht vor, dass der Senat - das Oberhaus des zukünftigen georgischen Parlaments - wird aus den in Abchasien, Adscharien und in anderen territorialen Einheiten Georgiens gewählten Mitgliedern und aus den 5 vom Präsidenten Georgiens ernannten Mitgliedern bestehen. Diese Regelung besagt, dass der Senat aus Volkswahlen und nicht aus indirekten Wahlen über Volksvertreter oder aus Ernennungen hervorgehen soll. Man kann aber bei der Bestimmung des territorialen Staatsaufbaus diese Regelung ändern und zwar in der Weise, dass die Senatoren sowohl auf Grund der Volkswahlen gewählt als auch von den autonomen Regierungen ernannt werden. Dabei muss die Zahl sowohl der gewählten als auch ernannten Senatoren gleich sein. Außerdem sollen die Autonomen Republiken aufgrund ihres höheren verfasungsrechtlichen Status durch mehr Senatoren im Senat repräsentiert werden als andere territoriale Einheiten. Diese werden seinerseits über die gleiche Zahl der Senatoren im Senat verfügen.

Besondere Bedeutung kommt natürlich der Festlegung der Befugnisse des Senats und seiner Beziehungen zum Unterhaus (zum "Rat der Republik" - Art. 4 Abs. 1 GV) zu. Der Senat wird ohne Zweifel die "Schlüsselinstanz" dafür, dass der politisch dezentralisierte georgische Staat auch in der Praxis funktioniert. Genau deshalb bedarf Georgien einer Kammer, in der die territorialen Einheiten in den sie betreffenden Angelegenheiten mitentscheiden. Nur wenn die territorialen Einheiten über den Senat am staatlichen Gesetzgebungsprozess beteiligt werden, können sich die Konflikte vermindern, die andernfalls als einzigen Ausweg nur die Anrufung des Verfassungsgerichts lassen (wie das in Spanien 1980-1992 der Fall war[916]). Deshalb soll in Georgien der Senat am Zustandekommen der Gesetze beteiligt werden und zwar nicht nur mit dem suspensiven, sondern auch mit dem absoluten Vetorecht. D.h., dass in zahlreichen Fällen der Gesetzgebung bei dem das administrative oder fiskalische Interesse der territorialen Einheiten berührt ist, soll aufgrund entsprechender Regelungen der Verfassung die Zustimmung des Senats erforderlich sein. Ein Zustimmungserfordernis soll auch bei den verfassungsändernden Gesetzen bestehen. Diejenige Angelegenheiten und Gesetzen, die der Zustimmung des Senats

---

[914] Das Bundesverfassungsgericht hat die Zustimmungsbedürftigkeit dahin ausgelegt, dass dann, wenn nur eine Bestimmung eines Gesetzes eine Zustimmungsbedürftigkeit begründet, das ganze Gesetz zustimmungsbedürftig ist, vgl. BVerfGE 8, 274, 294; vgl. BVerfGE 37, 363ff.

[915] H.-J. Blanke, S. 51; vgl. M. Bothe, Föderalismus und regionale Autonomie, S. 138; H. Laufer, Föderalismus und Verfassungsgerichtsbarkeit, S. 432.

[916] So wurden z. B. in den 12 Jahren zwischen 1980 und 1992 über 800 Fälle, die mit der Kompetenzübertragung zu tun hatten, vor das spanische Verfassungsgericht gebracht, was in 400 überlieferten Urteilen bis Ende 1993 resultierte. Im Kontrast dazu hat das deutsche Bundesverfassungsgericht in den 27 Jahren zwischen 1953 und 1980 lediglich 43 Urteile, d.h. weniger als zwei Urteile im Jahr, über vergleichende Streitfragen gesprochen, L. López Guerra, Politische Dezentralisierung in Spanien, S. 87.

bedürfen, sollen in der Verfassung deutlich bestimmt werden. Als Musterbeispiel kann hier das Grundgesetz der Bundesrepublik Deutschland dienen, in dem ausdrücklich auf die zustimmungsbedürftigen Fragen hingewiesen wird.[917]

## C. Das Kompetenzverteilungssystem

Bekanntlich kommt der Zuständigkeitsverteilung in den Bundes- oder politisch dezentralisierten Staaten eine zentrale Bedeutung zu. Die Kompetenzverteilung der zentralstaatlichen Verfassung ermöglicht den territorialen Einheiten die Wahrnehmung ihrer Gesetzgebungs- und Verwaltungskompetenzen, gelegentlich auch von Kompetenzen im Bereich der Judikativen. Wie in anderen Bundesstaaten wird auch in Georgien die Funktionsfähigkeit des neuen Staates nachhaltig von der Ausgewogenheit des Verteilungsprinzips abhängen. Deshalb ist ein System zu finden, das eine lückenlose und klare Aufteilung sämtlicher staatlicher Aufgaben, Kompetenzen und Verantwortlichkeiten auf Zentralstaat und territoriale Einheiten sicherstellt und zwar dergestalt, dass unter zentralstaatlichen, aber ebenso unter Gesichtspunkten der territorialen Einheiten die Kompetenzverteilung effektiv, sinnvoll ausgewogen wird.

Den Bundesstaat kennzeichnet die Aufteilung der Kompetenzen zwischen Zentralstaat und Gliedstaaten[918] in der Weise, dass die gesamten Staatsaufgaben nach Sachgebieten (Materien) aufgeteilt sind, wobei dann dem mit einer Materie betrauten Staat (Bund oder Land) auf dem betreffenden Gebiet sowohl gesetzesgebende wie auch vollziehende und rechtsprechende Funktionen zukommen (z.B. sind hierbei, wie im Prinzip etwa in den USA, die Länder dann für Strafrecht, Strafverfolgung, Strafvollzug und Strafgerichtsbarkeit zuständig). Für die Aufteilung der Zuständigkeiten auf Zentralstaat und Gliedstaaten besteht auch eine andere Möglichkeit: Jeder der drei Funktionsbereiche (Gewalten) wird insgesamt entweder dem Bund oder den Ländern übertragen (z.B. Gesetzgebung dem Bund, Verwaltung und Rechtsprechung den Ländern). Und außerdem, können die jeweiligen Zuständigkeiten auch nach Materien und Funktionen unterschiedlich verteilt werden (Aufteilung nach Sachgebieten und Funktionsbereichen) mit der Folge, dass auf manchen Gebieten insbesondere die Gesetzgebung Sache des Zentralstaates, der Vollzug der Bundesgesetze dagegen Sache der Gliedstaaten ist. Dies bedeutet, dass wenn etwa der Bund für eine Materie die Gesetzgebungskompetenz besitzt, daraus nicht auch die entsprechende Verwaltungskompetenz abgeleitet werden kann. Vielmehr muss für jeden Funktionsbereich eines jeden Sachgebietes die Zuständigkeitsfrage gesondert geprüft und festgestellt werden.

---

[917] Z.B. Art.29 Abs. 7; 74a; 79 Abs.2; 84 Abs. 1 und 5; 85 Abs.1; 87 Abs.3; 87b Abs.1 und 2; 87c; 87d Abs.2; 87e; 91a Abs.2; 104a Abs.3-5; 105 Abs.3; 106 Abs.3-6; 106a; 107 Abs.1; 108 Abs.2, 4 und 5; 109 Abs.3 und 4; 115a Abs.1; Art.115c Abs.1; 115d Abs.2; 115l Abs.1 und 2; 119.
[918] Vgl. H.-P. Schneider, Die Bundesstaatliche Ordnung im vereinigten Deutschland, S. 22.

In der Bundesrepublik Deutschland liegt der bundesstaatlichen Aufgabenverteilung durch das Grundgesetz ein spezifisches System zugrunde. Die Aufgabenverteilung zwischen Bund und Ländern findet im Grundgesetz nicht nach Sachgebieten, sondern nach Staatsfunktionen – Gesetzgebung, Verwaltung, Rechtsprechung – statt.[919] Dabei ist für bestimmte Aufgaben nur der Bund zuständig, für andere Aufgaben zeichnen sich jedoch ausschließlich die Länder verantwortlich.[920] Wie die meisten föderalistischen Verfassungen verfolgt auch das Grundgesetz bei der Aufgabenverteilung das Konzept, enumerativ die gesamtstaatlichen Zuständigkeiten aufzuführen und die von dieser Aufzählung nicht erfaßten Kompetenzen als Residualkompetenzen den Gliedstaaten zuzuweisen.[921] So stellt Art. 30 GG eine Zuständigkeitsvermutung zugunsten der Länder auf[922] (Art. 72 GG zählt die Gegenstände der ausschließlichen Gesetzgebung des Bundes auf). Die Zuständigkeitsvermutung zugunsten der Länderkompetenz als bundesverfassungsrechtliche Grundregel über die Verteilung der Zuständigkeiten zwischen Bund und Ländern legt fest, dass eine staatliche Aufgabe und die Ausübung öffentlicher Gewalt in Gesetzgebung, Vollziehung und Rechtsprechung dem Bund nur zusteht, wenn sich dem Grundgesetz eine entsprechende Kompetenz des Bundes entnehmen lässt. Ist das nicht der Fall, so fällt der Gegenstand in die Zuständigkeit der Länder. Die Grundregel des Art. 30 GG wird für die Gesetzgebung in Art. 70 GG, für die Verwaltung in Art. 83 GG und für die Rechtsprechung in Art. 92 GG spezifiziert.[923]

Im Gegensatz zum Grundgesetz ist das System der Kompetenzverteilung der spanischen Verfassung sehr komplex, weil uneinheitlich.[924] Die Verfassung geht – zumindest ihrer äußeren Form nach – vom System der bilateralen Enumeration (Zwei-Listen-System) aus. In Art. 148 listet die Verfassung Materien auf, die von allen Autonomen Gemeinschaften mittels der Statuten übernommen werden können. In der folgenden Vorschrift, in Art. 149 Abs. 1 umschreibt sie enumerativ die ausschließlichen Zuständigkeiten (*competencias exclusivas*) des Staates.[925] Bei der Aufzählung der einzelnen Materien in diesem Absatz werden jedoch Bereiche genannt, bezüglich derer die Autonomiestatute gemäß Art. 148 Abs.1 SV gewisse

---

[919] Vgl. Kilper/Lhotta, S. 101; H.-J. Blanke, S. 42.

[920] Das Grundgesetz legt allerdings auch fest, dass in bestimmten Bereichen der Bund einen Teil der betreffenden Aufgabe erledigt, während die Länder einen Teil derselben Aufgabe zu übernehmen haben, so dass bei der Erfüllung derartiger Staatsaufgaben eine Verflechtung zwischen Bund und Ländern besteht. Vgl. hierzu T. F. W. Schodder, Föderative Gewaltenteilung in der Bundesrepublik Deutschland, 1989.

[921] Vgl. E. Klein,, Föderalistische Strukturen, S.4; M.Bothe, Die Kompetenzstruktur des modernen Bundesstaates in rechtvergleichender Sicht, S. 137; vgl. auch das 10. Amendment zur US-amerikanischen Verfassung, Art. 3 der schweizerischen BV; sec. 107 der australischen Verfassung.

[922] Dabei liegt das Schwergewicht der Gesetzgebung eindeutig beim Bund, während Verwaltung und Rechtsprechung überwiegend Sache der Länder sind.

[923] Die Kompetenzverteilung im Finanzwesen ist Gegenstand der Finanzverfassung (Art. 104a ff. GG).

[924] M.J. Montoro Chiner, Landesbericht Spanien, S. 181.

[925] Art. 149 Abs. 3 SV ergänzt diese doppelte Listensystem um eine Residualklausel zwecks Regelung jener Bereiche, die in keiner der beiden Listen aufgeführt sind. Vgl. T. Wiedmann, S. 201; H.-J. Blanke, S. 76.

Kompetenzen für die Autonomen Gemeinschaften übernehmen können. Vielfach ist nicht zu erkennen, wo die Grenzen der staatlichen Kompetenzen in Art. 149 Abs. 1 SV genau verlaufen. Die Verfassung definierte die "ausschließlichen Kompetenzen" nicht als eine einheitliche Kategorie, die sich von den geteilten Kompetenzen abgrenzen ließe. Problematisch ist auch, welche Bedeutung und Einschränkungen die Begriffe "Basis", "Basisnorm", "Grundlage", "grundlegende Gesetzgebung" beinhalten. So sind in Art. 149 Abs. 1 die "grundlegenden Bedingungen" (*condiciones basicas*, Art. 149 Abs. 1 Nr. 1), die "Grundlagen" (*bases*, Art. 149 Abs. 1 Nr. 11, 13, 18, 25), die "Grundlagengesetzgebung" (*legislacion basica* Art. 149 Abs. 1 Nr. 17, 23), einfach nur die "Gesetzgebung" (Art. 149 Abs. 1 Nr. 9) oder aber die "Gesetzgebung" (Art. 149 Abs. 1 Nr. 6, 7) genannt.[926] Das Kompetenzverteilungssystem ist daher in der spanischen Rechtswissenschaft, wie auch das gesamte System der Dezentralisierung, als "ungenau" und "unausgeglichen" bezeichnet worden.[927]

Nach den oben dargelegten Untersuchungen[928] der Kompetenzordnung der spanischen Verfassung kann man sie folgendermaßen einordnen: Wenn dem Staat die Gesetzgebungskompetenz in einem Bereich zusteht, obliegt den Autonomen Gemeinschaften die verwaltungsmäßige Ausführung der staatlichen Gesetze. Steht dem Staat hingegen nur die Grundlagengesetzgebunskompetenz zu, so hat die Autonome Gemeinschaft außer der verwaltungsmäßigen Ausführung auch die Zuständigkeit für die Entwicklungsgesetzgebung inne. Der Staat hat die Rahmen-, Delegations- und Harmonisierungsgesetzgebungskompetenz gemäß Art.150 SV inne. Die Kompetenztypen der spanischen Kompetenzordnung sind auch der bundesstaatlichen Ordnung der Bundesrepublik Deutschland bekannt – allerdings mit einigen Besonderheiten. So ist z.B. die absolute ausschließliche Kompetenz auch nach bundesstaatlichem Verständnis eine ausschließliche Kompetenz, kann aber in Spanien – anders als dies in der Bundesrepublik üblich ist – auch den Autonomen Gemeinschaften zustehen.[929] Die "spanische" Rahmengesetzgebung des Art. 150 Abs.1 SV kann im weiteren Sinne als ein Typus der Rahmengesetzgebungszuständigkeit des Grundgesetzes betrachtet werden. Die Harmonisierung gemäß Art. 150 Abs. 3 SV erscheint indessen als Sonderfall, der, wenngleich auch in Spanien Ausnahmeregeln, der Bundesrepublik Deutschland (und den meisten Bundesstaaten) jedenfalls mit dieser Reichweite fremd ist.[930]

Die georgische Verfassung zählt in Art. 3 Abs.1 enumerativ die Materien auf, die der ausschließlichen Zuständigkeit der obersten Staatsorgane Georgiens unterliegen. Dadurch ähnelt die Verfassung Georgiens den Verfassungen der Bundesstaaten (auch dem Grundgesetz der Bundesrepublik Deutschland), denn "die Aufteilung der Zuständigkeiten der Bundesgewalt ist "eiserner Bestandteil" jeder Bundesstaatsverfassung".[931] In der Spanischen Verfassung treffen wir zwar das sog.

---

[926] Vgl. T. Wiedmann, S. 202.
[927] Vgl. H.-J. Blanke, S. 77; T. Wiedmann, S. 201.
[928] S. oben S. 138ff.
[929] Vgl. K. Wendland, S. 126.
[930] Vgl. Dies., a.a.O.
[931] Vgl. T. Fleiner, in: M. Frenkel, Föderalismus und Bundesstaat, Rz. 886.

System der doppelten Liste oder der zweifachen Aufzählung. Nach der Auffassung in der spanischen Literatur hat es jedoch allein semantischen Wert. Denn nach Art. 149 Abs. 3 S. 1 SV sind als Residulakompetenzen alle Kompetenzen aufzufassen, die nicht ausdrücklich durch die Verfassung der Zentralgewalt zugewiesen sind. Aber in einem System der zweifachen Liste bezieht sich die Residualkompetenz in der Regel auf die in keiner der beiden Listen aufgeführten Kompetenzen.[932] Da in der spanischen Verfassung dem Staat "ausdrücklich" nur die in Art.149 Abs. 1 aufgeführten Zuständigkeiten zustehen, sind als Residualkompetenzen auch jene Zuständigkeiten aufzufassen, die nicht in einen der von Art. 149 Abs. 1 SV zugunsten der ausschließlichen Kompetenz des Staates geregelten Bereiche fallen. Folglich beziehen sich die Residualkompetenzen nicht nur auf diejenigen Bereiche, die von keiner der beiden Listen der Art. 148 und 149 SV umfaßt werden, sondern auch auf die in Art. 148 Abs. 1 SV aufgeführten Gebiete, weil diese nicht ausdrücklich dem Staat zugewiesen sind. Das System der doppelten Liste verliert damit faktisch seinen Sinn;[933] in Wirklichkeit existiert also nur eine einheitliche Kompetenzliste – nämlich die des Art. 149 Abs. 1 SV. Lediglich diese Liste der in Art. 149 Abs. 1 SV aufgezählten Kompetenzen hat für die Kompetenzverteilung zwischen Staat und Autonomen Gemeinschaften Bedeutung, womit die spanische Verfassung dem Modell der Enumeration zentralstaatlicher Kompetenzen folgt, das für föderative Staatsordnungen typisch ist.[934]

In bezug auf die Kompetenzverteilung ist auch die Regelung des Art. 3 Abs. 2 GV von besonderem Interesse. Hier heißt es: "Die Angelegenheiten, die der einheitlichen Verwaltung unterstehen, werden einzeln bestimmt." Oben wurde bereits dargestellt, dass aufgrund dieser Regelung das Parlament Georgiens noch vor der Wiederherstellung der Jurisdiktion Georgiens im ganzen Staatsgebiet (die Voraussetzung der Bestimmung des territorialen Staatsaufbaus - Art. 2 Abs. 3 GV) durch einfaches Gesetz (wegen des ungenauen Begriffes "werden einzeln bestimmt") die der einheitlichen Verwaltung unterstehenden Angelegenheiten aufzählen und damit einige Befugnisse der territorialen Einheiten überlassen konnte.[935] Es ist offensichtlich, dass "die Angelegenheiten der einheitlichen Verwaltung" nicht die gemeinsame Regelung dieser Angelegenheiten vom Zentrum und territorialen Einheiten bedeuten. Der Begriff "die Angelegenheiten der einheitlichen Verwaltung" ist vielmehr mit den in der Rechtstheorie anerkannten "konkurrierenden Kompetenzen" zu vergleichen. So besteht z.B. nach dem Grundgesetz die konkurrierende Gesetzgebung des Bundes darin, dass die Länder in diesem Bereich nur dann Gesetzgebungsbefugnisse haben, wenn der Bund ihn nicht geregelt hat (Art. 72 Abs. 1 GG - "..., solange und soweit der Bund von seiner Gesetzgebungszuständigkeit nicht durch Gesetz Gebrauch gemacht hat"). Art.74 GG zählt enumerativ die Gegenstände der konkurrierenden Gesetzgebung des Bundes auf.

---

[932] Vgl. H.-J. Blanke, S. 86.
[933] Vgl. J.A. Gonzalez Casanova, Die Entwicklung der Autonomie in Spanien, S. 154.
[934] Vgl. Ders., a.a.O.; H.-J. Blanke, S. 87.
[935] Mehr dazu s. oben, S. 191ff.

Im Ergebnis kann man feststellen, dass die georgische Verfassung noch eine Ähnlichkeit mit den Verfassungen der Bundesstaaten aufweist. Das zukünftige Verfassungsgesetz Georgiens hat allerdings die Bestimmungen des Art. 3 GV zu ergänzen und das vollständige System der Kompetenzverteilung zu schaffen. Dabei sollen die verfassungsrechtlichen Vorschriften über die Kompetenzverteilung deutlich und präzise festgelegt werden.

Im übrigen wäre für Georgien das spanische Kompetenzverteilungssystem - das System der doppelten Liste – (allerdings mit einigen Unterschieden) zweckmäßiger. Entsprechend diesem System wird das Verfassungsgesetz die Materien enumerativ aufzählen, die der ausschließlichen Zuständigkeit des Zentralstaates sowie der territorialen Einheiten unterliegen. Dabei ist sehr wichtig, dass diese Bereiche so präzise und deutlich aufgezählt werden, wie das im Grundgesetz der Bundesrepublik der Fall ist. In bezug auf Residualkompetenzen könnte bestimmt werden, dass nur die Autonomen Republiken die Befugnis haben, die nicht ausdrücklich dem Staat übertragenen Materien wahrzunehmen (vgl. Art. 149 Abs. 3 SV). Die Kompetenzen in Bereichen, die von den Autonomen Republiken nicht übernommen werden, nimmt der Staat wahr, dessen Normen im Konfliktfall Vorrang vor denen der Autonomen Republiken haben in allem, was nicht deren ausschließlicher Kompetenz übertragen wird. Die territorialen Einheiten mit niedrigerem Status werden die Zuständigkeit nur für die in der Verfassung aufgezählten Bereiche übernehmen können. Allerdings muss die Möglichkeit offen bleiben, dass diese territorialen Einheiten nach Ablauf von 5 (oder 7) Jahren ihre Befugnisse an diejenigen der Autonomen Republiken mit größerem bzw. höherem Niveau angleichen können.[936] Um die Kompetenzordnung zu ergänzen kann die Verfassung die Regelung enthalten, aufgrund derer im Wege eines Organgesetzes konkrete staatliche Exekutivbefugnisse auf die territorialen Einheiten übertragen werden können.[937] Diese Zuständigkeiten werden allerdings staatliche Zuständigkeiten in den Händen der territorialen Einheiten bleiben, die vom Staat einseitig zurückgerufen werden können. Jedes Übertragungsorgangesetz muss jedoch nicht nur die finanziellen Mittel bestimmen, die den territorialen Einheiten zum Zwecke der effektiven Kompetenzausübung mitübertragen werden, sondern auch Kontrollmechanismen über die Ausübung der abgeleiteten Zuständigkeiten festlegen (vgl. Art. 150 Abs. 2 S. 2 SV).

Hinsichtlich der Residualkompetenzen kann man jedoch eine andere Möglichkeit nicht ausschließen: Nachdem die Bereiche, in denen der Zentralstaat und die territorialen Einheiten ausschließliche Zuständigkeiten haben, enumerativ aufgezählt werden, kann bestimmt werden, dass alle anderen, dem Zentralstaat und den territorialen Einheiten nicht ausdrücklich übertragenen Kompetenzen

---

[936] Vgl. Art. 148 Abs. 2 SV: "Nach Ablauf von 5 Jahren und durch Reform ihrer Statute können die autonomen Gemeinschaften schrittweise ihre Kompetenzen erweitern, innerhalb des in Art. 149 festgelegten Rahmens".

[937] Vgl. Art. 150 Abs. 2 SV: "Der Staat kann den Autonomen Gemeinschaften durch Organgesetz Befugnisse aus der staatlichen Zuständigkeit übertragen, die ihrer Natur nach für Übertragung geeignet sind. Das Gesetz sieht in jedem Einzelfall die entsprechende Übertragung finanzieller Mittel sowie die dem Staat verbleibenden Formen der Kontrolle vor".

(Residualkompetenzen) im Bereich der "einheitlichen Verwaltung" als konkurrierende Kompetenzen fallen.[938] Das bedeutet, dass im Bereich der einheitlichen Verwaltung die territorialen Einheiten die Befugnis zur Gesetzgebung haben, solange und soweit der Zentralstaat von seiner Gesetzgebungszuständigkeit nicht durch Gesetz Gebrauch gemacht hat (ähnliche Bestimmungen enthält Art. 72 Abs. 1 GG). Ein solches System scheint am besten geeignet die Streitigkeiten über die Kompetenzverteilung zwischen Zentralstaat und territorialen Einheiten auszuschließen. Der Zentralstaat soll allerdings im Bereich der einheitlichen Verwaltung (konkurrierende Gesetzgebung) das Gesetzgebungsrecht nur dann haben, wenn und soweit "die Herstellung gleichwertiger Lebensverhältnisse im ganzen Staatsgebiet Georgiens oder die Wahrung der Rechts- oder Wirtschaftseinheit im gesamtstaatlichen Interesse eine zentralstaatliche Regelung erforderlich machen" (vgl. Art. 72 Abs. 2 GG).

Sowohl in Spanien als auch in Deutschland wurde durch die Verfassungen festgelegt, dass der Zentralstaat über die sog. "Rahmengesetzgebungskompetenz" verfügt. In Spanien ist das der Fall, wenn der Staat die Kompetenz zur Grundlagengesetzgebung (*competencia de legislación basica*) und die Autonome Gemeinschaft die Kompetenz zur gesetzlichen Entwicklung (*competencia de desarollo legislativo*) hat. So weist Art. 149 Abs. 1 SV in zahlreichen Ziffern dem Staat die Grundlagengesetzgebung und den Autonomen Gemeinschaften die Entwicklungsgesetzgebung zu.[939] Hier geht es um eine allein staatlichen Organen vorbehaltene Regelungsbefugnis, die darin besteht, allgemeine normative Vorgaben zu machen, die die Autonomen Gemeinschaften in den Entwicklungsgesetzen konkretisierend ausgestalten können. Diese Gesetzgebungstechnik kann man mit der Rahmengesetzgebung in der Bundesrepublik Deutschland (Art. 75 GG) vergleichen. Die Rahmenzuständigkeit ist eine selbständige Bundeskompetenz und führt zu einem Zusammenwirken zwischen Bund und Ländern. Bundesgesetze schaffen einen Rahmen, der durch Landesgesetze im einzelnen   ausgefüllt wird. Nach der Rechtsprechung des Bundesverfassungsgerichts folgt aus der Rahmengesetzgebung, dass ein Bundesgesetz nicht für sich allein bestehen kann, sondern darauf angelegt sein muss, durch Landesgesetze ausgeführt zu werden. Das, was den Ländern zu regeln übrigbleibt, muss von substantiellem Gewicht sein, mithin müssen Rahmenvorschriften ausfüllungsfähig und ausfüllungsbedürftig sein.[940] Ein entscheidender Unterschied zwischen Rahmengesetzgebungskompetenzen im Sinne des Grundgesetzes und den spanischen Grundlagengesetzgebungskompetenzen ist jedoch, dass in der Bundesrepublik die Ausübung einer staatlichen Rahmengesetzgebungskompetenz von dem Vorliegen eines besonderen Bedürfnisses nach (Bundes-) Einheitlichkeit abhängt (die Voraussetzungen des Art.72 Abs.2 GG),

---

[938] Vgl. Z. Adeischvili/G. Getsadze/G. Gogiaschvili/K. Kublaschvili, Überlegungen über den territorialen Staatsaufbau Georgiens, in: Bulletin, Das georgische Zentrum der strategischen Forschungen und Entwicklung (Hrsg.), Nr. 4, März, 1998, S. 18.

[939] Art. 149 Abs.1 SV: Nr. 8, 11, 13, 16, 18, und 25 – "Grundlagen" (*bases*), Nr. 17, 18, und 23 – die grundlegende Gesetzgebung (*legislacion basica*), Nr.27 und 30 – die grundlegenden Normen (*normas basicas*).

[940] BVerfGE 4, 115, 129.

das zunächst zu prüfen ist. In der spanischen Verfassung gibt es eine solche Bedürfnisklausel nicht.[941] Die spanische Verfassung begreift vielmehr Art.150 Abs.1 als Rahmengesetzgebungskompetenz, der die Festlegung eines gesetzlichen Rahmens regelt, innerhalb dessen den Autonomen Gemeinschaften staatliche Zuständigkeiten übertragen werden können. Bei dieser Kompetenz handelt es sich um eine doppelte Zuständigkeit der Cortes, einen inhaltlichen Rahmen vorzugeben und den Autonomen Gemeinschaften die Fähigkeit zu verleihen, in diesem Rahmen gesetzgeberisch tätig zu werden. Der Rahmen kann sowohl im Bereich staatlicher ausschließlicher Zuständigkeit als auch staatlicher Residualkompetenz gemäß Art.149 Abs.3 gesetzt werden.

Auch der georgische Zentralstaat soll eine ähnliche Gesetzgebungsbefugnis haben. Allein den zentralstaatlichen Organen wird also eine Regelungsbefugnis vorbehalten, die darin besteht, allgemeine normative Vorgaben zu machen, die die territorialen Einheiten in den eigenen Gesetzen konkretisierend ausgestalten können. Die Festlegung von grundlegenden Normen darf allerdings niemals einen derartigen Grad an Detailliertheit erreichen, dass die entsprechenden Kompetenzen der territorialen Einheiten leerlaufen. Der von den zentralstaatlichen Gesetzen geschaffenen Rahmen sollen also durch die Gesetze der territorialen Einheiten im einzelnen ausgefüllt werden. Zugleich aber werden die inhaltlichen Vorgaben des Rahmengesetzes die territoriale Einheit auch einschränken, denn wenn eine staatliche Definition der Grundlagen vorhanden ist, werden die territorialen Einheiten an diese inhaltlich gebunden. Wichtig ist auch, dass die Sachgebiete, für welche die Rahmenkompetenz des Zentralstaates gelten wird, in der Verfassung enumerativ aufgezählt werden, wie das in Art. 75 GG der Fall ist.[942]

Die Aufgaben- und Kompetenzverteilung der georgischen Verfassung wird den territorialen Einheiten Georgiens die Wahrnehmung ihrer Gesetzgebungs- und Verwaltungskompetenzen ermöglichen. Im Bereich der Judikativen ist allerdings dem gegenwärtigen System der Gerichtsorganisation Vorrang einzuräumen. Vor allem soll hier angemerkt werden, dass es in den Bundesstaaten eine eigenständige gliedstaatliche Judikative nicht immer gibt. Die Gerichtsorganisation sieht meistens vor, dass die Gerichte des Bundes mindestens die letzinstanzliche Entscheidung fällen.[943] In Deutschland wird die rechtsprechende Gewalt durch die im Grundgesetz vorgesehenen Bundesgerichte und durch die Gerichte der Länder ausgeübt (Art. 92 GG). Das Schwergewicht liegt auf den Gerichten der Länder, die im Regelfalle

---

[941] Nach Ansicht des spanischen Verfassungsgerichts darf allerdings die Festlegung von grundlegenden Normen niemals einen derartigen Grad an Detailliertheit erreichen, dass die entsprechenden Kompetenzen der Autonomen Gemeinschaften leerlaufen, zu deren Gunsten ein "verfassungsrechtlicher Vorbehalt" besteht.

[942] Nach Art. 75 Abs. 1 GG hat der Bund das Recht die Rahmenvorschriften für die Gesetzgebung zu erlassen über: die Rechtsverhältnisse der im öffentlichen Dienst stehenden Personen, die allgemeinen Grundsätze des Hochschulwesens, die Bodenverteilung, die Raumordnung, der Wasserhaushalt und das Melde- und Ausweiswesen sowie den Schutz deutschen Kulturgutes gegen Abwanderung ins Ausland.

[943] Vgl. K. Wendland, S. 32.

Gerichte der ersten und zweiten Instanz sind. Die Gerichte des Bundes sind aber als "oberste Bundesgerichte" eingerichtet (Art. 95 GG), die über die Einheitlichkeit der Anwendung des Bundesrechts wachen. Dadurch, dass die Gerichtsorganisation, die Ausbildung und die Prüfungsanforderungen der Richter jedoch durch Bundesgesetze (z.b. die Verwaltungsgerichtsordnung) einheitlich für Bund und Länder geregelt sind, ist die Gerichtsbarkeit in den Ländern nach Bundesmaßstäben organisiert. Da alle Grundsätze in der Rechtsprechung des Bundesverfassungsgerichts und der Obersten Gerichtshofe des Bundes entwickelt werden, bleibt den Ländern daher kaum eine eigene Gestaltungsmöglichkeit.

In Spanien ist "das Prinzip der Einheit der Gerichtsbarkeit" die "Grundlage der Organisation und Arbeit des Gerichts" (Art. 117 Abs. 5 SV).[944] Ein Oberster Gerichtshof steht der rechtlichen Organisation im Bereich des Territoriums der Autonomen Gemeinschaft vor (Art.152 Abs.1 SV), das Oberste Gericht mit Gerichtsbarkeit in ganz Spanien ist jedoch das in allen Angelegenheiten höchste juristische Organ (Art. 123 Abs. 1 SV). Auch das Organgesetz Georgiens über die Gerichtsordnung vom 13. Juni 1997 (OGG), durch welches nicht nur das System der ordentlichen Gerichte und der rechtliche Status der Richter neu bestimmt, sondern auch die Grundlage für die Reform der Gerichtsorordnung festgelegt wurde, schreibt fest, dass das Gerichtssystem Georgiens einheitlich ist (Art. 2 Abs. 2 OGG). Gemäß dieser und anderer Regelungen des OGG, wurde eine Gerichtsordnung geschaffen, in der der Oberste Gerichtshof Georgiens die letztinstanzlichen Entscheidungen fällt. Zu bemerken ist aber, dass der georgische Gesetzgeber der Rechtsstellung der Autonomen Republiken Abchasien und Adscharien Rechnung getragen hat. So wurde durch Art. 28 OGG bestimmt, dass "in den Autonomen Republiken Abchasien und Adscharien" "die oberste Gerichte der Autonomen Republiken" gebildet werden. Diese üben die Aufsicht aus im OGG und in dem vom Prozeßrecht Georgiens bestimmten Verfahren über die Ausübung der Rechtspflege in den auf den Territorien der Autonomen Republiken funktionierenden Gerichte der Rajonen und der Städte (Rajon- und Stadtgerichte)[945] und behandeln in erster Instanz verschiedene Sachen (Art.29 OGG). Die Kammer der obersten Gerichte der Autonomen Republiken ist als Berufungsinstanz anrufbar (Art.32 Abs.1 OGG). Dieses System der Gerichtorganisation scheint auch nach der Bestimmung des territorialen Staatsaufbaus am besten geeignet zu sein.

Schließlich ist unbedingt zu bemerken, dass es für das Verfahren zur Verteilung der Kompetenzen zwischen dezentralen und zentralen Ebenen einen praktisch überragend wichtigen Gesichtspunkt gibt, das ist der des Konsenses. Die Verteilung zwischen zentralen und dezentralen Kompetenzen muss so erfolgen, dass es zwischen

---

[944] Auch das Verfassungsgericht hat bestätigt, dass es nur eine judikative Gewalt gäbe und sich diese aus Art.117 Abs. 5 SV ergäbe, STC 56/1990.

[945] Die Rajon- und Stadtgerichte in Georgien kann man mit den Amtsgerichte in Deutschland gleichstellen. Sie sind die Gerichte der ersten Instanz, in denen alle Sachen von einem Richter aufgrund der vom Gesetz bestimmten Ordnung behandelt werden (Art. 15 OGG).

allen Beteiligten ein möglichst breiter Konsens erzielt wird.[946] Und weil man über die Frage, wie die Kompetenzen abzugrenzen sind, einen möglichst weitreichenden Konsens erzielen sollte, darf dieses Problem nicht autoritär entschieden werden. Statt dessen sind einvernehmliche Vereinbarungen zwischen allen Beteiligten während des Prozesses der verfassungsrechtlichen Bestimmung des territorialen Staatsaufbaus und insbesondere der Kompetenzverteilung vorzuziehen.

## D. Die Finanzverfassung

In jedem Bundes- oder politisch dezentralisierten Staat wird der Finanzverfassung, der konstitutionellen Abgrenzung der finanziellen Befugnisse zwischen Zentralstaat und territorialen Einheiten größte Bedeutung beigemessen. Die Normen der Finanzverfassung regeln die finanziellen Beziehungen zwischen den Staatsebenen. Die Bundesverfassung enthält, vor allem in der Kompetenzverteilung, in übergreifenden Verfassungsgrundsätzen, wie zum Beispiel dem Grundsatz der Bundestreue oder der Solidarität, meist grundlegende Regelungen zur Finanzverfassung.[947] Die Finanzverfassung kann die Eigenständigkeit der Gliedstaaten erheblich relativieren oder stärken und ist daher für die Gestalt jedes föderalistisch konstruierten Staates entscheidend. Auch in Georgien wird von der Ausgestaltung der Finanzverfassung die finanzielle Autonomie der territorialen Einheiten und im allgemeinen auch das normale Funktionieren des Staates abhängen.

Durch die Bestimmungen der Verfassung Georgiens von 1995 wurde eine fast absolute Vorrangstellung der obersten Staatsorgane im Finanzbereich gewährleistet. Nach Art.3 Abs.1 g) GV sind die obersten Staatsorgane für Staatsfinanzen und Staatsanleihen, die Geldschöpfung, die Banken-, Kredit und Versicherungsgesetzgebung ausschließlich zuständig. Nach Art. 94 Abs.1 GV sind die Steuern und Gebühren im Betrag und nach der Ordnung zu zahlen, die durch Gesetz (durch das georgische Parlament also) bestimmt sind. Auch die Arten der Steuern und der Gebühren, das Verfahren für ihre Einführung dürfen ausschließlich durch Gesetz bestimmt werden (Art.94 Abs.2 GV). Und die Befreiung von Steuern sowie Entnahmen aus dem Staatshaushalt sind nur in den durch Gesetz bestimmten Fällen zulässig (Art. 94 Abs. 3 GV). Durch das Gesetz über das Haushaltssystem und die Haushaltsbefugnisse (vom 29. Mai 1996), das die Grundlagen des Haushaltssystems und die Befugnisse der Staatsorgane detailliert festgelegt hat, und durch das Steuergesetzbuch (vom 13. Juni 1997) wurde die absolute Priorität der zentralen Staatsorgane im Finanzbereich weiter vestärkt.[948] Nachdem die Entscheidung über die

---

[946] Vgl. A. v. Brünneck, Thesen zum Stand des Föderalismusproblems - ein Diskussionsbeitrag, S. 293.

[947] K. Wendland, S. 44. Die Grundlagen der spanischen Finanzverfassung sind in den Art. 156-158 SV, der deutschen - in den Art. 104a-115 GG niedergelegt.

[948] Hier ist jedoch zu bemerken, dass z. B. die Autonome Republik Adscharien von 1997 bis 1999 30% der Mehrwertsteuer und 99% der Einkommensteuer erhält (Gesetz über die langfristigen wirtschaftlichen Normativen, vom 21. Februar 1997).

Bildung der territorialen Einheiten getroffen wird, sollen allerdings die derzeitigen Regelungen im Finanzbereich verändert und die Finanzverfassung des neuen Staates möglichst präzise und deutlich ausgestaltet werden. Die Finanzverfassung muss vor allem gewährleisten, dass zentrale und dezentrale Ebenen die notwendigen Mittel für die Erfüllung der ihnen zugewiesenen Aufgaben erhalten. Denn die Organisationseinheiten können nur wirksam politisch handeln, wenn sie über entsprechende Geldmittel verfügen. Dementsprechend bedürfen die zukünftigen autonomen Einheiten Georgiens ein bestimmtes Maß an finanzieller Selbständigkeit. Ihre Autonomie und Funktionsfähigkeit wird in hohem Masse von den ihnen zur Verfügung stehenden finanziellen Mitteln abhängen. Auch die Freiheit, über die Einnahmen und Ausgaben der Mittel frei zu entscheiden, ist ein wichtiger Bestandteil der (Finanz-)Autonomie.

Die Grundlagen der spanischen und deutschen Finanzverfassungen wurden oben bereits dargestellt. Aufgrund dieser Analyse kann man feststellen, dass die spanische Finanzverfassung deutliche Ähnlichkeiten mit bundesstaatlichen Finanzverfassungen, insbesondere mit dem Finanzsystem des deutschen Grundgesetzes zeigt. Sie enthält einerseits als typisches Element von Trennsystemen beispielsweise die Möglichkeit unabhängiger Steuererhebungen und andererseits typische Elemente eines Verbundsystems, wie es die prozentualen Finanzzuweisungen der staatlichen Steuereinnahmen an die Autonomen Gemeinschaften deutlich machen.

Nicht zu übersehen sind jedoch die wesentlichen Unterschiede zwischen spanischen und deutschen Finanzverfassungen. So verzichtete man in Spanien z.B. auf einen horizontalen Finanzausgleich der Regionen untereinander nach dem Vorbild des Grundgesetzes.[949] Der Interterritoriale Ausgleichsfond, aus dem die Autonomen Gemeinschaften finanzielle Mittel erhalten, wird allein mit staatlichen Mitteln bedient.[950] In Deutschland bildet Art. 107 Abs. 2 GG den Ausgangspunkt für den Länderfinanzausgleich (horizontaler Finanzausgleich). In Art.107 Abs. 2 S. 2 spricht das Grundgesetz von ausgleichsberechtigten Ländern, die Ausgleichsansprüche gegen die ausgleichspflichtigen Länder haben, die ihrerseits Ausgleichsvebindlichkeiten gegen jene haben. Wege des horizontalen Finanzausgleichs sind die Neuverteilung von Steuern und Ausgleichszahlungen der "reichen" an die "armen" Länder. Ein weiterer Unterschied besteht darin, dass in Spanien zwei verschiedene Steuer- und Finanzverfassungen nebeneinander existieren. Aus historischen Gründen unterhalten das Baskenland und Navarra von dem allgemeinen System (*regimén comun*) der übrigen fünfzehn Autonomen Gemeinschaften abweichende Sondersysteme (*regimén foral*), die sich grundlegend vom allgemeinen System unterscheiden.[951]

---

[949] Vgl. T. Wiedmann, S. 210.

[950] Die Errichtung eines interterritorialen Ausgleichsfonds, der den Autonomien neue Investitionen ermöglicht, wurde durch Art. 158 Abs. 2 SV vorgesehen. Er ist das wichtigste Instrument, die regionalen Wirtschaftsunterschiede auszugleichen und im gesamten Staatsgebiet ein Mindestniveau öffentlicher Leistungen zu garantieren. vgl. M. J. Montoro Chiner, Spanien als Staat der Autonomen Gemeinschaften, in: DöV, 3/1987, S. 93.

[951] Die historischen Steuerprivilegien des Baskenlandes und Navarras sind in der ersten Zusatzbestimmung zur Verfassung geschützt. Diese Privilegien werden in deren besonderen

Während das Grundgesetz die detaillierten Regelungen der Finanzverfassung enthält, werden die in der spanischen Verfassung niedergelegten Grundlagen der Finanzverfassung (Art. 156-158 SV) in den Autonomiestatuten und insbesondere in dem Organgesetz über die Finanzierung der Autonomen Gemeinschaften (LOFCA) konkretisiert.[952] In der georgischen Verfassung wäre die Detailliertheit des Grundgesetzes wünschenswert. Im übrigen soll in der Verfassung festgelegt werden, erstens, welche Staatsebene (Zentralstaat oder territoriale Einheiten) welche Einnahmen auf welchem Sachgebiet erzielt, und zweitens, welchen Teil der Einnahmen sie einbehalten und welchen sie einer anderen Staatsebene überlassen muss. Dabei ist zu beachten, dass aufgrund dieser Bestimmungen die einheitliche Regelung im Finanzbereich gewahrt bleibt und die allgemeine wirtschaftliche Entwicklung des Landes nicht gefährdet, aber auch die finanzielle Autonomie der territorialen Einheiten gewährleistet wird.

Die territorialen Einheiten Georgiens sollen die Selbständigkeit genießen, Einnahmen einzuziehen, Ausgaben festzusetzen und ihren Haushalt zu verwalten. In der Verfassung sollen die Finanzierungsquellen der territorialen Einheiten enumerativ aufgeführt werden (so sind die Finanzierungsquellen der Autonomen Gemeinschaften in Art.157 SV aufgezählt). Zu berücksichtigen ist vor allem, dass die Frage der Ertragshoheit für einen föderal verfaßten Staat von entscheidender Bedeutung ist. Er kann nur funktionieren, wenn sowohl der Zentralstaat als auch die territorialen Einheiten über eine ausreichende Finanzausstattung verfügen. Deshalb muss die georgische Verfassung ihnen je eigene Einnahmequellen zuordnen. Bestimmte Steuern muss ausschließlich der Zentralstaat, andere Steuern ausschließlich die territoriale Einheit erhalten. Der Ertrag von den auskommensstärksten Steuern muss nach einem bestimmten Schlüssel verteilt werden. In Deutschland werden die Steuereinnahmen gemäß Art. 106 GG zwischen Bund und Gesamtheit der Länder verteilt, ohne Rücksicht auf spezifische Bedürfnisse eines oder mehrerer Länder.[953] In Spanien regelt das obengenannte Organgesetz (LOFCA) die Steuerabtretung an die Autonomen Gemeinschaften durch den Staat. Nach Art. 11 Abs. 1 LOFCA können Abgaben aus den folgenden Steuerbereichen abgetreten werden: Vermögenssteuer, Steuer auf Vermögensübertragungen, Steuer auf Hinterlassenschaften und Schenkungen, allgemeine Steuern auf Einzelhandelsverkäufe, Steuer auf besondere Einzelhandelsumsätze mit Ausnahme der aufgrund von Steuermonopolen erzielten Abgaben, Gebühren und sonstige Abgaben auf Spiele.[954] Nach 1991 tritt der Staat den Autonomen Gemeinschaften einen Teil der Einkommensteuererträge ab.

Die territorialen Einheiten sollen allerdings auch die Möglichkeit haben Kraft ihrer Gesetzgebungskompetenzen eigene Einnahmequellen zu schaffen. In

---

Finanzierungsregelungen aufrechterhalten. Ausserdem besteht auch für die Kanarischen Inseln ein Sonderfinanzverfassungsrecht, das den insularen Besonderheiten Rechnung trägt.

[952] Vgl. dazu A. Hildenbrand, Die Finanzierung der Autonomen Gemeinschaften, S. 125ff.; A. López Pina, Die Finanzverfassung Spaniens, S. 37-45.

[953] Vgl. F. Ossenbühl, Landesbericht Bundesrepublik Deutschland, S. 144.

[954] Vgl. A. López Pina, Die Finanzverfassungs Spaniens, S. 40; T. Wiedmann, S.210; K.Wendland, S. 233-234.

Deutschland haben die Länder ausschließliche Gesetzgebungszuständigkeit für die örtlichen Verbrauch- und Aufwandsteuern, allerdings nur, soweit die betreffende Steuer nicht bundesgesetzlich geregelten Steuern gleichartig ist (Art. 105 Abs. 2a GG). In Spanien gehören zu den eigenen Einnahmequellen vor allem eigene Steuern und Sondergebühren (Art. 9 LOFCA).[955] Die Autonomen Gemeinschaften können auch Zuschläge auf staatliche Steuern erheben (Art. 12 LOFCA). Weitere Einnahmen lassen sich aus eigenem Vermögen und privatrechtlichen Quellen (Art. 5 LOFCA), insbesondere aus Kreditgeschäften, sowie Strafen und Sanktionen erzielen.

Während der Festlegung der Grundsätze der Finanzverfassung sollen die Solidaritäts-, Gleichheits- und andere verbindliche Prinzipien respektiert werden. So garantiert in Spanien das Prinzip der finanziellen Autonomie den Regionen die Freiheit, im Rahmen der Verfassung über ihre Einkünfte und Ausgaben selbst zu bestimmen. Das Verfassungsprinzip der Solidarität verlangt einen angemessenen und gerechten wirtschaftlichen Ausgleich der Regionen untereinander. Das dritte Prinzip – die Gleichheit der Regionen – verbietet jegliche Privilegien. Und schließlich steht das gesamte öffentliche Finanzwesen zur Sicherung seiner Effizienz unter dem Gebot der Zusammenarbeit der verschiedenen Regierungsebenen (Koordinationsprinzip).[956] Der Zentralstaat soll außerdem für die Angleichung der Lebensverhältnisse jedes einzelnen Bürgers im gesamten nationalen Gebiet sorgen. Als weiteres verbindliches und integratives Prinzip soll die Einheit der Wirtschaftsordnung in der Verfassung festgelegt werden. In Spanien konkretisiert sich das Prinzip der Einheit der Wirtschaftsordnung in Art. 139 Abs.2 SV, wonach keine Behörde Maßnahmen ergreifen darf, die direkt oder indirekt zu einer Behinderung der Freizügigkeit und Niederlassungsfreiheit von Personen und des freien Güteverkehrs im gesamten spanischen Staatsgebiet führen. Ferner findet sich dieses Prinzip in dem an die Autonomen Gemeinschaften gerichteten Verbot des Art. 157 Abs. 2 SV, Besteuerungsmassnahmen zu ergreifen, die sich auf außerhalb ihres Territoriums befindliches Vermögen beziehen oder den freien Verkehr von Waren oder Dienstleistungen behindern.

Die territorialen Einheiten werden höchstwahrscheinlich sehr verschieden in ihrer Finanzkraft. Dem Zentralstaat soll deshalb die Möglichkeit gewährleistet werden, das finanzmäßige Gleichgewicht bei den verschiedenen territorialen Einheiten untereinander wahren zu können. Um die auftretenden finanziellen Leistungsunterschiede einigermaßen auszugleichen, soll in der Verfassung das Finanzausgleichssystem grundgelegt werden. Das System des Finanzausgleichs kann sowohl vertikal (zwischen Zentralstaat und territorialen Einheiten) als auch horizontal (zwischen den territorialen Einheiten) stattfinden. So wird in Deutschland der vertikale Finanzausgleich (Ausgleich aus Mitteln des Bundes) aufgrund des Art. 106 GG

---

[955] Zu bemerken ist jedoch, das der Staat hat sich bisher die wichtigsten Quellen der Steuereinnahmen vorbehalten. Deshalb ist zur Zeit eine eigene Besteuerung durch die Autonomen Gemeinschaften fast ausgeschlossen. Eine solche zusätzliche Besteuerung würde von den Bürgern als schwere Belastung und Affront ihnen gegenüber aufgefaßt werden. Mehr dazu s. oben S. 150ff.
[956] Vgl. T. Wiedmann, S. 209.

verwirklicht. Der horizontale Finanzausgleich aus Mitteln der Länder (Länderfinanzausgleich) wird in Art.107 Abs.2 GG festgeschrieben.[957] In Spanien erhalten die Autonomen Gemeinschaften die finanziellen Mittel aus dem Interterritorialen Ausgleichsfond, der allein mit staatlichen Mitteln bedient wird (Art. 158 Abs. 2 SV). Er ist das wichtigste Instrument, die regionalen Wirtschaftsunterschiede auszugleichen und im gesamten Staatsgebiet ein Mindestniveau öffentlicher Leistungen zu garantieren.

Einzuführen ist in Georgien auch das System der sog. Inverstitionsfinanzhilfen des Zentralstaates. Als Prototypen dieser Investitionshilfen sind in Spanien die zweckgebundenen Zuweisungen und in Deutschland die Investitionsfinanzhilfen des Bundes zu nennen. Die zweckgebundenen Zuweisungen bestehen vor allem aus Subventionen, die die Autonomen Gemeinschaften aufgrund von verschiedenen Verträgen und Investitionsabkommen aus dem Staatshaushalt erhalten. Das sind die Mittel, mit deren Hilfe bestimmte, allgemeine Ziele der Wirtschafts- oder Sozialpolitik des Staates verwirklicht werden, deren Ausführung den Autonomen Gemeinschaften zukommt.[958] In Deutschland ermächtigt Art. 104a GG den Bund, den Ländern Finanzhilfen für besonders bedeutsame Investitionen zu gewähren, die zur Abwehr einer Störung des gesamtwirtschaftlichen Gleichgewichts, zum Ausgleich unterschiedlicher Wirtschaftskraft im Bundesgebiet oder zur Förderung des wirtschaftlichen Wachstums erforderlich sind. Nach der Rechtsprechung des Bundesverfassungsgerichts muss die Gewährung der Finanzhilfen rechtlich so geregelt sein, dass sie nicht zum Mittel der Einflußnahme auf die Entscheidungsfreiheit der Gliedstaaten bei der Erfüllung der ihnen obliegenden Aufgaben werden.[959]

In der georgischen Verfassung muss auch das System der staatlichen Finanzzuweisungen an örtliche Selbtsverwaltungskörperschaften festgelegt werden. So z. B. gewährt der Bund nach Art. 106 Abs. 8 GG den Gemeinden (Gemeindeverbänden) (auch den Ländern) spezielle Ausgleichsleistungen, wenn ihnen

---

[957] Hier ist zu bemerken, dass Art. 107 Abs. 2 S. 3 GG noch eine Möglichkeit der Finanzierung der Länder aus Mitteln des Bundes vorsieht, der als vertikaler Finanzausgleich bezeichnet wird. Durch das Finanzausgleichsgesetz, das für den horizontalen Finanzausgleich notwendig ist, kann sich der Bund verpflichten, aus seinen Mitteln leistungsschwachen Ländern zu ergänzenden Deckung ihres allgemeinen Finanzbedarfs Ergänzungszuweisungen zu gewähren. Dabei muss der Bund das föderative Gleichbehandlungsgebot gegenüber allen Ländern beachten (BVerfGE 72, 402f.), d.h. durch die Ergänzungszuweisungen darf die Finanzkraft jedes einzelnen Empfängerlandes die durchschnittliche Finanzkraft der Länder nicht überschreiten. Ergänzungszuweisungen dienen u.a. zum Ausgleich bestimmter Sonderlasten (z.B. Seehäfen in Hamburg, Bremen, Niedersachsen, Kosten politischer Führung in Ländern mit geringer Einwohnerzahl, besondere Probleme der Haushaltsstruktur). Mehr dazu s. oben S. 121ff.
[958] A. López Pina, Die Finanzverfassung Spaniens, S. 41.
[959] Vgl. BVerfGE 39, 96 und BVerfGE 41, 291. Der Bund darf diese auch niemals unmittelbar an eine Gemeinde leisten, sondern immer nur den Ländern gewähren, die sie dann an ihre Gemeinde zu verteilen haben.

Einrichtungen des Bundes unmittelbar Mehrausgaben oder Mindereinnahmen (Sonderbelastungen) verursachen.[960] Da in einer föderativen Ordnung sowohl aus rechtsstaatlichen Gründen (Gleichheitsprinzip) als auch aufgrund wirtschafts- und finanzpolitischer Notwendigkeiten eine gleichmäßige Erhebung der wichtigsten öffentlichen Abgaben sichergestellt werden muss,[961] soll auch im georgischen Finanzverwaltungssystem eine geteilte Verwaltung für die wirtschaftlich wichtigsten Steuern vermieden und die Einheitlichkeit der Erhebung sichergestellt werden.

### E. Die Organisation der örtlichen Selbstverwaltung

Die Durchführung der Dezentralisierung des georgischen Staatsgebietes entsprechend der Grundprinzipien des "georgischen Sonderweges" wird auf jeden Fall die gegenwärtige Organisation der Kommunalverwaltung beeinflussen und vielleicht auch ihre Änderung bzw. Ergänzung notwendig machen. Im folgenden wird das Verhältnis der Regionen zu Gemeinden unter Berücksichtigung der Systeme der Kommunalverwaltung Spaniens und Deutschlands untersucht.

Auf der lokalen Ebene ist Georgien seit der sowjetischen Zeit in 69 Rajonen (Landkreise) und 6 großen Städte (kreisfreie Städte – Batumi, Rustawi, Suchumi, Kutaisi, Poti und Zchinvali[962]) eingeteilt, in denen über 1000 Gemeinden und Stadtbezirke bestehen. Der Rajon war im sowjetischen System der Gebietseinteilung eine kleine Verwaltungseinheit unterhalb der Ebene eines Gebietes, der etwa einem deutschen Landkreis entsprach. In Georgien bildeten die Rajone die nächste Verwaltungseinheit unterhalb der Ebene der Republik, der Abchasischen und Adscharischen Autonomen Republiken und des Südossetischen Autonomen Gebietes. Am 16. Oktober 1997 wurde das Organgesetz über die örtliche Selbstverwaltung und Verwaltung (OGOSV) verkündet.[963] Das Parlament Georgiens hat dieses Organgesetz entsprechend des Art. 2 Abs. 4 GV angenommen, der den Staatsangehörigen Georgiens das Recht gewährleistet, "die örtlichen Angelegenheiten durch Selbstverwaltung und ohne Beeinträchtigung der Staatssouveränität" zu regeln. Durch das Organgesetz wurden das Verfahren für die Bildung der örtlichen Selbstverwaltungorgane, ihre Befugnisse und Beziehungen zu den Staatsorganen bestimmt. Nach dem Organgesetz ist die Kommunalverwaltung in Georgien auf zwei Ebenen organisiert: Der Rajon bildet das oberste Glied der Selbstverwaltungorganisation. Auf der unteren Ebene sind vier Glieder zu

---

[960] Diese Bestimmung ist jedoch an den Vorbehalt geknüpft, dass solche Leistungen nur gewährt werden, wenn und soweit den Ländern oder Gemeinden nicht zugemutet werden kann, die Sonderbelastungen zu tragen.
[961] Vgl. Laufer/Münch, S. 183.
[962] Diese Städte sind in Art. 4 Abs. 3 des Organgesetzes über die örtliche Selbstverwaltung und Verwaltung aufgezählt.
[963] Der Text des Organgesetzes wurde veröffentlicht in: parlamentis uckebani (Bulletin des Parlaments), 11. November 1997, S. 16-31.

unterscheiden: Stadtbezirk ("*kalaki*"), Gemeinde ("*temi*" - die Vereinigung von zwei oder mehr Dörfern), Bezirk ("*daba*" - das grosse Dorf) und Dorf ("*sofeli*"). Das georgische System der Selbstverwaltungsorganisation ähnelt damit den Kommunalverwaltungen von Deutschland und Spanien. Das Territorium Spaniens ist auf der lokalen Ebene in Gemeinden und Provinzen gegliedert (Art. 137 SV) und auch in Deutschland ist die Selbstverwaltung den Kreisen und Gemeinden gewährleistet (Art. 28 GG).[964] Sowohl Provinzen und Gemeinden in Spanien als auch Kreisen und Gemeinden in Deutschland sind als öffentlich-rechtliche Körperschaften der Selbstverwaltung anerkannt.[965] Auch das georgische Organgesetz über die örtliche Selbstverwaltung und Verwaltung anerkennt sowohl den Rajon (örtliche Verwaltungsköperschaft, Art. 8 Abs. 3 OGOSV) als auch die Stadtbezirke, Gemeinden, Bezirke und Dörfer (örtliche Selbstverwaltungskörperschaften, Art. 7 Abs. 3 OGOSV) als öffentlich-rechtliche juristische Personen. Zu bemerken ist hier jedoch, dass nur auf der unteren Ebene der Kommunalverwaltung Georgiens, die das OGOSV als eigentliche "örtliche Selbstverwaltung" bezeichnet (Art. 4 OGOSV), sind die von der Bevölkerung unmittelbar gewählte Versammlungsorgane (Sakrebulo) die höchsten repräsentativen Organe dieser Körperschaften. Die Versammlungsorgane wählen aus eigenen Mitgliedern den Vorsitzenden, der gleichzeitig der Vorsitzende (*gamgebeli*) des obersten exekutiven Organs dieser Einheiten – *gamgeoba*, ist (Art. 9 OGOSV). Auf der oberen Ebene der Kommunalverwaltung Georgiens, in den Rajonen und großen Städten, existiert die sog. "örtliche Verwaltung". Was diese "örtliche Verwaltung" bedeutet, erklärt Art. 1 Abs. 2 OGOSV: "Örtliche Verwaltung stellt die koordinierte Tätigkeit der von der Gesetzgebung bestimmten staatlichen exekutiven und repräsentativen Organen dar, die vor Ort, mit der Berücksichtigung der Forderungen der Bevölkerung, dem Schutz der staatlichen Interessen gewährleistet". Das ist der entscheidende Unterschied zu deutschen und spanischen Kommunalverwaltungen. Die Zentralregierung Georgiens hat durch die Einführung des Systems der "örtlichen Verwaltung" die Möglichkeit bekommen, ihre Entscheidungen und ihre Politik auf der lokalen Ebene mit Hilfe der von dem Präsidenten ernannten Bürgermeister der Rajonen und Städte (Art. 10 und 11 OGOSV) durchzusetzen. Sowohl die rechtliche als auch die faktische Stellung des Bürgermeisters ist so stark, dass die Zentralregierung die Entwicklung der Situation auf der lokalen Ebene nicht nur beeinflussen, sondern selbst bestimmen kann. So hat sich die Zentralregierung Georgiens fast absolute Kontrolle über die örtliche Selbstverwaltung des Landes verschafft. In Deutschland und Spanien ist hingegen den örtlichen Körperschaften gewährleistet alle örtlichen Angelegenheiten in eigener Verantwortung zu regeln.[966] So legt Art. 28 Abs.1 GG fest, dass nicht nur in den

---

[964] "Den Gemeinden muss das Recht gewährleistet sein, alle Angelegenheiten der örtlichen Gemeinschaft im Rahmen der Gesetze in eigener Verantwortung zu regeln" – Art. 28 Abs. 2 S. 1 GG.

[965] Vgl. Art. 140 und Art. 141 Abs. 1 SV.

[966] Nach der Rechtsprechung des Bundesverfassungsgerichts bedeutet die "kommunale Selbstverwaltung" […] "ihrem Wesen und ihrer Intention nach Aktivierung der Beteiligten für ihre eigenen Angelegenheiten, die die in der örtlichen Gemeinschaft lebendigen Kräfte des Volkes zur

Ländern, sondern auch in Kreisen und Gemeinden das Volk eine Vertretung haben muss, die aus allgemeinen, unmittelbaren, freien, gleichen und geheimen Wahlen hervorgegangen ist.[967] Nicht nur Kreise und Gemeinden, sondern auch Gemeindeverbände haben "im Rahmen ihres gesetzlichen Aufgabenbereiches nach Maßgabe der Gesetze das Recht der Selbtsverwaltung" (Art. 28 Abs. 2 S. 2 GG).[968] Die Bürgermeister der Städte und der Kreisen werden in Deutschland entweder direkt von der Bevölkerung oder von den oben genannten Vertretungsorganen der Kreise und Gemeinden gewählt.

Auch in Spanien wurde verfassungsrechtlich bestimmt, dass die Regierung und Verwaltung der Gemeinden ihren jeweiligen Gemeindemagistraten obliegt, die sich aus den Bürgermeistern und den Gemeinderäten zusammensetzen. Die Gemeinderäte werden von den Einwohnern der Gemeinde in allgemeinen, gleichen, freien, direkten und geheimen Wahlen und die Bürgermeister von den Gemeinderäten oder von den Einwohnern gewählt (Art. 140 SV). Die autonome Regierung und Verwaltung der Provinzen, die sich aus mehreren Gemeinden zusammensetzen, obliegt Provinzialräten oder anderen Körperschaften repräsentativen Charakters (Art. 141 Abs. 2 SV). Die maßgebliche Quelle für die Gestalt dieser Gebietskörperschaften innerhalb der Autonomen Gemeinschaften ist das aus der staatlichen Grundlagenkompetenz aus Artikel 149 Abs. 1 Nr. 18 SV hervorgegangene Gesetz zur Regelung der Grundlagen der lokalen Ordnung (vom 2. April 1985). Es regelt u.a. Aufgaben, Organisationsstrukturen sowie Finanz- und Personalfragen der Gemeinden, Provinzen und anderer Gebietskörperschaften wie Gemeindeverbände oder innerhalb der Gemeinden bestehender Bezirke. Die Aufhebung, der Zusammenschluß oder die Neugliederung von Gemeinden soll die kommunale Selbstverwaltung nicht aushöhlen. In den Provinzen gibt es allerdings die Institutionen der Staatsregierung, die staatliche Aufgaben zu erledigen haben. Das sind der Zivilgouverneur der Provinz und die Provinzdirektionen der Ressorts der Staatsministerien. Die Existenz der direkt der Zentralregierung unterstellten Institutionen[969] in den örtlichen Selbstverwaltungskörperschaften kann man auf den ersten Blick mit den vom Staatspräsident Georgiens ernannten Bürgermeistern der Rajonen und Städte vergleichen. Die Befugnisse und Aufgaben sowie die faktische Stellung der Zivilgouverneure und der georgischen Bürgermeister sind jedoch unterschiedlich. Den Zivilgouverneuren obliegen gemäß Art. 11 des Statuts der Zivilgouverneure verschiedene Aufgaben zur Ausführung der staatlichen Regierungspolitik in der Provinz, wie z. B. Leitung, Anregung und Koordinierung der Aktivitäten der Staatsverwaltung, Orientierung der allgemeinen Aktivitäten des Staates an

---

eigenverantwortlichen Erfüllung öffentlicher Aufgaben der engeren Heimat zusammenschliesst mit dem Ziel, das Wohl der Einwohner zu fördern und die geschichtliche und heimatliche Eigenart zu wahren", BVerfGE 11, 266/274.

[967] In Gemeinden kann an die Stelle einer gewählten Körperschaft die Gemeindeversammlung treten (Art. 28 Abs. 1 S. 4 GG).

[968] Nach Art. 28 Abs. 2 S. 3 GG umfaßt die Gewährleistung der Selbstverwaltung auch die Grundlagen der finanziellen Eigenverantwortung.

[969] Die Zivilgouverneure unterstehen direkt dem staatlichen Innenministerium.

vorgegebenen Richtlinien, Dienstaufsicht über die Staatsbeamten, etc. Außerdem sind sie gemäß Art. 17 des Statuts der Zivilgouverneure u.a. verpflichtet, die Einhaltung des Verfassungsrechts zu überwachen sowie die öffentliche Sicherheit und Ordnung zu wahren. Die Bürgermeister der Rajonen und Städte in Georgien sind hingegen nicht nur rechtlich, sondern auch faktisch die einflußreichsten Personen in diesen Körperschaften. Sie leiten nicht nur die ihnen direkt unterstellten exekutiven Organe der Rajonen und Städte, sondern regieren den ganzen Rajon bzw. die ganze Stadt wie auch die Körperschaften der unteren Ebene der Kommunalverwaltung – Stadtebezirke, Gemeinden, Bezirke und Dörfer. Zu bemerken ist auch, dass die Zivilgouverneure nur zur Zeit der Einführung der Provinzen 1833 die entscheidenden Organe der staatlichen Verwaltung in der Provinz waren. Inzwischen ist freilich der Grossteil ihrer Zuständigkeiten an die Autonomen Gemeinschaften übertragen worden. In Spanien besteht derzeit ein allgemeiner Konsens, dass die staatliche Peripherieverwaltung (Zivilgouverneure und die Vertreter der Staatsministerien) in den Provinzen drastisch reduziert werden muss. In Georgien hingegen bildet die sog. "örtliche Verwaltung" mit dem vom Präsidenten ernannten Bürgermeister den Kern des Systems der örtlichen Selbstverwaltung. Die Zentralregierung sichert damit fast absolute Kontrolle über die Kommunalverwaltung und zumindest in absehbarer Zukunft wird sich daran nichts ändern.[970]

Besonderer Erwähnung bedarf natürlich das zukünftige Verhältnis der autonomen Regionen Georgiens zu örtlichen Selbtsverwaltungskörperschaften. Heutzutage hat in Georgien der Staat über das Verfahren der Bildung der örtlichen Selbstverwaltungorgane, ihre Befugnisse und Beziehungen zu den Staatsorganen zu entscheiden (Art. 2 Abs. 4 GV). Entsprechend dieser Bestimmung der Verfassung regelt das Organgesetz über die örtliche Selbstverwaltung und Verwaltung die Organisationsstrukturen, Aufgaben, Finanz- und Personalfragen der kommunalen Körperschaften einheitlich für das ganze Staatsgebiet. Auch in den Autonomen Republiken Abchasien und Adscharien wird die Kommunalverwaltung entsprechend den Bestimmungen des Organgesetzes organisiert.[971] Die Gliederung des Staatsgebietes Georgiens entsprechend den Grundprinzipien des asymmetrischen Föderalismus wird jedoch höchstwahrscheinlich die Änderung der gegenwärtigen Organisation der Kommunalverwaltung notwendig machen. Diese Änderung wird überwiegend gegen die Einheitlichkeit der Organisation der örtlichen Selbstverwaltung gerichtet, denn die zukünftigen Autonomen Republiken Georgiens, die im wesentlichen die den deutschen Ländern ähnliche Organisationsstruktur und

---

[970] Das Hauptargument der georgischen Regierung für so eine starke rechtliche Stellung des Bürgermeisters lautet (allerdings nicht offiziell und öffentlich), dass vor allem mit Hilfe des vom Präsidenten ernannten Bürgermeisters mit weitreichenden Befugnissen die Zentralregierung in den Rajonen und Städte Georgiens mit überwiegend nichtgeorgischen Bevölkerung (hier sind vor allem etwa 300 000 Armeniern in Dschawachetien und 350 000 Azerbaidschaner in *kvemo kartli* (Niederkartli) gemeint) die Situation kontrollieren kann.

[971] Die Bürgermeister der Rajonen und Städte auf dem Territorium der Autonomen Republik werden von dem obersten repräsentativen Organ dieser Republik ernannt, jedoch nach dem Übereinkommen mit dem Präsidenten Georgiens (Art. 10 u. 11 OGOSV). Zur Ernennung der Bürgermeister in den Rajonen und Städten der Autonomen Republik Adscharien.

Kompetenzen aufweisen werden, sollen das Recht haben, ihr Gebiet autonom zu organisieren. In der Verfassung Georgiens soll dabei die kommunale Selbstverwaltung ausdrücklich gewährleistet und die örtlichen Gebietskörperschaften aufgezählt werden, damit eine gewisse Homogenität gesichert wird (wie das in Art. 28 GG der Fall ist). Der Staat darf auch durch das Organgesetz die Grundlagen kommunaler Selbstverwaltung festlegen, den Autonomen Republiken soll es allerdings eigene Gestaltungsmöglichkeiten und Gestaltungsbereiche in bezug auf die Kommunalverwaltung einräumen. Jede Autonome Republik soll grundsätzlich selbst über die Struktur und Personalfragen der örtlichen Körperschaften entscheiden. So sind auch in Deutschland die Gemeinden und Kreise dem Land eingegliedert[972] (wenngleich ihnen durch die Bundesverfassung die Selbstverwaltung garantiert wird - Art. 28 Abs. 2 GG) und jedes Land entscheidet unabhängig über die Organisation der Gemeinden, über die Gebietsänderungen[973] oder auch z. B. über das Wahlverfahren des Bürgermeisters. In Georgien kann den Autonomen Republiken sogar die Kompetenz zugestanden werden eigene Gebietskörperschaften zu errichten, wie es durch die Autonomiestatute der Autonomen Gemeinschaften Spaniens festgeschrieben ist.[974]

In anderen territorialen Einheiten Georgiens, die im Vergleich zu den Autonomen Republiken einen niedrigen autonomen Status genießen werden, kann die örtliche Selbstverwaltung anders gestaltet werden. Das bedeutet vor allem, dass die territorialen Einheiten wenig eigene Gestaltungsmöglichkeiten haben werden; der Staat wird die kommunale Selbstverwaltung weitgehend durch sein Organgesetz ausgestalten. So gehen z.B. im spanischen Gesetz zur Regelung der Grundlagen der lokalen Ordnung die weitgehenden Ausgestaltungen häufig über die Festlegung bloßer "Grundlagen" hinaus; es regelt Aufgaben, Organisationsstrukturen sowie Finanz- und Personalfragen der Gemeinden und Provinzen; den Entwicklungsgesetzgebungskompetenzen der Autonomen Gemeinschaften verbleibt nicht allzu viel Spielraum. Auch das georgische Organgesetz kann zukünftig ein ähnliches Modell der kommunalen Selbstverwaltung in den territorialen Einheiten konstruieren. In ihm können Aufbau und Funktionsweise von den in der Verfassung bestimmten örtlichen Selbstverwaltungskörperschaften und Möglichkeiten gegenseitiger Aufgabenwahrnehmung sowie Finanz- und Personalfragen geregelt werden.

Problematisch ist die Frage der zukünftigen Existenz des Rajons im System der Kommunalverwaltung. Wie oben bereits dargestellt wurde bildet der Rajon das obere Glied in der Selbstverwaltungsorganisation. Das rechtliche wie wirtschaftliche Gewicht der Rajon im Verhältnis zu den Körperschaften der unteren Ebene der Kommunalverwaltung ist wesentlich höher; der Bürgermeister des Rajons besitzt fast

---

[972] T. Wiedmann, S. 344.

[973] So z. B. Art. 59 Abs. 1 der Verfassung des Landes Niedersachsen: "Aus Gründen des Gemeinwohls können Gemeinden und Landkreise vereinigt oder neu gebildet und Gebietsteile von Gemeinden oder Landkreisen umgegliedert werden".

[974] Das katalanische Parlament hat 1987 davon Gebrauch gemacht und kraft Gesetzes die historischen Landkreise (*comarcas*) in das administrative Leben zurückgerufen.

absolute Kontrolle nicht nur über den Rajon, sondern auch über den unteren Selbstverwaltungskörperschaften. Das ist auch nicht verwunderlich. In den Rajonen, Bezirken und Dörfern Georgiens, in denen die Bevölkerung kein Tradition des demokratischen Zusammenlebens hat, verfügt der vom Präsidenten ernannte Bürgermeister (der sowieso durch das Organgesetz mit weitreichenden Befugnisse ausgestattet ist) praktisch über uneingeschränkte Macht. Deshalb stellt sich die Frage ob es nicht zweckmäßiger wäre nach der Errichtung der autonomen territorialen Einheiten den Rajon als örtliche Verwaltungskörperschaft aufzulösen. Die Aufgaben des Rajons wird die jeweilige territoriale Einheit übernehmen; auch der bürokratische Apparat kann damit wesentlich reduziert werden. Die Rajonen wären dann lediglich als Wahlkörper vorhanden, in denen (wie in den Provinzen Spaniens[975]) die Mitglieder des Senats des georgischen Parlaments gewählt werden. Es ist also offensichtlich, dass während der Ausarbeitung des Systems der Territorialordnung zugleich auch über diese Möglichkeit der Änderung der Selbstverwaltungsorganisation unbedingt zu diskutieren und zu analysieren ist.

Im übrigen sollen für dieses Modell kennzeichnend sein: eine weisungsfreie Verwaltung durch eigene, selbstbestimmte Organe in den Angelegenheiten der örtlichen Gemeinschaft, Bindung an das Gesetz, staatliche Rechtsaufsicht, übertragene staatliche Aufgaben zur Erledigung nach Weisung des Staates.[976] Außerdem soll in der Verfassung Georgiens ausdrücklich bestimmt werden, dass die örtlichen Selbtsverwaltungskörperschaften über ausreichende finanzielle Mittel zur Ausführung der Funktionen verfügen, die das Gesetz den jeweiligen Körperschaften zuschreibt; sie müssen sich im wesentlichen aus eigenen Steuereinnahmen und Beteiligung an denen des Staates und der territorialen Einheiten finanzieren.[977]

---

[975] Gemäß Art. 69 Abs. 2 und 6 SV werden in jeder Provinz aufgrund allgemeiner, freier, gleicher, unmittelbarer und geheimer Wahlen vier Senatoren gewählt.
[976] Vgl. hierzu H. Maurer allgemeines Verwaltungsrecht, S. 515 ff; T. Wiedmann, S. 311.
[977] Vgl. dazu Art. 142 SV.

## Schlussbilanz

Die Untersuchung der Eigenart und Entwicklung der Rechtsstrukturen und Institutionen Georgiens, der Regionen und ihren Beziehungen zur Zentralgewalt hat gezeigt, dass die wichtigste Voraussetzung der Errichtung eines Rechtsstaates in Georgien die Bestimmung der Grundlagen des territorialen Staatsaufbaus ist. Klar ist auch, dass die Entscheidung über die territoriale Gliederung des Landes getroffen wird, bevor die weitere Reformschritte zur Demokratisierung unternommen, die Selbstverwaltungsinstitutionen und Traditionen gestärkt und die territoriale Integrität des Staates wiederhergestellt werden. Die verfassungsrechtlich festgelegte demokratische Ordnung soll weiter entwickelt und gesichert werden. Man muss das Beispiel Spaniens immer in Erinnerung haben: In der spanischen Zweiten Republik 1931-1936, die politisch modern organisiert, wirtschaftlich, kulturell und sozial aber rückständig war, scheiterten die Reformgesetze an jahrhundertealten Gesellschaftsstrukturen und Mentalitäten. Das war einer der Hauptgründe des Scheiterns der spanischen Republik. Oben wurde dargestellt, dass auch in Georgien die mittelalterliche Gesellschaftsstrukturen und Mentalitäten immer noch vorhanden sind, die patriarchalischen und paternalistischen Strukturen bilden das Rückgrat der sozialen Netzwerke. Die demokratische Entwicklung hat allerdings in Georgien keine Alternative. Es ist lebenswichtig für den jungen georgischen Staat die Wirtschafts-, Rechts- und Gesellschaftsreformen durchzuführen und damit die demokratische Institutionen zu sichern. Unbedingt zu berücksichtigen ist hier, dass man auch in Deutschland und Spanien zu den heutigen Staatsorganisationsformen während der politisch und wirtschaftlich schwierigsten Zeit in der Geschichte dieser Länder gefunden hat. So findet sich z.b. in Spanien der größte Unterschied zu allen anderen westeuropäischen Fällen von Regionalisierung und Dezentralisierung darin, dass Spanien sein Projekt einer radikalen territorialen Dezentralisierung nicht im Rahmen eines bereits konsolidierten demokratischen Regimes in Angriff nehmen konnte. Das Experiment fiel vielmehr zusammen mit dem unsicheren und teilweise zufallsbedingten Prozess des Übergangs vom autoritären Regime zur parlamentarischen Parteiendemokratie. Auch in Deutschland musste der Prozess der territorialen Gliederung nahezu zeitgleich zu einem ebenso schwierigen Redemokratisierungsprozess durchgeführt werden. Trotz der Ähnlichkeit der heutigen politischen und wirtschaftlichen Lage Georgiens mit den Situationen in Deutschland und Spanien während der Dezentralisierung ihrer Staatsgebiete ist nicht zu übersehen, dass es in Georgien einige Probleme gibt, die sehr schwer zu lösen sind und wodurch sich die Lage Georgiens von denen in Deutschland und Spanien unterschied. Erstens ist hier die geopolitische Lage Georgiens zu nennen. Während Deutschland und Spanien in Westeuropa liegen und von den zivilisierten Nachbarn umringt sind, befindet sich Georgien in einer der brisantesten Krisenregionen der Welt – im Kaukasus. Die unzähligen ethno-territoriale Konflikte im Kaukasus, die politische Spannungen zwischen den Nachbarnländern und die Rivalität der Grossmächte um die Vorherrschaft in dieser politisch und wirtschaftlich wichtigen Region beeinflussen in entscheidender Weise die Versuche der georgischen Regierung die innere und äußere politische Stabilität und den wirtschaftlichen Aufschwung zu erreichen. Der Prozess der Zivilisierung des Landes und die endgültige Durchsetzung der demokratischen Strukturen sind in Georgien allerdings auch durch andere Faktoren erschwert: Hervorzuheben sind vor allem die bürokratisierte und individualisierte Gesellschaft und das überwiegend korrumpierte System der Staatsbürokratie. Die mächtigen Bekanntschafts- und Verwandschaftsbande, privilegierte Gesellschaftsgruppen fühlen sich wohl in einer solchen Gesellschaft und stehen einer ihren Status bedrohenden demokratischen Entwicklung im Wege. Solange diese Strukturen und Gruppen in Georgien vorhanden sind, stehen die Chancen für die Herausbildung der demokratischen Institutionen und gesellschaftlicher Interessensgruppen sehr schlecht.

Der Einfluß Russlands wurde zwar vermindert, trotzdem übt es auf die politische Entwicklung in Georgien wieder massiven Druck aus. Nicht zu vergessen ist auch, dass in Georgien im Verlauf der letzten Jahre sich die "prorussischen" Kräfte etabliert haben, für die Russland immer wieder der einzige Friedensstifter und Vermittler in den ethno-territorialen Konflikten Georgiens ist. Diese Kräfte bekennen sich ausdrücklich zu einem Arrangement mit Russland und hoffen mit seiner Hilfe an die Macht in Georgien zu gelangen. Eines ist allerdings klar: solange Russland die Entwicklung der politischen Prozesse in Georgien beeinflussen kann, solange es sich in die Belange des souveränen Georgiens einmischt, wird die friedliche politische, wirtschaftliche und gesellschaftliche Erneuerung des Landes noch lange nicht möglich sein.

Eines der schwierigsten Probleme stellt die Normalisierung und Zivilisierung der Verhältnisse mit den ethnischen Minderheiten dar, die rund 30% der Bevölkerung ausmachen. Ende der 1980er und Anfang der 1990er Jahre wurden die ethnischen Minderheiten als "Nichtgeorgier" klassifiziert und galten als Bedrohung für die territoriale Integrität eines zukünftigen georgischen Nationalstaates. Die ethnischen Minderheiten sahen seinerseits die Bestandsberechtigung ihrer Autonomien und sprachlich-kulturellen Rechte durch die Idee eines georgischen Nationalstaates bedroht. Heute müssen die Anstrengungen dahin gerichtet sein, die ethnischen Minderheiten in die konzeptionellen Überlegungen zur Errichtung eines Rechtsstaates und einer freiheitlichen demokratischen Ordnung miteinzubeziehen und in das politische System zu kooptieren. In Georgien wurde bislang davon ausgegangen, dass die nationale Selbstbestimmung ausschließlich innerhalb eines eigenen zentralistischen Nationalstaates möglich sei. Dabei wurde aber übersehen, dass, erstens, im Nationalstaat eine weitgehende Identität von Nation und Staatsvolk besteht und im Gegensatz zum Nationalitäten- oder Vielvölkerstaat die Staatsangehörigen im Nationalstaat alle oder die überwiegende Mehrheit Angehörige ein und derselben Nation sind (was in Georgien nicht der Fall ist), und zweitens, von den Sezessionsbestrebungen ethnischer Minderheiten wie Abchasen und Osseten abgesehen, die extreme regionale, historische, geographisch und politisch bedingte Zergliederung und ein ausgeprägtes landsmannschaftliches Bewußtsein der georgischen Völker nach wie vor entscheidender Faktoren für die geringe Integrationskraft, die ein vereinter georgischer Nationalstaat besitzt, sind. Diese Faktoren werden in Georgien in Zukunft föderalistische Strukturen notwendig machen. Da der Föderalismus als Prinzip des staatsrechtlichen Aufbaus (noch) stark diskreditiert ist, werden die Chancen für ein friedliches Zusammenleben der verschiedenen Ethnien innerhalb Georgiens von der Rehabilitation des Föderalismus als staatsrechtliches Gestaltungsprinzips abhängen.

Wenn es der Regierung gelingt, die zwei erstgenannten schwierigsten Hindernisse zu überwinden, zugleich aber die Idee zumindest eines politisch dezentralisierten Staates durchzusetzen und zu begründen, dass die Prinzipien eines solchen Staatssystems für die Errichtung und Stärkung des zukünftigen georgischen demokratischen Staates unabdingbar sind, dann werden die Chancen für einen demokratischen Neuanfang und für den Frieden im ganzen Land steigen. Dabei muss Georgien, wie auch Spanien 1978, einen "georgischen Sonderweg" beschreiten, was ein auf dem Prinzip des asymmetrischen Föderalismus gegründeten Staat bedeutet und zwar in der Weise, dass drei (mindestens zwei) von den zukünftigen territorialen Einheiten Georgiens echte Gliedstaaten im Sinne der deutschen Länder darstellen werden. Der Staatscharakter der georgischen Gliedstaaten wird an ihren Verfassungen erkennbar, die unabhängig und selbständig neben der zentralstaatlichen Verfassung gelten und die die Grundlage für die Staatsorgane der Gliedstaaten im Legislativ-, Exekutiv- und Judikativbereich darstellen. Andere territoriale Einheiten Georgiens werden verfassungsrechtliche Autonomie genießen, allerdings mit niedrigem Status und niedrigen Kompetenzen. Die Statuten werden die grundlegende institutionelle Norm der territorialen Einheiten sein, die die Organisation der regionalen Institutionen und die Kompetenzen enthalten. Der Zentralstaat wird keine rechtliche Möglichkeit haben, die Statuten einseitig und eigenmächtig, gegen den Willen der territorialen Einheit, abzuändern.

Die territorialen Einheiten müssen grundsätzlich an der Gesetzgebung mitwirken können. Einmal ergibt sich dies daraus, dass sie über eigene Gesetzgebungsbefugnisse verfügen, auf Grund derer sie selbständig, nach eigenen politischen Zielsetzungen Rechtsnormen (Gesetze, Verordnungen) allgemein und dauerhaften Charakters erlassen können. Zum anderen folgt daraus, dass sie am Gesetzgebungsprozess des Zentralstaates beteiligt sein müssen. Es muss demzufolge Verfahren geben, durch die die territorialen Einheiten die Initiative zur Gesetzgebung ergreifen. Sie müssen sachlich die zentralstaatliche Gesetzgebung beeinflussen und gegen Gesetzesbeschlüsse des Parlaments ein Veto einlegen können.

Die georgische Verfassung wird eine Grundnorm des politisch dezentralisierten georgischen Staates werden, die für die Vermeidung der Konfrontation und des Konflikts und für die Herstellung staatlicher Handlungseinheit bestimmte Organisations- und Verfahrensregelungen enthalten muss. Dies sind übergreifende präventiv wirkende Verfassungsnormen, in der Regel das Homogenitätsprinzip und der Grundsatz der Bundestreue oder Solidarität, als repressiv wirkende verwaltungsmäßige Mittel der Bundeszwang und als gerichtliches Mittel die

Bundesverfassungsgerichtsbarkeit. Letztere wird der oberste Hüter der Verfassungsordnung, der über alle Konflikte abschließend entscheiden wird. Unbedingt zu bemerken ist auch, dass aufgrund des Homogenitätsprinzips allen territorialen Einheiten Georgiens des Regierungstypus der repräsentativ-parlamentarischen Demokratie vorgeschrieben werden muss.

Die oben dargestellten Grundlagen des asymmetrisch dezentralisierten georgischen Staates sind die Ausprägungen der spezifisch geographischen und historischen Verschiedenheit von Regionen und Ethnien und Ausdruck von deren Heterogenität. Man muss allerdings berücksichtigen, dass es kein politisches Ordnungssystem ohne Schattenseiten gibt, dass demzufolge selbstverständlich auch das hier vorgeschlagene System des asymmetrischen Föderalismus nicht ohne Nachteile sein kann; es hängt jeweils von den Menschen ab, ob sie die Chancen, die im Föderalismus stecken, nutzen und willens sind, die Nachteile so gering wie möglich zu halten.

# Literatur:

*Adeischvili, Zurab/Getsadze, Gia/Gogiaschvili, Giorgi/Kublaschvili, Konstantin:* Überlegungen über den territorialen Staatsaufbau Georgiens, in: Bulletin, Das georgische Zentrum der strategischen Forschungen und Entwicklung (Hrsg.), Nr. 4, März, 1998 (georg.);

*Alberti, Enoch:* Die Beziehungen zwischen dem Staat und den Autonomen Gemeinschaften: Kooperation und Konflikt, in: Die Entwicklung des Staates der Autonomien in Spanien und der bundesstaatlichen Ordnung in der Bundesrepublik Deutschland. Ein spanisch-deutsches Verfassungskolloquium, J. Kramer (Hrsg.), Baden-Baden, 1. Aufl., 1996 (Föderalismus- Studien, Bd. 7);

*Alexander, Manfred/Kämpfer, Frank/Kappeler, Andreas* (Hrsg.): Kleine Völker in der Geschichte Osteuropas. Festschrift für Günther Stökl zum 75. Geburtstag, Stuttgart, 1991 (Jahrbücher für Geschichte Osteuropas: Beiheft 5);

*Avalischvili, Zurab:* Die Unabhängigkeit Georgiens in der internationalen Politik 1918-1921, Tbilisi, 1990 (georg.);

*Becker, Franz:* Grundzüge des öffentlichen Rechts, 5. überarb. Aufl., München, 1992 (Lernbücher für Wirtschaft und Recht);

*Beckmann-Petey, Monika:* Der jugoslawische Föderalismus, Oldenburg, 1990 (Untersuchungen zur Gegenwartskunde Südosteuropas; Bd. 29);

*Benda, Ernst:* Die Verfassungsgerichtsbarkeit in der Bundesrepublik Deutschland, in: Ch. Stark/A. Weber (Hrsg.), Verfassungsgerichtsbarkeit in Westeuropa, Teilband I (Berichte), Baden-Baden, 1986, S. 121-148;

*Benda, Ernst:* Föderalismus in der Rechtsprechung des Bundesverfassungsgerichts, in: E. Benda, Probleme, 1985, S. 71-83;

*Benz, Arthur:* Föderalismus als dynamisches System. Zentralisierung und Dezentralisierung im föderativen Staat, Opladen, 1985 (zit.: A. Benz, Föderalismus als dynamisches System);

*Benz, Arthur:* Neue Formen der Zusammenarbeit zwischen den Ländern, in: DöV, 46, 1993, S. 85-95;

*Benz, Wolfgang:* Die Gründung der Bundesrepublik. Von der Bizone zum souveränen Staat, München, 1994, 4. Aufl., (Deutsche Geschichte der neuesten Zeit) (zit.: W. Benz, Die Gründung der Bundesrepublik);

*Berdzenischvili, Nikoloz/Dondua, Warlam/Dumbadze, Mamia/Melikischvili, Giorgi/Meskhia, Schota/Ratiani, Prokofi* (Hrsg.): Die Geschichte Georgiens (Bd. I - Von der Frühzeiten bis zur Ende des XIX. Jahrhunderts), Tbilisi, 1958 (zit.: N. Berdzenischvili, Sch. Meskhia);

*Bernecker, Walther L/Pietschmann, Horst (Hrsg.):* Geschichte Spaniens. Von der frühen Neuzeit bis zur Gegenwart, 2. Aufl., Stuttgart, Berlin, Köln, 1997;

*Bischof, Henrik:* Georgien – Gefahren für die Staatlichkeit, in: Studie zur Außenpolitik, Friedrich-Ebert-Stiftung (Hrsg.), 68/1995, Bonn, S. 1-37;

*Blanke, Hermann-Josef:* Föderalismus und Integrationsgewalt. Die Bundesrepublik Deutschland, Spanien, Italien und Belgien als dezentralisierte Staaten der EG, Berlin, 1991; (Schriften zum Europäischen Recht; Bd. 7);

*Boldt, Hans:* Deutsche Verfassungsgeschichte, Bd. 1: Von den Anfängen bis zum Ende des älteren deutschen Reiches 1806. München, 1990, 2. Aufl., (zit.: H. Boldt, Deutsche Verfassungsgeschichte, Bd. 1);

*Boldt, Hans:* Deutsche Verfassungsgeschichte, Bd. 2: Von 1806 bis zur Gegenwart, München, 1993, 2. Aufl., (zit.: H. Boldt, Deutsche Verfassungsgeschichte, Bd. 2);

*Boldt, Hans:* Der Föderalismus in der Reichsverfassungen von 1849 und 1871, in: H. Wellenreuter/C. Schnurmann (Hrsg.), Verfassung, 1991, S. 297-333;

*Bothe, Michael:* Föderalismus und regionale Autonomie, in: Randelzhofer, Albert (Hrsg.): Deutsch-Spanisches Verfassungs-Kolloquium, vom 18.-20.Juni 1980 in Berlin, Berlin, 1982 (Schriften zum Öffentlichen Recht; Bd.408);

*Bothe, Michael:* Föderalismus – ein Konzept im geschichtlichen Wandel, in: T. Evers (Hrsg.), Föderalismus, 1994, S. 19-31 (zit.: M. Bothe, Föderalismus – ein Konzept im geschichtlichen Wandel);

*Boucsein, Wilhelm:* Spanischer Regionalismus und der katalanische Nationalismus, in: JöR, Bd. 27, 1978;

*Brockhaus – Die Enzyklopädie*, in 24. Bänden, 20. überarbeitete und aktualisierte Aufl., Bd. 8 FRIT-GOTI, Leipzig-Manheim, Brockhaus, 1997 (zit.: Brockhaus, Die Enzyklopedie, Bd. 8,);

*Broszat, Martin:* Der Staat Hitlers, München: Deutscher Taschenbuch Verlag, 13. Aufl., 1995 (zit.: M. Broszat, Der Staat Hitlers);

*Bruhat, Jean:* Geschichte der Sowjetunion, Hamburg, 1959 (Was weiss ich? Enzyklopedie des XX. Jahrhunderts);

*Brunner, Georg:* Nationalitätenkonflikte und Minderheitenprobleme in Osteuropa. Strategien und Optionen für die Zukunft Europas, Gütersloh, 1993;

*Brünneck, Alexander v.:* Thesen zum Stand des Föderalismusproblems - Ein Diskussionsbeitrag, in: J. Kramer (Hrsg.), Föderalismus zwischen Integration und Sezession. Chancen und Risiken bundesstaatlicher Ordnung, Baden-Baden, 1. Aufl., 1993, S. 291-294;

*Bundesrat (Hrsg.):* Vierzig Jahre Bundesrat. Tagungsband zum wissenschaftlichen Symposion in der Evangelischen Akademie Tutzing vom 11. bis 14. April 1989, Baden-Baden, 1989 (zit.: Vierzig Jahre Bundesrat);

BVerfGE 1, 14; 1, 299.

BVerfGE 2, 224; 3, 52; 4, 127.
BVerfGE 6, 309.
BVerfGE 8, 122; 8, 274.
BVerfGE 10, 245.
BVerfGE 12, 205; 12, 255.
BVerfGE 13, 233.
BVerfGE 32, 199; 34, 9.
BVerfGE 36, 242; 37, 363.
BVerfGE 43, 291; 55, 274.
BVerfGE 60, 175; 64, 301.

*Burg, Peter:* Der Föderalismus im Kaiserreich. Politische Strukturen und Prozesse, in: J. Huhn/P. Ch. Witt (Hrsg.), Föderalismus, 1992, S. 55-73;

*Chiti-Batelli, Andrea:* Regionalismus - und Föderalismusprobleme Italiens, in: Regionalismus in Europa, Bericht über eine wissenschaftliche Tagung, Brixen (Südtirol) - 30. Oktober bis 3. November 1978, München, 1981, S. 62-69;

*Ciklauri-Lammich, Eliko/Lammich, Siegfried:* Grundzüge der Verfassungsentwicklung Georgiens in der postkommunistischen Periode, in: Brunner, Georg (Hrsg.): Verfassungs- und Verwaltungsrecht der Staaten Osteuropas, VSO, Bd. 4, Berlin, 1995 (zit.: E. Ciklauri-Lammich/S.Lammich, Grundzüge der Verfassungsentwicklung Georgiens);

*Creuzberger, Stefan:* Die sowjetische Besatzungsmacht und das politische System der SBZ. Weimar u.a., 1996 (Schriften des Hannah-Arendt-Instituts für Totalitarismusforschung, Bd. 3)

*Cruz Villalón, Pedro:* Die Neugliederung des Spanischen Staates durch die "Autonomen Gemeinschaften", in: JöR, Neue Folge/Bd. 34, Tübingen, 1985, S. 195-243;

*Cruz Villalón, Pedro:* Zehn Jahre spanische Verfassung, in: JöR, Neue Folge/Bd. 37, Tübingen, 1988, S. 87-114;

*Cruz Villalón, Pedro:* Die Rechtsprechung des Verfassungsgerichts zu den Autonomen Gebietskörperschaften (1981-1986), in : Spanisches Verfassungsrecht , ein Handbuch, hrsg. Von Antonio López Pina, Heidelberg, 1993, S. 195-222;

*Dagenhart, Christoph*: Gerichtsorganisation, in: J. Isensee/P. Kirchhof (Hrsg.), Handbuch des Staatsrechts, Bd. III (Das Handeln des Staates), Heidelberg, 1988, § 75, S. 859-878;

*Deuerlein, Ernst:* Föderalismus. Die historischen und philosophischen Grundlagen des föderativen Prinzips, München, 1972 (zit.: E. Deuerlein, Föderalismus);

*Dreissig, Wilhelmine (Hrsg.):* Probleme des Finanzausgleichs I, Berlin, 1978 (Schriften des Vereins für Sozialpolitik. Gesellschaft für Wirtschafts- und Sozialwissenschaften. Neue Folge, Band 96/I);

*Dzavachischvili, Ivane:* Die Geschichte der georgischen Nation, Bd. 1, Tbilisi, 1960 (georg.);

*Dschavachischvili, Ivane*: Die Geschichte der georgischen Nation, Bd. V, Tbilisi, 1953 (georg.);

*Dzanaschia, Simon*: Studien, Bd. I-II, Tbilisi, 1943-52 (georg.);

*Dzanaschia, Simon*: Die Herkunft des Königreiches Egrissi, in: Studien, Bd. II, Tbilisi, 1952 (georg.);

*Eicher, Hermann*: Der Machtverlusst der Landesparlamente. Historischer Rückblick, Bestandsaufnahme, Reformansätze., Berlin, 1988;

*Fähnrich, Heinz*: Geschichte Georgiens von den Anfängen bis zur Mongolenherrschaft, Aachen, 1993 (Reihe Geschichtswissenschaft), (zit.: H. Fähnrich, Geschichte Georgiens);

*Fähnrich, Heinz*: Georgien in den Jahren 1917-1924, in: Georgica, 15/1993, S. 50-60;

*García Pelayo, Manuel:* Der Status des Verfassungsgerichts, in: Spanisches Verfassungsrecht, ein Handbuch, hrsg. Von Antonio López Pina, Heidelberg, 1993, S. 475-499;

*Gelaschvili, Naira*: Georgien – ein Paradies in Trümmern, 1. Aufl., Berlin, 1993;

*Gerber, Jurgen*: Georgien: Nationale Opposition und kommunistische Herrschaft seit 1956, Baden-Baden, 1997, (Schriftenreihe des Bundesinstituts für ostwissenschaftliche und internationale Studien, Köln, Bd. 32);

-: Die politische Entwicklung in Georgien, in: B. Meissner/A. Eisfeld (Hrsg.), Die GUS-Staaten in Europa und Asien, 1. Aufl., Baden-Baden, 1995, S. 107-125;

*Götz, Roland/Halbach, Uwe:* Politisches Lexikon GUS, 3., neubearbeitete Aufl., München, 1996 (Beck'sche Reihe; 852: Länder);

*Gonzalez Casanova, Jose Antonio:* Die Entwicklung der Autonomie in Spanien nach der Verfassung von 1978, in: A. Randelzhofer (Hrsg.): Deutsch-Spanisches Verfassungs-Kolloquium, vom 18.-20.Juni 1980 in Berlin, Berlin, 1982 (Schriften zum Öffentlichen Recht; Bd. 408) (zit.: J. A. Gonzalez Casanova, Die Entwicklung der Autonomie in Spanien);

*Gonzalez Encinar, Jose Juan:* Ein asymmetrischer Bundesstaat, in: Der Staat der Autonomen Gemeinschaften in Spanien, D. Nohlen/J.J. Gonzalez Encinar (Hrsg.), Opladen, 1992 (zit.: J. J. Gonzalez Encinar, Ein asymmetrischer Bundesstaat), S. 217-231;

*Grothusen, Klaus-Detlev*: Staatliche Einheit und Teilung - Deutschland und Jugoslawien. Ergebnisse des deutsch-slowenischen Symposions der Südosteuropa-Gesellschaft anlässlich der Deutschen Kulturwoche in Ljubljana am 24. April 1991, München, Südosteuropa-Gesellschaft, 1992;

*Grothusen, Klaus-Detlev*: Staatliche Einheit und Teilung als Grundphänomene deutscher Geschichte, in: Staatliche Einheit und Teilung - Deutschland und Jugoslawien. Ergebnisse des deutsch-slowenischen Symposions der Südosteuropa-Gesellschaft anlässlich der Deutschen Kulturwoche in Ljubljana am 24. April 1991, München, Südosteuropa-Gesellschaft, 1992, S. 13-22;

*Grundgesetz für die Bundesrepublik*: Textausgabe, Stand: Juli 1998, Hrsg.: Bundeszentrale für politische Bildung;

*Grundgesetz:* Grundgesetz mit Vertrag über die abschließende Regelung in bezug auf Deutschland, Menschenrechtskonvention, Bundesverfassungsgerichtsgesetz, Parteiengesetz und Gesetz über den Petitionsausschuß., Textausgabe, Beck-Texte im dtv, München, 35., neubearbeitete Aufl., 1998.

*Grüske, Karl-Dieter:* Föderalismus und Finanzausgleich, in: Föderalismus: Prinzip und Wirklichkeit; drei Vorträge/Atzelsberger Gespräche 1997., Hrsg. von Max Vollkommer, Erlangen, 1998, S. 17-41;

*Die Gründung der Bundesrepublik Deutschland:* Jahre der Entscheidung 1945-1949, Texte und Dokumente, Hrsg.: Niedersächsische Landeszentrale für politische Bildung, 2. Aufl., Hannover, 1991 (zit.: Die Gründung der Bundesrepublik Deutschland, 1991);

*Halbach, Uwe*: Das sowjetische Vielvölkerimperium. Nationalitätenpolitik und nationale Frage, Mannheim u.a., 1992 (Meyers Forum, Bd. 3) (zit.: U. Halbach, Das sowjetische Vielvölkerimperium);

- : Die Bergvölker (gorcy) als Gegner und Opfer: Der Kaukasus in der Wahrnehmung Russlands (Ende des 18. Jahrhunderts bis 1864), in: Kleine Völker in der Geschichte Osteuropas. Festschrift für Günther Stökl zum 75. Geburtstag, M. Alexander/ F. Kämpfer/A. Kappeler (Hrsg.), Stuttgart, 1991 (Jahrbücher für Geschichte Osteuropas: Beiheft 5);

- : Ethno-territoriale Konflikte in der GUS, in: Berichte des BIOst, Nr.31, Köln, 1992;

- : "Failing States?" Nationale, staatliche und ökonomische Festigkeit der südlichen GUS-Länder (Teil I), in: Berichte der BIOst, Nr. 20, 1994;

*Halbach, Uwe/Kappeler, Andreas* (Hrsg.): Krisenherd Kaukasus, Baden-Baden, 1995 (Nationen und Nationalitäten in Osteuropa; Herausgegeben vom Arbeitskreis für nationale Probleme in Osteuropa, Bd. 2);

*Häberle, Peter*: Die Entwicklung des Föderalismus in Deutschland - insbesondere in der Phase der Vereinigung, in: Föderalismus zwischen Integration und Sezession. Chansen und Risiken bundesstaatlicher Ordnung, J. Kramer (Hrsg.), Baden-Baden, 1. Aufl., 1993, S. 201-245;

*Heintze, Hans-Joachim*: Autonomie und Völkerrecht: Verwirklichung des Selbstbestimmungsrechts der Völker innerhalb bestehender Staaten (Hrsg.: Stiftung Entwicklung und Frieden in Zusammenarbeit mit dem Institut für Entwicklung und Frieden der Gerhard-Mercator-Universität, Gesamthochschule Duisburg), Bonn, 1995 (Interdependenz: Nr. 19);

*Herzog, Werner:* Spanien, 4. aktualisierte Aufl., München, 1998 (Beck'sche Reihe; Länder);

*Herzog, Roman*: Wandel des Föderalismus in der Bundesrepublik Deutschland, in: D. Merten/R. Morsey (Hrsg.), 30 Jahre Grundgesetz, Berlin, 1979, S. 41-54;

*Herzog, Roman:* Stellung des Bundesrates im demokratischen Bundesstaat, in: J.Isensee/P.Kirchhof (Hrsg.), Handbuch des Staatsrechts, Bd. II (Demokratische Willensbildung – Die Staatsorgane des Bundes), Heidelberg, 1987, § 44, S. 467-488;

*Hesse, Konrad:* Grundzüge des Verfassungsrechts der Bundesrepublik Deutschland, 16. Aufl., Heidelberg, 1988 (zit.: K. Hesse, Grundzüge des Verfassungsrechts);

*Hesse, Konrad:* Der unitarische Bundesstaat, Karlsruhe, 1962;

*Hildenbrand, Andreas:* Das Regionalismusproblem, in: Walther L. Berneker/Carlos Collado Seidel (Hrsg.), Spanien nach Franco. Der Übergang von der Diktatur zur Demokratie 1975-1982, München, 1993 (Schriftenreihe der Vierteljahrshilfe für Zeitgeschichte; Bd.67);

*Hildenbrand, Andreas:* Die Finanzierung der Autonomen Gemeinschaften, in: D. Nohlen/A. Hildenbrand, (Hrsg.), Spanien. Wirtschaft, Gesellschaft, Politik., Opladen, 1992, S. 125-177;

*Holtmann, Everhard:* Die Krise des Föderalismus und der kommunalen Selbstverwaltung, in: E.Holtmann (Hrsg.), Die Weimarer Republik, 1995, S. 171-218;

*Holtmann, Everhard (Hrsg.):* Die Weimarer Republik. Das Ende der Demokratie, Bd. 3: 1929-1933., München: Bayerische Landeszentrale für politische Bildungsarbeit 1995 (Arbeitsheft 83);

*Hrbek, Rudolf:* Doppelte Politikverflechtung: Deutscher Föderalismus und Europäische Integration. Die deutschen Länder im EG-Entscheidungsprozess, in: R. Hrbek/U. Thaysen, (Hrsg.), Die Deutschen Länder und die Europäischen Gemeinschaften, Baden-Baden, 1986;

*Hrbek, Rudolf:* Bundesländer und Regionalismus in der EG, in: S. Magiera/D. Merten (Hrsg.), Bundesländer und Europäische Gemeinschaft, Berlin, 1988, S. 127-149;

*Huber, Ernst Rudolf:* Dokumente zur Deutschen Verfassungsgeschichte, Bd. I: Deutsche Verfassungsdokumente 1803-1850, Stuttgart u.a., 1978;

*Huber, Ernst Rudolf:* Deutsche Verfassungsgeschichte seit 1789, Bd. III: Bismark und das Reich, Stuttgart u.s., 1978;

*Huber, Ernst Rudolf:* Deutsche Verfassungsgeschichte seit 1789, Bd. IV: Die Weimarer Reichsverfassung, Stuttgart u.a., 1981;

*Huhn, Jochen/Witt, Peter-Christian* (Hrsg.): Föderalismus in Deutschland. Traditionen und gegenwärtige Probleme, Baden-Baden, 1992 (Schirften zur Innenpolitik und zur kommunalen Wissenschaft und Praxis, Band 8);

*Informationen zur politischen Bildung:* Bundeszentrale für politische Bildung (Hrsg.):
- Der Nationalsozialismus, Neudruck 1991, 123/126/127;
- Die Teilung Deutschlands 1945-1955, 3.Quartal 1991, 232;
- Der Föderalismus in der Bundesrepublik Deutschland, Neudruck 1992, 204;
- Die Weimarer Republik, Neudruck 1992, 109/110;

*Isensee, Josef:* Idee und Gestalt des Föderalismus im Grundgesetz, in: Handbuch des Staatsrechts der Bundesrepublik Deutschland, Bd. IV, hrsg. von Josef Isensee und Paul Kirchhof, Heidelberg, 1990, S. 517-691;

*Jarausch, Konrad:* Die unverhoffte Einheit 1989/90, Frankfurt a.m., 1995;

*Kappeler, Andreas:* Russland als Vielvölkerreich. Entstehung – Geschichte – Zerfall, München, 1992;

*Kautsky, Karl:* Georgien. Eine sozialdemokratische Baürnrepublik, Wien, 1921;

*Kilper, Heiderose/Lhotta, Roland:* Föderalismus in der Bundesrepublik Deutschland. Eine Einführung, Opladen, 1996 (Grundwissen Politik, Herausgegeben von Ulrich von Alemann, Roland Czada und Georg Simonis; Bd. 15) (zit.: Kilper/Lhotta);

*Kimminich, Otto:* Deutsche Verfassungsgeschichte. (Lehrbücher des Öffentlichen Rechts, Bd.5, Deutsche Verfassungsgeschichte), Frankfurt a. M., 1970;

*Kimminich, Otto:* Historische Grundlagen und Entwicklung des Föderalismus in Deutschland, in: Probleme des Föderalismus, 1985, S. 1ff.

*Kreikemeyer, Anna:* Russlands Sicherheitspolitik in bewaffneten Konflikten in der GUS – sechs Fallstudien, in: A. Kreikemeyer/A. V. Zagorskij, Russlands Politik in bewaffneten Konflikten in der GUS. Zwischen Alleingang und kooperativem Engagement. Mit einem Vorwort von Hans-Georg Erhart, 1. Aufl., 1997 (Demokratie, Sicherheit, Frieden; Bd. 110);

*Kristan, Ivan:* Zerfall der jugoslawischen Föderation, in: Föderalismus zwischen Integration und Sezession. Chansen und Risiken bundesstaatlicher Ordnung, J. Kramer (Hrsg.), Baden-Baden, 1. Aufl., 1993, S. 73-85;

*Kusber, Jan:* Georgien – aktuelle Konflikte in historischer Perspektive, in: Nitsche, Peter (Hrsg., unter Mitarb. von Jan Kusber): Die Nachfolgestaaten der Sowjetunion: Beiträge zu Geschichte, Wirtschaft und Politik, Frankfurt a. M., 1994 (Kieler Werkstücke: Reihe F, Beiträge zur osteuropäischen Geschichte; Bd.3), S. 97-119;

*Laufer, Heinz/Münch, Ursula:* Das föderative System der Bundesrepublik Deutschland, Bonn, Bundeszentrale für politische Bildung, 1997 (zit.: Laufer/Münch*)*;

*Lemke, Helmut:* Kompetenzen der Länderparlamente und ihre Verteidigung, in: J. Jekewitz/M. Melzer/M. Zeh (Hrsg.), Politik als gelebte Verfassung, Festschrift für F. Schäfer, Opladen, 1980, S. 200-209;

*Lerche, Peter:* Föderalismus als nationales Ordnungsprinzip, in: VVDStRL 21, 1964, S. 66-104;

*Lerche, Peter:* Aktuelle föderalistische Verfassungsfragen, 1968;

*Liebert, Ulrike*: Spanien. Das Experiment einer spanischen Nation der Nationalitäten und Regionen, in: Regionen und Regionalismus in Westeuropa, Stuttgart u.a., 1987, S. 138-163 (Kohlhammer-Taschenbücher; Bd. 1080: Bürger im Staat);

*Lilienfeld, Fairy von*: Die Heiligsprechung des Ilia Tschavtschavadze durch die Georgisch-Orthodoxe Kirche am 20. 7. 1987, in: Kleine Völker in der Geschichte Osteuropas. Festschrift für Günther Stökl zum 75. Geburtstag, M. Alexander/F. Kämpfer/A. Kappeler (Hrsg.), Stuttgart, 1991 (Jahrbücher für Geschichte Osteuropas: Beiheft 5);

*Liszkowski, Uwe:* Nationalitäten und Nationalitätenpolitik in Russland, in: Nitsche, Peter (Hrsg., unter Mitarb. von Jan Kusber): Die Nachfolgestaaten der Sowjetunion: Beiträge zu Geschichte, Wirtschaft und Politik, Frankfurt a. M., 1994 (Kieler Werkstücke: Reihe F, Beiträge zur osteuropäischen Geschichte; Bd. 3), S. 9-35;

*Lomouri, Nodar:* Die Geschichte des Königreiches von Egrissi, Tbilisi, 1968, (georg.);

*López Guerra, Luis:* Politische Dezentralisierung in Spanien: Föderalismus oder asymmetrischer Regionalismus? In: Verfassung und Föderalismus Russlands im internationalen Vergleich, J. Ch.Traut (Hrsg.), 1. Auf., Baden-Baden, 1995 (Föderalismus-Studien: Bd. 5), S. 77-91;

*López Pina, Antonio:* Die Finanzverfassung Spaniens, in: Föderalismus zwischen Integration und Sezession. Chansen und Risiken bundesstaatlicher Ordnung, J. Kramer (Hrsg.), Baden-Baden, 1. Aufl., 1993 (zit.: A. López Pina, Die Finanzverfassung Spaniens, 1993), S. 37-47;

*López Pina, Antonio:* Die Finanzverfassung, in: Spanisches Verfassungsrecht , ein Handbuch, hrsg. Von Antonio López Pina, Heidelberg, 1993, S. 223-247;

*Lortkipanidze, Marika:* Georgien und seine Autonomien: kurzer Abriss der Geschichte Abchasiens, Atscharas und Südossetiens, in: Georgica 15 u.16 1993, S. 34-38;

*Lortkipanidze, Otar:* Die antike Welt und das Königreich Kartli (Iberia), Tbilisi, 1968 (georg.);

*März, Peter (Bearb.):* Dokumente zu Deutschland 1944-1994, München: Bayerische Landeszentrale für politische Bildungsarbeit, 1996, (Arbeitsheft 100);

*Mark, Rudolf A.:* Die Völker der ehemaligen Sowjetunion, 2. Aufl., Opladen, 1992;

*Maunz, Theodor/Dürig, Günter/Herzog, Roman/Scholz, Rupert:* Grundgesetz, Kommentar, 4 Bde., München, Stand: 1989 (zit: Berarbeiter, in: Maunz/Dürig/Herzog/Scholz, GG-Kommentar);

*Meissner, Boris:* Partei, Staat und Nation in der Sowjetunion. Ausgewählte Beiträge von Boris Meissner, Berlin, 1985;

*Meissner, Boris (Hrsg.):* Die Aussenpolitik der GUS-Staaten und ihr Verhältnis zu Deutschland und Europa, Köln: Verlag Wissenschaft und Politik, 1994;

*Meissner, Boris/Eisfeld, Alfred (Hrsg.):* Die GUS-Staaten in Europa und Asien, 1. Aufl., Baden-Baden, 1995;

*Merkel, Wolfgang:* Italien. Regionalismus, Regionen mit Norma- und Sonderstatut, in: Regionen und Regionalismus in Westeuropa, Stuttgart u.a., 1987, (Kohlhammer-Taschenbücher, Bd. 1080: Bürger im Staat), S. 96-119;

*Merkl, Peter H.:* Die Entstehung der Bundesrepublik Deutschland, Stuttgart, 1965;

*Menteschaschvili, Avtandil* (Hrsg.): Okkupation und faktische Annexion Georgiens. Zur politischen und rechtlichen Einschätzung der Verletzung des Vertrages vom 7. Mai 1920 zwischen Georgien und Sowjetrussland. Dokumenten und Materialen., Tbilisi, 1990, (georg.);

*Meskhia, Schota:* Geschichte Georgiens (Kurzer Überblick), Friedrich-Schiller-Universität, Jena, 1972;

*Montoro Chiner, Maria Jesus:* Spanien als Staat der Autonomen Gemeinschaften, in: DÖV, Heft 3, 1987, S. 85-94;

*Montoro Chiner, Maria Jesus:* Landesbericht Spanien, in: Föderalismus und Regionalismus in Europa; Verfassungskongress in Bonn vom 14.-16. September 1989, F. Ossenbühl (Hrsg.), Baden-Baden, 1. Aufl., 1990, S. 167-198;

*Nationale und kulturelle Identität.* Studien zur Entwicklung des kollektiven Bewußtseins in der Neuzeit, Bernhard Giessen (Hrsg.), Frankfurt a. M., 1992;

*Nipperdey, Thomas:* Der Föderalismus in der deutschen Geschichte, in: T. Nipperdey, Nachdenken über die deutsche Geschichte, 1990, S. 71-131;

*Nipperdey, Thomas:* Nachdenken über die deutsche Geschichte. Essays, München, 1990;

*Nipperdey, Thomas:* Deutsche Geschichte, Bd. 2: Machtstaat vor der Demokratie, München, 1995;

*Nohlen, Dieter/Hildenbrand, Andreas:* Spanien. Wirtschaft, Gesellschaft, Politik., Opladen, 1992;

*Nohlen, Dieter/Hildenbrand, Andreas:* Regionalismus und politische Dezentralisierung in Spanien, in: Der Staat der Autonomen Gemeinschaften in Spanien, D. Nohlen/J.J. Gonzalez Encinar, (Hrsg.), Opladen, 1992, S. 9-45;

*Nohlen, Dieter/Gonzalez Encinar, Jose Juan* (Hrsg.): Der Staat der Autonomen Gemeinschaften in Spanien, Opladen, 1992;

*Oeter, Stefan:* Die rechtliche Stellung der Minderheiten in Spanien, in: J. A. Frowein/R. Hofmann/S. Oeter (Hrsg.), Das Minderheitenrecht europäischer Staaten, Teil 1, Berlin, 1993;

*Ossenbühl, Fritz (Hrsg.):* Föderalismus und Regionalismus in Europa. Verfassungskongress in Bonn vom 14.-16. September 1989, Baden-Baden, 1. Aufl., 1990;

*Otto, Volker*: Das Staatsverständnis des Parlamentarischen Rates. Ein Beitrag zur Entstehungsgeschichte des Grundgesetzes für die Bundesrepublik Deutschland, Bonn, 1971;

*Pagenkopf, Hans*: Der Finanzausgleich im Bundesstaat, Stuttgart, 1981;

*Paitschadze, David*: Bemerkungen zur Geschichte Georgiens bis 1921, in: U. Halbach/A. Kappeler (Hrsg.), Krisenherd Kaukasus, Baden-Baden, 1995;

*Parejo Alfonso, Luciano:* Aufbau, Entwicklung und heutiger Stand des spanischen Staates und seiner Autonomen Gemeinschaften, in: J. J. Hesse/W. Renzsch (Hrsg.), Föderalistische Entwicklungen in Europa, Baden-Baden, 1991 (zit.: L. Parejo Alfonso, Der spanische Staat und seine Autonomen Gemeinschaften);

*Perez Royo, Jose:* Die Verteilung der Kompetenzen zwischen Staat und Autonomen Gemeinschaften, in: Der Staat der Autonomen Gemeinschaften in Spanien, D. Nohlen/J.J. Gonzalez Encinar (Hrsg.), Opladen, 1992, S. 103-125;

*Pielow, Johann-Christian:* Autonomia Local in Spanien und Kommunale Selbstverwaltung in Deutschland, München, 1993;

*Pietzonka, Barbara*: Ethnisch-territoriale Konflikte in Kaukasien. Eine politisch-geographische Systematisierung, Baden-Baden, 1995, (Schriftenreihe des Bundesinstituts für ostwissenschaftliche und internationale Studien, Köln, Bd. 26);

*Pizzorusso, Alessandro*: Das italienische System der Gebietsautonomien, in: Föderalismus zwischen Integration und Sezession. Chansen und Risiken bundesstaatlicher Ordnung, Jutta Kramer (Hrsg.), Baden-Baden, 1. Aufl., 1993, S. 47-59;

*Pleterski, Janko*: Historische Aspekte der Vereinigung in Jugoslawien, in: Staatliche Einheit und Teilung - Deutschland und Jugoslawien. Ergebnisse des deutsch-slowenischen Symposions der Südosteuropa-Gesellschaft anlässlich der Deutschen Kulturwoche in Ljubljana am 24. April 1991, München, Südosteuropa-Gesellschaft, 1992, S. 23-31;

*Potschiwalow, Leonid/Schostakowski, Wjatscheslaw:* Die GUS (Gemeinschaft Unabhängiger Staaten) und die anderen Nachfolgestaaten der UdSSR, eine kleine politische Landeskunde, München, 1992;

*Preston, Paul:* Spanien: Der Kampf um die Demokratie, Rheda-Weidenbrück, 1987;

*Randelzhofer, Albert (Hrsg.):* Deutsch-Spanisches Verfassungs-Kolloquium, vom 18.-20. Juni 1980 in Berlin, Berlin, 1982 (Schriften zum Öffentlichen Recht; Bd. 408);

*von Rauchhaupt, Friedrich Wilhelm:* Geschichte der spanischen Gesetzesquellen von den Anfängen bis zur Gegenwart, Heidelberg, 1923 (zit.: F.W. von Rauchhaupt, Geschichte der spanischen Gesetzequellen, 1923);

*Reisner, Oliver*: Die Entstehungs- und Entwicklungsbedingungen der nationalen Bewegung in Georgien bis 1921, in: U. Halbach/A. Kappeler (Hrsg.), Krisenherd Kaukasus, Baden-Baden, 1995;

*Renzsch, Wolfgang*: Finanzverfassung und Finanzausgleich. Die Auseinandersetzungen um ihre politische Gestaltung in der Bundesrepublik Deutschland zwischen Währungsreform und deutscher Vereinigung (1948 bis 1990), Bonn, 1991 (Reihe Politik- und Gesellschaftsgeschichte des Forschungsinstituts der Friedrich-Ebert-Stiftung, Band 26);

*Rohrbacher, Heinrich*: Materialien zur georgischen Bibliographie, Bonn, 1981;

*Rosenfeld, Günter* (Hrsg.): Geschichte der UdSSR. Von den Anfängen bis zur Gegenwart, Berlin, 1976;

*Rubio Llorente, Francisco:* Der verfassunggebende Prozess, in: Spanien nach Franco. Der Übergang von der Diktatur zur Demokratie 1975-1982, hrsg. Walther L. Berneker und Carlos Collado Seidel, München, 1993 (Schriftenreihe der Vierteljahrshilfe für Zeitgeschichte; Bd. 67);

*Rubio Llorente, Francisco*: Die Verfassungsgerichtsbarkeit in Spanien, in: Ch. Starck/A. Weber (Hrsg.), Verfassungsgerichtsbarkeit in Westeuropa, Bd. 1, Baden-Baden, 1986, S. 250-275;

*Die Sammlung der Rechtsakten* der Georgischen Demokratischen Republik 1918-1921, Tbilisi, Verlag "Iverta Mchare", 1990 (georg.);

*Schordania, Noe*: Meine Vergangenheit (Erinnerungen), Tbilisi, 1990, (georg.);

*Schenke, Wolf-Rüdiger:* 40 Jahre Grundgesetz, in: JZ, 1989, S. 653-663;

*Schneider, Hans-Peter:* Die Aufgabenverteilung zwischen Bund und Ländern nach dem Grundgesetz – eine Ausprägung des Subsidiaritätsprinzips?, in: Die Entwicklung des Staates der Autonomien in Spanien und der bundesstaatlichen Ordnung in der Bundesrepublik Deutschland. Ein spanisch-deutsches Verfassungskolloquium, J. Kramer (Hrsg.), Baden-Baden, 1. Aufl., 1996 (Föderalismus- Studien, Bd.7) (zit.: H.-P. Schneider, Die Aufgabenverteilung zwischen Bund und Ländern);

- : Die Bundesstaatliche Ordnung im vereinigten Deutschland, in: Mitteilungen des Deutschen Instituts für Föderalismusforschung, Heft 1 (September, 1992), S. 22;

- : Die entwicklung der bundesstaatlichen Ordnung Deutschlands im Jahre 1997, in: Mitteilungen des Deutschen Instituts für Föderalismusforschung, Heft 8 (August, 1998), S. 41-49;

*Schodder, Thomas*: Föderative Gewaltenteilung in der Bundesrepublik Deutschland. Eine Untersuchung ihrer gegenwärtigen Wirkungen und Probleme, Frankfurt/M. u.a., 1989;

*Schultze, Rainer-Olaf:* Föderalismus als Alternative? Überlegungen zur territorialen Reorganisation politischer Herrschaft, in: Der Staat der Autonomen Gemeinschaften in Spanien, D. Nohlen/J.J. Gonzalez Encinar, (Hrsg.), Opladen, 1992, (zit.: R.-O. Schultze, Föderalismus als Alternative?, 1992), S. 199-217;

*Schütz, Roland:* Dezentralisierung in Spanien. Ein Beitrag zur Stabilisierung der Demokratie?, in: Demokratie und Recht, Köln, 1983 (zit.: R.Schütz, Dezentralisierung in Spanien, 1983);

*Schütz, Roland:* Spanien auf dem Weg zum Autonomiestaat, Probleme und bisheriger Verlauf der Dezentralisierungspolitik Spaniens, in: Der Staat, Bd. 22, 1983 (zit.: R. Schütz, Spanien auf dem Weg zum Autonomiestaat);

*Selmer, Peter:* Grundsätze der Finanzverfassung des vereinten Deutschlands, in: P. Selmer/F.Kirchhof, Finanzverfassung, Berlin u.a., 1993, S. 10-70;

*Selmer, Peter/Kirchhof, Ferdinand:* Grundsätze der Finanzverfassung des vereinten Deutschlands. Berichte und Diskussionen auf der Tagung der Vereinigung der Deutschen Staatsrechtslehrer in Bayreuth vom 7. bis 10. Oktober 1992, Berlin u.a., 1993 (Veröffentlichungen der Vereinigung der Deutschen Staatsrechtslehrer, Heft 52);

*Siemann, Wolfram:* Gesellschaft im Aufbruch. Deutschland 1849-1871, Frankfurt a. M., 1996 (Neue Historische Bibliothek);

*Simon, Gerhard:* Regionalismus in der Sowjetunion (Berichte der BIOst, Nr. 24), Köln, 1987;

- : Nationalismus und Nationalitätenpolitik in der Sowjetunion. Von der totalitären Diktatur zur nachstalinischer Gesellschaft, (Schriftenreihe des Bundesinstituts für ostwissenschaftliche und internationale Studien, Köln, Bd.16), Baden-Baden, 1986;

-: Selbstmobilisierung der "kleinen" Nationen. Die Eigendynamik des sowjetischen Nationalitatenproblems, in: Herder-Korrespondenz 43 (1989), 11, S.51-505;

- : Die Desintegration der Sowjetunion durch die Nationen und Republiken (Berichte der BIOst, Nr. 25), Köln, 1991;

-: Aktuelle Probleme der sowjetischen Nationalitätenpolitik, in: Osteuropa in Geschichte und Gegenwart: Festschrift für Günther Stökl zum 60. Gebrutstag, Hans Lemberg (Hrsg.), Köln, Wien, 1977, S. 268-284;

- : Der Zerfall des sowjetischen Imperiums und die Sprengkraft der Nationalbewegungen, in: B. Meissner/A. Eisfeld (Hrsg.), Die GUS-Staaten in Europa und Asien, 1995, S. 9-21;

- : Das nationale Bewusstsein der Nichtrussen in der Sowjetunion (Berichte der BIOst, Nr.47), Köln, 1986;

*Simon, Gerhard/Simon, Nadja:* Verfall und Untergang des sowjetischen Imperiums. Mit zahlreichen Dokumenten, München, 1993;

*Solé Tura, Jordi:* Das politische Modell des Staates Autonomer Gebietskörperschaften, in: Spanisches Verfassungsrecht , ein Handbuch, hrsg. Von Antonio López Pina, Heidelberg, 1993, S. 249-282;

*Staatsbürger-Taschenbuch:* alles Wissenswerte über Staat, Verwaltung, Recht und Wirtschaft mit zahlreichen Schaubildern, begr. Von Otto Model, Fortgef. Von Carl Creifelds und

Gustav Lichtenberger, 28. Aufl., bearb. von Gerhard Zierl, München: Beck, 1995 (zit.: Staatsbürger-Taschenbuch, 1995);

*Stalin, J.W.*: Werke, 13 Bde., Berlin, 1950-55;

*Stalin, J.W.*: Der Marxismus und die Fragen der Sprachwissenschaft, Stuttgart, 1953;

*Stammen, Theo*: Das Phänomen des europäischen Regionalismus, in: H.A. Kremer (Hrsg.), Die Landesparlamente im Spannungsfeld zwischen europäischen Integration und europäischen Regionalismus (Beitrag zum Parlamentarismus, Bd. 2), München, 1988, S. 163-185;

*Stammen,Theo*: Zur Verfassungsentwicklung, in: H.Rausch/T.Stammen, (Hrsg.) DDR, 1988, S. 254-266;

STC 4/1981; 25/1981; 32/1981; 37/1981.
STC 1/1982; 5/1982; 10/1982; 38/1982.
STC 25/1983; 32/1983; 71/1983; 76/1983.
STC 11/1986.
STC 147/1991.

*Stern, Klaus*: Die föderative Ordnung im Spannungsfeld der Gegenwart. Politische Gestaltung im Miteinander, Nebeneinander und Gegeneinander von Bund und Ländern, in: Politikverflechtung zwischen Bund, Ländern und Gemeinden (Bd. 55 der Schriftenreihe der Hochschule Speyer), Berlin, 1975, S. 15-40;

*Stern, Klaus*: Das Staatsrecht der Bundesrepublik Deutschland, Bd. 1, 2., München, 1984;

*Stökl, Günther*: Russische Geschichte. Von den Anfängen bis zur Gegenwart, 6. erweiterte Aufl., Stuttgart, 1997;

*Stökl, Günther*: Die Entstehung der Sowjetunion und die nationale Frage, in: Staatsgründungen und Nationalitätenprinzip, Th. Schieder/P. Alter (Hrsg.), München, 1974, S. 79-81;

*Stuby, Gerhard:* Die sowjetische Föderation (UdSSR): Entstehung und Zerfall, in: Jutta Kramer (Hrsg.), Föderalismus zwischen Integration und Sezession. Chancen und Risiken bundesstaatlicher Ordnung, Baden-Baden, 1. Aufl., 1993, S. 85-98;

*Stuby, Gerhard* (Hrsg.): Föderalismus und Demokratie. Ein deutsch-sowjetisches Symposion, Baden-Baden, 1992;

*Sturm, Roland:* Föderalismus als demokratisches Prinzip in Deutschland und Europa, in: Föderalismus: Prinzip und Wirklichkeit; drei Vorträge/Atzelsberger Gespräche 1997. Hrsg. Von Max Vollkommer, Erlangen, 1998, S. 7-17;

*Tamames, Ramon:* Spanien: Geschichtsbild und Zukunftsvision einer jungen Demokratie, Stuttgart, 1987;

*Thiery, Peter:* Der spanische Autonomiestaat, die Veränderung der Zentrum-Peripherie-Beziehungen im postfrankistischen Spanien, Saarbrücken, 1989 (Forschungen in Spanien; Bd. 3) (zit.: P.Thiery, Der spanische Autonomiestaat);

*Toidze, Lewan:* Intervention, Okkupation, gewaltsame Sowjetisierung und faktische Annexion, Tbilisi, 1991 (georg.) (zit.: L.Toidze, Intervention, Okkupation, gewaltsame Sowjetisierung und faktische Annexion);

*Toidze, Lewan/Menteschaschvili, Awatandil:* Die Bildung der Autonomien in Georgien, Teil 1: Abchasien, in: Georgica 15/1993, S.38-50; Teil 2: Atschara/Süd-Ossetien, ebda. 16/1993, S. 16-24;

*Torke, Hans-Joachim* (Hrsg.): Lexikon der Geschichte Russlands. Von den Anfängen bis zur Oktober-Revolution, München, 1985;

*Trujillo Fernandez, Gumersindo:* Der neue spanische Föderalismus, in: Randelzhofer, Albert (Hrsg.): Deutsch-Spanisches Verfassungs-Kolloquium, vom 18.-20. Juni 1980 in Berlin, Berlin, 1982 (Schriften zum Öffentlichen Recht; Bd. 408);

*Tschirkin J. Benjamin:* Das Subjekt der Föderation: Eine vergleichende Analyse verschiedener föderaler Systeme, in: Verfassung und Föderalismus Russlands im internationalen Vergleich, Johannes Ch.Traut (Hrsg.), 1. Aufl., Baden-Baden, 1995 (Föderalismus-Studien: Bd. 5), S. 113-126;

*Tumanow, Wladimir A.:* Ist eine asymmetrische Föderation möglich? in: Verfassung und Föderalismus Russlands im internationalen Vergleich, Johannes Ch.Traut (Hrsg.), 1. Aufl., Baden-Baden, 1995 (Föderalismus-Studien: Bd. 5), S. 310-312;

*Ullmann, Hans-Peter:* Das Deutsche Kaiserreich 1871-1918, Frankfurt a.M., 1995 (Neue Historische Bibliothek);

*Uratadze, Grigol:* Errichtung und Konsolidierung der Georgischen Demokratischen Republik, München, 1956;

*Die Verfassung Georgiens* (in der georgischen, russischen, englischen und deutschen Sprachen), Tbilisi, 1996;

*Vellnagel, Ulrich:* Die Verfassungssicherung in Spanien seit 1978 unter besonderer Berücksichtigung der Verfassungsgerichtsbarkeit, Heidelberg, 1983;

*Vogel, Hans-Jochen:* Die bundesstaatliche Ordnung des Grundgesetzes, in: Handbuch des Verfassungsrechts, Berlin, 1983, S. 805-862;

*Vones, Ludwig:* Geschichte der iberischen Halbinsel im Mittelalter (711-1480). Reiche, Kronen, Regionen., Sigmaringen, 1993 (zit.: L.Vones, Geschichte der iberischen Halbinsel, 1993);

*Weber, Albrecht:* Die Verfassungsgerichtsbarkeit in Spanien, in: JöR, Neue Folge/Bd.34, Tübingen, 1985, S. 245-285;

*Weber, Karl:* Kriterien des Bundesstaates. Eine systematische, historische und rechtsvergleichende Untersuchung der Bundesstaatlichkeit der Schweiz, der Bundesrepublik Deutschland und Österreichs, Wien, 1980;

*Weidinger, Dorothea:* Nation-Nationalismus-Nationale Identität (Kontrovers., Bundeszentrale für politische Bildung), 1998;

*Wendland, Kirsten:* Spanien auf dem Weg zum Bundesstaat? Entstehung und Entwicklung der Autonomen Gemeinschaften, 1. Aufl., Baden-Baden, 1998 (Föderalismus-Studien; Bd.10);

*Wiedmann, Thomas:* Idee und Gestalt der Region in Europa. Rechtsvergleichende Untersuchung zu Unitarismus und Föderalismus, unter besonderer Berücksichtigung des Vereinigten Königreichs, Frankreichs, Spaniens und Deutschlands, 1. Aufl., Baden-Baden, 1996 (Integration Europas und Ordnung der Weltwirtschaft; Bd. 11);

*Witt, Peter-Christian:* Finanzen und Politik im Bundesstaat-Deutschland 1871-1933, in: J. Huhn/P. Ch. Witt, (Hrsg.), 1992, S. 75-99;

*Zaslavsky, Viktor:* Das russische Imperium unter Gorbatschow. Seine ethnische Struktur und ihre Zukunft, Berlin, 1991.

*Zürrer, Werner:* Kaukasien 1918-1921. Der Kampf der Grossmächte um die Landbrücke zwischen Schwarzem und Kaspischem Meer, Düsseldorf, 1978.

www.ingramcontent.com/pod-product-compliance
Lightning Source LLC
Chambersburg PA
CBHW050408280326
41932CB00013BA/1781